행정소송상 예방적 구제

이 현 수

景仁文化社

사랑하는 언니 故 이경수에게 바칩니다.

머 리 말

이 글은 본래 2002년 8월 서울대학교 대학원 박사학위청구논문으로 발표되었다. 그 이후 벌써 만 3년 6개월의 세월이 흘렀다. 그 사이 국내에서는 대법원이 주축이 되어 전개된 행정소송법 개정작업과정에서 예방적 금지소송의 도입 여부를 비롯하여 행정소송 체계 전반에 걸쳐 활발한 논의가 이루어졌다. 또한 이웃나라 일본에서는 2004년에 행정사건소송법이 개정되어 금지소송에 관한 규정이 마련되기에 이르렀다. 필자는 논문발표 이후 일어난 이러한 국내외의 변화에 유의하면서 2005년 12월까지의 문헌과 법령, 그리고 판례를 반영하여 원고를 보완하였다.

필자를 행정법 연구자의 길로 인도하시고 이 논문이 발표될 수 있도록 지도를 아끼지 않으신 故 南河 서원우 선생님, 김동희 선생님, 최송화 선생님, 박정훈 선생님께 무한한 존경과 감사의 마음을 바친다. 또한 부족한 이 논문이 서울대학교 법학연구소의 법학연구총서로서 출판될 수 있도록 도와주신 최병조 소장님 이하 법학연구소 관계자 여러분들께도 깊은 감사의 뜻을 전한다.

2006년 2월

청주에서 著著

〈차 례〉

서 론

1. 연구의 목적

무릇 법학이 현실세계를 규율하는 법질서에 관한 학문이라고 한다면, 법학의 진로는 법의 규율대상이 되는 국가 및 사회의 상황에 의해 크게 영향을 받는다.[1] 본 논문은 해방에 뒤이은 전쟁의 혼란과 경제적 궁핍, 이념적 대립의 와중에서 탄생하였던 우리 행정소송법이 반세기의 세월이 흐른 오늘날의 공법현실에서 법치주의의 실현과 인권의 보장이라는 본연의 과제를 수행하기에 변함 없이 알맞은 도구인가라는 의문을 연구의 출발점으로 삼고 있다. 대한민국 헌법 제정 이후 행정이 수행하여야 할 과제 및 그러한 과제수행을 위한 행정의 행위양식은 부단히 변모하여 왔고 또 지금도 변모하고 있다. 이처럼 변화하는 행정현실을 헌법이념에 따라 온전히 규율하기 위해서는 행정소송제도 역시 그에 상응하는 발전된 모습을 갖추어야 함은 물론이다. 따라서 50여 년에 걸쳐 축적된 행정소송법 운용경험을 토대로 하여 현행 행정소송제도가 露呈한 구제상의 미비점을 진단하고 그 개선을 모색하는 작업이 다시 한 번 이루어져야 할 필요성이 있음은 물론이다.

그리하여 본 논문이 위와 같은 문제의식의 토대 위에서 고찰의 소재로 삼은 것은 바로 행정소송상 예방적 구제이다. 이 구제유형에 대한 우

---

1) 최송화, "한국 행정법학 50년의 성과와 21세기적 진로" 서울대학교 『법학』 제36권 2호, 1995, 152면.

리 학계의 관심은 행정소송법의 역사와 그 출발점을 같이 할 만큼 오래
되었고 꾸준하였으며 또 전반적으로 긍정적인 반면, 판례에서는 부정적
인 입장을 고수하고 있었다. 이처럼 학설과 판례가 그 도입을 둘러싸고
의견대립을 보이고 있는 이 법제도야말로 우리의 현행 행정소송제도의
헌법적 맥락을 다시 한 번 되짚어보고 더 나아가 향후의 행정소송제도
의 운용방향에 관한 논의를 전개해 나아감에 있어서 매우 좋은 소재인
것으로 보인다. 왜냐하면 바로 행정소송상 예방적 구제를 둘러싼 논의에
있어서는 한편으로는 침익적 국가작용으로부터의 개인의 방어권이라는
가장 전형적인 기본권이, 다른 한편으로는 적극적 공익실현의 권한과 과
제를 부여받은 행정의 先決權이, 그리고 또 다른 한편으로는 행정에 대
한 적법성통제 및 개인의 권리보호라는 법원의 召命이 팽팽한 긴장관계
를 이루며 鼎立하고 있기 때문이다.[2] 더욱이 본 논문이 발표된 후 지난
2004년 제안된 행정소송법 개정안에서는 항고소송의 유형을 다양화하여
새로이 의무이행소송과 더불어 예방적 금지소송의 도입을 제안하고 있
어 행정소송상 예방적 구제의 법리를 면밀히 검토할 이론적・실무적 필
요가 더욱 절실해지고 있다.

물론 재판상 구제는 원칙적으로 이미 발생한 권리침해에 대해 사후적
으로 법원이 개입하여 이를 바로잡기 위하여 베풀어진다. 이처럼 재판상
구제가 원칙적으로 사후적이라는 점은 公法상의 구제이건 私法상의 구
제이건 마찬가지이다. 그러나 예외적인 경우에는 권리침해가 임박하였
을 따름이라 하더라도 이에 대하여 재판을 통한 구제가 필요하다는 점
을 사법에서는 이미 일찍부터 의식하였으며 특히 독일법에서는 이를 예
방적 권리구제(vorbeugender Rechtsschutz)라는 표제하에서 논의하여 왔
다.[3] 즉, 사법에 있어서는 이미 로마법시대부터 토지소유권보호와 관련

---

2) 박정훈, 『행정법에 있어서의 이론과 실제』행정소송・행정법 연구과정 교
재, 서울대학교 법학연구소, 1999년, 19면.

하여 예방적 권리구제의 필요성을 인정하였으며 (actio negatoria),[4] 중세를 거쳐 근대에 이르러서는 과학기술의 발달과 생산방식의 변화, 인구의 증가와 도시화 등에 직면하면서 예방적 권리구제의 활동영역이 임미시온으로부터의 토지소유권 보호뿐 아니라 특허권, 상표권, 상호권, 저작권 등과 공정한 시장경쟁질서의 영역으로 확대되었다. 더 나아가 20세기 이후로는 명예, 프라이버시 등의 인격권영역에서 예방적 권리구제논의가 주목할 만한 활약상을 보여주고 있으며 최근에는 통신기술이 혁명적인 발전을 거듭하면서 정보처리과정에서의 개인의 정보보호도 예방적 권리구제의 테마영역이 되고 있다.[5]

그러나 이와는 대조적으로 공법 영역에서 예방적 권리구제 개념이 논의되기 시작한 것은 대륙법의 전통에서는 비교적 최근의 현상이다. 그 이유는 바로 근대 시민혁명을 거치면서야 비로소 행정법성립의 전제요건이자 행정에 대한 사법적 통제의 전제요건인 권력분립원리, 법치행정원리가 헌법원리로 확고하게 뿌리내리게 되었을 뿐 아니라[6] 행정에 대한 사법적 통제가 가능하게 된 이후에도 다름 아닌 권력분립원리의 관점에서 행정에 대한 사법적 통제는 주로 사후적인 통제에 국한되었기 때문이다. 그리하여 위법한 공권력작용에 의한 침해로부터의 자유권을 헌법이 천명하고 있음에도 불구하고, 소송을 통하여 자신의 권리영역에 개입하는 위법한 행정작용의 발급을 사전에 저지할 수 있는 길이 개인에게는 오랫동안 열려있지 않았다. 즉, 행정의 우월성 관념이 상대적으로 강하게 남아 있는 대륙법 전통의 독일과 프랑스에서는 비교적 최근

---

3) Wolfram Henckel, Vorbeugender Rechtsschutz im Zivilrecht, AcP 1974, S. 97-144 (S. 99 ff.).

4) Max Kaser, Das römische Privatrecht I, München 1971, S. 406 ff.

5) Hein Kötz, Vorbeugender Rechtsschutz im Zivilrecht, AcP 1974, S. 145-166 (S. 146 ff.).

6) 김동희, 『행정법 I』, 박영사, 2005, 25면.

까지도 행정작용의 발급을 법원이 금지하는 것은 원칙적으로 허용되지 않았다. 독일의 경우 현행 연방행정법원법(VwGO)이 제정되고 난 후 비로소 위와 같은 전통적 접근방식에서 탈피하기 시작하였으며 프랑스에서는 최근 2000년에 이루어진 입법조치를 통해서 비로소 행정소송상 예방적 구제제도를 마련하였을 따름이다. 반면 일찍이 시민혁명을 통해서 주권자로서의 시민의 지위를 인정하고 행정의 우월성 관념을 극복하였던 영국과 이러한 영국법 전통을 계수한 미국에 있어서는 행정작용에 대한 법원의 개입시점에 있어서도 유연한 접근방식을 취함으로써 비록 독일의 경우처럼 '예방적 권리구제'개념을 구성하고 이에 관한 精緻한 도그마틱을 전개하지는 않았다 하더라도, 장래의 행정작용의 위법성을 선언하거나 혹은 그 발급을 금지하는 구제유형들을 실무에서 활발하게 이용하여 왔다. 또한 이웃 일본에서는 2004년 행정사건소송법이 개정되어 새로운 소송유형들을 도입하면서 의무이행소송, 확인소송과 더불어 예방적 금지소송을 도입한 바 있다.

그러나 모든 사물이나 제도가 그러하듯, 특정 법제도 역시 외관상으로는 특정 법질서의 맥락에서 잘 정착되고 순조로이 기능하고 있는 듯 보이더라도 그 이면에는 항상 당해 제도의 존재이유를 제공하는 다른 여러 요인들이 자리잡고 있기 마련이다. 따라서 독일의 행정소송상 예방적 권리구제제도가 과연 우리의 공법현실에서도 의미 있을 것인지를 가늠하기 위해서는 당해 제도 자체 뿐 아니라 이를 둘러싸고 있는 독일의 헌법, 행정법적 맥락에 대한 고찰이 불가결하다고 본다. 그리하여 본 논문은 독일의 행정소송상 예방적 권리구제제도가 무엇인지를 가능한 정확하게 소개하는 것을 일차적인 과제로 삼고 있지만 더 나아가 앞서 밝힌 주제의식 하에서 이 제도를 둘러싼 독일의 헌법, 행정법적 맥락에 대한 究明을 시도하는 것을 보다 중요한 과제로 삼고자 한다. 또한 행정소송상 예방적 구제는 독일의 행정소송에만 특유한 것은 아니며 앞서 언

급한 바와 같이 프랑스에서도 발견할 수 있고 더 나아가 영국과 미국에
서는 보다 더 오랜 연원을 가지고 운용되고 있다. 그러므로 본 논문은
우리 행정법학계가 주로 소개하고 있는 독일의 예방적 구제제도 뿐 아
니라 영국, 미국, 프랑스 및 최근 도입된 일본의 예방적 구제제도에도 관
심을 가지고 고찰함으로써 이들의 예방적 구제제도를 비교·분석하는
작업을 시도하고자 한다.

2. 연구의 방법

이처럼 독일의 경우를 주된 고찰대상으로 삼고 있으면서도 같은 대륙
법계에 속하는 프랑스 그리고 우리와 법체계를 달리하는 영미의 경우를
굳이 고찰의 대상에 넣은 것은 이러한 다원적 비교를 통하여 주된 고찰
의 대상인 독일의 행정소송을 보다 넓은 시야에서 바라보고 더 나아가
동일한 문제상황에 대하여 여러 법질서들이 어떠한 대처방식을 취하고
있는지를 비교·검토함으로써 우리 행정소송법제의 운용과 관련한 시사
점을 얻기 위해서이다.[7] 그리고 이러한 다원적 법비교과정에서 중점을
두고 검토할 주된 비교점들로는 대략 네 가지를 들 수 있는데, 첫 번째
비교점은 행정재판권 혹은 사법심사권의 所在이다. 우리 행정소송상으
로 예방적 구제의 도입을 반대하는 견해는 주로 권력분립원리를 그 논
거로 제시하고 있는바, 행정소송상 혹은 사법심사상 예방적 구제유형을
마련하고 있는 나라들의 행정재판권의 소재에 관한 검토를 통해서 예방
적 구제와 권력분립원리의 관계에 대한 이들 나라들의 이해를 조망하는
기회를 가지는 것이 필요하기 때문이다. 두 번째 비교점은 행정소송상

---

7) 이러한 방법론을 채용한 최근의 문헌으로는 박정훈, "인류의 보편적 지혜로
   서의 행정소송" 서울대학교『법학』제42권 4호, 2002 ; 이원우, "항고소송의
   대상인 처분의 개념요소로서 행정청" 청담 최송화교수 화갑기념『현대공법
   학의 과제』, 2002 등이 있다.

구제유형인데, 이는 바로 고찰대상인 법질서 내의 예방적 구제제도의 존부를 진단하고 그 유형을 고찰하는 작업을 수행하기 위하여 반드시 선행되어야 한다. 세 번째 비교점은 행정소송 혹은 사법심사의 원고적격이다. 이는 적법성 통제와 개인의 권리구제라고 하는, 행정소송의 양 기능축들이 만들어내는 평면에서 각국의 예방적 구제유형들이 자리잡고 있는 좌표를 확인하는 데 나침반역할을 해 줄 수 있을 것이다. 마지막으로 이처럼 각국의 행정소송상 구제유형 및 예방적 구제유형의 존부를 검토한 후 더 나아가 각 법질서에서 전형적으로 활용되고 있는 구제유형으로 다툴 수 있는 행정작용의 폭 내지 대상적격의 문제에 관해서도 비교·검토하기로 한다. 이상의 비교점들을 확보하고 주요국의 예방적 구제유형들을 살펴본 후, 이로부터 우리의 행정소송법상으로도 예방적 구제유형을 도입할 수 있을 것인지 여부, 그리고 만약 도입한다면 어떠한 제도적 정비가 필요할지를 제안하기로 한다.

3. 논문의 구성

본 논문은 총 4개의 장으로 이루어져 있다. 제1장에서는 예비적 고찰로서 독일에서 논의되고 있는 행정소송상 예방적 구제의 개념을 정의하고 기타의 행정소송유형들과 비교함으로써 그 개념적 윤곽을 뚜렷이 한다. 그 후 본 논문이 고찰대상으로 삼고 있는 독일, 프랑스, 영국과 미국의 행정소송제도를 앞서 밝힌 비교점들을 중심으로 개관한다. 제2장에서는 독일의 행정소송상 예방적 구제를 살펴보는데, 먼저 독일의 公法史에서 행정소송상 예방적 구제논의가 등장하고 전개된 과정을 되짚어 보기로 한다.(제1절) 그 후 행정소송상 예방적 구제의 헌법적 토대로서 행정의 법률적합성원칙, 위법한 행정작용에 대한 개인의 방어권, 권력분립원리와 실효적 권리보호의 보장원리를 검토함으로써 행정소송상 예방적 권리구제가 헌법적 토대를 구축하게 되는 과정을 개관하고 더 나아가 행정소송법상의 반대논의를 극복하는 과정도 뒤이어 살펴보기로 한다. (제2절) 뒤이어 다툼의 대상이 되는 행정작용의 법적 성질과 소송유형에 따라 예방적 권리구제를 유형화하고 각 소송유형에 따른 예방적 권리구제의 적법요건 (제3절), 소송유형에 따른 본안요건(제4절), 판결의 효력과 집행 문제(제5절)를 검토한다. 제3장에서는 영국(제1절), 미국(제2절), 그리고 프랑스(제3절) 및 일본(제4절)의 행정소송상 예방적 구제를 검토하는데, 우선 이들 법질서에서 활용되는 전형적 구제유형의 대상적격을 고찰하고 난 후 예방적 구제유형을 본안절차와 가구제절차로 나누어 각각 존부를 진단하기로 한다. 그런 다음 제1장에서 행한 이들 각국의 행정소송체제의 개관과 예방적 구제제도의 개관을 종합하여 이들 국가들의 행정소송에서 예방적 구제유형이 차지하는 의의 혹은 수행하는 기능을 진단하기로 한다.(제5절) 제4장에서는 주요국의 행정소송제도와 예방적 구제제도의 고찰결과를 토대로 하여 우리 행정소송법상 예방적 구제제도가 도입 가능한지 여부 및 만약 도입한다면 어떠한 제도적 정비가 필요한지에 관하여 필자 나름의 의견을 제시하는 기회를 갖고자 한다.

제1장 예비적 고찰

제1절 예방적 구제의 개념

I. 행정소송상 예방적 구제의 개념

1. 실체적 측면과 형식적 측면

1) 실체적 측면

행정소송상 예방적 구제논의의 역사가 짧지 않음에도 불구하고 그 개념적 윤곽이 반드시 명확한 것은 아니다. 이 제도를 논하고 있는 대부분의 독일문헌들에서는 위법한 행정작용에 의한 임박한 권리침해를 행정소송을 통하여 배제하는 것을 행정소송상 예방적 권리구제로 이해하고 있으며[1] 그 주된 형태로서 예방적 금지소송과 예방적 확인소송을 들고 있다. 따라서 행정소송상 예방적 권리구제는 그 유형과 관련하여서는 소

---

1) 행정소송상 예방적 구제의 개념에 대해서는 Carl Hermann Ule, Vorbeugender Rechtsschutz im Verwaltungsprozeß, VerwArch Bd. 65 (1974), S. 291-310 (294) ; Karl August Bettermann, Vorbeugender Rechtsschutz in der Verwaltungsgerichtsordnung, in : Zehn Jahre VwGO - Bewährung und Reform, Schriftenreihe der Hochschule Speyer, Bd. 45, 1970 S. 185 - 202 (186) ; Stefan Langer, Vorbeugender Rechtsschutz gegen Planungen, DÖV 1987. S. 418-425 (419). 한편 권리구제의 개념에 대해서는 Bettermann, a.a.O., S. 186 ; Jarass, in : Jarass/Pieroth, Grundgesetz für die Bundesrepublik Deutschland, 2. Aufl., München 1992, §19, Rn. 30 (S. 347)

송법체계와 관련을 맺고 있으며 위법한 행정작용에 의한 권리침해의 문제에 있어서는 실체법 도그마틱과 관련을 맺고 있다.[2] 그러나 특히 후자, 즉 임박한 권리침해적 행정작용이라는 개념의 윤곽은 뚜렷하지 않다. 행정작용이 과연 어떠한 시점에서야 비로소 개인의 권리를 침해하는 것인지가 반드시 명확한 것은 아니기 때문이다. 예컨대 위법한 공격을 하겠다고 위협을 가하고 있는 자는 이미 공격을 시작하고 있는 것이라고도 볼 수 있다는 점에서 원고가 배제하고자 하는 불법이 이미 발생한 것인지 아니면 장래 발생할 것인지는 구별하기 어렵다.[3] 따라서 일련의 행정작용들이 연속적으로 전개되는 과정에서 보다 조기의 행정작용단계에서 그러한 작용의 권리침해적 성격을 인정한다면 이에 대한 재판상 구제는 사후적 구제로 분류될 것이며 그리하여 예방적 구제로 파악할 수 있는 영역은 줄어들게 된다. 반면 보다 나중의 단계에서 이루어지는 행정작용에 대해서만 권리침해적 성격을 인정한다면 예방적 구제로 개념될 영역은 늘어나게 될 것이다.

2) 형식적 측면

다른 한편 행정소송상 예방적 권리구제논의는 법원의 판결유형 혹은 형식에 초점을 두고 전개되기도 한다. 앞서 언급한 바처럼 예방적 권리구제개념의 실체적 정의는 그 윤곽이 불분명하기 때문에 행정소송상 예방적 권리구제를 둘러싼 논의는 주로 예방적 권리구제에 활용되는 소송유형을 축으로 하여 전개되고 있다. 그러나 이러한 소송유형의 존부만을 기준으로 하여 각 나라의 행정소송이 베푸는 구제의 폭을 단정하는 것은 물론 무리일 것이다. 왜냐하면 앞서 살펴본 바와 같이 실질적으로는

---

2) Langer, DÖV 1987, S. 419 ; Wolf Bogumil Maetzel, Bemerkungen zum vorbeugenden Rechtsschutz gegen künftige Verwaltungsakte, DVBl. 1974, S. 335-341 (335).

3) Maetzel, DVBl 1974, S. 335.

어느 단계에서 행정작용으로 인한 권리침해가 있다고 볼 것이냐에 따라 예방적 권리구제로 포괄될 영역이 달라지느니만큼, 비교적 조기의 행정 작용단계에서 권리침해적 성격을 인정하고 보다 다양한 행정작용을 하나의 구제유형으로 담아내는 법질서는 상대적으로 보다 나중 단계의 행정작용에 대해서만 권리침해적 성격을 인정하고 그 이전 단계에서의 구제를 예방적 구제로 이해하는 법질서에 비하여 권리구제상의 불리함은 거의 없다고 보아야 할 것이기 때문이다. 따라서 각국의 행정소송상 구제의 유형을 중심으로 살펴볼 이하의 연구는 취소소송 혹은 월권소송과 같은 각국의 전형적 구제들이 포괄하는 행정작용의 폭에 대한 엄밀한 비교·분석에 의하여 보완될 필요가 있음은 물론이다.

2. 예방적 구제의 유형

1) 협의의 예방적 구제

독일의 경우, 예방적 권리구제를 보다 좁게 이해하는 견해에서는 임박한 행정작용으로 인한 권리침해를 행정소송을 통하여 궁극적으로 (endgültig) 배제하는 경우만을 예방적 권리구제로 파악한다.[4] 이러한 견해에 따르면 첫째, 행정소송상 예방적 권리구제는 임박한 권리침해 (bevorstehende Rechtsbeeinträchtigung)에 대한 것이라는 점에서 이미 발생한 권리침해에 대한 사후적 권리구제와 구별된다. 둘째, 행정소송상 예방적 권리구제는 공권력에 의한 공법영역에서의 임박한 권리침해를 행정소송을 통하여 배제한다는 점에서 민사소송 혹은 형사소송상의 예방적 권리구제와도 구별된한다. 셋째, 행정소송상 예방적 권리구제는 임박

---

4) Ule, VerwArch 1974, S. 296-297 ; Hans-Jürgen Papier, Rechtsschutzgarantie gegen die öffentliche Gewalt, in : Handbuch des Staatsrechts Ⅵ, C. F. Müller Juristischer Verlag, Heidelberg 1989, S. 1234-1270, §154, Rn. 76 ; Anton Burkhart, Vorbeugender Rechtsschutz in der Verwaltungsgerichtsbarkeit, Tübingen Diss., S. 28.

한 권리침해를 법원의 재판을 통하여 궁극적으로 배제한다는 점에서 임시의 구제에 불과한 가구제와도 구별된다.[5] 그리고 이렇게 정의한 행정소송상 예방적 권리구제유형으로는 예방적 금지소송과 예방적 확인소송을 들고 있다. 예방적 금지소송은 행정작용의 금지를 이행소송의 형태로 소구하는 경우이며 예방적 확인소송은 행정작용의 발급을 저지하기 위하여 확인소송을 제기하는 경우를 지칭한다. 그러나 이렇게 정의한 예방적 확인소송은 그 개념적 경계가 어느 정도 애매모호한 것은 사실이다. 즉 이러한 확인소송은 일반적 확인소송과 구별하기 어려우며 무엇을 예방적 확인소송이라고 할 것인가의 기준이 원고의 주관적 측면, 즉 장래의 행정작용의 발급을 저지하고자 한다는 점에 있기 때문이다. 그리하여 보다 좁게는 주로 행정에게 특정 행정작용을 발할 권한이 없다는 확인을 구하는 경우를 예방적 확인소송으로 지칭하기도 한다.[6]

2) 광의의 예방적 구제

반면 행정소송상 예방적 권리구제의 개념을 보다 넓게 이해하는 견해에서는 본안절차인지 가구제절차인지를 묻지 않고 장래의 임박한 권리침해에 대하여 권리구제를 구하는 경우를 예방적 권리구제라고 보아 본안절차인 예방적 금지소송과 예방적 확인소송뿐 아니라 가명령(einstweilige Anordnung)도 예방적 권리구제개념에 포함시키고 있다.[7] 더

---

5) Wolf-Rüdiger Schenke, Vorbeugende Unterlassungsklage und Feststellungsklage im Verwaltungsprozeß, AöR 1970, S. 223 - 259 (S. 225) ; Richard Naumann, Vom vorbeugenden Rechtsschutz im Verwaltungsprozeß, in : Gedächtnisschrift zum W. Jellinek, 1955. S. 391-406 (393).

6) Schenke, AöR 1970, S. 226. ; BVerwG, NJW 1967, S. 996f.

7) Oskar Ruckdäschel, Vorbeugender Rechtsschutz im Verwaltungsprozeß, DÖV 1961, S. 675-686 (677). ; Naumann, a.a.O., S. 393 ; Horst Hoffmann, Vorbeugende Klagen im Verwaltungsprozeß?, BayVBl 1962, S. 72-76 (73, 74) ; Bettermann, a.a.O., S. 188 ; Martin Schultz, Vorbeugender gerichtlicher Rechtsschutz gegen FFH-Gebiete, NVwZ 2001, S. 289-291 (289).

나아가 행정법원법상 기타의 법제도들 가운데 취소소송, 규범통제절차 뿐 아니라 기본법, 형사소송법상의 법관유보(Richtervorbehalt)[8]등에서도 일정부분 권리침해를 예방하는 효과를 발견할 수 있음을 이유로 이들을 공법상의 예방적 권리구제라고 보기도 한다.[9]

3. 행정소송상 예방적 구제의 개념적 징표들

1) 행정소송상 구제

이른바 헌법상의 예방적 법관유보(vorbeugender Richtervorbehalt)도 공법 영역의 예방적 구제 제도들 가운데 하나이다. 헌법상의 예방적 법관유보 란 사전에 법관의 명령이 있는 경우에만 수색 혹은 자유박탈조치를 허 용하는 것으로서 (독일기본법 제13조 제2항, 제104조 제2항) 이는 한편으 로는 문제된 공권력의 조치가 개인의 권리영역에 끼치는 침해가 중대하 다는 점 때문에, 다른 한편으로는 그러한 조치가 기성사실의 발생가능성 을 수반하므로 사후적인 권리구제로는 불충분하다는 점 때문에 요구되 는 헌법차원의 예방적 구제수단이다.[10] 이러한 법관유보는 그 자체 행정 의 과잉개입이나 잘못된 개입을 방지하기 위한 것으로서 프로이센법상

---

8) 법관유보란 독일기본법상으로는 제13조 제2항, 제104조 제2항, 연방형사소 송법(StPO)상으로는 제81a조, 제98조, 제100a조 등에 규정되어 있는 제도로 서 이 역시 공법상 예방적 권리구제수단으로 간주된다.

9) Horst Dreier, Vorbeugender Verwaltungsrechtsschutz, JA 1987, S. 415-428 (417-419) ; Bettermann, a.a.O., S. 187-188 ; Dieter Lorenz, Die verfassungsrechtlichen Vorgaben des Art. 19 Abs. 4 GG für das Verwaltungsprozeßrecht, in : System des verwaltungsgerichtlichen Rechtsschutz, Festschrift für Christian-Friedrich Menger zum 70. Geburtstag, Carl Heymann Verlag KG 1985 (이하 FS Menger로 약칭한다), S.143-159 (157).

10) Christoph Gusy, Verfassungsfragen vorbeugenden Rechtsschutzes, JZ 1998, S. 167-174 (168-169).

으로는 '본래의 행정재판(ursprüngliche Verwaltungsrechtspflege)'으로 이해
되었다. 그러나 제2차 대전 후의 새로운 질서 속에서 행정법원은 법관유
보의 관할권을 잃어버리게 되었으며 이 영역이 통상법원의 손으로 넘어
가게 되었다. 그리하여 오늘날에는 통상법원이 수색과 자유박탈조치의
허용성을 결정하고 있으나 그러한 허용성을 판단함에 있어서 행정법적
인 근거와 행정법규정을 따르고 있음은 물론이다.[11] 어쨌거나 이제 헌법
혹은 법률상의 법관유보는 통상법원의 관할에 속하므로 행정소송상 권
리구제로 자리매김될 수 없다.

2) 주관적 권리의 구제 혹은 객관적 적법성의 구제

행정소송상 예방적 구제는 우선적으로 개인의 주관적 권리구제에 기
여하는 법제도이다. 물론 예방적 구제(vorbeugender Rechtsschutz)는 '권리'
의 구제로도 '법'의 구제로도 풀이할 수는 있다. 그러나 독일 행정소송상
의 예방적 구제는 그 헌법적 근거인 기본법 제19조 제4항이 개인의 주관
적 권리구제를 지향하고 있다는 점에서 알 수 있듯이[12] 일차적으로는
주관적 권리구제를 위한 제도이다.[13] 이러한 점에서 행정작용의 위법성
통제를 주된 목적으로 하는 객관적인 이의절차(Beanstandungsverfahren),
예컨대 행정법원법상 규범통제절차는 설령 그것이 부수적으로 개인의
권리를 예방적으로 보호하는 데 기여한다 하여도 여기에서 의미하는 예
방적 권리구제개념에 포함되지 않는다는 것이 독일의 지배적인 견해이
다.[14] 그러나 행정소송이 지향하는 바로서의 주관적 권리구제는 최소한
그와 더불어 부분적으로는 적법성의 구제 내지 통제에도 기여하게 된다

---

11) Bettermann, a.a.O., S. 188.
12) Jarass, a.a.O., Art. 19 Rn. 22 (S. 343) ; Eberhard Schmidt-Aßmann, Funktion der
    Verwaltungsgerichtsbarkeit, FS Menger, S. 107-123 (S. 109).
13) Wolf-Rüdiger Schenke, Verwaltungsprozeßrecht, 6. Aufl., Heidelberg 1998. Rn. 8 (S.
    3) ; Schmidt-Aßmann, FS Menger, S. 109.
14) 반대견해로는 Ule, VerwArch 1974, S. 296.

는 점에서[15] 행정소송상 예방적 권리구제 역시 객관적 적법성의 통제에
도 기여하는 제도임은 물론이다.

3) 종국적 구제 혹은 임시의 구제

앞서 살펴본 바와 같이 행정소송상 예방적 권리구제의 개념을 넓게 파
악하는 견해에서는 종국적 구제인지 혹은 임시의 구제인지를 묻지 않고
임박한 권리침해를 배제하는 경우를 예방적 권리구제로 이해하나 보다
좁게 파악하는 견해에서는 본안절차상의 구제만을 예방적 권리구제로 한
정하고 있다. 그러나 독일의 행정소송실무상으로 본안절차상의 예방적
금지소송과 예방적 확인소송 못지 않게 가명령을 통하여 특정 행정작용
의 금지를 구하는 경우도 중요한 비중을 차지하고 있다는 점에서 본 논
문의 고찰대상에는 가명령을 통한 예방적 권리구제도 포함하기로 한다.

또한 이미 발생한 권리침해에 대한 사후적 구제수단에 장래를 향한
예방적 효과가 부수하는 경우도 예방적 권리구제와 구별하여야 한다. 예
컨대 위법한 행정행위에 대한 취소소송은 설령 그것이 더 이상의 권리
침해를 방지하는 데 기여할 수 있다 하더라도, 결코 이 논문의 탐구대상
인 예방적 권리구제에 해당하지 않는다.[16] 결론적으로 독일의 행정소송
상 예방적 권리구제란 공권력에 의한 임박한 권리침해에 대하여 이를
행정소송을 통하여 궁극적으로 혹은 임시로 배제함을 주된 목적으로 하
는 법제도로서, 그 유형으로는 예방적 금지소송, 예방적 확인소송 그리
고 예방적 가명령이 있다고 일단 정리할 수 있다.[17]

---

15) Walter Krebs, Subjektiver Rechtsschutz und objektive Rechtskontrrolle, in : FS
    Menger, S. 191.
16) Ule, VerwArch 1974. S. 295.
17) Naumann, a.a.O., S. 393. ; Bettermann, a.a.O., S. 187 ; Maetzel, DVBl 1974, S.
    335.

II. 행정소송상 기타의 법제도들과의 구별

앞서 독일에서 논의되고 있는 행정소송상 예방적 권리구제의 개념을 간략히 살펴보았으나 이 법제도가 행정소송 체계 내에서 차지하고 있는 위치를 보다 명확히 하기 위해서 독일 행정법원법상 기타의 소송유형들과 비교·검토하기로 한다.

1. 부작위를 다투는 소송

1) 부작위를 다투는 소송의 유형

예방적 금지소송은 행정작용의 금지를 구하는 소송(Klage auf Unterlassung)으로서, 행정의 부작위를 다투는 소송(Klage gegen Unterlassung)과는 구별하여야 한다. 행정의 부작위를 다투는 소송의 전형적인 예로는 바로 독일행정법원법상의 의무이행소송(Verpflichtungsklage)의 하위유형 가운데 하나인, 행정행위의 발급신청을 행정이 방치한 경우에 제기하는 의무이행소송(Untätigkeitsklage)을 들 수 있다. (동법 제42조 제1항) 더 나아가 행정이 발급신청을 거부하는 결정을 내린 경우 제기하는 의무이행소송(Versagungsgegenklage)도 본질적으로는 부작위를 다투는 소송이다. 왜냐하면 이 경우 외형상으로는 원고의 신청에 대한 거부결정이라는 불이익한 행정행위가 존재하나,[18] 원고가 발급청구권을 가지고 있는 행정

---

18) 행정행위의 신청에 대한 거부(Ablehnung)가 행정행위로서의 성격을 가지는가에 관해서는 과거 논란이 있었다. 예컨대, 베델(Wedel)의 견해에 의하면 거부결정으로 인하여 권리가 발생하는 것도 아니고 소멸하는 것도 아니므로 법상태를 변경시키지 않는다는 면에서 규율성이 결여되어 있으며 따라서 행정행위로서의 성격을 가지지 않는다고 보았다. (Wedel, Zum Verhältnis vom Anfechtungs - und Verpflichtungsklage, MDR 1975, S. 98 - Laubinger, Die

행위 자체는 발급되지 않았으며 원고가 소구하고 있는 것은 단순한 거부결정의 취소가 아니라 행정행위의 발급이기 때문이다.[19]

2) 부작위를 다투는 소송과 예방적 권리구제의 관계

의무이행소송의 원고는 행정행위의 발급을 구하는 자신의 신청을 행정청이 방치 혹은 거부한 것에 대하여, 작위청구권(Vornahmeanspruch)을 재판으로써 관철하고자 한다. 즉 의무이행소송의 원고는 행정청이 장래에 적극적으로 행정행위를 발급할 것을 요구한다는 점에서 의무이행소송은 미래관련성을 가지고 있다.[20] 또한 의무이행소송의 원고는 엄격히 말하자면 자신이 구하고 있는 행정행위에 행정청이 부관을 결부시키지 못하도록 소구한다는 점에서 의무이행소송에도 행정작용의 금지를 구하는 측면이 있다.[21] 그러나 의무이행소송 그 자체는 결코 예방적인 권리구제가 아니다. 왜냐하면 이 소송의 공격대상(Angriffsgegenstand)은 장래의 권리침해가 아니라 행정청의 방치 혹은 거부결정으로 인하여 이미 발생하였고 또한 지속되고 있는 위법한 권리침해이기 때문이다.[22] 더 나

---

isolierte Anfechtungsklage, in : FS Menger, S. 443-458, (452) 에서 재인용) 그러나 지배적인 학설과 판례에서는 행정행위의 신청에 대한 거부결정 역시 행정행위로서의 성격을 가진다고 보고 있다. (Laubinger, Die isolierte Anfechtungsklage, FS Menger, S. 452 ; Kopp, Verwaltungsgerichtsordnung, 10. Aufl., München 1994, §42, Rn. 22 (S. 301) ; Happ, in : Eyermann, Verwaltungsgerichtsordnung, 10. Aufl., München 1998 § 42, Rn. 18 (S. 243) ; Hans Günther König, Ablehnung und Versagung im Verwaltungsrecht, BayVBl. 1993, S. 269-271 (269) ; BVerwG, Urt. v. 19. 7. 1984 = BVerwGE 69, 374, 377.

19) Friedhelm Hufen, Verwaltungsprozeßrecht, 3. Aufl., München 1998 §15, Rn. 3 (S. 319).

20) Steffen Detterbeck, Zum präventiven Rechtsschutz gegen ultra-vires Handlungen öffentlich-rechtlicher Zwangsverbände, Peter Lang, Franfurt am Main 1990 (이하 Zum präventiven Rechtsschutz라고 약칭한다), S. 125.

21) Schenke, AöR 1970, S. 247-248.

22) Detterbeck, Zum präventiven Rechtsschutz, S. 125 ; Hufen, a.a.O., §26 Rn. 18. (S.

아가 의무이행소송은 행정행위의 발급만을 구할 수 있는 수단인 반면, 예방적 권리구제로써는 이하에서 살펴보듯이 행정행위뿐 아니라 그 밖에 행정행위의 성격을 갖지 않는 행정작용의 발급의 금지도 구할 수 있다는 점에서 양자가 대상으로 삼는 행정작용의 법적 성질에는 차이가 있다.[23]

2. 취소소송

1) 전형적 사후적 구제유형으로서의 취소소송

취소소송(Anfechtungsklage)은 행정행위가 발급되었을 때, 즉 고지(Bekanntgabe)되었을 때에 비로소 허용된다. 행정행위의 법적인 효력은 고지되었을 때 발생하기 때문에 (독일연방행정절차법 제43조 제1항) 대개는 그에 대한 취소를 구하는 사후적인 권리구제로 충분하기 때문이다. 이처럼 취소소송은 이미 발급된 행정행위에 대하여 제기된다는 점에서 전형적인 사후적 권리구제유형이다.[24]

2) 취소소송의 예방적 효과

(1) 집행의 방지

그러나 이러한 취소소송에서도 어느 정도는 예방적 효과를 발견할 수 있다. 첫째, 취소소송이 인용되는 경우에는 다투어진 행정행위의 집행이 방지된다는 점이 그것이다. 즉, 행정행위로 인한 개인의 권리침해(Beeinträchtigung)는 이미 당해 불이익한 행위 안에 자리잡고 있는 당위적

---

489) ; Bettermann, a.a.O., S. 185.

23) Burkhart, a.a.O., S. 26.

24) Hufen, a.a.O., §16, Rn. 11. (S. 337) ; Dreier, JA 1987, S. 416 ; Bettermann, a.a.O., S. 185.

명령(normative Anordnung)으로 인하여 발생하는 것이므로 개인은 당해
행정행위가 집행되기 이전에 이미 취소소송으로써 당해 행위를 '극복'
할 수 있으며 '현실의' 권리침해(reale Rechtsverletzung)가 있기까지 기다릴
필요가 없으므로 취소소송도 넓은 의미에서는 사전예방적인(präventiv)
목표를 지향하고 있다.25)

(2) 반복금지효

둘째, 취소소송이 인용되는 경우 행정청이 동일한 사실적 요건과 동
일한 법적 요건하에서 동일한 당사자에게 동일한 내용의 행정행위를 반
복하는 것은 금지된다는 점에서 취소판결도 넓은 의미에서는 예방적 효
과를 가진다.26) 이러한 반복금지효는 취소판결에서 문제의 행정행위의
위법성을 확인하는 것으로부터 비롯되는 것으로서, 별도의 이행소송 없
이도 행정청에게 장래 동일한 행정행위를 반복하지 않을 의무를 부과한
다는 한도 내에서는 예방적인 기능을 수행한다.27)

3) 취소소송과 예방적 권리구제의 관계

예방적 금지소송은 이하에서 살펴보듯이 그것이 형식상으로는 이행
소송에 속하지만 예방적 금지소송의 원고는 행정에 의한 위법한 권리침
해의 배제를 구하고 있다는 면에서 그가 처한 상황은 의무이행소송이나
일반이행소송의 원고보다는 취소소송의 원고가 처한 상황과 유사하다.
그리하여 일부에서는 임박한 행정행위에 대한 금지소송을 '예기된 취소
소송(antizipierte Anfechtungsklage)'28) 혹은 '앞당겨진 취소소송(vorverlegte

---

25) Lorenz, FS Menger, S. 157 ; Maetzel, DVBl 1974, S. 336 ; Naumann, a.a.O., S. 396.
26) Ule, VerwArch 1974, S. 295 ; Maetzel, DVBl 1974, S. 336 ; Naumann, a.a.O., S. 396 ; 관련판례-BVerwGE 14, 359, 362 ; OVG Lüneburg DVBl 1972, S. 904.
27) Maetzel, DVBl 1974, S. 336, 339 ; Naumann, a.a.O., S. 396.

Anfechtungsklage)'이라고 부르기도 한다.[29] 또한 개인이 행정에 대한 금
지청구권을 주장하는 일차적인 수단은 물론 금지소송이지만 취소소송의
기저에도 금지청구권의 종국적인 목적이 자리잡고 있다는 점은 널리 인
정된 바이다. 위법한 침해를 하지 않아야 한다는 국가의 의무는 국가가
위법한 침해를 하고 난 후에는 이미 이행할 수 없는 상태가 되어버리기
때문에 시민은 취소소송을 통해 위법한 행정행위의 취소를 구하거나 혹
은 당해 행위가 이미 현실적으로 집행된 경우에는 집행의 결과제거를
구할 청구권을 가진다는 것이다.[30]

그러나 취소소송은 어쨌거나 - 독일의 경우에 국한하여 말하자면 - 이
미 발생한 위법한 권리침해를 본안요건으로 그리고 위법한 권리침해의
주장을 원고적격으로 요구한다는 점에서 앞서 정의한 바 있는 예방적
권리구제의 범주에는 속하지 않는다. 그리고 행정행위에 대한 권리보호
에 있어서는 원칙적으로 사후적인 권리보호만으로 충분하다는 것이 입
법자의 의사로서, 취소소송은 예방적 금지소송과의 관계에서 우선적 위
치(Vorrang der Anfechtungsklage)에 있다고 보는 것이 독일의 지배적 견해
이다. 즉 예방적 금지소송은 취소소송에 대하여 보충적인 관계에 있기
때문에 개인이 행정행위에 대한 사후적 구제에 의지하는 것이 기대가능
할 때에는(zumutbar) 예방적 권리구제가 허용되지 않는다.

---

28) Dreier, JA 1987, S. 422 ; Detterbeck, Zum präventiven Rechtsschutz, S. 124, Fn.
    10.
29) Hufen, a.a.O., §16, Rn. 2 (S. 334) ; Maetzel, DVBl 1974, S. 337 ; Ule, VerwArch
    1974, S. 308 ; Franz-Joseph Peine, Vorbeugender Rechtsschutz im
    Verwaltungsprozeß, Jura 1983, S. 285 - 297 (294) ; Bettermann, a.a.O., S. 194 ;
    Schenke, AöR 1970, S. 246.
30) Naumann, a.a.O., S. 398-399 ; Hans-Dieter Sproll, Öffentlichrechtlicher
    Unterlassungsanspruch, JuS 1996, S. 313 - 318 (221) ; Otto Bachof, Die
    Verwaltungsgerichtliche Klage auf Vornahme einer Amtshandlung, Tübingen 1951,
    S. 86.

3. 계속적 확인소송

1) 계속적 확인소송의 미래지향성

　미래지향적 특성이 가장 명확하게 부각되는 행정소송의 하나로 행정법원법 제113조 제1항 제4문상의 계속적 확인소송(Fortsetzungsfeststellung-sklage)을 들 수 있다.[31] 계속적 확인소송은 취소소송을 통해[32] 다투어진 행정행위가 '미리(vorher)', 즉 소 제기 후 판결선고 전에[33] 직권취소 혹은 기타 이유로 소멸(Erledigung)[34]되어 버린 경우에 문제된다. 이러한 경우 법원은 본래 당해 소송을 소멸된 것으로 선언하고 비용에 대해 결정하여야 하나, (행정법원법 제161조 제2항) 소멸된 행정행위가 위법한 것이었음을 확인받는 것에 원고가 정당한 이익을 가지고 있는 경우라면 법원은 신청에 기하여 판결로써 당해 소멸된 행정행위가 위법하였음을 선언한다. 많은 행정행위, 특히 경찰법상의 조치들은 단기간에 실효되는

---

31) Dreier, JA 1987, S. 417 ; Maetzel, DVBl 1974, S. 339.

32) 행정법원법 제113조 제1항 4문에서 규정하고 있는 계속적 확인소송은 본래 취소소송 제기 후 행정행위가 사전에 소멸된 경우이나 학설·판례는 이에 국한하지 않고 의무이행소송 제기 후 원하는 허가가 발급됨으로써 소의 본안이 소멸되었더라도 본래의 거부처분이나 방치의 위법확인을 구하는 계속적 확인소송이나 더 나아가 금지소송 제기 후의 계속적 확인소송도 긍정하고 있다. Hufen, a.a.O., §18, Rn. 65 (S. 370), Rn. 66 (S. 371); Klaus Stern, Verwaltungsprozessuale Probleme in der öffentlich-rechtlichen Arbeit. 7. Aufl., München 1995, Rn. 165 (S. 90).

33) Stern, a.a.O., Rn. 163 (S. 89).

34) 행정행위의 소멸(Erledigung)은 대개 상대방에 대한 규율내용의 소멸 혹은 제3자에 대한 불이익한 효과의 소멸을 의미한다. (Hufen, a.a.O., §18, Rn. 58 (S. 368)) 독일연방행정절차법 제43조 제2항상의 행정행위의 직권취소(Rücknahme), 철회(Widerruf), 혹은 시간의 경과로 대상을 상실하였을 때 등이 소멸(Erledigung)의 구체적인 예이다. 그 밖의 형태로는 해제조건의 성취, 법률에 의한 효력 상실 등을 들 수 있다. Schenke, VwPR, 6., Aufl., Rn. 310-320 (S. 95-97) ; Hufen, a.a.O., 3., Aufl., §18, Rn. 58-62 (S. 368-369).

경우가 많기 때문에 계속적 확인소송은 실무상으로는 매우 중요하다.[35]

독일행정법원법 제113조 제1항 제4문 자체는 단지 소송 도중의 소멸, 즉 소제기 이후의 소멸만을 규정하고 있다. 그러나 많은 경우에 소멸은 소제기 이전에 일어나며 그러한 경우 형성소송은 더 이상 허용되지 않게 되는데 만약 이러한 사안에서 재판에 의한 해명이 더 이상 가능하지 않다면 이는 명백한 권리구제의 흠결이 될 것이다. 그렇기 때문에 독일의 판례는 이미 일찍부터 소제기 이전에 행정행위가 소멸해버린 경우에도 계속적 확인소송을 허용하고 있다.[36] 이 때 확인의 이익이 긍정되는 대표적인 경우가 반복위험(Wiederholungsgefahr)이 있는 경우[37]인바, 만약 소멸한 행정조치의 반복이 임박한다면 확인의 이익이 인정된다. 왜냐하면 이 경우 계속적 확인소송을 허용하지 않는다면 원고는 새로이 관련 조치를 기다려야 하나, 이 조치는 그 적법성이 해명되기 이전에 또 다시 소멸해 버릴 수 있기 때문이다.

2) 계속적 확인소송과 예방적 권리구제의 관계

계속적 확인판결에도 취소판결과 유사하게 반복금지효가 인정된다는 면에서 넓은 의미에서는 예방적 효과를 인정할 수 있다.[38] 그러나 계속적 확인소송이 가능하려면 행정청이 이미 위법한 행정행위를 발급하였어야 하며 원고가 그로 인하여 자신의 권리를 침해당하였어야 한다는 점에서 계속적 확인소송은 사후적 권리보호수단에 속하며 예방적 권리구제와는 구별된다.[39] 물론 계속적 확인소송이 반복위험을 저지하기 위

---

35) Hufen, a.a.O., §18, Rn. 54 (S. 367) ; Stern, a.a.O., Rn. 165 (S. 90).

36) Hufen, a.a.O., §18, Rn. 63 (S. 369). ; Maetzel, DVBl 1974, S. 339 ; BVerwGE 12, 87, 90 ; 26, 161, 165 ; 49, 36, 39 ; BVerwG, NJW 1991, S. 581.

37) Hufen, a.a.O., §18, Rn. 72 (S. 373).

38) Ule, VerwArch 1974, S. 295 ; Bettermann, a.a.O., S. 198 ; Maetzel, DVBl 1974, S. 339 ; 관련판례 OVG Lüneburg, Urt. v. 9. 8. 1972 = DVBl 1972, S. 904 ff.

한 것이라면 그러한 한도 내에서는 예방적 권리구제와 기능이 일부 중첩된다. 따라서 계속적 확인소송이 허용된다면 예방적 권리구제가 허용되기 위한 요건인 가중된 권리보호의 필요를 인정할 수 없는 경우도 있을 것이다.[40]

4. 가구제

1) 가구제유형

(1) 정지효

독일 연방행정법원법(VwGO)에서는 가구제로서 정지효(aufschiebende Wirkung ; Suspensiveffekt)와 가명령(einstweilige Anordnung)을 마련하고 있다. 정지효는 본래 행정의 자력집행력과 관련을 맺고 있다. 즉, 행정상 법관계에서는 행정권 스스로의 판단과 수단에 의하여 사인이 부담하는 의무를 강제로 실현할 수 있다는 점에서 민사상 법관계와 근본적인 차이가 있다. 즉 행정행위는 그 본질상 집행명의(Titel)인 것이다.[41] 그런데, 행정청의 자력집행으로 인하여 개인에게 회복할 수 없는 손해가 생기고 난 후에는 문제된 위법한 행정행위가 법원의 취소판결에 의하여 폐지되더라도 실효적인 구제가 되지 못할 위험이 있다. 이처럼 불이익한 행정행위의 집행에 의하여 본안절차가 기판력 있게 종결되기 이전에 회복할 수 없는 손해가 발생하는 것을 방지하는 것이 정지효의 목적이다. 개인은 행정심판청구와 취소소송을 제기하는 것으로 이미 집행배제를 달성할 수 있다. 이러한 절차가 개시되면 법률에 의거하여 정지효가 자동적

---

39) Bettermann, a.a.O., S. 198.

40) Maetzel, DVBl 1974, S. 339. ; Bettermann, a.a.O., S. 198.

41) Georg Scholz, Die aufschiebende Wirkung von Widerspruch und Anfechtungsklage gem. §80 VwGO, in : FS Menger, S. 641-655 (642).

으로 발생하게 된다. (행정법원법 제80조 제1항 제1문)

(2) 가명령

취소소송 이외의 기타의 영역에서 활용가능한 가구제유형은 가명령이다. 가명령은 불이익한 행정행위의 발급 이외의 방식으로 행정이 불이익을 끼치거나 혹은 수익을 거부하는 사안에서 활용가능하다. 정지효와는 달리 가명령은 당사자의 신청에 기한 법원의 명령으로써 발하여질 수 있을 따름이다. 가명령의 하위유형으로는 보전명령(Sicherungsanordnung)과 규율명령(Regelungsanordnung)이 있다. 전자는 현존하는 상태의 변경을 금지함으로써 위험에 처한 권리실현을 예방적으로 확보한다는 점에서 기능적으로는 정지효와 비슷하다.[42] 이로써 보전될 수 있는 신청인의 권리로는 행정행위의 발급금지를 구하는 청구권 혹은 공법상 사실행위의 금지를 구하는 청구권 등이 있을 수 있다.[43] 다른 한편 규율명령은 법원이 특히 계속적 법관계에 있어서 중대한 불이익을 피하거나 혹은 급박한 손해를 피하거나 혹은 기타 이유에서 필요하다고 인정하는 때에 다툼의 대상인 법관계에 관하여 임시의 지위를 규율하기 위하여 발하는 가명령이다.

2) 가구제와 예방적 권리구제의 관계

(1) 공통점

예방적 구제와 가구제는 입법자가 임의로 베풀고 제약하고 박탈할 수 있는, 입법자의 선물은 아니며 오히려 기본법 제19조 제4항 제1문상의

---

42) Bernd Bender, Die einstweilige Anordnung (§123 VwGO), in : FS Menger, S. 657-678 (660).

43) Bender, FS Menger, S. 660. ; Schenke, VwPR, 6., Aufl., Rn. 1025 (S.321) ; Schoch, in : Schoch, Friedrich/Schmidt - Aßmann, Eberhard/Pietzner, Jost, Verwaltungsgerichtsordnung, München 1999 §123 Rn. 53 (S. 24).

실효적 권리보호명령의 표현이라는 점에서는 공통점을 가진다.[44]

(2) 차이점

예방적 금지소송과 예방적 확인소송은 임박한 국가작용을 배제하기 위하여 기판력 있는 금지판결 혹은 행정청이 특정한 조치를 취할 권한이 없음을 선언하는 확인판결을 구하는 본안절차(Hauptverfahren)이다. 반면 가구제는 단지 임시의 절차에서, 즉 차후의 변경이 유보되어 있는 절차에서 대개는 이미 발생한 국가의 작위(불이익한 행정행위의 발급, 신청한 급부의 거부)에 대응하는 형태이며 법원은 다툼의 대상인 법문제가 차후의 본안절차에서 종국적으로 해명될 때까지 잠정적인 규율을 발한다는 점에서 예방적 금지소송이나 예방적 확인소송과는 다르다.[45]

정지효는 행정행위의 발령을 전제로 하고 있으며 따라서 이미 발생한 권리침해를 대상으로 한다. 행정법원법 제80조 제5항에 따라 법원이 정지효를 명령하거나 혹은 정지효가 회복되는 경우에도 마찬가지이다. 그러한 점에서 행정법원법 제80조 제5항이 가구제이면서 동시에 예방적 권리구제라고 해석하는 것은 오류라는 지적이 있다. 왜냐하면 동 조항은 행정행위의 발령으로 인한 권리침해를 이미 전제로 하고 있기 때문이다. 그리하여 베터만(Bettermann)은 정지효는 '취소청구된 행정행위의 집행을 금지하는' 한도 내에서만 예방적 기능을 한다고 지적하고 있다.[46]

한편, 가명령에 관해서는 의견이 나뉘고 있다. 일부의 학설에서는 가

---

44) Finkelnburg/Jank, Vorläufiger Rechtsschutz im Verwaltungsstreitverfahren, 4. Aufl., München 1998, Rn. 1 (S. 1) ; Bender, FS Menger, S. 657 ; Scholz, FS Menger, S. 641 ; Papier, a.a.O., §154, Rn. 76 ; BVerwG, Urt. v. 8. 9. 1953 = BVerwGE 1, 11.

45) Finkelnburg/Jank. a.a.O., Rn. 28 (S. 13) ; Detterbeck, Zum präventiven Rechtsschutz, S. 125 ; Papier, a.a.O.,§154, Rn. 76 ; Burkhart, a.a.O., S. 28.

46) Ule, VerwArch 1974, S. 296.

명령 역시 장래의 권리침해를 겨냥한 것이 아니라 수익적 행정행위의
발급 혹은 기타의 급부를 구하는 청구권을 임시로 관철하는 데 기여할
따름이며 가명령을 통하여 장래의 권리침해가 방지되는 것은 아니므로
예방적 권리구제수단이 아니라고 본다.47) 다른 일부의 견해에서는 가명
령이 현상을 유지하고 원고의 권리의 침해 혹은 침해의 위험 및 그 현실
화를 방지하기 때문에 가명령은 가구제일 뿐 아니라 예방적 구제라고
본다.48) 한편 또 다른 견해에서는 가명령 전부가 아니라 단지 행정법원
법 제123조 제1항 제1문의 보전명령에 관하여서만 예방적 가구제라고
본다.49)

(3) 양자의 중첩영역

이처럼 예방적 권리구제와 가구제는 권리보호목표가 상이하고 각각
독자적으로 양립하나, 다른 한편 이 두 제도가 중첩적으로 활용될 수도
있다. 예를 들어 예방적 가구제(vorbeugender vorläufiger Rechtsschutz) 혹은
임시의 예방적 구제(vorläufiger vorbeugender Rechtsschutz)의 모습이 그것이
다.50) 이러한 예방적 가구제는 개인에게 본안절차의 오랜 지속 때문에
수인할 수 없을만큼 심각한, 달리 방어할 수 없는 불이익이 발생하는 경
우, 즉 예방적인 본안의 권리구제가 너무 늦고 이것이 신청인에게 수인

---

47) Ule, a.a.O.
48) Bettermann, a.a.O., S. 188 ; Langer, DÖV 1987, S. 420 ; Walter Schmidt,
Einführung in die Probleme des Verwaltungsrechts, München 1982, Rn. 249 (S.
180).
49) Dreier, JA 1987, S. 418.
50) 전자의 용어를 쓰는 견해로는 Schoch, a.a.O., Rn. 45 (S. 21). 후자의 용어를
쓰는 견해로는 Detterbeck, Zum präventiven Rechtsschutz, S. 125 ;
Finkelnburg/Jank, a.a.O., Rn. 20 (S. 10) ; Maetzel, DVBl 1974, S. 338 f. ;
Redeker/v. Oertzen, Verwaltungsgerichtsordnung, 11. Aufl., Stuttgart 1994, § 123
Rn. 9 (S. 681) ; BVerwGE 43, 340, 341 ; BayVGH BayVBl. 1988, S. 662 ; OVG
Münster, NVwZ 1985, S. 123f. ; NJW 1984, S. 1642 ff.

할 수 없는 불가역적인 권리상실을 초래할 경우에 베풀어질 수 있다.[51]

5. 규범통제절차

독일연방행정법원법 제47조상의 규범통제절차(Normenkontrollverfahren)
가 위에서 정의한 예방적 권리구제수단에 해당하느냐에 대해서는 논란
이 있다. 울레(Ule)는 신청인이 당해 규정의 적용으로 인하여 조만간 어
떠한 불이익을 입을 것이 예견되는 경우에는 예방적 권리구제에 해당하
지만, 신청인이 당해 규정의 적용으로 인하여 이미 불이익을 입은 경우
에는 이미 발생한 권리침해에 대한 권리구제에 해당한다고 보고 있다.[52]
또한 규범통제신청이 '규범집행으로부터 야기되는 개별적인 소송들'을
방지한다는 점에서 넓은 의미에서는 예방적 기능을 하며 이러한 예방적
기능이 규범통제절차의 '가장 중요한 존재이유'라고 베터만(Bettermann)
은 지적하고 있다.[53] 그러나 물론 규범통제절차가 주관적 권리보호에도
기여하는 제도라는 점이 권리침해라는 신청인적격에 나타나고 있어도
어쨌거나 이는 본안요건은 아니라는 점에서 규범통제절차는 변함 없이
객관적인 이의제기절차이며 따라서 이를 (예방적) 권리구제의 유형으로
볼 수 없다는 지적도 있다.[54]

이상으로 독일의 행정소송상 예방적 권리구제개념을 살펴보고 기타
소송유형들과 비교·검토하였다. 이하에서는 주요국의 행정소송체계를

---

51) Finkelnburg/Jank, a.a.O., Rn. 28 (S. 13) ; Schoch, a.a.O., §123, Rn. 45 (S. 21).
52) Ule, VerwArch 1974, S. 296.
53) Bettermann, a.a.O., S. 188.
54) Hufen, a.a.O., §19, Rn. 27. (S. 391) ; 반면 규범통제절차는 객관적 이의제기절
차(Beanstandungsverfahren)이자 주관적 권리구제절차(Rechtsschutzverfahren)이기
는 하나 앞서 살펴본 바와 같은 신청인적격의 개정을 통하여 권리구제절차
로서의 성격이 고조되었다고 보는 견해로는 Walter Schmitt Glaeser,
Verwaltungsprozeßrecht, 14. Aufl., Boorberg 1997, Rn. 405 (S. 251), 422 (S. 260).

행정재판권의 소재, 소송유형, 원고적격을 중심으로 개관하고 앞서 정의
한 바 있는 예방적 구제제도, 즉 예방적 금지소송과 예방적 확인소송 혹
은 예방적 가명령의 존부를 구명하고자 한다.

제2절 주요국의 행정소송체계개관

Ⅰ. 독일의 행정소송체계

1. 행정재판권의 소재

독일에서는 19세기 중반에 이르러 자유주의적 요청의 일환으로 행정재판권을 기존의 행정부 내에 설치된 법원(Administrativjustiz)이 아닌 독립된 법원에 부여하고 그럼으로써 행정과 사법을 분리시키자는 주장이 강하게 대두되었다. 그러나 프랑크푸르트 국민회의 운동의 실패(1849)로 이러한 요청은 즉각 관철되지는 못하였으며 1863년에 바덴(Baden)에 최초로 독립된 행정법원이 창설되었던 것을 계기로 하여 비로소 각 주들에 독립된 행정법원들이 설립되었다.[1] 그러나 이 시기의 행정재판은 열기주의의 엄격한 지배를 받았으므로 행정재판은 거의 오로지 침익적 행정행위에 대해서만 이루어졌다. 바이마르 공화국과 나찌의 통치를 겪은 후 제정된 기본법 하에서는 행정재판권은 사법권에 속하는 행정법원들, 즉 연방행정법원, 고등행정법원, 지방행정법원에게 귀속하게 되었다. 또한 이하에서 살펴보는 바와 같이 기본법상의 포괄적 권리보호요청과 1960년 제정된 행정법원법의 개괄조항에 따라 행정소송으로 다툴 수 있는 행정작용의 유형이나 소송유형 모두에 있어서 과거와 같은 제한은 사라지게 되었다.

---

1) Hufen, a.a.O., §2, Rn. 9 (S. 32).

2. 행정소송유형

1) 본안절차의 유형

독일은 제2차 대전 이전까지는 프랑스 행정법의 영향을 받아 행정소송을 취소소송(Anfechtungsklage)과 당사자소송(Parteistreitigkeit) 두 가지 형태로 구성하고 있었다. 그러나 패전 후 영국과 미국점령지역에서 시행되었던 행정소송법률들(MRVO 제165호, VGG)에서는 위와 같은 2원적 체제를 유지하면서도 항고소송(Anfechtunsgsachen)으로서 의무이행소송을 도입하였고 더불어 일반적 확인소송도 도입하였다. 그러나 기본법 제19조 제4항이 포괄적 권리구제를 명하고 있음에도 불구하고 위와 같은 소송체계가 소송유형이 한정되는 듯한 인상을 준다는 우려로 인하여 결국 1960년 제정된 행정법원법에서는 2원적 체제를 포기하게 되었다. 현행 행정법원법에서는 취소소송(Anfechtungsklage)과 의무이행소송(Verpflichtungsklage)을 중점적으로 규율하고 있으며 그 밖에 무효확인소송(Nichtigkeitsfeststellungsklage)과 일반적 확인소송(allgemeine Feststellungsklage)을 명문으로 규율하고 있고 계속적 확인소송(Fortsetzungsfeststellungsklage)도 마련하고 있다. 그러나 허용되는 행정소송유형이 이에 국한되는 것은 아니라는 점에 학설과 판례상 이의가 없다. 그리하여 독일의 행정소송유형은 민사소송에서의 구분에 따라 형성소송, 이행소송, 확인소송으로 분류되고 있다.[2] 그 밖에 행정입법에 대한 통제수단으로서 규범통제절차(Normenkontrollverfahren)가 마련되어 있으며 본 논문의 고찰대상인 행정행위 혹은 기타의 행정작용의 발급을 저지하기 위한 예방적 금지소송(vorbeugende Unterlassungsklage) 혹은 예방적 확인소송(vorbeugende Feststellungsklage)은 학설·판례를 통하여 인정되고 있다.

---

2) 독일 취소소송의 형성소송적 성격에 관해서는 박정훈, "행정소송법 개정의 기본방향" 晴潭 최송화교수 화갑기념『현대공법학의 과제』2002, 652-653면.

2) 가구제절차의 유형

한편 앞서 살펴본 바와 같이 독일의 행정소송상 가구제로는 취소소송의 경우 정지효(행정법원법 제80조)를, 기타의 소송유형에서는 가명령(동법 제123조)을 활용할 수 있다. 이하에서는 집행정지를 둘러싼 여러 가지 논점들 가운데에서 특히 우리나라의 집행정지의 법적 성격에 관한 논의(제4장)를 전개하기 위한 사전작업으로서 독일의 집행정지의 법적 성격에 관해서만 고찰하기로 한다. 정지효의 의미(Tragweite)에 대해서는 변함 없이 논란이 있는바, 크게 두 개의 입장, 즉 집행가능성설(Vollziehbarkeitstheorie 혹은 Vollstreckbarkeitstheorie)과 유효성설(Wirksamkeitstheorie)로 나눌 수 있다. 유효성설 혹은 효력억제설은 정지효가 행정행위의 유효성 자체에 관련된다고 본다.[3] 반면 집행가능성설 혹은 집행억제설은 정지효가 유효성을 억제하는 것이 아니라 다만 집행을 억제할 따름이라고 본다.[4] 정지효는 사인의 행정심판과 취소소송 제기에 자동적으로 수반하는 것인바, 유효성억제설에 의한다면 결국 행정행위의 효력이 사인의 의사에 좌우되는 결과가 된다는 점에서 지나친 것이며 집행억제설에 의하더라도 집행의 개념을 행정에 의한 실현조치 뿐 아니라 사인에 의한 실현조치까지도 포함하는 것

---

3) Schoch, in : Schoch/Schmidt-Aßmann/Pietzner, VwGO, §80, Rn. 73 (S. 31) ; Jörg Schmidt, in : Eyermann, VwGO, §80 Rn. 6 (S. 580) ; Schenke, VwPR, Rn. 953. ; Hartmut Maurer, Allgemeines Verwaltungsrecht, 12. Aufl., München, 1999 §10, Rn. 23 (S. 242).

4) 그 근거로서는 먼저 행정행위의 공정력에 관한 행정절차법 제43조의 문언이 제시되고 있다. 동 규정에서는 행정행위는 그것이 폐지될 때까지는 유효함을 못박고 있으며 정지효는 언급하고 있지 않기 때문이다. 또한 집행개념에 있어서도 그것을 행정행위가 실현되었을 경우의 모든 부정적인 결과로 파악한다면 형성적 행정행위나 확인적 행정행위 및 제3효행정행위도 포함시킬 수 있다라는 점도 제시되고 있다. 즉 이러한 사안에서는 '집행'이 정지되는 것이 아니라 오히려 확인의 부정적 결과 내지 제3자의 활용이 정지되는 것이다. (Hufen, a.a.O., §32 Rn. 3 (S. 540) ; Stern, a.a.O., Rn. 196 (S. 104) ; Schmitt Glaeser, a.a.O., Rn. 250 (S. 160-161) ; Ruckdäschel, DÖV 1961, S. 677.

으로 이해하고 또 행정대집행법상의 집행과 집행정지의 집행개념을 달리 이해한다면 효력억제설에서 주장하는 문제점들[5]은 해결되기 때문에 지배적인 학설과 판례는 집행억제설을 채택하고 있다.[6]

3. 원고적격

취소소송의 경우 원칙적으로 원고는 계쟁 행정행위로 인하여 자신의 권리가 침해되었음을 주장하여야 한다. 의무이행소송의 경우에는 자신이 신청한 행정행위에 대하여 청구권을 가진다고 주장할 필요는 없으며 단지 신청에 대한 행정청의 거부 혹은 방치로 인하여 자신의 권리가 침해되었음을 주장하여야 한다.(행정법원법 제42조 제2항) 권리침해(Rechtsverletzung)의 주장은 계쟁 행정행위(의무이행소송의 경우에는 신청된 행정행위의 거부 혹은 방치)가 자신의 권리영역에 개입을 한다는 것과 그러한 개입이 위법하다는 두 가지의 구성요소를 포괄한다.[7] 주장의 정도에 관해서는 신빙성설(Schlüssigkeitstheorie)과 개연성설(Möglichkeitstheorie)이 대립하고 있으나 지배적인 학설과 판례는 후자의 입장을 취하고 있다.[8] 즉, 연방행정법원의

---

5) 효력억제설은 그 논거로서 첫째, 제3자효 행정행위의 경우 당해 행위로부터 이익을 얻는 상대방(Adressaten), 예컨대 건축허가의 상대방에 대한 정지효는 유효성억제설에 의하였을 때만이 설명가능하며 둘째, 형성적, 확인적 행정행위 혹은 기타 엄격한 의미에서 집행가능한 것은 아닌 행정행위에 대해서도 정지효가 타당하다라는 점 역시 유효성억제설에 의하였을 때만이 설명할 수 있다는 점을 제시하고 있다. (Hufen, a.a.O., §32, Rn. 2, S. 540) 그러나 집행억제설에서는 첫째 논거에 대해서는 집행개념을 반드시 행정에 의한 실현행위뿐 아니라 개인에 의한 실현행위도 포괄하는 것으로 이해할 수 있으며 둘째 논거에 대해서는 집행정지에서의 집행개념과 행정대집행법상의 집행개념은 달리 이해하여야 한다고 반박하고 있다. Schmitt Glaeser, a.a.O., Rn. 250 (S. 161) ; Hufen, a.a.O., §32, Rn. 2 (S. 540).
6) 집행억제설은 독일연방행정법원의 확립된 견해이다. 예컨대 BVerwGE 13, 1, 5; 66, 222.
7) Schmitt Glaeser, a.a.O., Rn 152 (S. 102).

정형화된 문구에 따르면 원고적격은 "그 어떤 고찰방식에 의하더라도 권리가 명백하게 그리고 일의적으로(offensichtlich und eindeutig) 존재하지 않거나 원고에게 귀속하지 않는 경우"에만 부정되어야 한다.[9] 한편 취소소송과 의무이행소송의 원고적격에 관한 행정법원법 제42조 제1항의 규정은 일반이행소송에도 유추적용된다는 것이 지배적인 학설과 판례이다.[10] 다만 일반적 확인소송의 경우에는 행정법원법 스스로 '즉시확정의 정당한 이익'을 요구하고 있는바, 이러한 즉시확정의 정당한 이익이 취소소송의 원고적격보다 넓은 개념으로서 보호가치 있는 이익을 의미한다고 보는 지배적 견해에서는[11] 일반적 확인소송에 취소소송의 원고적격규정을 유추적용하는 데 반대하고 있으나 판례는 동규정을 유추적용하거나[12] 혹은 즉시 확정의 이익 자체를 원고의 주관적 권리로 좁게 해석하는 입장을 고수하고 있다.[13] 한편 규범통제절차의 신청인적격에 관하여 종전에는 "법규정 혹은 그 적용으로 인하여 불이익(Nachteile)을 입었거나 혹은 조만간 입을 것이 예견되는" 이라고 규정하고 있었으나 1997년 1월 1일 발효된 6차 행정법원법개정법률에 의하여 "법규정 혹은 그 적용으로 인하여 자신의 권리(Recht)가 침해되었거나 혹은 조만간 침해될 것임을 주장하는"으로 변경되었다. 즉 첫째, 단순한 불이익

---

8) Hans-Werner Laubinger, Der öffentlich-rechtliche Unterlassungsan-pruch, VerwArch Bd. 80, 1989, S. 261-301(264) ; Hufen, a.a.O., §14, Rn. 143 (S. 311) ; Schmitt Glaeser, a.a.O., Rn. 155 (S. 103).

9) BVerwGE, 36, 192, 199 ; 44, 1, 3; 68, 241, 242 ; 75, 285, 291

10) Kopp, a.a.O., §42 Rn. 38 (S. 316) ; Pietzcker, a.a.O., §42 Abs. 1, Rn. 170 (S. 83) ; Happ, a.a.O., §42 Rn. 69 (S. 262) ; v. Albedyll, a.a.O.,§42, Rn. 111 (S. 241) 관련 판례 - VGH München, BayVBl. 1985, S. 84. ; BVerwGE 36, 192, 199 ; 60, 144, 150 ; BVerwGE 99, 64.

11) Schmitt Glaeser, a.a.O., Rn. 341 (S. 216) ; Kopp, a.a.O., §42, Rn. 38 (S. 316), §43, Rn. 21(S. 428), 23 (S. 430) ; Stern, a.a.O., Rn. 266 (S. 141) ; Schenke, AöR 1970, S. 255 ; Redeker/v. Oertzen, a.a.O., §43, Rn. 26 (S. 240).

12) BVerwG, Beschl. v. 30. 7. 1990 = NVwZ 1991, S. 470f.

13) BVerwG, Beschl. v. 9. 10. 1984 = NVwZ 1985, S. 112f.

(Nachteile)으로부터 권리의 침해(Rechtsverletzung)로 둘째, 불이익(혹은 그 가능성)의 사실상 존재(tatsächliches Vorliegen)로부터 권리침해(혹은 그 가능성)의 주장(Geltendmachung)으로 변경되었다. 이처럼 독일의 행정소송 상으로는 거의 모든 소송유형에서 권리침해의 주장이 원고적격 혹은 신청인적격으로 요구되고 있다는 점에서 행정소송의 주관적 권리구제지향성을 확인할 수 있다.

II. 프랑스의 행정소송체계

1. 행정재판권의 소재

프랑스는 앙샹레짐 하의 전통에 따라 행정재판권을 사법부가 아닌 행정내부에 설치된 행정법원이 행사하고 있다. 양상레짐 하의 사법부는 보수귀족계급의 이익을 대변하는 기관으로서 국왕의 여러 개혁조치들에 대하여 부단히 저항과 간섭을 행함으로써 행정개혁을 좌절시키곤 하였다. 그리하여 프랑스인들은 대혁명 이후로도 사법부가 행정에 대하여 간섭하는 것을 두려워한 나머지 제3의 권력인 사법부는 제2권력인 행정부에 대해 아무런 힘도 가져서는 안된다는 원칙을 확립하고 행정사건에 관해 사법부가 재판하는 것은 원칙적으로 허용되지 않음을 법률(Loi de 16-24 août 1790, Art 13)로써 선언하였다.[14] 그러나 일단 행정재판권을 사법부에게 주지 않는다 하더라도 행정부 내부의 누가 행정재판권을 행사할 것인가가 문제된다. 초기에는 앙샹레짐의 전통에 따라 행정재판권은 국가원수(chef de l'Etat)가 보유하고 본래 국왕의 자문기구로서 탄생한 꽁세유 데따는 다만 국가원수에게 행정사건에 관한 의견을 제시함에 불

---

14) Jean Rivero/Jean Waline, Droit administratif, 16e édition, Dalloz, 1996. n° 131-133, p. 121-122.

과하였다.15) 그러나 그 후 1872년 5월 24일의 법률에 의해 재판권이 꽁세유 데따에게 위임되었고16) 더 나아가 1889년 12월 13일 꺄도(Cadot)판결17)에 의하여 장관이 일심법관으로서 행정재판권을 행사하는 것마저 폐지함으로써18) 행정부 내에서 행정기능과 재판기능은 완전히 분리되었다. (séparation entre la fonction active et la fonction jurisdictionnelle) 그 이후로 행정법원(jurisdiction administrative)의 위상과 절차에 관한 수 많은 세부조치들이 마련됨으로써 프랑스의 행정법원은 한편으로는 행정과의 구별을 강화하고 다른 한편으로는 사법부의 법원(jurisdiction judiciaire)의 구조와 비슷하게 정비되었다.19)

2. 행정소송유형

1) 소송유형의 제약원리

행정소송에서 활용할 수 있는 구제유형을 살펴보기 이전에 먼저 구제유형을 제약하는 전통적인 원리로서 법원에 대한 행정의 독립성원칙 (principe d'indépendance de l'administration à l'égard du juge)을 살펴보기로 한다. 행정부 내의 행정기능과 재판기능의 분리는 바로 '법원에 대한 행정의 독립성원칙'으로 나타난다. 동 원칙에 따르면 민사법원의 법관이라면 민사소송에서 활용할 수 있을 일정한 구제유형들을 행정법원의 법관은 행정소송에서 활용할 수 없는바, 행정법관은 행정을 직접 대신할 수 없고 행정에게 무엇인가를 할 것을 혹은 하지 않을 것을 명령할 수 없으며

---

15) 이를 유보재판 (justice retenue)이라고 한다. Rivero/Waline, loc. cit., n° 134, p. 123.

16) 이를 위임재판 (justice déléguée)이라고 한다. Rivero/Waline, loc. cit.

17) 13 décembre 1889, Recueil Lebon p. 1148.

18) Rivero/Waline, loc. cit., n° 134, p. 123.

19) Rivero/Waline, loc. cit.

예외적인 경우를 제외하고는 금전강제(astreinte)를 명할 수도 없다.[20] 행정법원이 행정청을 대신(substituer)하여 결정을 할 수 없으므로 행정청을 대신하여 행정법원이 허가처분을 내릴 수는 없다. 또한 행정법원은 법을 선언하고 행정에 대하여 금전의 지급을 명할 수 있으나 행정에 대하여 명령(injonction)을 발할 수는 없다.[21] 이처럼 소송유형이 제약되는 결과, 프랑스의 행정소송상으로 본질적으로 단 두 개의 소송유형, 즉 (일방적) 행정행위(acte administratif)[22]의 취소를 구하는 월권소송(recours pours excès de pouvoirs)과 주로 행정에 대한 금전급부의무의 부과(condamnation à payer)를 구하는 완전심리소송(recours de pleine jurisdiction)만이 인정되고 있다.[23]

2) 본안절차의 유형

(1) 월권소송(recours pour excès de pouvoir)

월권소송은 위법한 행정행위(acte administratif)의 취소(annulation)를 구

---

20) 이러한 사고의 실정법적 근거는 앞서 이미 살펴본 바 있는 1790년 8월 16-24일 법 13조이다.

21) Rivero/Waline, loc. cit., n° 229, p. 199.

22) 프랑스 행정법상 일방적 행정행위(acte administratif unilatéral)는 독일의 행정행위개념과는 달리 개별·구체적 규율행위뿐 아니라 일반·추상적 규율로서의 법규명령 혹은 자치법규 등을 포괄하는 개념이다. (Hans D. Jarass 著/박정훈 譯, "독일행정법과 비교하여 본 프랑스행정법의 특수성"『행정법연구』제5호, 1999, 68면)

23) 박정훈 譯, 68면 ; Rivero/Waline, loc. cit., n° 229, p. 199 ; 그러나 이하에서 살펴보듯이 첫째 취소판결 주문 내에서 명령(injonction)발급을 가능케 한 1995년의 개혁과 둘째 기본적 자유보전형 급속심리(référé-liberté)를 창설한 2000년의 개혁에 의하여 행정재판에서의 명령(injonction) 배제라는 프랑스 행정법상의 전통적인 입장도 변화하고 있는 것으로 보인다. 1995년의 개혁에 의한 명령제도에 관해서는 박정훈, 인류의 보편적 지혜로서의 행정소송, 서울대학교『법학』제42권 제4호, 2001, 83면.

하는 소송유형이다. 월권소송은 초기에는 주관적 권리의 문제(violation des droits acquis)만을 다루는 수단이었으나 1906년 이후[24)로 원고적격의 범위가 넓어지면서 점차 개인의 이익 혹은 권리의 구제수단이기보다 행정활동의 객관적 적법성을 통제하는 수단으로서의 의미가 강하게 되었다.[25) 월권소송의 이러한 객관소송적 특성은 첫째, 원고적격으로 '직접적이고 개인적인 이익(intérêt direct et personnal)'만을 요구함으로써 원고적격을 상당히 넓게 인정하고 있으며[26) 둘째, 본안요건으로 권리의 침해가 아니라 오로지 '추상적' 위법성만이 요구되며 세째, 사전에 소제기를 포기하거나[27) 혹은 이미 발하여진 취소판결에 토대하지 않기로 포기하는 것[28)은 효력이 없으며 네째, 취소판결이 대세적인 효력을 가진다는 점 등에 반영되고 있다.[29)

---

24) C.E. 1. 6. 1906, Alcindor, Rec. p. 517.

25) Fabrice Melleray, Déclaration de droits et recours pour excès de pouvoir, RDP 1998, p. 1089-1129 (1091) ; André de Laubadère/Jean-Claude Venezia /Yves Gaudemet, Traité de Droit Administratif, Tome Ⅰ, 11e édition, 1990 n° 669, p. 412.

26) Laubadère, loc. cit., n° 669, p. 412.

27) C.E. 13. 4. 1948, Louarn, Rec. p. 79.

28) C.E. 13. 10. 1967, Société Civile Immobilière La Méditerranée, Rec. p. 375 ; C.E. 25, 2, 1979, Dame Toledano Abitul, Rec. p. 228

29) Laubadère, loc. cit., n° 669, p. 413; Rivero/Waline, loc.cit., n° 213, p. 187.
또한 월권소송은 '취소소송'이라고는 하지만 (단순)위법한 행정행위에 실체적 효력이 발생하는 독일의 경우(연방행정절차법 제43조 제2항, 제3항)와는 달리 프랑스 행정법이론상으로는 위법한 행정결정에 실체적 효력이 발생하는 것은 아니며 단지 유효성의 추정만이 있을 따름이라는 점에서 월권소송은 위법함에도 불구하고 발생하는 실체적 공정력을 제거하는 형성소송유형은 아니며 실체적으로 효력을 발생하지 않은 행정결정의 위법성을 확인하는 소송이라는 점에서 독일의 경우와는 차이가 있다는 지적이 있다. 박정훈, "행정소송법 개정의 기본방향" 앞의 책, 657-659면. 그 밖에 월권소송의 확인소송성을 지적하고 있는 문헌으로는 Maurice Kellersohn, Des effets de l'annulation pour excès de pouvoir (thèse, Univ. de Bordeaux, 1915) p. 146 (Edwin Borchard, Declaratory Judgments, Banks-Baldwin Law Publishing Co. Cleveland, 1941, p. 112 각주 24에서 재인용)

(2) 완전심리소송(recour de pleine jurisdiction)

원고가 법관에게 요구하는 것이 다음의 사항, 즉 첫째 자신에게 유리한 내용의, 어떤 권리(droit)가 존재함을 인정하고 둘째 자신이 당해 권리를 비합법적으로 훼손당하였음을 선언하고 셋째 당해 권리를 토대로 하는 상황을 복구하는 데 필요한 조치를 명하는 것일 때에는 완전심리소송을 활용하여야 한다. 즉, 완전심리소송은 침해된 개인의 지위를 회복하기 위한 것으로서 주관적 권리에 토대한 것이다. 따라서 완전심리소송은, 월권소송과는 달리 주관적 소송의 성격을 갖는다.[30]

(3) 소송유형제한의 문제점

이렇듯 프랑스의 경우 행정소송유형이 한정되어 있어서 행정작용으로 인하여 개인의 영역이 심각한 침해를 당한 경우라 하더라도 행정법원은 행정의 독립성원칙에 따라 오로지 문제의 행정작용을 취소하든지 혹은 손해배상을 명할 수 있을 따름이며 침익적 행정작용의 중단을 명하는 이행소송유형 혹은 수익적 행정작용의 발급을 명하는 이행소송유형은 마련되어 있지 않았다. 또한 법원이 행정에게 부과한 금전급부의무의 강제집행도 금지되어 왔다. 물론 행정의 독립성원칙의 예외로 부동산침탈(emprise)법리와 폭력행위(voies de fait)법리가 전통적으로 인정되어 오기는 하였다. 즉, 문제된 행정작용이 부동산 침탈이나 폭력행위에 해당하는 경우에는 행정의 활동으로서의 성격을 잃고 민사법원의 관할에 속하게 되며 민사법원의 법관은 사인에 대해서와 마찬가지로 행정에 대하여도 - 특히 폭력행위인 경우 - 침해행위를 금하는 명령을 발할 수 있다.[31]

그러나 이처럼 원칙적으로 행정법원의 법관이 행정에 대해 명령을 내릴 수 없도록 하는 것은 행정소송에 의하여 해결되는 분쟁의 폭을 좁히

---

30) Rivero/Waline, loc.cit, n° 213, p. 187.
31) 이에 관해서는 제3장 제3절에서 더 자세히 살펴보기로 한다.

는 결과가 되었으며 행정소송상의 구제를 받을 길이 막힌 개인들이 폭
력행위이론에 지나치게 호소하면서 민사소송을 제기하게 되는 부작용을
낳게 되었다.32)

더 나아가 취소판결 혹은 금전급부의무이행판결을 행정이 준수할 것
인가 여부 역시 오로지 행정의 선의와 법원의 위엄에 의존하여 왔으
나33) 실무에서 행정이 취소판결을 불이행하는 사례가 늘어나게 되었다.
그리하여 1960년대 초 리베로(Rivero)가 월권소송의 수월성에 대한 의심
을 제기한 이후34) 월권소송의 취약점, 특히 개인의 권리보호상의 약점이
학계에서 심각하게 거론되기 시작하였고 오늘날의 학계에서는 기능분리
원칙의 잇점보다는 불편함을 더 강조하고 있다.35) 이에 따라 최근 기능
분리원리 혹은 행정의 독립성원칙의 약점을 보완하고 행정소송상 구제
의 고질적인 미비를 보완하고자 하는 노력이 입법을 통하여 성과를 거
두게 되었는데, 이는 무엇보다도 취소판결주문상의 명령제도(injonction)
그리고 가구제제도의 개혁으로 나타나게 되었다.36)

---

32) Roland Vandermeeren, La réforme des procédures d'urgence devant le juge
    administratif, AJDA 2000, p. 706-721 (712) ; Jean-Marie Auby, Note de
    jurisprudence, RDP 1996-2, p. 525-535 (525).
33) Prosper Weil 著, 金東熙 譯, 『프랑스행정법』, 박영사, 1980, 106면.
34) Rivero, Le Huron au Palais-Royal, ou réflexions naïves sur le recours pour excès de
    pouvoirs, D., 1962, chron. p. 37. (Melleray, RDP 1998-4, p. 1091 각주 3에서 재
    인용)
35) 그리하여 특히 거부결정에 대한 취소판결의 실효성을 강화하여야 한다는
    주장(예컨대, G. Braibant, Remarques sur l'efficacité des annulations pour excès de
    pouvoirs, EDCE, 1961, p. 53 ; Y. Gaudemet, L'avenir de la jurisdiction
    administrative, GP, 1979, p. 511 ; J. Rivero, Le système français de protection des
    administrés contre l'arbitraire administratif à l'epreuve des faits, Mélanges Dabin, p.
    813 - Melleray, RDP 1998-4, p. 1091, 각주 9에서 재인용)이 제기되기에 이르
    렀다.
36) Rivero/Waline, loc. cit., n° 135, p. 125.

(4) 취소판결 주문 상의 명령(injonction)제도의 도입

1995년 2월 8일 법률에 의하여 행정법원의 법관은 드디어 행정청에 대하여 판결준수의무를 부과하는 명령(injonction)을 발할 수 있게 되었다.[37] 즉 행정법원의 법관은 이제 판결문의 주문(dispositif)부분에서 취소에 덧붙여 명령, 즉 행정에 대하여 특정한 조치(mesure déterminée)를 취하도록 명하거나 혹은 어떠한 새로운 결정(une nouvelle décision)을 내리도록 명할 수 있게 되었다.[38] 어쨌거나 법원이 이러한 권한을 행사하려면 당사자의 신청이 있어야 하므로, 법원은 직권으로 이러한 권한을 행사할 수는 없으며 명령은 판결주문에 자리잡고 있으므로 기판사항의 효력을 가진다.[39] 또한 행정청에게 허락해 준 유예기간을 준수하지 않을 경우에는 - 항상 신청에 기하여 - 이행강제금(astreinte)으로써 제재를 가할 수 있다.[40]

이처럼 취소판결주문 내에서의 명령제도를 바라보는 학계의 시각은 다소 상이하다. 샤바놀(Chabanol)은 "아무도 그리워하지 않을, 시대에 뒤떨어진 금기(tabou)가 붕괴되었다"라고 하고[41] 모데른(Moderne)도 "프랑스 판례행정법의 가장 오랜 법언의 하나가 조용히 제거되었"다고[42] 지

---

37) Rivero/Waline, loc. cit., n° 229, p. 199 ; 한편 1995년법에 의하여 행정법관들에게 명령권이 일반적으로 부여되기 이전에도 이미 1992년 2월 4일법에 의하여 마련된 지방행정법원과 항소행정법원에 관한 법 22조에서는 계약(marchés)에 관한 사안에서 급속심리법관에게 명령권을 부여하고 있었다고 한다. Daniel Chabanol, Un printemps procédural pour la jurisdiction administrative, AJDA 1995, p. 388-396 (393).

38) Chabanol, AJDA, 1995, p. 393 ; Rivero/Waline, loc. cit., n° 229, p. 199.

39) Chabanol, AJDA, 1995, p. 393.

40) Rivero/Waline, loc. cit., n° 231, p. 203. 1995년법에 의한 명령(injonction)을 꽁세유 데따가 긍정한 최초의 사례는 1995년 5월 26일의 에뜨나(Etna) 판결이다. (C.E. Ass., 26 mai 1995, M. Etna et Ministres des Départments et Territoires d'outres-mer)

41) Chabanol, AJDA, 1995, p. 393.

적하고 있는 반면, 샤퓌(Chapus)는 "매우 심각한 타격이 가해졌다고는 하나, 행정에 대한 명령의 금지원칙이 뒤집혀진 것으로 보아야 하는 것은 아니다"라고 한다.[43] 어쨌거나 1995년 2월 8일 법률상의 행정법관의 이행명령권을 어떻게 이해할 것인가에 대해서는 견해가 대립하고 있다. 지배적인 견해에서는 물론 동 법이 독일의 의무이행소송에 비견할만한 이행소송유형을 도입한 것은 아니며 오히려 월권소송을 강화하기 위하여 취소판결의 실효성을 확보하기 위한 부수적인 명령권을 인정한 것에 불과하다고 본다.[44] 이러한 견해에 따르면 여전히 신청거부의 사안에서 법관의 직무는 다투어진 거부처분의 위법성을 판단하는 것에 국한될 뿐, 더 나아가 신청인에게 과연 그가 구하고 있는 처분을 받을 권리가 있는지를 판단하는 것에는 미치지 않는다고 본다.[45] 반면 위 규정에 의하여 법관은 신청거부의 사안에서 거부처분의 위법 여부뿐 아니라 더 나아가 신청인이 구하고 있는 처분을 발급받을 권리를 가지고 있는지도 판단할 수 있다고 보는 견해도 있다. 그러나 행정법원의 법관이 신청인이 구하고 있는 처분을 받을 권리를 가지고 있는지 여부에 대답을 할 수 있으려면, 기존의 월권소송의 실무관행처럼 원고가 주장한 위법사유만을 검토하는 데 그쳐서는 안 되며 법적인 상황전부(ensemble de situation juridique)를 심리하지 않을 수 없으므로, 이러한 실무관행을 수정하는 것이 시급한 일이며 더 나아가 명령을 내림에 있어서 판단의 기준시도 월권소송에서처럼 처분시가 아니라 판결시이어야 한다는 지적도 있다.[46] 요컨대, 이러한 개혁이 너무나 최근에 일어난 것이어서 판례가 이를 어떻게 운

---

42) Franck Moderne, Sur le nouveau pouvoir d'injonction du juge administratif, RFDA, 1996, p. 43-57 (45, 47).

43) René Chapus, Droit du contentieux administratif, 7e édition, Montchrestien, 1998, n° 1086, p. 799.

44) Melleray, RDP, 1998, p. 1098.

45) 예컨대 Ch. Maugüé, conclu. sur C.E. Section 26, juillet 1996, Association Lyonnaise de protection des locataires, RFDA, 1996, p. 772

46) Melleray, RDP, 1998, p. 1099-1104.

용할 것인가를 정확하게 헤아려 볼 수는 없으나 최소한 현재로서는 이
러한 개혁이 행정에 대하여 행정법관이 무엇을 할 수 있느냐에 관한 전
통적인 이해에 심각한 변화를 가져오고 있음은 명백하다고 한다.[47]

3) 가구제절차의 유형

   종래 프랑스 행정소송상 가구제유형으로는 집행정지(sursis à exécution)
와 급속심리(référé)가 있었으나, 최근의 개혁으로 인하여 이 두 제도 모
두 중대한 변화를 겪게 되었다. 프랑스의 집행정지는 독일의 경우와는
달리 소의 제기에 자동적으로 부수하는 것은 아니며 당사자의 신청에
기한 법원의 결정으로 이루어진다. 그 요건으로는 본안의 승소가능성이
농후하여야 하며 취소청구된 결정의 집행으로 인하여 신청인에게 회복
하기 어려운 손해가 발생할 위험이 커야 한다는 매우 엄격한 두 가지 요
건이 중첩적으로 필요하였기 때문에 실무상 법원이 집행정지신청을 인
용하는 경우는 매우 드물었다. 그리하여 집행정지가 행정활동을 방해하
는 수단으로 활용될 위험성은 회피할 수 있었으나 개인의 권리구제 상
으로는 적지 않은 미비점을 초래하게 되었다. 그러나 최근의 입법적 개
혁을 통하여 이러한 미비점에 대한 보완이 이루어지게 되었다. 집행정지
와 급속심리제도의 개혁에 관해서는 프랑스의 예방적 구제에 관한 제3
장 제3절에서 더 자세히 살펴보기로 한다.

---

47) Rivero/Waline, loc. cit., n° 135, p. 125 ; 건축허가신청거부처분취소사안에서
   새로운 결정을 내릴 것이 명하여진 사례로는 TA Lyon, 29 mars 1995, SCI
   Pegaz, RFDA, 1996, p. 344 ; 식목허가신청거부처분취소사안에서 새로운 결
   정을 내릴 것이 명하여진 사례로는 TA Limoges, M. et Mme de Chaisemartin,
   RFDA, 1996, p. 349 ; 더 나아가 국경추방명령을 취소하면서 당해 취소판결
   이 반드시 의미하는 바는 체류허가의 발급임을 명시한 사례로는 TA Paris,
   30 octobre 1995, Ben Guertouh Khadidja et Goumeziane, RFDA, 1996, p. 346.

3. 원고적격

완전심리소송이 주관적 권리의 인정을 목적으로 하는 것으로서 오로지 권리의 소지자(titulaire)에게만 허용되는 데 반하여 객관적 소송인 월권소송은 계쟁 행정행위로 인하여 원고의 '개인적이고 직접적인 이익(intérêt direct et personnel)'이 침해될 것만을 원고적격으로 요구하고 있다. 이는 계쟁 행정행위가 그의 개인적 지위에 영향을 미치고 있으며 만약 당해 행위가 사라진다면 그러한 지위가 개선될 수 있을 것을 의미한다.[48] 판례는 이러한 이익이 반드시 물질적(matériel) 이익이어야 하는 것은 아니며 정신적(moral) 이익, 예컨대 종교예식의 거행에 관한 신도의 이익[49]이나 대학의 명성을 유지하는 것에 관한 당해 대학 졸업생의 이익만으로도 충분하다고 보고 있다. 또한 이러한 이익은 개인적인 것이어야 하나 반드시 배타적 이익일 필요는 없으므로 공역무를 이용할 자격이나 납세자로서의 자격 혹은 市(commune) 거주자로서의 자격만으로도 공역무의 수행에 관한 결정을 취소청구하거나 혹은 市의 생활에 관한 결정을 취소청구할 이익이 인정된다고 보고 있다.[50] 그러나 다른 한편 이러한 이익은 충분히 중요한 것이어야 한다. 예컨대, 지방자치단체가 납세자의 상황에 영향을 미치는 위법한 비용지출을 결정하는 경우 이들 납세자들은 당해 비용지출결정을 다툴 충분히 직접적인 이익이 있다고 인정받는다. 반면 비용지출과 납세자들의 재정적 부담간의 관계가 지나치게 박약할 때에는 납세자의 원고적격이 인정되지 않는다는 것이 판례의 입장이다.[51]

---

48) Rivero/Waline, loc.cit, n° 245 p. 214.
49) CE, 8 fév. 1908, abbé Deliard, Rec., p. 127
50) CE, 29 mars 1901, Casanova, Gr. Ar., n° 8.
51) CE, 13 fév. 1930, Dufour, Rec., p. 176.

III. 영국의 사법심사체계

1. 행정재판권의 소재

본래 공사법구별을 알지 못하였던 영국법상으로는 행정작용에 대한 사법심사 역시 일반 민·형사사건과 구별하지 않고 법원이 이를 관할하였다. 영국의 법원이 사법심사를 베풀기 위하여 반드시 의회가 제정법으로 관할권을 부여하여야 할 필요는 없다는 점에서 법원의 사법심사는 보통법상 심사(common law review)이다.52) 1970년대 후반까지는 사법심사절차가 매우 복잡하였으나 1977년 개혁이 단행되어 지방법원(High Court)에서 행정소송(public law case)을 규율하는 새로운 절차가 대법원규칙 제53편 (Order 53 of the Rules of Supreme Court)으로 마련되었는데, 사법심사신청 (Application for Judicial Review : AJR) 혹은 사법심사청구(Claim for Judicial Review : CJR)절차가 바로 그것이며53) 이를 입법차원에서 확인한 것이 1981년 대법원법(Supreme Court Act 1981) 제31조이다. 그리고 사법심사청구절차는 지방법원 내의 국왕재판부(Queen's Bench Division)에 재직하는 법관들 중 공법영역에 전문성을 가진 법관들로 구성된 행정법정 (Administrative Court)에서 다루도록 함으로써 민사사건과 구별되는 공법사건의 특수성에 대처하였다.54) 따라서 영국은 프랑스의 경우처럼 행정부

---

52) 이러한 점에서 영국 법원의 사법심사는 반드시 제정법에 기하여서만 이루어질 수 있는 제정법상 어필(statutory appeal)과 구별되며 또한 이하에서 살펴보는 미연방법원의 사법심사와 다르다.

53) Carl Emery, Administrative Law : Legal challenges to official action, Sweet & Maxwell, London 1999, p. 123 ; 이하에서 살펴보는 바와 같이 2000년의 보우먼 보고서(Bowman Report)에 기하여 현재 민사소송규칙(CPR) 제54부에서는 application을 claim으로 변경하였다. 따라서 현재로서는 AJR절차가 아니라 CJR(Claim for Judicial Review)절차로 불러야 할 것이다. Michael Fordham, Judicial Review : the new rules, [2001] Public Law, p. 4-10 (5).

내에 행정법원이 자리잡고 있다거나 독일의 경우처럼 통상법원과는 별도로 설치된 독립된 행정법원이 행정재판권을 담당하는 것이 아니라 대법원(House of Lords)을 정점으로 하는 사법권 내에서 행정재판을 담당하고 있다는 면에서[55] 행정재판권의 所在가 우리나라의 경우와 유사하다.[56]

2. 사법심사절차상 구제유형

본래 영국법에서는 피고의 신분에 따라 구제가 달라지지 않는다는 것이 원칙이다. 따라서 특정 상황에서 사인과의 관계에서 활용할 수 있는 구제, 즉 통상적 구제는 같은 상황에서라면 공적 주체에 대해서도 활용할 수 있다. 그러나 이러한 원칙에도 예외가 있으며 오로지 공적 주체와

---

54) Emery, op. cit., p. 124 ; Diane Longley/Rhoda James, Administrative Justice : Central Issues in UK and European Administrative Law, Cavendish Publishing Limited, London 1999, p. 106.

55) S. A .de Smith/Harry Woolf/Jeffry Jowell, Judicial Review of Administrative Action, 5th ed., Sweet & Maxwell, London 1995, p. 620.

56) 최근 들어 이민법사건을 중심으로 사법심사신청(AJR)사건의 수가 계속 증가하면서 법원의 업무부담이 가중되자 대법원은 법원의 업무부담을 경감하면서 동시에 절차의 공정성을 提高하기 위하여 제프리 보우먼(Jeffry Bowman)卿을 의장으로 하는 위원회를 설치하여 절차개선에 관하여 제안케 하였으며 동위원회에서는 2000년 4월 보우먼보고서 (Bowman Report 2000)를 제출하였다. 이에 따라 대법원 규칙 제53편은 폐지되고 새로이 민사소송규칙 제54부(Part 54 of the Civil Procedure Rules -2000년 10월 2일자로 발효)로 대체되었는바, 新민사소송규칙 제54부에서는 동 보고서의 제안점들을 수용하여 전체적으로는 기존의 AJR 체제를 유지하면서 부분적인 수정을 가하고 있다. 新규칙에서 변화된 점으로는 구제유형의 명칭 및 당사자의 명칭(예컨대 종래의 Crown Office List는 '행정법정(Administrative Court)'으로 개칭되었다. certiorari는 'quashing order'(r 54. 1(d)), mandamus는 'mandatory order'(r 54. 1(b)), prohibition은 'prohibiting order'(r 54. 1(c))로 변경되었다. 또한 applicant는 'claimant'로, respondent는 'defendant'로 개칭되었다)과 같이 외관상의 것도 있으나 실질적인 것도 있다. Michael Fordham, [2001] Public Law, p. 4.

의 관계에서만 활용할 수 있는 구제유형도 있으니, 그것이 바로 대권적 구제이다. 현재 통상적 구제이건 대권적 구제이건 공적 주체에 대한 것은 모두 사법심사청구(AJR 혹은 CJR)절차를 거쳐 활용할 수 있다.[57] 사법심사청구절차의 신청인은 구제를 특정하여 신청하여야 하나 물론 허가단계에서 그의 신청을 수정할 수는 있으며[58] 사법심사청구절차에서 부여될 수 있는 구제유형은 모두 법원의 재량에 따른 것으로서 법원은 신청인이 구하고 있는 구제에 구애됨이 없이 재량에 의하여 부여할 구제의 유형을 정할 수 있다.[59] 이들 대권적 구제유형과 통상적 구제유형 중에 앞서 정의한 바 있는 예방적 구제유형, 즉 법원이 행정에게 특정 행정작용을 금지하는 유형으로는 대권적 구제로서 금지판결(prohitibiting order), 통상적 구제로서 금지명령판결(prohititory injunction)이 있으며 혹은 행정작용이 발하여지기 이전에 그 위법성을 확인하는 데 활용되는 구제유형으로는 선언판결(declaration)이 있다.

---

57) 舊AJR절차의 신청인은 지방법원의 허가(permission)를 얻어야 하는데 허가발급요건으로는 3개월의 제소기간을 준수하였을 것, 구하여진 구제에 대해 신청인이 충분한 이익(sufficient interest)을 가지고 있을 것, 신청인의 사건이 주장가능한 사건(arguable case)일 것, 대안적 구제수단들(alternative remedies)을 모두 거쳤을 것 등이 그것이다. 더 나아가 허가부여여부는 당해 사안을 주재하는 법관의 폭넓은 재량에 좌우되므로 발급기준이 불명확하다는 문제가 있다. 그리하여 1994년 법위원회(Law Commission)는 허가거부사유를 명문으로 규정하고 허가거부시 법관에게 이유제시의무를 부과하자는 제안을 한 바 있으나 이러한 제안은 채택되지 않았다. Longley/James, op. cit., p. 107 ; Law Commission Paper "Administrative Law : Judicial Review and Statutory Appeal" Law Com. No. 226.
58) R.S.C. Order 53, r. 3(2)(a), (6)
59) Emery, op. cit., p. 139.

1) 본안절차의 유형

(1) 대권적 구제(prerogative remedies)

대권적 구제수단으로는 취소판결(quashing order), 금지판결(prohibiting order), 직무집행명령(mandatory order)이 있다.[60] 역사적으로 대권적 구제수단들은 하급법원(inferior Courts)과 행정심판소(Tribunals)들이 그들에게 부여된 권한영역을 넘지는 않는가를 국왕이 감시하는 과정에서 발전된 고유한 공법상 구제수단들이었다. 그러나 점차 개인들도 이들 대권적 구제유형들을 행정활동을 다투는 수단으로 활용할 수 있게 됨으로써 국왕에게는 오로지 명목적인 권한만이 남게 되었다.[61]

취소판결(quashing order ; certiorari)[62]은 가장 자주 활용되는 대권적 구제수단으로서 대개의 경우 공적 주체가 행한 특정한 행위 혹은 결정이 월권임을 선언하고(to declare ultra vires) 당해 결정을 폐지(quash)하는 것이다. 결정을 폐지한다는 것은 당해 결정이 무효임을 선언하고 그 효력을 박탈하는 것인데,[63] 물론 이러한 표현에는 모순이 있다. 왜냐하면 무효인 결정에는 박탈할 효력도 없기 때문이다.[64] 공법원칙에 위배된 결정은

---

60) 이외에 인신보호영장(habeas corpus) 역시 대권적 구제유형에 속하나, 이는 대개 형사법 맥락에서 활용되므로 본 논문의 고찰대상에서 배제하기로 한다.

61) Emery, op. cit., p. 133 ; Longley/James, op. cit., p. 112. ; Leyland/Woods/Harden, op. cit., p. 308.

62) 취소판결(certiorari)은 본래 13세기 후반에 탄생한 것으로서, 오늘날과는 달리 당시에는 국왕이 하급법원이 자신의 권한을 넘지는 않았는지를 확인하기 바라는 경우(wishes to be certified - certiorari), 사건의 기록 등을 King's Bench로 이송하도록 명하는 수단이었다. 취소판결(certiorari)이 오늘날과 같이 행정결정을 취소하는 수단으로 활용되기 시작한 것은 17세기 중반 무렵부터이다. Thomas Bingham, Should public law remedies be discretionary? [1991] Public Law, p. 65-75 (65) ; de Smith, op. cit., p. 621.

63) Lewis, op.cit., p. 144.

64) Peter Cane, An introduction to Administrative Law, 3rd ed., Clarendon Press, Oxford 1996, p. 63.

적어도 이론상으로는 처음부터 효력이 없기 (void ab initio) 때문에 취소판결은 다만 그러한 결정의 법적 상태를 확인하는 것(declare)일 따름이며 당해 결정으로 인하여 영향을 받는 자는 당해 결정을 그저 무시하면 될 것이라고 생각할 수 있는바, 이는 취소판결의 확인적 측면이다.65) 그러나 공법적 결정은 그것이 잘못된 것임이 입증되지 않는다면 그리고 입증될 때까지는 일응 유효하므로(unless and until shown to be wrong) 당해 결정이 잠재적으로 무효일 수 있다는 사실이 당해 결정의 집행을 방해하지 않는다.66) 즉 공법적 결정은 유효성의 추정(presumption of validity)을 받으며, 공법적 결정을 무시하는 자는 스스로 위험을 감수하여야 하는 것이다. 더구나 이론상으로는 위법하고 따라서 효력 없는 결정이라 하더라도 원고적격을 가진 자에 의하여 정하여진 기한 내에 다툼이 제기되지 않는다면, 그리고 법원이 구제를 부여하는 쪽으로 재량을 행사하지 않는다면 문제의 위법한 결정은 확정되고 만다. 즉, 이론상의 입장으로는 취소판결이 순수히 확인적인 효력을 가짐을 인정한다 하더라도 최소한 현실적으로는 문제된 결정으로부터 유효성추정의 이익을 빼앗는 형성적(constitutive) 기능도 수행한다.67)

한편 일단 취소판결이 내려지면 행정청은 자유로이 사안을 재검토하여 새로이 결정을 내릴 수 있으며, 문제된 위법을 반복하거나 혹은 다른 어떤 위법을 저지르지만 않는다면 심지어 원결정과 동일한 결정도 내릴 수 있다.68) 또한 취소판결은 판결의 취지를 살리기 위해서 누군가가 무엇을 해야만 하는 것은 아니기 때문에 금지판결(prohibiting order)나 직무집행명령(mandatory order)의 경우처럼 판결의 불이행으로 인한 책임문제

---

65) Cane, An Introduction to Administrative Law, p. 63 ; De Smith, op. cit., p. 703.
66) Richard Gordon, Judicial Review : Law & Procedure, 2nd ed., Swett & Maxwell, London 1996, p. 67 ; Hoffmann-La Roche v Secretary of State for Trade [1975] AC 295.
67) Leyland/Woods/Harden, op. cit., p. 310 ; Cane, The Constitutional Basis of Judicial Review in Public Law, p. 256 fn. 23 ; Lawson/Teff, op.cit., p. 250.
68) Lewis, op. cit., p. 151.

는 수반되지 않는다. 그러나 어떠한 행정결정이 취소되었음에도 불구하고 당해 결정을 집행한다면, 이는 법정모독을 구성하게 된다.[69]

금지판결(prohibiting order ; prohibition)은 보다 이른 단계에서 행정청이 위법하게 행위하거나 하자 있는 결정을 내리는 것을 방지하기 위하여 동원된다. 따라서 금지판결은 앞서 정의한 바 있는 예방적 구제유형에 속한다. 이에 관해서는 章을 달리하여 영국의 예방적 구제에 관한 부분에서 상세히 살펴보기로 한다.

그 밖에 대권적 구제유형인 직무집행명령(mandatory order ; mandamus)은 공적 주체에게 공적 의무의 이행을 명하기 위하여 활용되는 구제유형이다. 만약 행정에게 "특정행위를 할 명확하고도 한정된 의무"가 부과된 경우라면 직무집행명령이 발급될 수 있다. 그러나 실무상으로 법원이 공적 주체로 하여금 특정 행위를 할 것을 명하려고 하고 또 명할 수 있는 상황은 그리 많지 않다.[70] 그 이유는, 설령 공적 주체의 의무가 특정 행위를 할 의무인 경우에도 법원은 일단 공적 주체가 부담하는 의무를 명확하게 확정한다면 공적 주체는 당해 의무에 순응할 것이라는 기대 하에 직무집행명령과 같은 강제적인 구제를 발급하기보다는 선언판결로써 의무를 단지 확인하는 것을 선호하기 때문이다.[71] 다른 한편 공적 주체로부터 신청인이 수익을 얻으려면 먼저 당해 신청인이 수혜자격이 있다는 공법적 결정이 선행되어야 하는 경우도 있다. 이러한 경우 신청인이 다투는 것이 수혜자격이 없다는 결정이라면 적절한 구제책은 공적

---

69) Cane, The Constitutional Basis, p. 256.
70) 법령에서 특정하고 있는 액수의 금액지불을 직무집행명령(mandamus)으로 명한 경우로는 R. v. Liverpool City Council, ex p. Coade, The Times, October 10. 1986 - Lewis, op. cit., p. 165, fn. 36.
71) R. v. Liverpool City Corp., ex p. Ferguson [1985] I.R.L.R. 501; R. v. Secretary of State for the Home Department, ex p. Anderson [1984] Q.B. 778.

주체에게 곧바로 시혜를 명하는 직무집행명령이 아니라 당해 결정을 취소판결(certiorari)로써 폐지하고 사안을 법에 따라 재고하도록 직무집행명령으로 명하는 것이다.72) 그리고 공적 주체가 부담하는 행위의무가 사인과의 관계에서 부담하는 절차적 의무인 경우, 예컨대 하급법원(inferior Court)이 상급법원에 법률문제의 裁定을 구한다거나 (state a case), 공정한 청문을 베풀어야 한다거나 혹은 공정한 청문을 위한 정보를 공개해야 할 의무인 경우에는 직무집행명령을 보다 기꺼이 부여하는 경향이 있다.73) 또한 거부결정에 대해서 뿐 아니라 행정이 신청을 방치하고 있는 경우에도 직무집행명령을 구할 수가 있으나,74) 다만 그러한 지연에 웬즈베리 비합리성(Wednesbury unreasonableness)75)이 있어야 한다는 것이 판례의 입장이다.76)

반면 잉글랜드와 웨일즈 국민들의 교육을 진흥할 장관의 의무(1944년 교육법 제1조)처럼 의무의 내용이 애매한 경우 혹은 공적 주체에게 기속적 의무가 아니라 광범위한 재량이 부여되어 있는 경우라면 직무집행명령은 선고되지 않는 경향이 있으나 관련법이 공적 주체에게 재량을 부여하고 있는 경우에도 직무집행명령이 활용될 여지는 물론 있다. 즉, 재량이 부여된 경우라도 당해 공적 주체는 "보통법상 재량행사고려의무를

---

72) R. v. Barnet London Borough Council, ex p. Shah [1983] 2 A.C. 309 ; Lewis, op. cit., p. 166.
73) R. v. Bromley Magistrates' Court, ex p. Waitrose [1980] 3 All E.R. 464 ; R. v. Kent Police Authority, ex p. Godden [1972] 2 Q. B. 662 Lewis, op. cit., p. 166.
74) R. v. Secretary of State for the Home Department, ex p. Phansopkar [1976] Q.B. 606.
75) 웬즈베리 비합리성이란 어떠한 결정이 논리나 기존의 도덕기준상 너무나 無道해서 상식 있는 사람이 관련 사안을 고려해 보았다면 그러한 결정을 내리지는 않았을 정도의 비합리성을 의미한다. Emery, op. cit., p. 78.
76) R. v. I.R.C., ex p. Opman International U.K. [1986] 1 W.L.R. 568 ; R. v. Secretary of State for the Home Department, ex p. Rofathullah [1989] Q.B. 219 ; Lewis, op. cit., p. 165, fn. 34.

지고 있기 때문에" 만약 재량권행사의 고려가 없었거나 혹은 행사하지 않기로 하는 결정에 심사 가능한 오류가 있은 경우에는 재량행사 여부를 법에 따라 고려하도록 명하는 직무집행명령을 발할 수 있다.[77]

(2) 통상적 구제(ordinary remedies)

대권적 구제수단들과는 대조적으로, 선언판결(declaration)과 명령판결(injunction)은 私的 당사자들 간의 소송에서 기원하고 발전하였으며[78] 공법영역에서 이들 구제수단들이 사용된 것은 비교적 최근의 일이다. 선언판결은 대개 이미 행정이 어떠한 행위를 한 경우 그 위법성을 확인하기 위하여 부여되지만 장래에 있을 상황과 관련해서도, 즉 위법한 행위가 발생하는 것을 방지하기 위해서 사용되는 경우가 점점 더 늘고 있다. 따라서 선언판결로써 기존의 행위의 위법성을 확인받는 것뿐 아니라 장래의 행위의 위법성을 확인받는 것도 가능하다는 점에서 선언판결은 예방적 구제의 기능을 할 수 있다. 명령판결 역시 행정에 대하여 일정 행정작용이 발하여지지 않도록 억제하는 데 활용될 수 있다는 점에서 예방적 구제이다. 따라서 이들 구제유형에 관해서는 장을 달리하여 영국의 예방적 구제에 관한 절에서 자세히 살펴보기로 한다.

(3) 대권적 구제수단과 통상적 구제수단의 관계

취소판결(quashing order)과 선언판결(declaration)은 기본적으로 어떠한 행정활동이 월권임을 확인하는 수단으로 활용할 수 있다는 면에서 유사하다.[79] 또한 금지판결(prohibiting order)은 위법한 행정작용을 금지하는

---

77) Lewis, op. cit., p. 165.
78) 그 외에 통상적 구제수단으로는 손해배상(damages)이 있으나, 이는 본 논문의 고찰대상에 속하지 않는다.
79) 그러나 동일한 결과를 선언판결로 얻을 수 있다 하더라도 공법적 결정을 무효화하는 데 우선적이고 가장 적절한 구제수단은 취소판결이라는 것이 대법원의 견해이다. Cocks v. Thanet District Council [1983] 2 A.C. 286.

수단이라는 점에 있어서 금지명령판결(prohibitory injunction)과 유사하며
직무집행명령(mandatory order)은 공적 주체가 부담하는 의무의 이행을
명하는 수단이라는 점에서 이행명령판결(mandatory injunction)과 유사하
다.[80] 그리고 이들 명령판결유형들에 불복종하는 것은 법원모독을 구성
한다는 점에서 공통적이다.[81] 그렇다면 영국의 사법심사절차에서는 왜
이처럼 유사한 기능을 수행하는 것처럼 보이는 제도들이 병존하게 되었
으며 실무상 운용은 어떠한 것일까라는 의문이 생긴다. 이러한 의문에
대해서 일단 다음과 같이 정리할 수 있을 것이다.

현재 사법심사절차에서는 대권적 구제수단과 통상적 구제수단을 행
정에 대한 재판통제의 수단으로서 모두 활용할 수 있으나 양 구제수단
은 역사적으로는 그 지향점을 달리하는 제도로 기원하였다. 즉, 대권적
구제수단 가운데 취소판결과 금지판결은 본래 그 기원이 국왕의 법정
(King's Court) 이외의 법원들이 관할권을 침탈(usurpation of jurisdiction)하
는 것을 통제하는 데 있었던만큼 공적 주체가 자신의 관할영역을 벗어
나지 않도록 한다는 의미에서 객관적 통제로서의 색채가 강했던 반면[82]
통상적 구제수단은 "주로 개인의 법적 권리를 옹호하기 위하여 마련된
사법상의 구제"라는 주관적 색채가 강했던 것이다.[83] 그리고 이처럼 각
구제유형들이 지향하는 바가 상이하였다는 점은 무엇보다도 각 구제수
단에 적용되는 원고적격을 판단하는 기준이 전통적으로 상이하였다는
점에 반영되었다. 즉 통상적 구제수단인 선언판결과 명령판결에 있어서
는 문제된 행정작용이 '자신의 특정한 법적 권리(specific legal right)'에 영

---

80) Cane, The Constitutional Basis, p. 244 ; Emery, op. cit., p. 133.
81) Emery, op. cit., p. 133 ; Longley/James, op. cit., p. 113.
82) Cane, An Introduction to Administrative Law, p. 10-11.
83) Lewis, op. cit., p. 201 ; John Alder, Public and Private Law Remedies Against the
   Crown and its Servants : The Question of Interim Relief, [1986] Civil Justice
   Quarterly, p. 218-235 (221).

향을 미치거나 혹은 '일반대중이 겪은 것을 능가하는 특별한 손해(special damage over and above that suffered by the public in general)'를 끼치는 경우에만 원고적격이 인정되었다.[84] 반면 대권적 구제수단인 취소판결, 금지판결은 이보다 훨씬 너그러운 원고적격 기준이 적용되었으며 특별히 법적 권리가 영향을 받지 않는다 하더라도 원고적격이 충족되었다. 관할권의 침탈방지가 목적이었으므로 누가 관할권 침탈행위를 법원에게 알려오느냐는 중요하지 않았으며 심지어 절차와 아무 관련 없는 자라도 상관 없었기 때문이다.[85] 그러나 대권적 구제수단은 전통적으로 허가요건, 문서의 개시(discovery)나 반대신문(cross-examination)의 활용 등에 있어서 통상적 구제수단에 비하여 개인에게 불리하였다.

그러나 1977년 개혁을 통하여 문서의 개시나 반대신문을 대권적 구제에서도 활용할 수 있게 되었고 또한 원고적격에 있어서도 일단은 '충분한 이익'이라는 단일기준에 의하게 되었으며[86] 종래 대권적 구제에만 부과하였던 허가(permission)요건을 ─ 물론 공법사건이라는 전제하에서 ─ 통상적 구제에도 부과함에 따라 대권적 구제와 통상적 구제 간에 존재하던 거리는 더욱 좁아지게 되었다. 그럼에도 불구하고 이하에서 살펴

---

84) Lewis, op. cit., p. 193, 201.
85) Lawson/Teff, op.cit., p. 197 ; 반면 같은 대권적 구제유형인 직무집행명령 (mandatory order)은 취소판결이나 금지판결에 비하여 보다 엄격한 기준이 적용되었으며 비록 1977년 이전부터 완화되는 조짐이 있기는 하였으나 기본적으로는 고유한 법적 권리가 있는 자에게로 원고적격이 국한되었다고 한다. 그러한 예로는 R. v. The Guardians of the Lewisham Union [1897] 1 Q.B. 498. (Lewis, op. cit., p. 268)
86) 그러나 원칙적으로는 충분한 이익이라는 단일한 기준이 적용된다고 하여도 구하고자 하는 구제의 성격은 신청인이 충분한 이익을 가지고 있는지 여부를 판단하는 데 고려되어야 할 한 요소라는 법원의 견해(R. v. Felixstowe Justicies, ex p. Leigh [1987] Q.B. 582)에서 알 수 있듯이 구제유형에 따른 원고적격의 차별화 여지는 여전히 남아있다고 보는 것이 더 나은 견해라는 지적도 있다. Lewis, op. cit., p. 268.

보는 바와 같이 명령판결(injunction)의 경우에는 그것이 공적 주체로 하여금 적극적인 작위를 하도록 하는 유일한 가구제수단(interim mandatory injunction)일 수 있다는 점, 또 선언판결은 취소판결이 갖지 못한 유연성을 갖추고 있다는 점 등이 대권적 구제수단과 대비되는 통상적 구제수단의 차별성 내지 존재이유로 설명되고 있다.[87] 한편, 이처럼 기능에 있어서 중첩되는 대권적 구제수단들과 통상적 구제수단들을 병존시키는 것이 영국공법의 구제시스템의 고루한 측면이라고 지적하면서 대권적 구제수단인 직무집행명령과 금지판결을 고집하는 것은 아무 의미가 없으므로 이를 폐지하고 통상적 구제수단인 이행명령판결(mandatory injunction)과 금지명령판결(prohibitory injunction)로만 절차를 운용하자는 주장도 꾸준히 제기되고 있으나[88] 영국의 법위원회(Law Commission)에서는 이러한 급진적인 조치를 취하는 것은 적당치 않다고 보고 있다.[89]

2) 가구제절차의 유형

한편 앞서 살펴본 바와 같이 사법심사절차의 신청인은 법원의 허가를 얻어야 하는데, 신청인이 구하는 구제가 취소판결과 금지판결인 경우에 법원이 허가를 부여하면 이는 가구제로서의 절차의 정지(stay of proceedings)로 작용하게 된다. (1977년 대법원규칙 제53편 제3조 (10)(a)) 다른 한편 통상적 구제 가운데 명령판결은 가구제로서도 활용될 수 있으며 행정으로 하여금 행위를 하지 못하도록 하거나 (interim prohibitory injunction) 혹은 적극적인 행위를 하도록 (interim mandatory injunction)하는데 모두 사용될 수 있다. 이에 관해서는 영국의 예방적 구제에 관한 제3장 제1절에서 자세히 살펴보기로 한다.

---

87) Emery, op. cit., p. 134-136.
88) Dawn Oliver, Public Law Procedures and Remedies - Do We need Them?, [2002] Public Law, p. 91-110 (91).
89) Cane, The Constitutional Basis, p. 244.

3. 원고적격

1977년 대법원규칙 제53편이 도입되어 사법심사신청절차의 허가요건으로 충분한 이익을 규정하기 이전에는 각 구제유형마다 고유한 원고적격기준이 있었다.'대권적 구제유형 가운데 취소판결과 금지판결은 비교적 너그러운 원고적격기준을 적용하였고 직무집행명령은 보다 엄격한 기준을 적용하여 고유한 법적 권리(specific legal right)가 귀속하는 자에게만 원고적격을 인정하는 것이 판례의 입장이었다. 또한 선언판결(declaration)과 명령판결(injunction)도 그것이 본래 사인간의 소송에서 활용되어 오던 구제유형인만큼, 행정에 대한 관계에 있어서도 고유한 법적 권리를 가진 자나 혹은 일반대중이 입은 손해를 훨씬 능가하는 특별한 손해를 입은 자에게만 원고적격을 인정하였다. 1977년의 개혁의 주된 목적 중 하나는 모든 구제유형들을 단일한 절차에서 활용하게 하면서 원고적격에 관해서도 단일한 기준을 적용하는 것이었으므로90) 사법심사신청(AJR)절차의 신청인은 '신청이 관련된 사안에 대하여 충분한 이익(sufficient interest in the matter to which the application relates)'을 가지고 있어야만 허가를 얻을 수 있는 것으로 규정되었다. (1981년 대법원법 제31조 제3항 ; 1977년 대법원규칙 제53편 제3조 제1항) 한편 2000년의 보우먼 보고서(Bowman Report 2000)에서는 충분한 이익기준을 고수하면서 원고에게 유리한 추정이 있어야 한다고 제안하였으나(ch. 7 paras 28-31) 그러한 규정을 둠으로 인하여 불필요한 소송이 폭증할 것을 우려하여 이 제안은 채택되지 않았으며, 향후 판례의 발전에 맡기기로 하고 新민사소송규칙 제54부에서는 원고적격에 관하여 아무런 규정을 두지 않았다.91)

---

90) Lewis, op. cit., p. 268.
91) 그러나 1981년의 대법원법 제31조는 여전히 유효하므로, 사법심사신청(AJR)절차의 원고적격으로서 '충분한 이익' 기준 역시 유효하다고 할 것이다. 다만 향후 사법심사신청(AJR)절차의 운용방향을 가늠할 수 있는 단서가 되는 것은 新민사소송규칙 제54부 제54.17항이다. 동조항에서는 누구든지(any

한편 충분한 이익을 엄격하게 해석하면 법원에의 접근을 제한하게 되
는 반면 이를 넓게 해석한다면 행정활동에 대한 심사의 가능성도 넓어
지게 된다. 그러한 면에서 원고적격의 문제는 행정에 대한 '충분한 관용'
을 지향할 수도 있고 반대로 '특별한 통제'를 지향할 수도 있다.92) 물론
'명백하게 논의의 여지가 없는 사건(clearly unarguable case)'인 경우에는
충분한 이익이 결여되었으며 따라서 허가도 거부될 것이다.93) 사법심사
신청(AJR)절차가 창설된 초기의 대법원판결로서 권리에 기초하여
(right-based approach) '충분한 이익'을 판단한 예로는 R. v. Inland Revenue
Commissioners ex p. National Federation of Self-Employed and Small Businesses
Ltd94) 가 있다. 이 사건은 자영업자연합(Federation)이 신청인이 되어 신문
사에서 근무하는 임시근로자를 대표하는 노동조합과 세무서장(revenue)
간에 체결된 협정이 월권임을 사법심사신청(AJR)절차를 통하여 다툰 사
안으로서 원고는 세무서장으로 하여금 근로자들이 탈루한 세금을 산정,
부과하도록 명하는 직무집행명령(mandamus)을 구하였다. 이에 대법원에
서는 신청인인 자영업자연합이 충분한 이익을 가지고 있지 않다는 이유
로 소를 각하하였다. 세무서장이 지고 있는 법률상의 의무는 국왕에 대
한 것이지 다른 납세자들에 대하여 지는 것은 아니며 따라서 "한 납세자
가 다른 납세자의 조세사건을 수사하도록 법원에게 요청한다든지 혹은
다른 납세자가 과소평가 혹은 과잉평가되었다라고 호소할 만한 충분한
이익을 가지지 않았다는 것이 일반적 원칙"이라는 것이다. 결국 원고적
격은 법령에서 원고에게 명시적으로 혹은 묵시적으로 권리를 주고 있는
가 여부를 기준으로 판단하여야 되어야 한다는 것이다. 그러나 이러한

---

person) 사법심사절차에서 증거제출(file evidence) 혹은 변론에서의 진술(make
representation)을 신청할 수 있음을 규정하여 사법심사절차의 객관소송성을
강화하고 있다.
92) Emery, op. cit., p. 124 ; Longley/James, op. cit., p. 109.
93) Re Walker's application, The Times, November 27, 1987 ; Emery, op. cit., p. 127.
94) [1981] 2 All E. R. 93.

다수의견에 반대하는 견해에서는 사법심사신청(AJR)절차는 공익을 위한 소송(public interest procedure)으로 보아야 하며 원칙적으로 어떤 행정청이 월권을 저질렀음을 입증할 수 있는 자라면 누구든지 법원에게 구제를 요청할 자격이 인정되어야 한다고 주장하였다.[95] 그리하여 최근의 판례들에서는 Self-Employed 사건에서의 권리에 기초한 접근방식에 의존하기 보다는 개별 사건마다의 상황에 기초한 접근방식에 더 비중을 두어 원고적격을 보다 넓게 인정하는 경향이 있으며[96] 특히 Pergau Dam사건에서는 개인적 이익이 아니라 공익만으로도 '충분한 이익'이 되기에 부족함이 없다는 점을 분명하게 밝히고 있다.[97]

IV. 미국의 사법심사체계

1. 행정재판권의 소재

미국의 경우, 독일이나 프랑스처럼 행정작용만을 심사하는 전문화된 법원을 가지고 있는 것은 아니며 연방의 행정작용에 대한 심사는 보통 일반적 관할권을 가진 전국의 법원들에서 이루어지고 있다. 미국이 선택

---

95) 특히 디플록(Diplock) 卿은 위 Self-Employed사건판결문에서 "동 자영업자연합(Federation)과 같은 압력단체 혹은 공공심이 충만한 단 한명의 납세자(a single public-spirited taxpayer)가 법의 지배를 수호하고 위법한 행위를 중단시키고자 함에도 불구하고 원고적격이라는 낡은 기술적 규칙의 방해 때문에 사안에 대한 법원의 관심을 환기시키기 못한다면 그것은 우리의 공법시스템의 심각한 공백이 아닐 수 없다." 라고 개탄하였다. Emery, op. cit., p. 129 ; Christopher Forsyth, Lord Denning and modern administrative law, [1999] Denning Law Journal, p. 57-70 (61-62) ; Peter Cane, Standing up for the Public, [1995] Public Law, p. 276-287 (283).

96) Himsworth, op. cit., p. 204.

97) R. v. Foreign Secretary ex p. World Development Movement Ltd [1995] 1 All E. R. 611 at 620d-g.

한 이러한 司法制度는 바로 미국적인 권력분립이론의 증거라고 할 수 있다. 미국적 권력분립이론은 정부의 3府들간에 견제의 중요성을 강조함과 동시에 이들 3府들간의 경쟁이 아닌, 어느 한 府의 권력독점가능성을 피하는 것을 강조하고 있다. 집행부내에 행정법원을 두는 것은 집행부에게 너무 많은 권력을 부여하는 것이고 결국 집행부를 견제 없이 방치하는 결과를 가져오리라는 것이 미국헌법의 기본적 시각인 것이다.[98]

또한 앞서 살펴본 바와 같이 영국의 법원들이 행정작용에 대하여 사법심사를 베풀기 위해서는 반드시 의회제정법에 기한 수권이 필요한 것은 아니라는 점에서 영국의 사법심사는 보통법상 심사(common law review)인 반면, 미국의 연방법원들이 연방행정작용에 대하여 사법심사를 베풀기 위해서는 반드시 사법심사관할권을 부여하고 있는 연방법률이 존재하여야 한다. 즉, 연방헌법 제3조에 따르면 연방하급법원의 관할권은 제한적인 것으로서, 이들 연방하급법원들이 특정 행정작용을 심사하려면 당해 법원에게 사법심사관할권을 부여하고 있는 제정법률을 발견해야만 한다.[99] 그러한 의미에서 미국 연방법원이 행정작용에 대하여 '보통법상 심사'를 행하는 일은 있을 수 없다.[100] 이처럼 심사관할권의 근거법을 기준으로 하여 미국의 사법심사는 제정법상 심사, 非제정법상 심사 및 집행심사로 나눌 수 있는데, '제정법상 사법심사(statutory review)'란 개별법, 특히 어떠한 행정청을 창설하는 조직법(organic statute)에서 당해 행정청의 결정에 대한 심사관할권을 특정 법원에게 부여하고

---

98) Peter L. Strauss, An Introduction to Administrative Justice in the United States, Carolina Academic Press, Durham 1989. p. 211.

99) Stephen G. Breyer/Richard B. Stewart/Cass R. Sunstein/Matthew L. Spitzer (이하 Breyer로 약칭한다), Administrative Law and Regulatory Policy - Problems, Text, and Cases, 4th ed., Aspen Law & Business, 1998, p. 801.

100) Stark v. Wicard, 321 U.S. 288, 312(1944)판결에서 Frankfurter 대법관의 말. Bernard Schwartz, Administrative Law, 3rd ed., Little, Brown and Company, Boston, Toronto, London 1991 §8.4, p. 476.

있는 경우, 당해 법률에 따른 사법심사를 의미한다. 현재 대부분의 연방 행정활동이 연방행정청을 창설하는 개별 조직법에 따른 것이고 또 당해 개별법에서는 대개 사법심사에 관한 규정을 두고 있으므로 연방의 사법 심사는 거의 제정법상 심사이다.[101] 이처럼 개별법에서 행정작용에 대한 사법심사 가능성을 규정하고 있는 경우에는 사법심사를 구하는 소의 형식(forms of action) 및 당해 심사절차에서 활용 가능한 구제유형(type of relief)에 관해서도 규정을 두기 마련이다. 이러한 경우 심사청구는 당해 법에서 규정하고 있는 소의 형식(forms of action)으로만 제기하여야 하며 다른 소의 형식을 사용하는 것은 허용되지 않는다.[102] 또한 그러한 개별 법에서는, 항상 그런 것은 아니지만, 문제된 행정결정에 대한 일심관할 권을 항소심 법원에 부여하고 있는 경우가 종종 있다. 행정절차를 거쳐 서 정식기록이 축적되고 세밀한 사실발견이 이루어지는 경우에는 사실 심(trial)을 거칠 필요가 없으며 몇 단계의 사법심사를 허용하는 것이 자 원의 낭비이기 때문이다.[103] 다른 한편, 非제정법상 심사(non-statutory review)란 법원의 일반적 관할권 혹은 특별관할권을 규정하고 있는 관할 에 관한 법률(jurisdictional statute)에 기한 심사를 의미한다. 따라서 非제 정법상 심사라는 용어는 법원의 관할권의 근거가 되는 법률이 존재하지 않는다는 의미가 아니라 다만 관할의 근거법률이 개별 조직법이 아님을 의미할 따름이다. 非제정법상 심사의 경우에 비로소 어떤 소의 형식이 적절한가, 어떤 구제유형이 활용가능한가라는 문제가 발생한다. 非제정 법상 심사에서는 전통적인 구제유형들에 의지하게 되는데, 이러한 전통 적인 구제유형들은 소의 형식과 구제의 유형이 결부되어 나타나기 마련

---

101) Schwartz, op. cit., §9.8, p. 577 ; Kenneth Culp Davis,/Richard J. Pierce JR, Administrative Law Treatise, vol. III, 3rd ed., Aspen Law & Business, 1994 §18.4, p. 180. ; Schwartz, op. cit., §9.11, p. 583.

102) Schwartz, op. cit., §8.3 p. 475,§9.6 p. 576.

103) Strauss, op. cit., p. 212 ; Breyer, op. cit., p. 807 ; Schwartz, op. cit., §8.2, p. 472-473.

이다. 예컨대 직무집행명령(mandamus)은 재판절차를 개시하는 하나의 방법일 뿐 아니라 법이 요구하는 의무의 이행을 강제하도록 고안되어 있다.[104) 그 밖에 사법심사는 민·형사상 집행소송에서의 사법심사(enforcement review)의 형태로도 이루어질 수 있다. 대륙법계 국가에서와는 달리 영미법계 국가에서는 행정이 사인에게 부과한 작위·부작위의무를 사인이 이행하지 않는다 하더라도 행정 스스로 당해 의무를 집행할 권한이 부여되지 않음이 원칙이며 대개는 행정이 법원에 민사집행소송(civil enforcement proceedings)을 제기하고 그 결과 나온 법원의 집행판결을 통해서 당해 의무가 집행된다.[105) 그리하여 설령 법원의 관할권에 관한 개별 근거법을 발견할 수 없다 하더라도, 사인이 문제된 행정결정의 위법성을 당해 민사집행소송절차 내에서 방어수단으로 주장하는 데는 아무런 법적 장애물이 없으므로, 결국 민사집행소송과정에서도 법원은 문제된 행정작용의 적법여부를 심사하게 된다.[106) 마찬가지로 행정입법 혹은 재결에 의하여 부과된 의무의 위배에 기하여 법원에서 기소절차가 진행되는 경우, 당해 형사재판절차 내에서도 행정작용에 대한 사법심사가 이루어진다.

---

104) Milton M. Carrow, Types of Judicial Relief from Administrative Action, 58 Columbia Law Review, 1, 1 (1958).

105) 이처럼 영미법계에서는 행정의 명령에 대한 불복종을 행정이 모독으로 다스릴 권한(contempt power)이 없다는 점에서 행정의 결정은 자력집행력이 없으나 법원의 명령에 대한 불복종에 대해서 법원은 이를 법정모독으로 다스릴 수 있다는 점에서 법원의 판결은 집행력을 가지고 있다(self-enforcing)고 슈워츠(Schwartz)는 지적하고 있다. 그리하여 그는 몇몇 입법례에서처럼 행정결정에 의해 부과된 의무의 위배에 대해서도 행정 스스로 이를 모독으로 다스릴 권한을 부여하는 것은 미국의 법체계상 이단(heresy)에 해당한다고 보고 있다. Schwartz, op. cit., §2. 26, p. 93-95.

106) 이는 5 U.S.C. §703 (APA)에서도 규정하고 있는 바이다. Schwartz, op. cit., §9.16, p. 593, fn. 2 ; Breyer, op. cit., p. 809.

2. 사법심사절차상 구제유형

연방법원의 사법심사에서 활용되는 구제의 유형은 제정법상 심사인가 非제정법상 심사인가에 따라 달리 고찰하여야 한다.

1) 본안절차의 유형

(1) 제정법상 심사의 경우 (statutory review)

개별 제정법에서 마련하고 있는 구제유형은 매우 다양하다. 앞서 살펴본 바와 같이 개별법에서 규정하고 있는 사법심사는 대개가 항소심형 사법심사(appellate review of final decision)로서 불이익을 입은 당사자가 주로 항소법원에 사실심기록을 갖춘 최종적인 행정작용에 대한 심사를 구하는 모습을 취하고 있다.[107] 이들 개별법들에서는 다양한 유형의 구제를 마련하고 있는데, 예컨대 문제의 행정작용을 인용하거나(affirm), 집행하거나(enforce), 취소하거나(set aside), 무효화하거나(annul), 파기하거나(reverse), 변경하거나(modify), 환송하거나(remand), 할 것을 명하거나(compel), 금지하거나(restrain), 하지 않을 것을 명하거나(enjoin), 정지(suspend)하는 등이 그것이다.[108] 그러나 이들 유형들 가운데 많은 것은 동의어이며 대략 인용(affirm), 파기(reverse), 변경(modify), 환송(remand), 이행명령(compel), 금지명령(restrain)의 유형으로 정리할 수 있다.[109] 이 가운

---

107) 그러한 예로는 연방무역위원회(FTC)가 제기하는 혹은 연방무역위원회에 대하여 제기하는 소송에 관한 15 U.S.C. §45(e) ; 연방통상위원회(FCC), 주간 통상위원회(ICC), 원자력위원회(AEC), 연방해상위원회(F MC)등이 제기하는 혹은 이들 위원회에 대하여 제기하는 소송에 관한 28 U.S.C. §§2341 이하 ; 대기오염법(Clean Air Act)과 관련하여 환경보호청(EPA)과의 관계에서 야기된 몇몇 소송에 관한 42 U.S.C. §7607 (b)(1) 등이 있다.
108) Carrow, 58 Columbia L. Rev., 1, 5 (1958).
109) Carrow, 58 Columbia L. Rev., 1, 4 (1958).

데 변경(modify)에 관하여서는, 관련법에서 법원이 문제의 행정작용을 변경할 수 있다고 규정하고 있다 하더라도 법원은 이러한 권한을 매우 좁게 해석하고 있다.[110] 실제로 가장 흔하게 활용되는 구제유형은 문제의 행정작용을 취소(set aside)하고 법원의 판결에 어긋나지 않는 결정을 다시 내리도록 사안을 행정청에게 환송(remand)하는 것이다. 환송은 행정으로 하여금 기록을 보완하거나[111] 적절한 절차를 거치거나[112] 혹은 본안에 관해 행위할 기회를 부여하기 위하여 활용될 수 있다.[113] 물론 구제가 좀더 과감한(drastic) 경우도 있다. 예컨대 행정청의 연금지급거부결정을 법원이 취소하고 당해 행정청에게 곧바로 연금지급을 명하는 경우가 그것이다.[114] 그러나 이러한 구제는 매우 드물게만, 즉 법과 사실 모두에서 행정에게 아무런 재량이 부여되지 않았고 또 사안을 환송하는 것이 원고에게 실질적인 不正義를 야기하리라는 결론을 법원이 내린 때에만 활용될 따름이다.[115] 그리하여 대부분의 경우에는 거부결정을 취소하고 사안을 재고(reconsideration)하도록 행정청에 환송하게 된다.[116] 혹은 행정이 부여한 허가가 다투어지는 경우도 있다. 이 때 그러한 허가의 부여가 위법이라고 법원이 확신하는 경우에는 당해 허가를 취소할 수 있다. 그러나 문제의 위법을 저지르지 않았더라도 행정이 동일한 결론에 도달할 것이라고 법원이 확신하는 경우에는 법원은 취소사유인 하자

---

110) Carrow, 58 Columbia L. Rev., 1, 7-8 (1958) ; 이러한 변경권의 해석에 관하여서는 Jacob Siegel Co. v. FTC 327 U.S. 609 (1946) ; FPC v. Idaho Power Co. 344 U.S. 17 (1952) ; Carter Products Inc. v. FTC, 186 F.2d 821, 826 (7th Cir. 1951)

111) Ford Motor Co. v. NLRB, 305 U.S. 364, 373 (1939).

112) Greenville Television Co. v. FCC, 221 F.2d 870 (D.C.Cir. 1955).

113) American Broadcasting Co. v. FCC, 191 F. 2d 492 (D.C. Cir 1951).

114) Rivera v. Sullivan, 923 F.2d 964, 970(2d Cir. 1991) ; NLRB v. Wyman-Gordon Co., 394 U.S. 759, 766 (1969) ; Davis, op. cit., vol. III, §18.1, p. 164 ; David Schoenbrod/Angus Macbeth /David I. Levine/David J. Jung, Remedies : public and private, 2d ed., West Publishing, Minn. 1996 (이하 Schoenbrod로 약칭한다), p. 42.

115) Davis, op. cit., vol. III, §18.1 (p. 163-164).

116) 예컨대 SEC v. Chenery Corp., 318 U.S. 80 (1943) ; Schoenbrod, op. cit., p. 42.

(reversible error)는 없다고 판결할 것이며 그리하여 문제된 행정작용을 유지시키고자 할 것이다.[117]

(2) 非제정법상 심사의 경우(non-statutory review)

개별법에 기하지 않은 심사의 경우 활용할 수 있는 구제유형에 관해서는 연방과 州가 상이한 발전과정을 보이고 있다. 州차원에서는 미국법 체계의 기원인 영국법의 구제유형, 특히 대권적 구제유형들이 명맥을 유지하였고 그리하여 대부분의 州에서는 非제정법상 심사가 주로 대권적 영장(prerogative writs — 이를 종종 비상구제 extraordinary remedies라고 부르기도 한다)에 기하여 진행되는 반면,[118] 연방차원에서는 영국의 경우와는 극적으로 다르게 변천하여 대권적 구제는 거의 폐기되다시피 하였다.[119] 반면 행정작용에 대해서도 선언판결(declaration)이나 명령판결 (injunction)과 같은 형평법상 구제를 활용할 수 있음은 연방행정절차법 제703조에서 명문으로 규정하고 있다. 물론 현재 연방의 행정활동에 대한 심사는 대개 제정법상 심사이므로 非제정법상 심사는 실무상 보충적 의미만을 가진다.[120]

① 대권적 구제의 쇠퇴

건국 이래 몇몇 州들에서는 영국의 관행에 입각하여 행정작용에 대한 구제유형으로 금지명령(prohibition)과 취소판결(certiorari)을 활용하였으나 — 그래서 심지어 이방인도 소를 제기할 수 있었다 —, 적어도 연방차원에서는 19세기 이후로 취소판결(certiorari)을 활용하지 않게 되었다. 연방의회가 연방법원에게 행정작용에 대한 취소판결(certiorari)을 발급할 권한

---

117) 그러한 예로는 NLRB v. American Geri-Care Inc., 697 F.2d 56, 64 (2d Cir. 1982) ; Schoenbrod, op. cit., p. 43.
118) Schwartz, op. cit., §8.3, p. 475, §9.11, p. 583.
119) Schwartz, op. cit., §9.8, p. 577.
120) Davis, op. cit., vol. III, §18.4, p. 180.

을 부여한 적이 없다는 것이 All Writs Acts의 해석과 관련한 연방대법원
의 견해이며,121) 더 나아가 Degge v. Hitchcock, 229 U.S. 162 (1913)사건에
서 연방대법원이 취소판결은 오로지 '법원에서 법원으로'만 발할 수 있
을 따름이며 '법원에서 행정청으로' 발할 수 없다고 판시한 이후 연방차
원의 사법심사에서 취소판결은 거의 사라지게 되었다.122) 또한 취소판결
과 동일한 원리에 기하여 활용되었던 금지판결(prohibition) 역시 연방차
원에서 취소판결이 폐기되자 그와 더불어 쇠락하게 되었고 그리하여 현
재 연방의 실무상 거의 사용되지 않는다.123) 이와는 대조적으로 직무집
행명령의 경우에는 연방법원이 연방행정청을 상대로 직무집행명령을 활
용할 수 있음을 규정하는 명문 규정이 있었으므로(연방행정절차법, 28
U.S.C §1361) 연방사법심사에서 명맥을 유지하게 되었다. 그러나 직무집
행명령은 전통적으로 행정에게 기속적 의무(ministerial duty)가 있는 경우
에만 활용할 수 있으며 행정에게 재량이 부여된 경우에는 활용할 수 없
다는 한계가 있기 때문에 실무상 직무집행명령은 오로지 소수의 사건들
에서만 활용되고 있다.124) 또한 법원은 공익에 해가 될 때에는 직무집행
명령의 부여를 거부할 재량을 가지고 있다는 점에서도 그 활용에는 일
정한 제약이 있다.125) 그리하여 연방행정법차원에서는 직무집행명령의
기능을 통상적 구제수단인 명령판결(injunction)이 상당부분 대체하고 있
다.126)

---

121) West v. City Council of Charleston, 27 U.S. 171 (1829).
122) Breyer, op. cit., p. 804 ; Strauss, op. cit., p. 214, fn. 20 ; Schwartz, op. cit., §9.8,
    p. 577.
123) Breyer, op. cit., p. 807 ; Strauss, op. cit., p. 214, fn. 20. ; Schwartz, op. cit., §9.8,
    p. 579.
124) Wilbur v. United States, 281 U.S. 206, 218-219 (1930), Schwartz, op. cit., §9.8,
    p. 580.
125) Schwartz, op. cit., §9.8, p. 580 ; Breyer, op. cit., p. 805.
126) Schwartz, op. cit., §9.8, p. 581 ; Breyer, op. cit., p. 805.

② 형평법상 구제의 활용

이처럼 연방의 사법심사에서 대권적 구제가 쇠퇴한 것은 형평상 구제인 선언판결(declaration)과 명령판결(injunction)이 더욱 활발히 활용되는 계기가 되었다.127) 위법한 행정작용에 대하여 제정법상 구제가 마련되지 않은 경우에도 형평법상 구제를 활용할 수 있음은 American School of Magnetic Healing v. McAnnulty, 187 U.S. 94 (1902)사건에서 천명되었다.128) 이들 구제수단들은 형평상 구제이니만큼 이를 부여할지 여부는 오로지 법원의 재량에 좌우되며 또한 제정법상 심사가 마련되어 있지 않거나 혹은 부적절한 경우에만 활용가능하다.129) 그리하여 가장 흔한 非제정법상 구제유형은 다투어진 행정작용이 위법함을 확인하는 선언판결과 당해 행정작용의 집행을 금하는 명령판결이다.130) 이처럼 선언판결은 이미 발급된 행정작용의 위법성을 확인하기 위하여, 즉 항소심형 심사(appellate review)에서 주로 활용되나 점차 이에 국한되지 않고 최종적 행정작용이 발급되기 이전에, 즉 행정절차계류 중에 중간 심사(interlocutory review)를 통하여 문제의 행정작용의 위법성을 확인받기 위하여 활용되는 경우가 늘고 있다. 따라서 이들 선언판결과 명령판결은 예방적 구제로 자리매김할 수 있으며131) 이에 관해서는 제3장 II에서 더 자세히 살펴보기로 한다.

2) 가구제절차의 유형

개별법에서 법원으로 하여금 문제의 행정작용을 정지(stay)시킬 수 있

---

127) 반면 손해배상(damages)이나 대권적 구제는 통상법원(Court of Law)에서 베풀어지던 구제였다는 점에서 법적 구제(legal relief)라고 한다.

128) Schwartz, op. cit., §9.8, p. 578 ; Davis, op. cit., vol. III, §18. 4, p. 179.

129) Davis, op. cit., vol. III, §18.4, p. 180.

130) Schwartz, op. cit., §9.8, p. 578.

131) Note, Developments in the Law - Injunctions, 78 Harvard Law Review, 996, 1005 (1965).

음을 규정하고 있는 경우도 있으나 그러한 개별규정이 없다 하더라도 법원은 일반적으로 문제된 행정작용에 대한 사법심사가 종결될 때까지 행정작용을 정지시킬 권한을 가지고 있다는 것은 28 U.S.C. §2349 (이른 바 Hobbs Act)와 5 U.S.C. §705(APA) 모두에서 규정하고 있는 바이다.[132] 법원이 행정작용에 대하여 정지를 부여할 것인지를 결정함에 있어서 전통적으로 고려하여 왔던 요소들을 언급하고 있는 유명한 판례로 Virginia Petroleum Jobber's Assn. v. FPC, 259 F. 2d 921, 925 (D.C. Cir. 1959)가 있는 바, 그러한 요소들로는 신청인의 본안승소가능성, 정지가 거부되는 경우 신청인이 입을 손해가 회복불가능한지 여부, 정지가 발급되는 경우 피신청인이 입을 손해가 회복불가능한 것인지 여부 및 공익 등이 있다. 또한 非제정법상 심사의 경우 활용할 수 있는, 형평상 구제로서의 명령판결은 본안절차상의 구제일 뿐 아니라 가구제로서도 활용될 수 있다. 즉, 보전명령(preliminary injunction)은 명령적(mandatory 혹은 affirmative)일 수도 있고 금지적(prohibitory 혹은 preventive)일 수 있으며 후자는 앞서 정의한 바 있는 예방적 구제유형에 속한다. 이에 관해서는 제3장 제2절에서 보다 자세히 살펴보기로 한다.

3. 원고적격

1) 논의의 전개과정

대개의 법률에서는 특정 행정활동이 사법심사의 대상임을 규정하면서도 원고적격에 관하여는 언급하지 않은 경우가 훨씬 많으며 그러한 점에서 미국 행정법상 원고적격법리는 판례가 발전시킨 것이다.[133] 뉴딜 시대에 행정국가를 옹호하면서 행정활동에 대한 사법부의 간섭을 혐오

---

132) Breyer, op. cit., p. 992. ; 관련판례 - Scripps-Howard Radio v. FCC, 316 U.S. 4 (1942).
133) Breyer, op. cit., p. 871.

하였던 법관들은 원고적격의 문제를 법원의 역할을 제한하는 도구로 활용하였다. 이 시대의 법관들이 발전시킨 심사제약적인 원고적격법리는 이른바 '私法모델(private law model)'로서, 이는 문제된 행정활동이 사인의 활동이었더라면 그에 대해 보통법상의 구제, 즉 불법행위로 인한 손해배상이 부여되었을 것인가를 물어 그것이 긍정되는 경우에만 원고적격을 인정하는 것이다. 그러나 복지국가의 등장과 더불어 이러한 私法모델은 심각한 논란의 대상이 되었다. 사법모델은 현대의 정부가 수행하는 수많은 과제영역 가운데 보조금 지급과 같이 개인에게 이익을 부여하는 영역이나 공무원관계, 소비자와 노동자 보호, 나아가 환경보호 등의 광범위한 영역을 법원의 통제로부터 배제해 버리는 결과를 낳기 때문이다. 그리하여 특히 1960, 1970년대에는 행정과정에의 광범위한 대중참여지향을 반영하여 보통법에서 보호하고 있는 이익의 주체가 아닌 자에게도 원고적격을 확대하는 경향이 있었으며 이하에서 살펴보는 바와 같이 '실제 손해(injury in fact)'라는 대략의 기준을 형성하게 되었다. 그러나 다른 한편 원고적격을 무제약하게 확대해서도 안된다는 것이 연방대법원의 판례이기도 하다. 왜냐하면 연방헌법 제3조에서는 '사건과 분쟁(case and controversy)'을 연방법원의 활동한계로 설정하고 있으므로 원고적격 역시 '사건과 분쟁'의 한계 내에서만 인정할 수 있기 때문이다.134) 그럼에도 불구하고 만약 의회가 문제된 행정작용에 아무런 개인적, 경제적 이해관계 없는 시민도 당해 행정작용에 대한 사법심사를 구할 수 있도록 법률에서 규정한다면 이러한 연방입법과 연방헌법간에는 괴리가 초래될 것이다. 이러한 문제는 실제로 Lujan v. Defenders of Wildlife, 504 U.S. 555 (1992) 사건135)에서 제기되었는데, 이 사건에서 대법원의견을 쓴 스

---

134) Schwartz, op. cit.,§ 8. 12, p. 497 ; Breyer, op. cit., p. 896.
135) 이 사건은 1973년의 멸종위기에 처한 생물법(Endangered Species Act)상의 이른바 시민소송(citizen suit)규정, 즉 '누구나(any person)' 소송을 제기할 수 있음을 규정하고 있는 조항에 기하여 환경단체인 Defenders of Wildlife가 행정청의 자문(consultation)절차조항의 위배를 지적하며 소송을 제기한 사건이다.

칼리아(Scarlia) 대법관은 "법원의 영역은 오로지 개인의 권리에 관하여 결정을 내리는 것"이라는 Marbury v. Madison사건에서의 마샬(Marshall) 대법원장의 문구를 인용하면서, 법원 스스로 구체적 손해요건을 무시하든지 아니면 의회가 법률에서 그렇게 하도록 유인해서 무시하든지 간에 구체적 손해요건을 무시하는 것은 법원의 역할에 관한 헌법의 근본원칙, 즉 사건과 분쟁성원칙을 훼손하는 것이 될 것이라고 지적하였다. 그리하여 제정법상의 시민소송규정에도 불구하고, 환경단체인 Defenders of Wildlife는 문제의 행정작용으로 인하여 실제 손해를 입었다고 볼 수 없다는 점에서 원고적격을 인정할 수 없다고 판시하였다.136) 물론 이러한 스칼리아(Scalia)대법관의 원고적격관, 그리고 행정에 대한 법원의 역할을 보는 시각에 대해서는 '시대착오적일만큼 형식적인 권력분립관'에 입각하고 있다는 동료법관들의 비판137)과 더불어 내각제국가로서 의회와 행정간의 관계가 밀접한 독일의 경우와는 달리 미국의 행정부는 엄격한 3권분립 하에서 의회로부터 상대적으로 단절되어 있으면서도 엄청난 권한을 부여받고 있는만큼 행정에 대한 법원의 통제를 (독일의 경우처럼) 개인의 권리보호사안에만 국한하자는 위와 같은 견해는 적어도 미국적인 권력구조하에서는 행정에 대한 민주적 통제수단으로서의 사법심사의 역할을 망각한 견해라는 학계의 비판도 적지 않은 실정이다.138) 어쨌거나 위 Lujan판결은 '누구나(any person)'에게 원고적격을 인정하고 있는 많은 환경법률들의 위헌성 논란을 야기하게 되었으며139) 현재의 미국 행정법상으로는 영국의 경우와는 달리, 납세자라면 누구나 위법한 행정활동을 다툴 수 있는 '공익소송(public action)'은 연방법원들에서는 인정되

---

136) Breyer, op. cit., 909-910 ; Cass R. Sunstein, What's Standing After Lujan? : Of Citizen Suits, "Injuries", and Article III, 91 Michigan L. Rev, 163, 200-202 (1992) ; Susan Rose-Ackerman, American Administrative Law Under Siege : Is Germany a Model?, 107 Harvard Law Review, 1279, 1286-1287 (1994).
137) 위 판결에서의 블랙먼(Blackmun)대법관의 반대의견, id at 2158.
138) Rose-Ackerman, 107 Harvard L. Rev., 1279, 1287 (1994).
139) Cass R. Sustein, 91 Michigan L. Rev., 163, 200-202 (1992).

지 않는다.[140)

2) 실제 손해 (injury in fact)

원고적격이 인정되려면 일단 다음의 세 가지 요소들이 갖추어져야 한
다. 먼저, 행정활동을 다투고자 하는 자는 실제 손해(injury in fact)를 입었
어야만 한다. 둘째, 당해 손해는 원고가 다투고 있는 행정활동에 의하여
야기된 것이어야 한다(causality). 셋째, 판결을 통해 당해 손해가 구제될
수 있어야 한다(remediability 혹은 redressability).[141)

(1) APA규정과 법적 권리기준의 포기

원고적격이 인정되려면 원고가 입은 불이익이 실제 손해(harm in fact)
인 것으로 충분한지 아니면 법적 권리(legal right)에 대한 침해이어야 하
는지가 문제된다. 이에 관하여 과거 대법원의 많은 판례들은 법적 권리
의 박탈을 요구하였다.[142) 법적 권리에 대한 침해(legal wrong)는 바로 문
제의 행정활동이 만약 사인에 의하여 수행되었더라면 불법행위를 구성
하게 될 것임을 의미한다.[143) 그러나 연방행정절차법상의 문언[144)에서는
이러한 전통적인 접근방식보다 더 넓게 원고적격을 규정하고 있었으니,
바로 동 규정상의 'legal wrong'은 전통적인 접근방식을 의미하는 반면,
'adversely affected or aggrieved'라는 표현은 그 이외의 단순한 손해를 의미
하였다. 1970년 대법원은 이러한 연방행정절차법규정에 근거하여 Data
Processing Organizations v. Camp, 397 U.S. 150 (1970)사건에서 원고적격이
인정되려면 침해된 원고의 이익이 법적 권리여야 한다는 요건을 전 대

---

140) Breyer, op. cit., p. 871 ; Schwartz, op. cit.,§8. 13, p. 500

141) Schwartz, op. cit.,§8. 12, p. 497.

142) Perkins v. Lukens Steel Company, 310 U.S. 113 (1940).

143) Breyer, op. cit., p. 871.

144) 5 U.S.C. § 702.

법관의 일치된 의견으로 폐기하였다. 그리하여 원고적격이 긍정되기 위
해서 반드시 법적인 권리가 침해되었을 필요는 없게 되었다.[145]

(2) 보호이익범위(zone of interest)기준의 부가

Data processing사건에서 대법원은 법적인 권리기준을 포기하는 데는
의견이 일치하였으나, 더 나아가 원고적격을 인정하려면 과연 단순한 실
제 손해(injury in fact)만으로 충분한지 아니면 덧붙여 문제의 손해가 '관
련법령에 의하여 보호 혹은 규율되는 이익의 범위내에 속한다고 주장가
능하여야 하는지(arguably within the zone of interest to be protected or
regulated by the statute involved)'에 관해서 의견이 갈라졌으며 다수의 의
견은 후자의 방식을 채택하였다.[146] 여기서 말하는 '관련법령'의 의미를
대법원이 최초로 명확하게 밝힌 것이 Air Courier Conference v. American
Postal Workers Union, 111 S.Ct. 913(1991) 사건이다. 이 사건에서 연방대법
원은 '관련법령'이란 오로지 본안에 관한 원고의 주장의 토대인 법률을
의미한다고 판시하였다.[147] 즉, 보호이익범위(zone of interest)기준이란 바
로 원고가 자신의 소송을 뒷받침하기 위하여 호소하고 있는 연방법이,
물론 당해 연방법의 목적들에는 여러 가지가 있을 수 있겠으나 적어도
그 가운데 하나의 목적으로서, 침해된 이익을 보호 혹은 규율하는 것을
목적으로 한다고 주장할 수 있어야 한다는 것이다.[148] 그러나 위와 같은
추가적 요건은 실제로 과거의 법적 권리기준으로의 후퇴를 의미하며 원
고적격의 문제를 불필요하게 복잡하게 만든다는 학계의 비판도 있다.[149]
또한 실무상으로도 법원이 보호이익범위기준을 적용하는 경우는 예외에

---

145) Schwartz, op. cit., §8. 16, p. 506.
146) Breyer, op. cit., p. 884.
147) Kenneth Culp Davis/Richard J. Pierce, JR, Administrative Law Treatise, vol. III, 3rd ed., Aspen Law & Business, 1994, §16. 9 (p. 61).
148) Schwartz, op. cit.,§8. 16, 17, p. 506-509 ; Strauss, op. cit., p. 225
149) Schwartz, op. cit., §8. 17, p. 507 ; Breyer, op. cit., p. 894.

속하며 대개의 경우 원고적격요건을 전통적인 사법심사에 대한 장애물
이 되지 않도록, 그리고 사법심사의 활용가능성을 고무하고 확대시키도
록 너그럽게 해석하고 있다.150)

3) 원고적격의 실제

원고가 행정작용의 직접 상대방(obvious party)인 경우에는 원고적격을
인정하는 데 하등의 어려움이 없다.151) 원고적격이 문제되는 주된 사례
는 행정작용의 직접 상대방은 아니면서도 당해 행위로 인하여 영향을
받게 되는 자들, 예컨대 철도요금 인가결정의 경우 운송분야의 경쟁자인
자동차운송인이나 수상운송인 혹은 운송서비스의 소비자인 일반대중이
당해 인가결정에 소를 제기하는 경우이다. 경쟁자의 경우 당해 결정이
자신의 경쟁적 지위에 곧바로 영향을 미친다는 것만으로도 원고적격은
충분히 인정된다.152) 한편 소비자의 원고적격은 문제의 행정결정이 직접
상대방인 기업에게는 우호적이면서 소비자에게는 불리한 것일 때 보다
절실한 문제가 된다. 최근까지도 법원은 오로지 소비자로서의 지위에 입
각하여 소를 제기하는 자들에게 원고적격을 인정하는 것을 매우 꺼려왔
다.153) 그러나 이른바 참여민주주의의 확대경향에 발맞추어 소비자가 지
불해야 할 가격에 행정결정이 영향을 미친다면 소비자의 원고적격도 인
정하여야 한다는 판례가 축적되고 있다.154)

---

150) Strauss, op. cit., p. 225.

151) Schwartz, op. cit., §8. 19, p. 509.

152) Schwartz, op. cit., §8. 20, p. 511-512. ; Associated Gas Distributors v. FERC, 899
F.2d 1250, 1258 (D.C.Cir. 1990) ; Hammond Lumber Co. v. Finance Auth., 521
A.2d 283 (Me. 1987).

153) Breyer, p. 834-836 ; Schwartz, op. cit., §8.21, p. 514.

154) ANR Pipeline v. FERC, 771 F.2d 507, 515 (D.C.Cir 1985) ; Ramsey v.
Commonwealth, 572 A.2d 21(Pa. Commw. 1990) ; Schwartz, op. cit., op. cit.,§8.
20, p. 513.

제2장 독일의 예방적 구제

제1절 예방적 구제논의의 역사적 전개

I. 연방행정법원법 제정 이전

독일의 경우 1920년대 당시의 함부르크와 브레멘의 행정소송법들에서 일반조항을 도입하면서 일반적 확인소송에 관한 규정들이 마련되었고 이에 따라 이들 법원들이 최초로 확인소송을 허용하면서 행정소송상 예방적 권리구제를 둘러싼 논의가 시작되었다.[1] 특히 1925년 3월 10일 라이프찌히에서 개최되었던 독일 국법학자대회(Vereinigung der Deutschen Staatsrechtslehrer)에서 발터 옐리네크는 당시 함부르크와 브레멘의 新행정소송법률들에서 확인소송을 허용한 것을 강조하면서 이를 통해 열리게 된 예방적 권리구제의 가능성을 행정법원들이 까닭 없이(ohne Not) 좁힌다면 이는 유감스러운 것임을 지적하였다.[2] 물론 당시의 지배적인 견해에서는 행정소송은 오로지 취소(kassatorisch) 기능을 할 따름이라는 점,

---

1) 함부르크 행정법원법 제20조, 브레멘 행정법원법 제28조. Anton Burkhart, Vorbeugender Rechtsschutz in der Verwaltungsgerichtsbarkeit, Tübingen Diss. 1960, S. 6 ; Richard Naumann, Vom vorbeugenden Rechtsschutz im Verwaltungsprozeß, in : Gedächtnisschrift zum W. Jellinek, 1955, S. 391-406 (S. 391)

2) Walter Jellinek, Der Schutz des öffentlichen Rechts durch ordentliche und durch Verwaltungsgerichte, VVDStRL Heft 2, 1925, S. 8-80 (61).

행정소송에서 예방적 권리구제를 허용한다면 이는 행정의 고유책임과 판단권에 대한 침해가 될 것이며 더 나아가 소송의 범람을 통해 행정의 마비를 야기할 것이라는 점 등을 이유로 그 허용성을 부정하였다.[3] 더구나 위와 같이 행정소송상 예방적 구제논의의 선구자라 할 옐리네크 자신마저도 "국가는 너무 불필요하게 일찍 판결에 의하여 방해받아서는 안 된다"라고 하여 예방적 구제에 대해 신중한 태도를 보였다.[4]

1950년대 중반에 등장한 리하르트 나우만의 논문[5]을 계기로 하여 비로소 행정소송상 예방적 권리구제가 본격적으로 활발한 학문적 논쟁의 대상으로 부각되었다. 나우만은 행정소송상 예방적 권리구제의 중점은 행정청에 대하여 부작위를 구하는 소송, 즉 예방적 금지소송에 있다는 점을 인정하면서도 자신의 논의를 오로지 예방적 확인소송에 국한하여 전개하였으며 뒤이어 등장한 링에[6]와 룹[7]의 논문들은 비로소 예방적 금지소송을 논의의 중점에 두었다. 이보다 앞서 바호프도 행정소송상으로는 금지소송이 매우 드물 것임을 지적하면서도 행정행위에 의한 불이익부과 이외의 영역, 즉 행정이 국법상의 상하질서에 기하여 행위하는 것이 아니라면 다투어진 권리의 성격에 따라 통상법원에서 혹은 당사자소송의 형태로 행정법원에서 금지소송을 수행할 수 있다고 보았다.[8] 그러

---

3) Oskar Ruckdäschel, Vorbeugender Rechtsschutz im Verwaltungsprozeß, DÖV 1961, S. 675 - 686 (S. 676).

4) Jellinek, Verwaltungsrecht, 3. Aufl. 1931, S. 191 (Ule, VerwArch. 1974, fn. 3에서 재인용)

5) Richard Naumann, Vom vorbeugenden Rechtsschutz im Verwaltungsprozeß, in : Gedächtnisschrift zum W. Jellinek, 1955, S. 391-406.

6) Karl Ringe, Zur Unterlassungs-und Beseitigungsklage bei Verwaltungsakten und einfachen Verwaltungshandlungen, DVBl 1958, S. 378 - 381.

7) Hans Heinrich Rupp, Die Beseitigung- und Unterlassungsklage gegen Träger hoheitlicher Gewalt, DVBl 1958, S. 113 - 120.

8) Otto Bachof, Die Verwaltungsgerichtliche Klage auf Vornahme einer Amtshandlung, Tübingen 1951, S. 86-87.

나 이 시대의 판결들은 행정소송상 예방적 권리구제는 권력분립원리에 위배된다거나 혹은 당시의 행정소송법에 예방적 금지소송이나 예방적 확인소송이 규정되어 있지 않다는 이유로 그 허용성을 부정하였다.9)

II. 연방행정법원법 제정 이후

1960년 연방행정법원법의 발효는 예방적 소송의 허용성을 둘러싼 논쟁에 새로운 활기를 부여하였다. 1961년 독일행정법원법관대회에서 룩데쉘은 예방적 소송과 가명령이 드문 예외이어야만 한다거나 혹은 활용되는 경우가 거의 없을 것으로 보는 견해는 더 이상 유지될 수 없다고 결론을 내렸다.10) 그 이외에도 연방행정법원법이 발효된 후 첫 10여 년 동안 브로이티감,11) 쉐퍼,12) 호프만,13) 및 하우크14)가 논의를 촉진하였다. 또한 행정법원은 단지 이미 발급된 위법한 행정행위를 취소할 수 있을 따름이라는 과거의 지배적 견해가 기본법 하의 법치국가 개념에는 조화되지 못한다는 점이 일반적인 승인을 받으면서15) 州의 행정법원들과 연방행정법원16)도 이 시기에 재차 예방적 확인소송과 예방적 금지소

9) OVG Hamburg v. 27. 9. 1951 =DVBl. 1952, S. 86 ; OVG Münster v. 24. 11. 1955=DÖV 1956, S. 410 ; OVG Münster Beschl. v. 28. 2. 1957 = NJW 1957, S. 1251 ; BVerwG v. 9. 5. 1957 = MDR 1957, S. 503.
10) Oskar Ruckdäschel, Vorbeugender Rechtsschutz im Verwaltungsprozeß, DÖV 1961, S. 675 - 686 (S. 675) ;
11) Horst Bräutigam, Verwaltungsrechtsweg und Klagearten, DÖV, 1960. S. 364-368.
12) Walter Schäfer, Die Klagearten nach der VwGO, DVBl 1960, S. 837-843.
13) Horst Hoffmann, Vorbeugende Klagen im verwaltungsprozeß?, BayVBl 1962, S. 72-76.
14) Winfried Haug, Die neuere Entwicklung der vorbeugenden Unterlassungs - und der allgemeinen Beseitigungsklage, DÖV 1967, S. 86-91.
15) Burkhart, a.a.O., S. 25.
16) BVerwG v. 20. 7. 1962, E 14, S. 323 ;v. 25. 10. 1968, E 30, S. 352 ; v. 13. 1.

송의 허용성문제에 대하여 원칙적으로 긍정하는 입장을 표명하였다.

연방행정법원법이 발효된 지 10년이 되는 1970년에 베터만(Bettermann)과 쉔케(Schenke)는 행정소송상 예방적 권리구제문제를 다시금 다루었다. 베터만은 '행정소송상 예방적 권리구제'[17]라는 주제를 슈파이어(Speyer) 행정학 대학의 제38차 국가학 연수대회보고에서 상세하게 다루었다. 베터만은 예방적 구제에 회의를 표하면서 "어떠한 경우에, 어떠한 정도로, 그리고 어떠한 이유에서 진압적 권리보호만으로는 충분하지 않을지"를 상세하게 검토할 것을 권고하였다. 한정된 자원 하에서 권리보호의 가능성을 끝 없이 확대하려고 한다면 결국에 가서는 가장 중요한 권리보호 수단에 집중하였을 때보다 훨씬 덜 현실적인 권리보호를 베풀게 될 우려가 있기 때문이라는 것이다.[18]

반면, 쉔케는 "행정소송상 예방적 금지소송과 예방적 확인소송"이라는 논문[19]에서 적극적인 입장을 드러내고 있다. 그는 법원들이 "예방적 금지소송과 확인소송에 있어서 지나치게 엄격한 권리보호 필요성을 요구함으로써 이들 법제도들을 무용지물로 만들고 있으며 혹은 더 위험스러운 것은, 예방적 소송(특히 예방적 금지소송)의 허용성은 원칙적으로 긍정하면서도 실체적인 이유에서 소위 부작위청구권이 결여되었다고 보아 소가 이유 없는 것으로 간주하고 있는 점"이라며 당시의 법원의 입장을 비판하였다.

1969, E 31, S. 177 ; v. 26. 9. 1969 E 34, S. 69 ;; v. 8. 9. 1972, E 40, S. 323 ; v. 21. 2. 1973, DVBl. 1973, S. 448.

17) Karl August Bettermann, Vorbeugender Rechtsschutz in der Verwaltungsgerichtsordnung, Zehn Jahre VwGO; Bewährung und Reform, Schriftenreihe der Hochschule Speyer, Bd. 45, 1970, S. 185- 202.

18) Bettermann, a.a.O., S. 202.

19) Wolf-Rüdiger Schenke, Vorbeugende Unterlassungsklage und Feststellungsklage im Verwaltungsprozeß, AöR, 1970, S. 223 - 259.

III. 1980년대 이후의 동향

초기의 회의적 태도에도 불구하고 연방행정법원법 발효 이후 점차 학설과 판례는 예방적 금지소송 및 예방적 확인소송의 원칙적 허용성을 인정하는 경향을 보이게 되었다. 실무상으로는 주로 사실행위의 영역 가운데서도 행정의 정보활동 혹은 임미시온의 배제영역에서 적지 않은 인용례가 축적되었다. 1980년대 이후 학계의 관심은 영업법, 임미시온방지법 그리고 게마인데의 계획고권과 관련한 계획법등 개별행정법영역에서의 예방적 권리구제로 세밀화하고 있으며[20] 동시에 실체법상의 부작위청구권에 관해서도 꾸준한 관심을 보이고 있다.[21]

---

20) 관련 문헌으로는 Horst Dreier, Präventive Klagen gegen hoheitliche Handlungen im Gewerberecht, NVwZ, 1988. S. 415-428. ; Joseph Geislinger, Unterlassungansprüche Drittbetroffener gegen rechtswidrig formlos errichtete Anlagen der öffentlichen Hand, BayVBl, 1994. S. 72-76 ; Michael Sachs, Unterlassungsansprüche gegen hoheitliche Immissionen aus §22 BImSchG, NVwZ 1988. S. 127-130 ; Stefan Langer, Vorbeugender Rechtsschutz gegen Planungen, DÖV 1987. S. 418-425.

21) 관련 문헌으로는 Hans-Werner Laubinger, Der öffentlich-rechtliche Unterlassungsanspruch, VerwArch Bd. 80, 1989. S. 261-301 ; Hans Dieter Sproll, Öffentlichrechtlicher Unterlassungsanspruch, JuS 1996. S. 313-318 ; Steffen Detterbeck, Zum präventiven Rechtsschutz gegen ultra-vires Handlungen öffentlich-rechtlicher Zwangsverbände, Peter Lang, Frankfurt am Main 1990.

제2절 헌법·행정소송법상 허용성

독일의 행정소송상 예방적 권리구제의 허용성 논의는 헌법과 행정법 양 차원 모두에서 진행되었다. 그러나 예방적 권리구제의 행정소송법 허용성에 관한 의문을 제기하기 이전에 헌법상의 허용성을 먼저 논의하여야 한다. 왜냐하면 행정소송상 예방적 권리구제를 헌법이 허용하지 않는 것으로 드러난다면 행정소송법상의 허용성을 둘러싼 그 이상의 고찰은 필요하지 않기 때문이다. 반대로 헌법이 행정소송상 예방적 권리구제를 요청하고 있음이 드러난다면, 그러한 헌법적 규범에 합치되게 행정소송법을 해석하여야 할 것이다.[1]

행정소송상 예방적 권리구제에 있어서는 개인이 행정에 대하여 특정한 행정작용을 하지 않을 것을 소구한다는 점에서 먼저 개인의 부작위청구권 및 그러한 청구권의 논리적 전제가 되는 행정의 부작위의무가 문제된다. 이러한 위법한 행정활동을 하지 않을 의무의 전제가 되는 것은 행정의 법률적합성원칙이다. 행정이 부담하는 법률적합의무가 국민과의 관계에서 어떠한 의미를 가지는가에 대해 과거 논란이 있었다. 법적 의무가 없다면 이에 대응하는 주관적 권리도 있을 수 없으나 주관적 권리가 대응하지 않는 법적 의무는 있을 수 있기 때문이다.[2] 행정의 법률적합성원칙에 따라 행정이 부담하는 위법한 행정작용의 부작위의무를 순전히 객관적으로 이해하는 한도 내에서는 그러한 의무에 개인의 권리

---

1) Carl Hermann Ule, Vorbeugender Rechtsschutz im Verwaltungsprozeß, VerwArch Bd. 65., 1974, S. 291-310 (S. 298)

2) Jürgen Schwabe, Probleme der Grundrechtsdogmatik, 2. Aufl., 1997, S.13. ; Hans Heinrich Rupp, Grundfragen der heutigen Verwaltungsrechtslehre, Tübingen 1965. S. 162.

가 대응할 여지가 없으며 과거 독일의 외견적 입헌주의하에서는 한때 이러한 이해가 지배적이었다. 따라서 행정의 법률적합성원칙을 오로지 객관적으로 이해하는 입장을 탈피하고 주관적 요소를 인정하는 것은 행정소송상 (예방적) 권리구제가 가능하기 위한 첫 번째 관문이다. 두 번째로는 위법한 행정활동으로부터의 개인의 방어권이 문제된다. 위법한 국가작용을 사전에 저지함으로써 보호되는 '권리'와 관련하여 특히 독일 기본법상의 일반적 자유가 논의되는데, 이러한 자유기본권의 법적 성격, 즉 자유가 주관적 공권으로서의 성격을 가지는지에 대해서는 논쟁이 있었다. 세 번째 문제는 권력분립차원의 문제로서, 위법한 행정작용이 단지 임박하였을 뿐 현실적으로 아직 행하여지지 않은 단계에서 과연 법원이 미리 법적 판단을 내리고 그러한 판단의 결과로서 행정에 대하여 부작위의무를 확인하거나 혹은 부작위의무의 이행을 명할 수 있겠느냐를 행정권과 사법권과의 관계라는 시각에서 논의할 수 있다.

I. 헌법적 토대

1. 행정의 법률적합성원칙

1) 외견적 입헌주의하에서의 탄생

행정의 법률적합성원칙은 19세기 독일의 입헌적 군주제시대에 생성되었다.[3] 프랑스와 영국의 입헌주의가 '아래로부터의 혁명'에 의하여 성립하였고 국민주권주의를 그 바탕에 두었던 반면 독일은 시민혁명의 경험 없이, 즉 '위로부터의 근대화'에 따라 절대주의에서 입헌주의로 직행하였다. 따라서 독일의 입헌주의는 국민주권주의에 의하여 뒷받침되지

---

3) Dietrich Jesch, Gesetz und Verwaltung, Tübingen 1961, S.1, 75.

못하였으며 리하르트 토마(Richard Thomas)의 말처럼 기존의 절대주의적 군주의 지배권력은 단지 '제약될 따름일 뿐, 구성되지는 못하였다(nur beschränkt, nicht konstituiert)'는 점에서 외견적 입헌주의에 불과하였다.[4] 이러한 외견적 입헌주의체제하의 군주는 그 이전과 다름 없이 집행권과 군통수권을 보유하되 다만 민주적 세력인 의회에 대한 관계에서 행정의 법률적합성원칙, 즉 법률의 우위와 법률의 유보에 의한 제약을 받았다. 그러나 법률의 유보영역은 오로지 시민의 '자유와 재산'에 대한 침해영역으로 국한됨으로써 그 이외의 영역, 즉 특별권력관계의 영역과 일반적 법관계영역 가운데에서도 수익과 급부를 행하는 영역에서는 군주가 '독자적인 규율권'을 행사할 여지가 남게 되었다.[5]

또한 이러한 독일의 외견적 입헌주의가 근간으로 삼은 것은 영국이나 프랑스의 경우와는 달리 오히려 국민주권의 배격과 군주주권(Fürstensouveränität)의 승인 그리고 의회주의 원칙의 거부와 군주에 의한 통치형태의 채택이었다.[6] 그러나 이러한 군주주권론은 국민주권론과의 기나긴 이론투쟁 과정에서 나타난 일회적인 현상이었을 뿐이며 그 와중에 자리잡게 된 것은 군주 그 자체와 동일하지도 않고 그렇다고 시민의 조직체도 아닌, 이른바 단일한 인격으로서의 국가를 전제로 하는 국가주권론이었다. 국가주권론은 그 자체 군주주권론과 국민주권론간의 갈등에 아무런 해답도 제시하지 아니한 채 다만 그러한 갈등을 內燃하는 상태로 봉합한 것에 지나지 않았다.[7] 그런데 이러한 국가의 단일인격성이라고 하는 구도하에서는 국가기관인 의회의 법률에 국가기관인 행정이 복종하는 것은 단지 '내면적인(innerpersonal)'것으로, 즉 자기에 대한 의무부과(Selbstverpflichtung)로 파악되었을 뿐 신민에 대한 관계에서 법적 구

---

4) Rupp, a.a.O., S. 2.
5) Jesch, Gesetz und Verwaltung, S. 34.
6) Jesch, Gesetz und Verwaltung, S.78.
7) Rupp, a.a.O., S. 3.

속을 낳는 것으로는 이해되지 않았다.8) 즉 국민주권주의가 절대주의적
인 군주주권을 완전히 극복해내지 못한 당시 독일의 법치국가이념은 이
른바 자기구속을 통하여 국가에게 '객관적'인 한계를 부여하는 것에 불
과하였으며 신민은 여전히 국가행정의 객체일 따름으로서, 절대주의 시
대의 위상인 채로 남아 있었던 것이다. 이러한 사고는 독일 행정재판제
도의 개척자인 루돌프 폰 그나이스트(Rudolf von Gneist)에게서도 발견할
수 있는바, 그는 행정법을 오로지 객관적 법질서로 보았으며 행정재판
역시 오로지 행정의 법률적합성을 구현하기 위해서만 이루어질 뿐이라
고 보았다. 즉 그는 모든 재판활동이 오로지 개인의 주관적 권리보호만
을 위해서만 가능하다고 생각하는 것은 '민사적 논리의 부당한 전제
(civilistische petitio principii)'라고 보아 거부하였으며 형사소송이 그러하듯
이 행정소송도 사안을 왜곡하지 않으려면 개인의 권리구제로 변질되어
서는 안 된다고 생각하였다.9)

2) 주관적 요소의 발견

이와 같이 독일에서는 행정법과 행정법학이 외견적 입헌주의의 제약
하에서 탄생하였으며 국가와 개인간의 관계에도 당시의 헌법상이 반영되
었다. 즉 국가는 개인과의 관계에서 대등한 법적 의무의 주체가 아니며
법 위에 존재하는 주권자의 지위를 차지하였다. 그러나 이러한 역사적인
출발점은 국가도 법질서에 복종하며 따라서 법주체로서 시민에 대응할
수 있다는 견해가 널리 승인을 받게 되면서 점차 본질적으로 변화된 국
면에 접어들게 되었다. 즉 객관적 한계로서의 행정법률들은 동시에 위법
한 강제(ungesetzlicher Zwang)로부터의 시민의 자유도 보호하는 것이며 따
라서 시민의 자유가 단순한 객관적 법의 '반사(Reflex)'는 아닌 것으로 생
각됨으로써 법률적합성원칙의 주관적 요소의 토대가 마련되게 되었다.10)

8) Rupp, a.a.O., S.104-105.
9) Rupp, a.a.O., S. 8, 157.

2. 개인의 방어권

1) 객관적 반사에서 주관적 지위로

그러나 행정의 한계(Schranke)로서의 법률이 동시에 위법한 강제로부터 시민의 자유도 보호하는 것으로 승인됨으로써 행정의 법률적합성원칙의 주관적 요소가 인정되었다고 해도 이러한 자유가 곧바로 권리로서의, 더 나아가 기본권으로서의 성격을 인정받은 것은 아니었다. 예컨대 주관적 공권을 논함에 있어서 그의 책에 대한 언급으로 시작하게 되는 게르버도 자유란 군주권에 대한 한계를 신민의 시각에서 바라본 것에 불과하며 국가권력의 소극성(Negation)일 따름이므로 이러한 자유를 권리로 구성하는 것은 법학적 고찰방식이라 할 수 없고 이러한 소극성이 국가권력의 권한에 대한 적극적인 한정(positive Bestimmung)으로 변화하는 경우에만 법학적 고찰방식이라고 할 수 있다고 지적하였다.[11] 마찬가지로 오토 마이어도 헌법의 자유권은 결코 권리가 아니다, 왜냐하면 "전연 발생하지 않아야 할 공권력의 현상에 관한 의사력은 그 대상이 없는 것이기 때문"이라고 하고 있다.[12] 또한 '지위이론'으로써 독일 공법사에 있어서 주관적 공권론의 토대를 마련하였다고 일컬어지는 게오르크 엘리네크 역시 헌법상의 기본권은 오로지 프로그램적 성격만을 가지고 있다고 보았던 당시 바이마르 공화국시대의 지배적인 견해에 따라 시민의 자유는 주관적 권리가 아니며 단지 헌법의 반사라고 선언하였다.[13] 그러

---

10) Rupp, a.a.O., S. 106-107. 룹(Rupp)은 그러한 변화의 단초를 1837년 알브레히트(W.E. Albrecht)의 서평과 1852년 게르버(C.F. Gerber)의 '공권에 관하여(Über öffentliche Rechte)'에서 찾고 있다.

11) Gerber, Über öffentliche Rechte, S. 79 (Rupp, a.a.O., S. 108에서 재인용).

12) Otto Mayer, Deutsches Verwaltungsrecht, 3. Aufl., Bd I, S. 108 (Rupp, a.a.O., S. 108에서 재인용).

13) Georg Jellinek, System der subjektiven öffentlichen Rechte, 2. Aufl., S. 97 (Rupp, a.a.O., S. 109에서 재인용).

나 최소한 행정의 법률적합성원칙으로부터 주관적 요소를 도출해내고
이전에는 개개의 신민에 대한 관계에서 단지 객관적으로 이해되었던 행
정의 법률적합성원칙이 법률에 의하지 않은 강제로부터의 개인적 보호
영역 내지 자유영역, 즉 '소극적 지위(status negativus)'도 낳는다는 것을
밝힌 것은 부인할 수 없는 게오르크 옐리네크의 역사적 공헌이다. 법률
적합성원칙의 주관적 요소로서 이러한 '지위'가 발전하면서 이제 비로
소 개인들은 단지 행정법명제의 객체가 아니라 행정에 대해서 고유한
보호영역을 부여받은 주체로 등장하였다.[14]

2) 소극적 지위로부터 권리 · 기본권으로

물론 이처럼 신민의 '소극적 지위'가 인정받는다고 하여도 이러한 지
위가 곧바로 행정이 부담하는 적극적 의무에 대한 법적인 상응관계에
서게 된 것은 아니었으며 그러한 지위의 주관성이라고 하는 것은 단지
행정이 법률이라는 한계를 일탈하였을 경우 이는 당해 법률이 구성한
신민의 자유지위가 침해되었음을 의미하고 그로부터 경우에 따라서는
주관적인 대항청구권(Reaktionsanspruch)이 생성될 수 있다는 정도의 주관
성에 불과하였다.[15] 그러나 플라이너(Fleiner)의 비유처럼 개인의 자유란
행정이 먼저 베어물고 남은 빵조각이 아니라 입법자가 바로 개인에게 주
기 위해서 마련해 놓은 빵조각일 수 있다는 점에서 자유의 권리성을 부
인할 수 없게 되었으며 더욱이 19세기 후반 무렵 행정재판제도가 마련되
면서 주관적 공권에 관한 천착은 가속화하였고 그리하여 결국 행정이 한
계로서의 법률을 준수하는 데서 오는 모든 이익이 개인에게 있어서 단순
한 법의 반사라는 견해는 驅逐되었다.[16] 그리하여 본(Bonn) 기본법 하에
서는 일반적 자유권과 개별적 자유권들이 전형적인 (par excellence) 주관적

---

14) Rupp, a.a.O., S. 110.
15) Rupp, a.a.O., S. 111.
16) Rupp, a.a.O., S. 155.

공권으로서의 성격을 인정받고 있는 기본권의 지위를 차지하게 되었다.

3. 권력분립원리

위법한 공권력의 개입에 대한 개인의 방어권이 더 이상 부인할 수 없이 확고한 헌법상의 위치를 차지하였다 하더라도 그러한 위법한 개입에 대하여 행정소송으로 예방적 권리구제를 베푸는 것에 대하여는 1960년 연방행정법원법의 제정 이전에는 권력분립원리에 위반된다는 의혹이 지배적이었다. 특히 1960년대 이전 판례에서는 행정소송상 예방적 권리보호가 권력분립원리에 위반된다는 견해를 재차 뚜렷하게 천명하였다.

1) 허용성 반대설

(1) 취라/슈미트-글래져(Tschira/Schmitt Glaeser)의 견해

이들은 "특정한 행정행위의 발령을 금지하는 법원의 판결은 의무이행소송에 기하여 특정한 행정행위의 발령의무를 적극적으로 부과하는 것보다 훨씬 더 깊이 행정의 관할과 고유책임 속으로 개입하는 것"이라고 보았다. 또한 이들은 행정행위의 발급을 저지하기 위한 예방적 금지소송이 기본법상 실효적 권리보호요청에 의하여 정당화된다는 주장도 옳지 못하다고 보았다. 행정행위에 의한 권리침해에 있어서는 가구제, 특히 행정심판과 취소소송의 정지효(행정법원법 제80조)가 충분한 보호를 제공하기 때문이라는 것이 그 이유이다.[17]

(2) 볼프(Wolff)의 견해

볼프 역시 행정청이 행정행위를 발급하는 것은 법적용에 해당하며 행

---

17) Oskar Tschira/Walter Schmitt Glaeser, Grundriß des Verwaltungsprozeßrechts, Stuttgart 1970, S. 136.

정법원은 이러한 행정의 법적용을 금지해서는 안 된다고 지적하였다. 또한 볼프는 가구제수단이 행정행위로 인한 권리침해에 대하여 충분한 보호를 제공하기 때문에 예방적 금지소송이 허용되지 않는다 하여도 당사자에게 회피할 수 없는 불이익이 초래되지는 않는다고 보았다.[18]

(3) 링에(Ringe)의 견해

링에는 시민은 행정행위를 취소소송으로 다툴 수 있으므로 일단은 문제의 행정행위가 자신에 대하여 발령되도록 내버려두어야 한다고 주장하였다. 링에는 그 논거로서 현대국가는 법치국가일 뿐 아니라 동시에 행정국가라는 주장을 제시하고 있다. 만약 예방적 행정소송을 인정한다면, 이는 '행정국가'의 능률성 요청에 반하게 될 것이라고 한다. 더 나아가 그는 행정은 사법권에 의한 개입이 있기 이전에 관련된 생활사실관계를 고권적으로 규율할 '일차적 결정권(Recht auf Erstentscheidung)'을 가지며 행정행위에 하자가 있는 경우라도 일단 발효된 다음에는 사인과 행정청이 이를 유효한 것으로 존중하여야 하므로 행정은 '잘못된(irrig)' 행정결정을 할 권한을 가진다고 주장하였다.[19] 그러나 이러한 링에의 주장은 타당하지 않다는 비판이 가하여졌다. 행정행위가 위법한 경우에도 잠정적으로는 유효하다는 것으로부터 행정에게 위법한 행정행위도 발할 권한이 있다는 결론은 결코 도출될 수 없으며[20] 더 나아가 행정이 개인의 권리를 침해할 권리를 가진다는 것은 헌법에 토대한 법질서에서는 상상도 못할 일이기 때문이다.[21]

---

18) Hans Julius Wolff, Verwaltungsrecht Ⅲ, 2. Aufl. 1967, §172 Ⅱ d S.398 (Hans-Uwe Erichsen, Höchstrichterliche Rechtsprechung zum Verwaltungsrecht, VerwArch 1971, S. 418-423 (419)에서 재인용).

19) Karl Ringe, Zur Unterlassungs-und Beseitigungsklage bei Verwaltungsakten und einfachen Verwaltungshandlungen, DVBl 1958, S. 378-381 (379).

20) Ule, VerwArch. 1974, S. 301 ; Schenke, AöR 1970, S. 243.

21) Horst Dreier, JA 1987, S. 420.

(4) 판 례

행정법원법 제정 이전에는 행정소송상 예방적 금지소송의 헌법상 허용성을 부정하는 판례를 다수 발견할 수 있었다. 예컨대, 뮌스터 고등행정법원은 "행정법원들은 행정청들이 의도하거나 혹은 고려대상에 넣었던 행정행위를 발하는 것을 금지할 수 없다. 왜냐하면 그러한 판결은 행정의 활동에 개입하는 것이며 기본법 제20조 제3항에 표현된 권력분립 원리를 침해하기 때문이다"라고 판시한 바 있다.[22] 그 외에도 함부르크 고등행정법원은 "당해 법률(MRVO 제165호)은 행정행위와 관련하여 오로지 세 가지 유형의 소송만을 마련하고 있다. 제22조에 따른 취소소송, 제52조에 따른 확인소송 및 제24조에 따른 적극적인 급부의무의 부과를 구하는 의무이행소송이 그것이다. 그러나 행정의 부작위를 구하는 소송은 알지 못한다. 이것은 법률의 흠결이 아니라, 오히려 군정명령(MRVO) 제165호의 입법자가 금지소송을 소송목록에서 배제하고자 의도했기 때문이다."라고 하여 금지소송의 허용성을 부정하였다.[23]

2) 허용성 찬성설

(1) 룹(Rupp)의 견해

룹은 사실행위에 의한 권리침해에 대해서는 취소소송이 의미를 가지지 못하므로 사실행위로 인한 기왕의 침해에 대해서는 제거소송이, 임박한 침해에 대해서는 금지소송만이 적절한 구제방법임을 지적하였다. 그는 이러한 소송유형에 관해서 권력분립을 이유로 반대하는 견해가 있음을 지적한 후 이에 대해 다음과 같이 반박하였다. 즉 행정의 활동에 개입하는 것이야말로 행정법원이 가지고 있는 결정권한의 한 전형적 유형이자 행정재판의 본질이며 행정법원의 개입기능 없이는 '제2의 권력'을

---

22) U. v. 24. 11. 1955, DÖV 1956, S.411 f. ; OVG Münster, NJW 1957, S. 1251.
23) OVG Hamburg, DVBl. 1952, S. 86.

유효하게 통제하는 것은 전혀 불가능하다는 것이다. 결국 행정재판권을 긍정하는 한, 행정법원의 활동영역의 한계는 권력분립원리가 아니라 오로지 입법자가 실정법에서 행정재판권에게 어떠한 가능성을 주었는가로부터 도출할 수 있을 따름이라고 한다. 그는 그러한 점에서는 행정재판이 오로지 순수한 취소권한만으로 국한되어야 한다고는 말할 수 없다고 주장하였다. 왜냐하면 이미 의무이행소송(Vornahmeklage)에서 법원은 행정청에게 특정한 작용을 하라고 명할 수 있으며, 더 나아가 작위를 명하는 것인지 부작위를 명하는 것인지는 더 이상 중요하지 않기 때문이라는 것이다.[24]

(2) 울레(Ule)의 견해

울레 역시 기본법에서 인정하고 있는 행정재판권은 행정의 활동 속으로 법원이 개입하는 것을 불가피한 내용으로 하고 있다는 점을 지적하였다. 권력분립원리상 중요한 것은 행정법원이 자신의 판결을 통하여 행정의 고유영역에 개입하지 않고서 무엇이 법인가를 말하는 데 스스로를 국한하느냐로서, 취소판결과 의무이행판결도 권력분립원리 내의 재판활동이지만 법원이 행정청에게 특정한 조치, 특히 어떤 행정행위를 위법할 것임을 이유로 금지하는 것도 권력분립원리 내의 법원의 기능에 해당한다는 것이다. 마지막으로 울레는 금지소송이 권력분립원리에 위배된다면 의무이행소송도 권력분립원리에 위배되는 것이라고 단언한다. 작위를 명하는 것과 부작위를 명하는 것 사이에는 아무런 차이점도 있을 수 없기 때문이라는 것이 그 이유이다.[25]

(3) 쉔케(Schenke)의 견해

쉔케도 권력분립원리에서 예방적 금지소송의 허용성을 부정하는 논

---

24) Rupp, DVBl. 1958, S. 118.
25) Ule, VerwArch. 1974, S.300-301.

거를 찾는 것은 설득력이 없다고 보고 있다.26) 즉, 그는 "권력분립을 근
거로 예방적 금지소송의 허용성을 부정하는 견해의 근저에는 분명히 行
政司法(Verwaltungsrechtspflege)이 시작된 시대로부터 전래된 생각, 즉 행
정법원들은 오로지 취소(kassatorisch) 기능만을 수행해야 한다는 사고가
자리잡고 있다. 이러한 사고들은 선험적으로 고정된 권력분립원리란 없
다는 점, 그리고 … 권력분립원리를 어떻게 형성할 것인가의 점에서는
개별적으로 헌법제정자에게 넓은 활동여지가 있다는 점을 부정하고 있
다. … 예방적 금지소송을 허용한다면 법원 때문에 행정권이 무력화될
것이라고 두려워하는 견해도 종종 있으나 이러한 두려움은 거의 현실성
이 없는 두려움이며 부작위청구권의 한계에 따르는 한, 발견된 사실에도
분명히 맞지 않는다고 할 것이다"라고 하여 권력분립원리가 행정소송상
예방적 권리보호를 부정할 타당한 근거는 되지 못함을 주장하였다.27)

(4) 맷첼(Maetzel)의 견해

맷첼은 장래의 행정행위에 대하여 권리보호를 보장하는 것이 권력분립
원리를 침해하는 것이라는 우려에 대해서 다음과 같이 반박하고 있다. 즉
취소판결 혹은 의무이행판결로 인하여 권력분립원리가 침해되지 않는 것
과 마찬가지로 이미 현재 무엇이 법인가를 확인하는 것(Rechtsfeststellung)
이 가능한 경우에는 권력분립원리는 침해되지 않는다는 것이다.28)

4. 實效的 권리구제보장

기본법 제19조 제4항은 공권력에 의하여 자신의 권리가 침해된 자에
게 권리구제가 베풀어져야 함을 규정하고 있는바, 그러한 권리구제는 한

---

26) Schenke, AöR. 1970, S. 228-229.
27) Schenke, AöR 1970, S. 228-229.
28) Maetzel, DVBl. 1974, S. 337.

편으로는 완전한(völlig) 것이어야 하고 다른 한편으로는 실효적인 (wirksam) 것이어야 한다. 완전하다는 것은 시민에게 불이익을 끼치는 모든 행정작용이 법원에 의한 합법성통제를 받을 수 있음을 의미한다.[29] 실효적이라 함은 법원의 판결이 실제적으로도 효과를 발휘해야 함을 의미하는데 이는 특히 판결이 적시에 발하여지고 그럼으로써 '旣成事實 (vollendete Tatsachen)[30]'을 방지하여야 함을 의미한다.[31]

이와 같은 실효적 권리구제의 보장원칙으로부터 국가는 가능한 한 기성사실을 만들지 않도록 행위해야 하며 실효적인 재판상 권리구제를 위한 여지를 남겨두어야 한다는 요청이 도출된다. 물론 기본법 제19조 제4항은 '권리가 침해된 자(wird … in seinen Rechten verletzt …)'라고 표현하고 있으므로 이러한 문구에 집착하여 헌법상 명령된 권리보호는 오로지 권리침해가 발생한 후에만 베풀어질 수 있다고 볼 수도 있으나 동 조항의 목적을 지향하여 해석한다면 위와 같은 해석은 옳지 못함이 드러난다. 물론 기본법 제19조 제4항과 행정법원법이 표준형(Normalform)으로 마련하고 있는 권리구제는 사후적 권리구제이며 이것만으로도 침해된 주관적 공권을 대개는 효과적으로 구제할 수 있다.[32] 그러나 행정소송이 목표로 삼고 있는 사후적 권리구제가 공허하게 되는 경우에는 기본법 제19조 제4항은 (현실의) 권리침해가 있기 이전에 실체적 권리를 보장하기 위한 다른 예비책을 요구하게 된다.[33] 즉, 권리침해가 이미 발생한 단계에 맞춘 표준적인 권리보호를 통해서는 막아낼 수 없는 위험이 발생

---

29) Langer, DÖV 1987, S. 419.
30) 기성사실개념에 관하여는 Christoph Degenhart, Vollendete Tatsachen und faktische Rechtlagen, AöR 103, 1978, S. 163-204. (164 ff.) ; Willi Blümel, Raumplanung, vollendete Tatsachen und Rechtsschutz, in : Festgabe für Forsthoff, 1967, S. 133-161 (133 ff.).
31) Langer, DÖV 1987, S. 419 ; Finkelnburg/Jank, a.a.O., Rn. 5 (S. 3).
32) Naumann, a.a.O., 1955, S. 393. ; Lorenz, FS Menger, S. 157.
33) Lorenz, FS Menger, S. 157.

한 때에는 예방적 확인소송 혹은 금지소송이 허용되어야 한다는 것이 기본법 제19조 제4항의 요청이다.[34] 그러나 다른 한편 행정소송상 예방적 권리구제의 헌법적 토대로서의 기본법 제19조 제4항은 동시에 행정소송상 예방적 권리구제의 한계이기도 하다. 왜냐하면 기본법 제19조 제4항은 주관적 '권리'의 구제만을 문제삼을 뿐 단순한 '이익'의 구제 혹은 더 나아가 '법'의 구제는 고려하고 있지 않기 때문이다.[35]

5. 권력분립과 實效的 권리구제보장간의 衡量

이와 같이 행정소송상 예방적 권리구제의 허용성을 긍정하는 견해들에서는 권력분립원리는 고정된 형태로 존재하는 것은 아니며 "권력들 간의 절대적인 분리가 아니라 권력 상호간의 견제와 균형에 그 취지가 있는 것"임을 강조하고 있다.[36] 즉, 권력분립원리의 모양은 한 번 결정되면 영원불변으로 고정되는 것은 아니며 특정한 모습으로만 나타나는 것도 아니라는 것이다.[37] 그리하여 이러한 견해들은 독일기본법상 권력분립과 실효적 권리보호의 보장이 어느 한 쪽 혹은 다른 한 쪽이 항상 절대적으로 우월한 관계에 있는 것은 아니며 오히려 양자 간에는 비례적인 조정을 통하여 양자 모두 가능한 한 최대한의 효력을 가지도록 하여야 함을 지적하고 있다.[38] 이에 따라 연방행정법원의 확립된 판례에서는 "예방적 권리구제를 이용할 수 있기 위해서는 가중된 권리보호의 이익이 필요하며 … 행정법원법에서 원칙적으로 적당하고 충분하다고 간주하고 있는 사후적인 권리구제에 의하는 것이 관련자에게 기대가능한 한도 내에서는 예방적 권리보호의 여지는 전혀 없다"고 보고 있다.[39] 즉 법원은 포

---

34) Jarass, a.a.O., §19, Rn. 36 (S. 350).
35) BVerfGE 31, 33, 39f. ; Jarass, a.a.O., §19, Rn. 21 (S. 343).
36) BVerfGE 7, 183, 188 ; BVerfGE 67, 100.
37) Peine, Jura 1983, S. 290.
38) Langer, DÖV 1987, S. 420.

괄적 권리보호의 보장요청과 권력분립원리를 기대가능성이라는 권리보
호의 이익요건을 통하여 저울질하게 되며 이러한 형량을 통해 이들 헌법
적 요청들은 실제상의 조화(praktische Konkordanz)를 이루게 된다.[40]

II. 행정소송상 허용성

이처럼 기본법이 국가에 대한 관계에 있어서 개인의 지위가 단순한
통치의 객체로부터 대등한 법주체로 격상되었음을 선언하였고 또한 행
정에 의한 위법한 권리침해의 금지를 구할 실체적인 청구권의 존재가
일반적으로 승인되었음에도 불구하고 학설과 판례상 행정소송상의 예방
적 구제의 허용성이 인정받게 된 것은 훨씬 나중의 일이었다. 그 허용성
을 부인하는 견해들이 제시한 논거는 다음과 같다.

1. 명문규정의 결여

1960년 연방행정법원법 제정 이전에 나온, 예방적 금지소송의 허용성
을 부정하는 판례들은 바로 당시의 행정소송법률들이 예방적 금지소송
을 규정하고 있지 않다는 점을 논거의 하나로 제시하였다.[41] 물론 행정
법원법 제정 이후로도 일부에서는 이러한 견해를 주장하였다. 예컨대 호
프만은 행정법원법 제42조 제1항을 확장해석해 보아도 예방적 금지소송
을 허용하는 근거는 될 수 없다고 보았다.[42] 마찬가지로 볼프도 행정법

---

39) BVerwG, Urt. v. 16. 4. 1971 = DVBl. 1971 S. 746 ff. ; BVerwG, Urt. v. 8. 9.
   1972 = BVerwGE 40, 323 ff ; BVerwG, Urt. v. 21. 2. 1973 = DVBl. 1973 S.
   448 ; BVerwGE 77, 207 = NVwZ 1988, S. 430 ; NVwZ 1986, S. 1011.
40) Langer, DÖV 1987, S. 420.
41) OVG Münster ZMR 1957, S. 35 ; OVG Münster NJW 1957, S. 1251 ; OVG
   Hamburg DVBl. 1952, S. 86 ; BVerwG MDR 1957, S. 203.

원법에서 예방적 금지소송을 규정하고 있지 않기 때문에 예방적 금지소
송은 허용되지 않는다고 보았다.[43]

그러나 1960년 행정법원법상 일반조항(제40조 제1항)이 도입됨으로써
과거의 열기주의(Enumerationsprinzip)가 폐기되었다는 점에서 위와 같은
주장은 설득력을 상실하게 되었다고 반대 견해들은 지적하고 있다.[44] 이
처럼 행정법원법이 열기주의를 폐기하지 않을 수 없었던 것은 기본법
제19조 제4항에서 공권력의 '모든' 행위에 대하여 재판상 권리보호를 허
용하였기 때문이다.[45]

또한 행정법원법 제42조 이하에서 명문으로 규정된 소송유형들이 가
능한 소송유형의 전부는 아니라는 점은 행정법원법 제42조 제2항의 '형
성소송 및 이행소송들'이라는 문구에 이미 전제되어 있다.[46] 그리하여
행정소송법상 명문규정의 결여를 이유로 금지소송의 허용성을 반대하는
견해는 현재 찾아볼 수 없게 되었다.

2. 장래의 법 · 사실상태의 변경에 대한 대처불가능

예방적 금지소송을 허용하게 되면 특정 행정작용은 표준이 되는 법상

---

42) Hoffmann, BayVBl, 1962, S. 103.
43) Hans J. Wolff, Verwaltungsrecht, III, 2. Aufl., 1967, §172 II b S. 398 (Hans-Uwe
Erichsen, Höchstrichterliche Rechtsprechung zum Verwaltungsrecht, VerwArch 1971,
S. 418-423 (419)에서 재인용).
44) Schenke, AöR 1970, S. 227 ; Ule, VerwArch 1974, S. 301, 302 ; Peine, Jura. 1983.
S. 290. ; Dreier, JA. 1987, S. 416 ; Hufen, a.a.O., §2, Rn. 12 S. 33 ; Bettermann,
a.a.O., S. 185.
45) Peine, Jura 1983, S. 290.
46) Schenke, AöR 1970, S. 227 ; v. Albedyll, in : Johann Bader/Michael
Funke-Kaiser/Stefan Kuntze/Jörg von Albedyll, Verwaltungsgerichtsordnung,
Heidelberg 1999 §42, Rn. 113 (S. 242) ; Ule, VerwArch 1974, S. 302.

태 및 사실상태가 장래에 변경될 가능성과 무관하게 영원히 금지되지만 민사소송영역에서 민사소송법(ZPO) 제323조가 규정하고 있는 변경소송 (Abänderungsklage)의 가능성을 행정소송법은 마련하고 있지 않음을 이유로 행정소송상 예방적 금지소송을 부인하는 견해도 제시되었다.[47)]

그러나 이에 대해서 행정은 사실상태 혹은 법상태가 판결선고 이후 변경되지 않는다는 전제하에서만 금지판결에 구속된다는 점을 간과하는 오류를 저지르고 있다는 반대견해의 지적이 있다. 법상태 혹은 사실상태가 변경된다면 행정은 기존의 금지판결에 구속되지 않으므로 변경소송을 제기할 필요도 없고 또한 행정법원법 제173조는 민사소송법을 일반적으로 준용하고 있으므로 행정소송상으로도 변경소송제도가 인정되는데, 위의 견해에서는 이 모두를 간과하고 있다는 것이다.[48)]

3. 확인적 행정행위의 가능성

이미 오래 전부터 확인적 행정행위와 행정소송상 예방적 권리구제라는 두 법제도간의 상호관련성을 인식하고 많은 경우에 신청에 따른 행정청의 확인결정이 행정소송을 통한 예방적 권리구제의 역할을 대신할 수 있을 것이라는 견해가 제시되었다.[49)] 그러나 확인적 행정행위에 관해서 해명되지 않는 많은 문제들, 예컨대 확인적 행정행위의 법적 성격, 확인의 존속력 등에 관해 해명되지 않은 점이 남아 있으므로 위와 같은 견해에는 찬성할 수 없다는 반대견해의 지적이 있다.[50)] 뿐만 아니라 개인에게 법관계의 존재 혹은 부존재에 대하여 결정을 내리는, 행정청의 확

---

47) OVG Hamburg, DVBl. 1952, S. 87.
48) Schenke, AöR 1970, S. 229 ; Peine, Jura 1983, S. 290 ; Dreier, JA 1987, S. 420, fn. 69 ; Erichsen, VerwArch 1971, S. 420.
49) Hoffmann, BayVBl. 1962, S. 101 ; Maetzel, DVBl. 1974, S. 341.
50) Dreier, JA 1987, S. 427.

인적 행정행위를 구할 청구권은 존재하지 않기 때문에 행정청이 사인의
신청에 대하여 아무런 구속력 있는 입장을 취하지 않더라도 확인적 행
정행위를 통하여 법관계의 해명을 도모하는 것은 더 이상 불가능하므로
확인적 행정행위는 대안이 되지 못한다는 지적도 있다.[51]

  이처럼 독일의 공법상으로는 행정법원법이 제정되어 종전의 소송유
형의 폐쇄성을 극복하고 민사소송과 같이 개방된 권리보호시스템을 구
축하게 되면서 행정소송상 예방적 권리구제의 헌법, 행정법적 허용성을
둘러싼 논의는 일단락되었다.[52]

---

51) Schenke, AöR 1970, S. 258ff.
52) Kopp, a.a.O., vorbem. §40, Rn. 33 (S. 146) ; Happ, a.a.O., §42, Rn. 39 (S. 251) ;
    Detterbeck, Zum präventiven Rechtsschutz, S. 122.

제3절 유형·적법요건

I. 유 형

1. 행정작용의 법적 형식에 따른 분류

1) 행정행위

(1) 허용성

학설과 판례가 사실행위에 대한 예방적 권리구제의 허용성을 압도적으로 승인하고 있는 반면 행정행위에 대한 예방적 권리구제의 허용성은 행정법원법 제정을 전후하여 상당 기간 논란거리였다. 사실행위와는 달리 행정행위에 대해서는 시민이 자신을 방어할 수 있는 각별한 절차로서 취소소송제도가 마련되어 있으며 행정행위는 대개 집행이 필요한 경우가 많으므로 행정행위에 대한 예방적 권리구제는 필요하지도 않고 허용할 수도 없다는 것이 그 근거였다.[1] 그러나 이러한 견해는 행정법원법이 마련하고 있는 행정행위에 대한 권리구제는 취소소송뿐이라는 이해에 입각한 것으로서, 이처럼 권리보호에 관한 규율을 한정적으로 해석하는 것은 악치오(actio)법의 영향을 받아 소송법을 실체법보다 우위에 두는 태도이며 이는 무엇보다도 기본법 제19조 제4항이 천명한 실효적 권

---

[1] 행정행위에 대한 예방적 소송의 허용성을 부정하는 견해로는 Bettermann, a.a.O., S. 194 ; Rupp, DVBl. 1958, S. 119 ; Ringe, DVBl. 1958, S. 379 ; Wolff, VerwR Ⅲ, 2. Aufl, 1967, §172 Ⅱ b, S. 398 (Hans-Uwe Erichsen, Höchstrichterliche Rechtsprechung zum Verwaltungsrecht, VerwArch 1971, S. 418-423, (419)에서 재인용); 이러한 견해를 소개하고 있는 문헌으로는 Dreier, JA 1987, S. 422 ; Peine, Jura 1983, S. 291 ; Sproll, JuS 1996, S. 314.

리보호요청에 위배된다고 반대견해들은 지적하였다. 보통의 경우에는 취소소송만으로도 충분한 권리구제가 되기 때문에 행정행위에 대하여 예방적 권리구제를 허용할 필요성이 없으나, 취소소송만으로는 충분한 권리보호가 되지 못하는 사례들도 분명히 있음을 간과해서는 안 된다는 것이다.[2]

다른 한편, 행정행위에 대한 예방적 권리구제를 허용한다면 행정에게 부여된 일차적 결정권한이 훼손되며 취소소송에 요구되는 특별한 적법요건들, 특히 잘못된 결정을 스스로 바로잡을 기회를 행정에게 부여하면서 더불어 법원의 재판부담의 경감에도 기여하는 전심절차에 관한 규정이 우회될 수 있다는 우려에서 행정행위에 대한 예방적 권리구제를 반대하는 견해도 있다. 행정심판과 취소소송의 정지효만으로도 기성사실의 발생을 충분히 억제할 수 있으며 이러한 행정법원법의 규율에 의하였을 때 잔존하게 되는 권리보호의 흠결은 실정법상으로는(de lege lata) 불가피하다는 것이다.[3] 그러나 이러한 의견에 반대하는 견해들은 물론 행정법원법이 행정행위에 대한 권리보호의 전형으로 규정하고 있는 취소소송이 충분하고 실효적인 구제를 베풀어 준다면 그것으로 문제는 해결될 것이나 아직 발급되지 않은 행정행위의 불이익한 사전적 영향이 이미 권리침해적 작용을 할 때에는 사정이 다르다고 지적한다. 그러한 경우에는 권리보호의 가능성이 이미 사전에 요청된다는 것이 기본법 제19조 제4항의 결단이므로 적어도 헌법합치적 해석의 원칙을 존중하는

---

2) Schenke, AöR 1970, S. 244 ; Peine, Jura 1983, S. 291 ; Degenhart, AöR 1978, S. 195.

3) 이러한 견해로는 Bettermann, a.a.O., S. 194 ff. ; Rupp, DVBl. 1958, S. 119 ; Pietzcker, in : Schoch/Schmidt-Aßmann/Pietzner, VwGO, §42 Abs. 1, Rn. 165 (S. 80) 이러한 견해를 소개하는 문헌으로는 Dreier, JA 1987, S. 422. ; Peine, Jura 1983, S. 291 ; Sodan, in : Sodan/Ziekow(Hrsg.), Nomos Kommentar zur Verwaltungsgerichtsordnung, 1. Aufl., Nomos, Baden-Baden 1996, §42, Rn. 58 (S. 63).

한, 취소소송의 적법성요건들이 우회될 것이라는 우려 때문에 헌법의 결단을 도외시해서는 안 된다는 것이다.[4]

한편, 문제된 장래의 활동이 행정의 재량에 속한다면 예방적 금지소송은 허용되지 않는다는 견해도 일부 발견할 수 있다.[5] 예컨대, 인근 주민이 주점의 폐점시간연장처분(Sperrstundenverlängerung)의 금지를 구한 사안에서 뤼네부르크 고등행정법원(OVG Lüneburg)은 "여기에서 다투어지고 있는 폐점시간연장처분은 그것이 본래 행정의 재량적 결정에 해당한다고 하여도 이 사안에서는 그에 대한 예방적 금지소송이 적법하다(zulässig). 왜냐하면 원고는 피고의 재량여지가 오로지 법률에 조화되는 결정, 즉 관련 주점의 폐점시간연장신청을 거부하는 결정으로만 제약된다고 주장하고 있기 때문이다."라고 판시하였다. 이러한 판시는 재량결정에 대한 예방적 금지소송이 부적법함을 암시하고 있으나, 이는 설득력이 없다고 에릭센(Erichsen)은 지적하고 있다. 왜냐하면 원고에게 불이익을 주지 않도록 재량을 행사해달라는 소송은 청구취지의 불특정성(Unbestimmtheit) 때문에 부적법할 것이지만, 원고가 청구취지의 특정성에 관한 행정법원법 제82조의 요건을 충족하여 가능한 여러 가지의 재량행위들 가운데 어느 특정 행위의 금지를 소구하는 것은 부적법하지 않기 때문이라는 것이다.[6] 예컨대 질서행정청의 특정 조치가 임박한 경

---

4) Schenke, AöR 1970, S. 245 ; Dreier, JA 1987, S. 422.

5) Haug, DÖV 1967, S. 86, 88 ; Erichsen, VerwArch 1971, S. 421 ; Hoffmann, BayVBl. 1962, S. 76.

6) 행정소송상 금지소송에 있어서 청구취지의 특정성에 관한 판례로는 BVerwG, Urt. v. 26, 9, 1969 = BVerwGE 34, 69 - 대학학생회의 일반정치적 의사표명에 대하여 그에 동의하지 않는 동 학생회소속 대학생이 대학관련 사무에 관한 것이 아닌 한, 동 대학학생회의 일반정치적 주장과 입장표명의 금지를 소구한 것("… die Beklagte, … zu urteilen, allgemeinpolitische Forderungen und Stellungnahmen zu unterlassen, soweit sie nicht hochschulbezogene Angelegenheiten betreffen.") 에 대하여 연방행정법원은 그러한 청구취지가 충

우 당해 조치의 금지를 구하는 소가 이유 있다 하더라도 청구인용판결
이 행정이 재량을 더 이상 행사해서는 안 된다거나 원고가 그 어떤 행정
행위로도 불이익을 입어서는 안 된다는 취지는 아니며 다만 여러 가지
있을 법한 개입 가능성들 가운데 하나의 가능성만을 차단할 따름이라고
한다.7)

　　그리하여 사후적인 권리구제유형만으로는 기본법 제19조 제4항의 요
청에 부응할 수 없는 예외적인 상황에서 행정행위에 대한 예방적 권리
구제가 허용됨을 현재의 학설과 판례가 모두 긍정하고 있다.8) 판례는 실
효적 권리구제요청과 사후적 권리구제원칙 간의 조화를 권리보호의 필
요성이라는 적법요건을 통해 도모하고 있다. 즉, 판례는 행정법원법이
원칙적으로 적당하고 충분한 것으로 간주하고 있는 사후적 권리구제에
의지하는 것이 수인가능한(zumutbar) 경우에는 예방적 권리구제의 여지
는 없다고 보고 있다.9)

　　분한 특정성을 갖추고 있다고 판시하였다. (BVerwGE 34, 69, 73)

7) Erichsen, VerwArch 1971, S. 421.

8) Schenke, AöR 1970, S. 243ff. ; Ule, VerwArch 1974, S. 305 ; Peine, Jura 1983, S. 292 ; Happ, a.a.O., §42, Rn. 66 (S. 261) ; Stern, a.a.O., Rn. 149 (S. 81) ; Sproll, JuS 1996, S. 314.

9) v. Albedyll, a.a.O, §42, Rn. 125 (S. 246) ; Sodan, a.a.O.,§42, Rn. 58 (S. 63) ; Sproll, JuS 1996, S. 314. ; 한편 임박한 행정행위를 기다려 사후적 구제에 의지하도록 하는 것이 원고에게 수인가능한가라는 문제와 관련하여 이를 부작위청구권의 성립요건으로 보는 견해(Sproll, JuS 1996, S. 314 ; Bettermann, DVBl 1965, S. 365 ; Ule, Verwaltungsprozeßrecht, 7. Aufl., München 1978, §32 II 3 S. 128)에 따르면 수인가능한 경우에는 부작위청구권이 성립하지 않으며 따라서 소는 이유 없게 될 것이다. 그러나 판례에서는 앞서 살펴본 바와 같이 수인가능성의 문제를 권리보호의 필요성문제로 보아 수인가능성이 있는 경우에는 권리보호의 필요가 결여되었음을 이유로 소를 각하하고 있다.

(2) 판 례

이처럼 현재의 학설과 판례에서는 일단 행정행위에 대한 예방적 권리
구제의 허용성은 긍정하되, 다만 가중된 권리보호의 필요성이 인정되는
드문 경우로 한정하고 있다.[10] 실제로 행정행위에 대하여 예방적 권리구
제가 문제되었던 사례들을 일부 살펴보면 다음과 같다.

■ 연방행정법원판례

○ BVerwG, Vorb. v. 11. 10. 1963 = DVBl 1965, S. 364 ; 행정청이 책임
보험회사로 하여금 권리구제보험(Rechtsschutzversicherung)도 취급할 수 있
도록 허가를 부여하려 하자 오로지 권리구제보험만을 취급하도록 허가
받은 회사가 원고가 되어 그러한 허가(Zulassung)의 금지를 소구한 사안
이다. 이에 법원은 행정이 원고에 대한 관계에서 경쟁자에게 위법한 허
가를 발급하지 않을 의무를 지는 것이 아니므로 원고의 부작위청구권도
인정할 수 없고 그리하여 원고의 권리침해주장이 명백히 근거박약하다
고 보아 청구를 각하하였다.

○ BVerwG, Urt. v. 12. 1. 1967= BVerwGE 26, 23, 24 ; 원고에게 불이익
한 내용으로 부담조정결정(Lastenausgleichsbescheid)이 변경될 것임이 예고
되자 이에 대해 관할 행정청에게는 그러한 변경을 할 권한이 없다는 확
인을 구한 사안으로서 법원은 당해 사안에서 원고가 처분발급 후 사후
적 구제에 의지하는 것이 기대가능하므로 즉시확인의 정당한 이익이 존
재하지 않는다고 보아 확인청구를 각하하였다.

○ BVerwG, Urt. v. 16. 4. 1971 = DVBl 1971, S. 746 ; 외부영역
(Außenbereich)에 소재한 농축사료공장(Kraftfutterwerk) 인근에 새로운 건
축상세계획(Bebauungsplan)에 기한 주택건설이 임박하자 당해 공장의 경

---

10) Pietzcker, a.a.O., §42, Abs. 1 Rn. 163 (S. 80), §43, Rn. 49 (S. 28).

영주인 원고가 이미 발급된 건축허가들에 대한 취소소송제기와 더불어
차후의 유사한 건축허가의 발급의 금지를 구한 사안이다. 이에 원심은
원고적격의 결여를 이유로 소를 각하하였으나 연방행정법원은 원고적격
이 인정되며 특히 개개의 건축허가를 개개의 소송으로 다투기 보다는
하나의 절차에서 분쟁을 해결하는 데 소송경제상 잇점이 있으므로 예방
적 금지소송이 적법하다고 판시하면서 원심판결을 파기환송하였다.

○ BVerwG, Urt. v. = DVBl. 1988, S. 738 ; 특정 지역의 굴뚝청소장인
들(Schornsteinfegermeister)이 원고가 되어 행정청은 청소구역배정(Vergabe
von Kehrbezirken)을 특정한 원칙에 따라 행할 의무가 있다는 예방적 확인
을 구한 사안으로 연방행정법원은 원고는 취소소송을 통해서는 "오로지
점적이고 파훼적인 승리만을 달성할 수 있을 따름이며 분쟁사안을 총체
적으로 제거해 버리지는 못하게 될 것"이라는 이유에서 예방적 확인소
송을 허용하였으며 더 나아가 확인청구를 인용하였다.

▪주 행정법원판례
○ OVG NW = NJW 1957, S. 1251 ; 관할행정청이 해고근로자가 노숙
자가 되지 않게 하기 위하여 공장숙소를 압수(Beschlagnahmen)하고 직접
다시 배정(einweisen)하려고 하자 관련 공장주가 당해 행정청에게 그러한
조치를 발할 권한이 없음의 확인을 구한 사안이나 법원은 당해 사안에
서 권리보호필요성이 인정되지 않는다고 보아 청구를 각하하였다.

○ OVG Lüneburg, Urt. v. 28. 8. 1970 = NJW 1971, S. 1149 ; 인근 주점
주인에게 발급된 폐점시간연장처분(Sperrstundenverlängerung)으로 인하여
생활상의 방해를 받게 된 인근 주민이 그 금지를 구한 사안이다.

○ OVG Berlin, Urt. v. 2. 5. 1977 = NJW 1977, S. 2283 ; 어떤 게마인데

가 평지이용계획(Flächennutzungsplan)에서 산림경영을 위한 평지로 지정되었고 또한 풍치지구에 속하는 토지에 종국적으로 발전소설립허가를 발급하려는 의도 하에 시민의 원기회복에 중요한 역할을 하는 숲의 벌목허가(Rodungsgenehmigung)를 발급하려고 하자 당해 지역인근에 거주하는 자가 벌목허가의 금지를 구한 사안이다.

○ VGH München, Urt. v. 22. 1. 1986 = NJW 1986, S. 3221 ; 숙박업법(Gaststättenrecht)상의 고용금지처분(Beschäftigungsverbot)이 임박하자 문제의 종업원이 고용금지처분의 금지를 구한 사안이다. 이에 법원은 문제의 처분이 적법하다고 보아 청구를 기각하였다.

○ BayVGH, Urt. v. 22. 12. 1992 = DVBl. 1993, S. 741 ; 단기적으로 발급되는 다수의 장외이착륙허가(Außenstart-und-landeerlaubniss)에 대하여 예방적 금지소송을 제기한 사안으로서 법원은 문제된 허가는 이착륙행태와 더불어 곧바로 소멸되므로 예방적 금지소송에 필요한 가중된 권리보호필요가 충족되었다고 보았으나 이러한 허가로 인하여 원고인 지방자치단체의 계획고권이 침해된 것은 아니라고 보아 소를 기각하였다.

2) 사실행위

(1) 허용성

국가의 이른바 '단순고권적' 활동, 즉 사실행위를 행정소송으로써 저지하고자 하는 경우는 종종 있다. 사실행위는 법적 효력의 발생을 수반하지 않으며 단지 사실상의 효과를 미치는 데 불과하다는 면에서 연방행정절차법(VwVfG) 제35조 제1문상의 행정행위가 아니다.[11] 행정행위에 대해서는 연방행정법원법(VwGO) 제80조의 정지효라는 '완충지대'로 대

---

11) v. Albedyll, a.a.O., §42, Rn. 120 (S. 244).

처할 수 있고 또 행정행위를 폐지(Aufhebung)하는 것은 가능하나, 단순 사실행위들은 현실에 직접적인 변경을 초래하고 따라서 회복불가능한 손해를 야기할 수 있으면서도[12] 사실행위를 폐지하는 것은 불가능하기 때문에 사실행위에 대한 예방적 구제의 허용성은 일반적으로 승인되고 있으며 실무상으로도 매우 중요하다.[13]

(2) 판 례

① 정보활동(Informationshandlung)

최근 들어 행정이 공적 과제를 수행하기 위하여 행정행위나 행정계약 등 법적 형식의 수단을 사용하는 대신에 정보제공활동을 통하여 사인 내지 시장의 행태를 制御(Verhaltensteuerung)하는 기법을 활용하는 경우 가 많기 때문에 이러한 사안유형은 독일의 행정소송 실무상 매우 중요 하다.[14]

▪ 연방행정법원판례

○ BVerwG, Urt. v. 18. 4. 1985 = BVerwGE 71, 183 (Transparenzlisten-Urteil) ; 연방청소년, 가족 및 건강부장관이 임명한 투명성위원회 (Transparenzkommission)가 의약품의 품질보증표시가 부기된 의약품투명성 리스트를 연방관보에 공개하려하자 관련 제약회사가 리스트 공개의 금지를 소구한 사안이다. 이 사건에서 연방행정법원은 위와 같은 공표행위가 제약회사의 직업활동의 자유에 대한 침해이니만큼 기본법 제12조 제1항에 따라 법률상의 수권이 필요함에도 불구하고 이 사안에서는 그러

---

12) v. Albedyll, a.a.O., §42, Rn. 124 (S. 245).
13) Sodan, a.a.O., VwGO, §42, Rn. 54 (S. 61) ; Hans Peter Köcherbauer/Ruth Büllesbach, Der öffentlichrechtliche Unterlassungsklage, JuS 1991, S. 373-380 (373) ; Peine, Jura 1983, S. 294 ; Rupp, DVBl. 1958, S. 119 ; Ringe, DVBl. 1958, S. 380 ; Hufen, a.a.O., §16, Rn. 10 (S. 337) ; Sproll, JuS 1996, S. 314.
14) Hufen, a.a.O., §16, Rn. 5 (S. 335) ; Murswiek, DVBl. 1997, S. 1022.

한 수권이 결여되어 위법하다고 판시하였다.

○ BVerwG, Urt. v. 23. 5. 1989 = BVerwGE 82, 76 (Jugendsekten-Urteil) ; 연방청소년, 가족 및 건강부장관이 언론홍보자료에서 특정 세계관운동 단체들을 사이비 종교단체(Jugendsekte)라고 지칭하면서 그러한 단체가 심리적인 해악 혹은 인격의 분열을 초래할 수 있다고 위험성을 경고하자 관련단체의 회원이 자신이 속한 단체를 사이비 종교단체로 지칭하는 것 내지 경고의 금지를 구한 사건이다. 이 사건에서 연방행정법원은 동 장관의 공적인 경고권한이 헌법 자체에서, 즉 기본법이 전제로 하고 있는 국가 영도기관으로서의 연방정부의 과제 및 연방정부의 홍보 권한에서 발생하며 따라서 법률상의 규율은 필요하지 않다고 판시하였다.15)

○ BVerwG, Urt. v. 18. 10. 1990 = BVerwGE 87, 37 (Glycol-Fall) ; 연방청소년, 가족 및 건강부장관이 건강에 유해한 물질을 포함하고 있는 와인과 그 제조자의 명단을 공표하려 하자 이에 당해 명단에 기재된 와인의 제조업자(Abfüller)가 피고에게는 그러한 공표를 할 권한이 없다는 확인을 구한 사건이다. 이 사건에서 연방행정법원은 당해 공표행위가 기본법 제12조 제1항의 보호영역에 대한 개입이기는 하나 동 장관은 그러한 유해한 와인과 제조업자의 명단을 공표할 권한이 있으며 그 근거는 헌법이 정부에게 일반 대중에 대한 홍보 및 경고를 함으로써 위기를 정치적으로 극복할 임무를 부여하였다는 점에 있다고 판시하였다.

○ BVerwG, Urt. v. 11. 12. 1996 = BVerwGE 102, 304 ; 의대교수인 원고가 자신이 개발한 진단방법을 지지해줄 증거자료들을 공표하자 이 자료

---

15) 그러나 위 사안에서의 국가의 경고활동은 기본권에 대한 개입이니만큼 헌법규정이 아닌 법률에 근거가 있어야 한다는 학계의 비판이 있다. Heintzen, VerwArch 1991, S. 555 ; Hufen, a.a.O., §27, Rn. 12 (S. 499).

들이 실제의 측정결과와는 다르다라는 비난이 제기되었다. 이를 해명하기 위하여 관련대학의 의대학장이 임명한 '임시위원회(ad-hoc Kommission)'에서는 원고가 개발한 진단방법을 비난하면서 원고에게 그 자신의 결과와 언명들을 검토해볼 것을 요구하는 '확인과 결정'을 가결하였다. 이에 원고는 그러한 '확인과 결정'의 공표와 배포의 금지를 구하였는바, 연방행정법원은 이러한 위원회의 비난이 기본법 제5조 제3항에 보장된 연구의 자유에 대한 위법한 침해를 구성한다고 판시하였다.

그 밖에 공법상 강제단체(Zwangsverband)의 임무영역을 벗어나는 일반적·정치적 의견표명16)이나 학교에서의 특정 수업내용 혹은 공기업에 의한 광고물우송 등 기타의 사실행위의 금지를 구한 사례 등으로는 다음의 경우가 있다.

○ BVerwG, Urt. v. 20. 7. 1962 = BVerwGE 14, 323 ; 연방항공운항청(Luftfahrt-Bundesamt)의 비행기 사고조사보고서가 관할 행정청과 법원 이외의 다른 기관에 배포(Herausgabe)되지 못하도록 사고 관련 항공사가 금지를 구한 사안이다. 이에 법원은 권리보호의 필요가 없다는 이유로 청구를 각하하였다.

○ BVerwG, Urt. v. 26. 9. 1969 = BVerwGE 34, 69 ; 튀빙엔 대학에 재학 중인 원고가 동 대학 학생회(AStA)의, 대학관련사무와 관련 없는 일반적·정치적 의견표명에 대하여 금지를 구한 사안이다. 이에 법원은 원고의 청구를 인용하였다.

---

16) 공법상 강제단체의 회원은 당해 단체가 그 활동에 있어서 당해 단체의 과제영역이라고 하는 법적인 한계를 준수할 것을 요구할 법적 청구권을 가지며 당해 단체가 법적 한계를 준수하지 않는 경우, 즉 과제영역을 벗어난 활동을 하는 경우에는 그러한 활동의 금지를 구하는 청구권을 가진다는 것이 연방행정법원의 확고한 판례이다. (Laubinger, VerwArch 1983, S. 175, 271)

○ BVerwG, Urt. v. 22. 3. 1979 = BVerwGE 57, 360 ; 함부르크市의 학교들이 해방적 내용의 성교육을 실시하자 관련 학생의 학부모가 자신의 자녀가 속한 학급에서 그러한 내용의 성교육의 금지를 구한 사안이다. 이에 법원은 원고에게 부작위청구권이 귀속하지 않음을 이유로 청구를 기각하였다.

○ BVerwG, Urt. v. 21. 4. 1989 = JZ 1989, S. 688 ; 연방체신청이 우편지로계좌인(Postgiroteilnehmer)에게 그가 원치 않는 광고물을 발송한 것에 대하여 그러한 광고물발송의 금지를 구한 사안이다. 이에 법원은 원고에게 부작위청구권이 귀속하지 않음을 이유로 청구를 기각하였다.

○ BVerwG, Urt v. 27. 3. 1992 = BVerwGE 90, 112 ; 특정 종교단체에 반대하고 일반 대중에게 당해 종교단체의 위험성을 경고하는 것을 목적으로 삼고 있는 특정 私的 결사에 대해 연방정부가 자금지원을 한 것에 대해 관련 종교단체가 그러한 자금지원의 위법확인을 구한 사건이다. 연방행정법원은 위와 같은 자금지원이 당해 종교단체의 기본법 제4조에 따른 종교 혹은 세계관의 자유에 대한 개입이므로 오로지 법률상의 수권에 기하여서만 이루어질 수 있음에도 불구하고 이 사안에서는 그러한 법률상의 수권이 없으므로(예산안상의 재원배정만으로는 불충분) 자금지원은 위법하다고 판시하였다.

▪ 주행정법원판례
○ BayVGH, Urt. v. 11. 3. 1964 = DVBl. 1965, S. 447 ; 바이에른 주 헌법수호청이 피고용인에게 그의 전과로 미루어 볼 때 기밀취급자로서의 자질이 매우 의심된다는 통지를 한 후 해고하자 문제의 해고된 피고용인이 그러한 통지의 금지를 구한 사안이다.

○ OVG Nordrhein-Westfalen, Urt. v. 8. 12. 1982 = NJW 1983, S. 2402 ; 원고는 그 정관에 따라 남아프리카의 인종차별체제에 대해 투쟁하는 단체로서 독일이 남아프리카와 군사 및 핵문제에 관해 협력하고 있다고 비난하자 이에 연방정부의 언론 및 정보관련 행정청에서는 이와 같은 비난을 중상모략이라고 언급하면서 그 주모자로 원고를 언급하는 내용의 팜플렛을 제작배포하였다. 이에 원고가 그러한 주장의 철회와 금지를 구한 사안이다.

○ OVG Bremen, Urt. v. 28. 6. 1994 = NJW 1995, S. 1769 ; 피고(독일연방체신청)가 원고의 장거리 통화정보를 저장하고 이를 배포하려 하자 이에 대해 금지를 소구한 사안이다. 이에 동 법원은 피고의 그러한 행위가 기본법 제10조 제1항의 기본권(통신의 비밀)를 침해함에도 불구하고 법률상의 근거가 부재하므로 위법하다고 보아 청구를 인용하였다.

② 공적 임미시온(Immission)

고권적으로 설치되고 운영되는 시설에서 배출되는 임미시온은 법기술적으로 보았을 때 단순 행정작용에 불과하다.[17] 이러한 공적 임미시온을 금지소송을 통해 배제하는 것은 실무상으로 중요하고 또 매우 큰 문제가 되고 있다.[18]

▪ 연방행정법원판례

○ BVerwG, Urt. v. 7. 10. 1983 = BVerwGE 68, 62 ; 교회의 예배타종에서 야기되는 소음으로 인하여 생활상의 방해를 받은 인근 주민이 여름철 오전 일곱시 이전의 타종의 금지를 구한 사건이다. 연방행정법원은 위와 같은 사안에 대해 행정소송을 제기하는 것이 적법하다고 보았으나

---

17) Hufen, a.a.O., §16, Rn. 6 (S. 336).
18) Köcherbauer/Büllesbach, JuS 1991, S. 373.

다만 교회의 예배타종으로 인한 소음방해는 연방 임미시온방지법상의
현저한 방해는 아니며 대개 수인가능하고 사회적으로 적당한 방해라고
보아 방해의 위법성을 인정하지 않았다.

○ BVerwG, Urt. v. 29. 4. 1988 = BVerwGE 79, 254 ; 소방서의 화재경
보기소음에서 야기되는 방해로 고통받은 인근 주민이 그러한 소음방해
의 금지를 구한 사안이다.

○ BVerwG, Urt. v. 26. 8. 1993 = BVerwGE 94, 100 ; 본래 폐쇄로
(Sackgasse)인 도로를 연결통과로(durchgehende Verbindungsstaße)로 변경하
는 건축상세계획(Bebauungsplan)이 규범통제절차를 거쳐 무효선언된 경
우 당해 도로의 변경으로 인하여 야기된 소음임미시온으로 고통 받은
인근주민들이 제기한, 당해 도로를 원상회복하라는 주위적 청구는 기각
하되 연결통과목적의 교통이 통행하지 못하도록 당해 도로를 폐쇄해달
라는 예비적 청구는 인용한 사안이다.

○ BVerwG, Urt. v. 14. 12. 1994 = BVerwGE 97, 203 ; 독일연방군과 나
토(NATO)군의 저공비행(Tiefflüge)의 금지를 게마인데들과 시민들이 구한
사안이다. 이에 법원은 저공비행행위가 위법하지 않음을 이유로 청구를
기각하였다.

▪ 주행정법원판례
○ OVG Nordrhein-Westfalen, Urt. v. 10. 9. 1982 = NVwZ 1983, 356 ; 게
마인데가 유치원놀이터에 설치한 운동시설로 인한 소음으로 방해 받던
인근 가옥소유자가 그러한 소음의 방지를 위한 조치를 구한 사안이다.

○ VGH Bad.-Württ., Urt. v. 3. 5. 1984 = NJW 1985, 2352 ; 가옥소유

자가 연방체신청을 상대로 자신의 가옥으로부터 약 12미터 떨어진 곳에
설치된 공중전화부스로부터 야기되는 소음방해를 이유로 당해 공중전화
부스의 제거를 구한 사안이다.

  ○ OVG Rheinland-Pfalz, Urt. v. 26. 9. 1985 = NJW 1986, 953 ; 게마인
데가 설치한 가로등에 꾀어든 곤충들로 인하여 호텔운영에 방해를 받게
된 호텔업자가 가로등의 제거 혹은 이전을 구한 사안이다.

  ○ VGH München, Urt. v. 27. 11. 1995 = NVwZ 1996, 1031 ; 주거전용
지역내의 분리수거장(Wertstoffhof)으로 인하여 생활방해를 받은 인근주
민의 방해배제청구에 대해 그러한 방해가 사회적 적합성을 띤 것으로서
수인가능하다고 본 사안이다.

(3) 행정행위에 토대한 사실행위의 문제

  행정행위에 기하여 이루어지는 사실행위의 경우 우선적으로 행정행위
를 취소소송으로 다투어야 하는지 아니면 사실행위만을 일반이행소송으
로써 다툴 수 있는지가 문제될 수 있다. 예컨대 건축허가에 기하여 사실
상의 건축조치가 이루어지거나 혹은 지급승인결정(Bewilligungsbescheid)에
기하여 특정인에게 보조금 혹은 장려금 등의 금전이 지급되거나 혹은 허
가를 요하는 공적 시설물로부터 허가된 범위내에서 임미시온이 배출되
는 경우 등이 그러하다. 행정에 의한 보조금의 지급을 다투고자 하는 제
3자는 지급승인결정이라는 행정행위를 취소소송으로 다투어야 하는지,
아니면 취소소송을 제기함이 없이 그에 기한 금전지급이라는 사실행위
의 금지만을 일반이행소송을 통해 구할 수 있는지가 문제될 수 있고 후
자의 경우 임미시온의 배출로 고통받는 인근 주민이 배출시설의 허가를
취소소송으로 다투어야 하는지 아니면 허가취소소송을 제기함이 없이
문제된 임미시온의 배출금지만을 구할 수 있는지가 문제될 수 있다. 그

러나 문헌들에서는 이처럼 사실행위의 전제가 되는 행정행위를 취소소송으로 다투는 것이 가능한 경우에는 금지소송은 이미 허용되지 않으며 (unstatthaft) 취소소송우위의 원칙에 따라 취소소송이 우선하여야 한다고 지적하고 있다.[19] 또한 취소소송의 제소기간이 도과한 경우라면 허가를 받은 공적 시설물부터 배출되는 방해의 금지를 구하는 소송은, 물론 그러한 방해가 허가된 범위를 벗어나지 않는 한도내에서는, 권리보호필요성이 인정되지 않는다고 한다.[20] 연방행정법원 역시 위법일 가능성이 있는 행정행위에 토대하여 발하여질 임박한 사실상의 조치(예컨대 광업법상의 허가에 기한 수직갱도건설조치)에 대한 금지소송의 허용성을 부정하고 있다. 그 이유는 행정심판의 정지효 및 취소판결의 소급효를 통하여 원칙적으로 행정행위에 대한 권리보호가 보장된다는 것이었다.[21] 그러나 다른 한편, 제3자에 대한 보조금지급결정에 기한 보조금지급조치에 관하여 그러한 보조금지급으로 자신의 기본권이 침해당하였음을 주장하는 개인은 지급승인결정들(Bewilligungsbescheide) 하나하나마다 취소소송으로 다투도록 하는 것이 기대가능하지 않으며 오히려 실효적인 권리보호를 위해서 제3자에 대한 보조금지급의 위법확인을 받는 것이 유용하다고 본 판례도 있다.[22]

3) 행정입법

(1) 허용성

법규범에 대해서도 행정소송상 예방적 권리보호의 문제가 제기될 수

---

19) Hufen, a.a.O., §16, Rn. 7 (S. 336), 21 (S. 341) ; Pietzcker, a.a.O., §42 Abs. 1, Rn. 155 (S. 74).
20) Hufen, a.a.O., §16, Rn. 21 (S. 341).
21) BVerwG, Urt. v. 9. 3. 1990 = BVerwGE 85, 54 = NVwZ 1990, S. 967 (Gorlebenentscheidung).
22) Hufen, a.a.O., §16, Rn. 8 (S. 336) ; 관련판례 - BVerwGE 90, 112 (Jugendsekte Ⅱ) = DVBl 1992, 1038.

있다. 물론 행정소송으로 법률제정의 금지를 구하거나 법률제정권한의
부존재확인을 구하는 것은 원칙적으로 허용되지 않는다. 왜냐하면 이는
행정법원법 제40조의 헌법적 분쟁이기 때문이다.[23] 반면 법률종속적 법
규범, 예컨대 건축상세계획(Bebauungsplan)을 포함한 자치법규(Satzung)나
법규명령(Rechtsverordnung)은 일반·추상적인 '행정'작용으로서 의회 입
법권에 대한 간섭은 문제되지 않으므로 다수의 견해는 민주주의와 권력
분립을 이유로 법률종속적 법규범에 대한 재판통제를 반대하기에는 설
득력이 없다고 보고 있다.[24] 또한 행정입법에 대한 재판상 권리보호를
지지하는 견해들은 기본법 제19조 제4항이 공권력의 모든 조치들에 대
한 권리보호를 보장하고 있으며 그러한 조치들에는 개별결정뿐 아니라
행정입법도 포함된다는 점을 결정적인 논거로 제시하고 있다.[25] 그러나
이하에서 살펴보듯이 행정법원법에서 마련하고 있는 규범통제절차 이외
에 예방적 금지소송이나 확인소송의 형식으로도 법률종속적 법규범에
대한 재판통제가 가능하겠느냐에 관해서는 논란이 있다.

  행정법원법 제47조는 건설법전(BauGB)의 규정에 따라 발급된 자치법
규(Satzung)와 법규명령들, 그리고 주법이 규정하고 있는 경우에는 각 주
의 법률종속적 법규범에 대한 규범통제절차를 마련하고 있다. 행정법원
법 제47조가 행정소송상 규범통제에 관한 종국적 규정이라고 보는 견해
는 동 조항에 따른 주된 규범통제절차(prinzipale Normenkontrolle)와 부수
적 규범통제절차(inzidente Normenkontrolle)[26] 이외의 규범통제유형은 인

23) 법률에 대한 규범통제절차로는 기본법 제93조 제1항 제2문, 제93조 제1항
    제4a문의 추상적 규범통제, 기본법 제100조의 구체적 규범통제가 마련되어
    있다.
24) v. Albedyll, a.a.O., §42, Rn. 131 (S. 248) ; Sodan, a.a.O., §42, Rn. 60 (S. 64) ;
    Hufen, a.a.O., §16, Rn. 14 (S. 338) ; Karpen, NJW 1986, S. 885.
25) Schmitt Glaeser, a.a.O., Rn. 375 (S. 235).
26) 행정법원법 제47조의 규범통제절차는 법규범의 타당성이 본안요건이며 당
    해 법규범의 무효확인은 일반적 구속성을 가진다는 면에서 추상적 규범통

정되지 않는다고 본다.27) 더구나 행정법원법 제47조의 규범통제절차는
오로지 이미 발하여진 규범, 즉 이미 '존재하는' 규범에 대해서만 허용될
따름이지 '제안 단계'의 규범에 대하여는 허용되지 않는다고 본다. 그 이
유는 제안 단계의 규범에 대해서 규범통제절차를 허용한다면 입법과 사
법간의 기능적 · 법적 분리(funktionell-rechtliche Trennung)가 위험에 처하
기 때문이라는 것이다.28) 또한 규범을 집행하는 개별조치들을 취소청구
할 수 있으며 개별행위의 취소소송에서도 가구제가 가능하다는 점도 법
규범제정을 저지하는 예방적 소송을 반대하는 논거이다.29)

반면, 제47조의 규범통제절차가 행정소송상 규범통제에 관한 종국적인 규
정은 아니며 확인소송, 규범의 발령을 구하는 일반이행소송(Normerlaßklage)
혹은 규범발령의 금지를 구하는 일반이행소송(Normunterlassungsklage), 규범
제정으로 인한 혹은 규범제정의 부작위로 인한 손해배상소송 모두를 규
범에 대한 재판통제수단으로 활용할 수 있어야 한다는 견해도 있다.30)
물론 이들 규범관련소송들이 다른 이유로 인하여 부적법하거나 혹은 특
히 규범제정자의 형성자유의 보장이라는 점에서 각각의 소에서 주장된

제이자 주된 규범통제이다. 반면 규범통제는 구체적인 사안과 관련한 선결
문제심사의 형태로도 – 물론 경우에 따라서는 규범의 독점적 배척권
(Verwerfungsmonopol)이 부여된 법원의 결정을 얻어 – 이루어질 수 있는바
이것이 부수적 규범통제이다. 이 경우 규범은 소송물이 아니며 당해 규범의
배척(Verwerfung)은 문제된 사안의 당사자 이외의 자에게는 법적으로 영향
을 미치지 않는다. (Gerhardt, a.a.O., §47, Rn. 8, S. 9)

27) Lothar Schmitt, BayVBl. 1974, S. 258.
28) Kopp, a.a.O., §47, Rn. 9 (S. 471) ; Dreier, JA 1987, S. 426 ; Schenke, JZ 1988,
S. 325 ; v. Albedyll, a.a.O.,§42, Rn. 132 (S. 248).
29) Schenke, VwPR, Rn. 354 (S. 106), 1089 (S. 342-343) ; Redeker/v. Oertzen,
Verwaltungsgerichtsordnung, 11, Aufl., W. Kolhammer, Stuttgart 1994 §42, Rn.
163 (S. 228).
30) Gerhardt, a.a.O., §47, Rn. 12 (S. 11) ; Ziekow, in : Nomos Kommentar zur VwGO,
§47, Rn. 25 (S. 31) ; Hufen, a.a.O., §16, Rn. 14 (S. 338), §20, Rn. 1 (S. 405).

청구권이 전혀 존재하지 않는 것으로 인정되는 경우도 있을 수 있으나 이러한 문제는 이들 기타의 규범통제유형들의 원칙적 허용성과는 다른 차원의 문제라고 한다.[31]

(2) 판 례

연방행정법원은 특정 게마인데가 특정한 내용의 건축상세계획 (Bebauungsplan)[32]을 수립할 권한이 없다는 확인을 인근 게마인데가 소구한 사안에서 청구를 인용한 바 있다. 이 판결에서 동 법원은 "이미 규범제정에 해당하는 조치에 대한 예방적 권리구제를 반대할 매우 설득력 있는 소송상의 장애물은 없다"라고 판시하였다. 즉 동 법원은 행정법원법 제47조의 규범통제절차가 행정소송상 규범통제에 관한 종국적 규정은 아니라고 보고 있다.[33] 이에 대해 학설은 동 판결이 매우 드문 예외라고 보면서 동 판결의 타당범위를 좁게 해석하고 있다. 그 근거로는 우선 동 판결에서 문제되었던 건축상세계획들(Bebauungspläne)은 건설법전 (BBauG/BauGB) 제10조에 따라 자치법규(Satzung)의 형식을 취하고 있으나, 그 본질에 있어서는 규범의 성격과 행정행위의 성격을 공유하는 혼합형태라는 점을 제시하고 있다.[34] 더 나아가 위 사건에서는 지방자치단체의 계획고권(Planungshoheit)이라는 극도로 민감한 법적 이익영역이 문제되었기 때문에 인근 게마인데들 간의 예방적 소송을 허용하였던 것이므로 위 판결의 취지를 개인과 게마인데 혹은 개인과 국가 간의 법관계

---

31) Gerhardt, a.a.O.
32) 건축상세계획(Bebauungsplan)은 한 게마인데 내의 보다 작은 영역에 관하여 건축에 의한 사용여부, 사용의 종류와 정도에 관하여 관련토지소유자를 구속하여 확정하는 것으로서, 건설법전(BBauG) 제10조에 따르면 자치법규 (Satzung)의 모습으로 의결되어야 한다. (Lothar Schmitt, BayVBl. 1974, S. 253, 258)
33) BVerwGE 40, 323, 325ff = DVBl. 1973, S. 34 (일명 Krabenkamp 판결)
34) Dreier, JA 1987, S. 427 ; Lothar Schmitt, BayVBl. 1974, S. 258.

로 확대할 수 없다고 주장하고 있다.[35]

그러나 그 후 어떤 게마인데가 풍치지구(Landschaftschutzgebiet)에 관한 건축상세계획(Bebauungsplan)을 준비하자 자연보호단체와 사인들이 원고가 되어 당해 게마인데를 상대로 건축계획상세계획절차의 수행을 중단할 것을 소구한 사건이 발생하였다.[36] 하급심법원인 뮌헨 고등행정법원(VGH München)은 이러한 신청이 예방적 규범통제신청에 해당한다면 행정법원법 제47조에 따라 부적법하며 또한 규범제정의 금지를 구하는 이행소송이라고 보더라도 이는 아직 종결되지 않은 게마인데의 규범제정절차에 부당히 간섭하는 것이므로 역시 부적법하다고 보았다.[37] 그러나 연방행정법원은 진행 중인 규범제정절차에 개입하는 것이라는 이유만으로 "청구취지(Klageantrag)가 부적법한 것은 아니"며 후에 규범통제가 가능하다라는 점으로부터 "특정한 입법적 조치의 금지를 구할 모종의 청구권을 소송으로 관철할 수 없다"는 결론이 도출되는 것은 아님을 재차 명시적으로 밝히면서도[38] 당해 사안에서는 원고적격이 결여되었음을 이유로 소를 각하하였다.

4) 행정계획

그 밖에 계획법영역에서도 행정소송상 예방적 권리구제는 행정행위 혹은 법규범의 모습을 띠지 않고 따라서 집행가능한 계획의 형태를 취하지 않는 계획조치들에 대해서 권리구제를 베푼다는 점에서 각별한 중요성을 획득하게 되었다.[39] 물론 계획에 대한 재판상 예방적 권리구제는 그 성격상 필연적으로 권리구제를 구하는 자에게 전적으로 만족스러울

---

35) Birk, JuS 1979, S. 413f. ; Schenke, JuS 1981, S. 88 ; Dreier, JA 1987, S. 427.
36) BVerwG, Urt. v. 29. 7. 1977 = BVerwGE 54, 211.
37) VGH München = DVBl. 1975, S. 665.
38) BVerwGE, 54, 211, 214.
39) Redeker/v. Oertzen, a.a.O., §43, Rn. 163 (S. 228).

수는 없기 때문에 보다 본질적인, 계획수립절차 자체에의 시민참여에 의
해 보완될 필요가 있다는 지적도 있다.[40] 어쨌거나 계획법 영역에서의
예방적 권리구제문제는 행정소송법보다는 각각의 계획의 종류 그리고
그를 규율하는 계획법이 더 강한 영향을 미치고 있으나, 일단 이 영역에
서도 역시 권리보호의 필요성, 즉 원고로 하여금 사후적 구제에 의지하
게 하는 것이 수인가능한가 여부가 중요하다는 지적도 있다.[41] 계획영역
의 판례들 가운데에는 앞서 살펴본 바와 같이 연방건설법전(BBauG) 제2
조 제4항 및 제5항에 따른 지역계획(Ortsplanung)의 수립을 배제하고자
한 사례,[42] 혹은 발전소허가의 발급금지를 구한 사례[43]에서 권리보호필
요성을 긍정한 바 있으나 그 이외에 항공운송법(LuftVG) 제6조에 따른
허가의 금지를 구하거나[44] 혹은 대규모공항(Großflughafen)의 계획확정절
차개시의 금지를 구한 사안[45] 등에서는 권리보호필요성을 부인하였다.

2. 소송유형에 따른 분류

1) 예방적 금지소송(vorbeugende Unterlassungsklage)

(1) 개 념

일부 학설은 '예방적' 금지소송과 '일반적' 금지소송을 구별하고 있다.
이러한 구별은 私法의 용어법에 상응하는 것으로서, 후자는 이미 발생한
침해가 계속되거나 혹은 반복되는 것을 방지하는 경우를 지칭하고 전자

---

40) Lothar Schmitt, Vorbeugender Rechtsschutz gegen Planungen, BayVBl. 1974, S.
    253-263 (S. 254).
41) Langer, DÖV 1987, S. 421.
42) BVerwGE 40, 323.
43) NJW 1977, 2283 ; Redeker/v. Oertzen, a.a.O.
44) BVerwG DVBl. 1973, 448 ; München BayVBl. 1968, S. 328.
45) Lüneburg OVGE 29, 463 ; DVBl. 1972, S. 795.

는 최초로 임박한 침해의 발생을 방지하는 경우를 지칭한다.[46] 그러나 양자 모두 장래의 권리침해를 예방한다는 점은 공통적이다. 따라서 나우만(Naumann)이 지적한 바 있듯이, 엄격하게 본다면 '예방적 금지소송'이라는 용어는 일종의 동어반복에 해당한다.[47] 그러한 이유로 '예방적'이라는 중복되는 수사를 떼어내고 오로지 '금지소송'이라는 표현으로 전자와 후자를 모두 포괄하여 사용하는 경우도 있으나[48] 대부분의 행정법 문헌과 판례에서는 양자를 포괄하는 의미로서 '예방적 금지소송'이라는 표현을 사용하는 경향이 강하다.[49] 따라서 본 논문에서도 그러한 용어법에 따르기로 한다.

(2) 올바른 소송형식 내지 체계상 위치

① 사실행위의 금지를 구하는 경우

예방적 금지소송을 통해 사실행위의 배제를 구하는 경우, 올바른 소송형식이 일반이행소송이라는 점에 대해서 학설[50]과 판례[51]상 이의가

---

46) v. Albedyll, a.a.O., §42, Rn. 118 (S. 244), 119 (S. 244) ; Stern, a.a.O., Rn. 151 (S. 82 f.) ; Schwabe, Verwaltungsprozeßrecht, S. 55.

47) Naumann, a.a.O., S. 404 ; Sodan, a.a.O., §42, Rn 53 (S. 61).

48) Sodan, a.a.O., §42, Rn. 53 (S. 61) ; Happ, a.a.O.,§42, Rn. 66 (S. 261) ; Laubinger, VerwArch 1989, S. 289 ff.

49) Schenke, AöR 1970, S. 225 ; Detterbeck, Zum präventiven Rechtsschutz, S. 126 ; Kopp, a.a.O., Vorb. §40, Rn. 33 (S. 146) ; Rupp, DVBl. 1958, S. 119 ; 한편 Schmitt Glaeser, a.a.O., Rn. 313, (S. 198) 378, (S. 237)에서는 장래의 행정행위를 저지하고자 하는 경우에만 예방적 금지소송이라고 명명하고 사실행위를 저지하고자 하는 경우에는 일반이행-금지소송(allgemeine Leistung-Unterlassungs-Klage)이라고 명명하고 있다. ; 관련판례 - BVerwGE 45, 99, 105 ; 34, 69, 73 ; BVerfGE 67, 26, 36 ; BVerwG NVwZ 1984, S. 168 ; BayVGH BayVBl. 1986, S. 468 ; BayVBl. 1985, S. 84

50) Hufen, a.a.O., §16 Rn. 1. (S. 333); Rederker/v. Oertzen, a.a.O., §42, Rn. 162 (S. 227) ; Schenke, VwPR Rn. 354 (S. 106) ; Sodan, a.a.O., §42, Rn. 53 (S. 61), 57 (S. 62) ; Ule, a.a.O., §32 II 3. S. 129.

51) BVerwG DVBl 1971. S. 746, 747. ; OVG Lüneburg OVGE 21, 370, 372. ; VGH

없다. 행정법원법초안에 관한 정부이유서가 행정행위의 발급을 구하는
경우, 즉 의무이행소송이 허용되는 경우가 아닌 한 '작위, 수인, 금지를
구하는' 모든 청구권들을 일반이행소송을 통해 관철할 수 있다고 설명
하고 있는 점도 이러한 견해를 뒷받침하고 있다.52) 그러나 금지소송의
원고는 자신에 대한 이익부여를 구하는 일반이행-작위소송(allgemeine
Leistungs-Vornahmeklage)이나 의무이행소송의 원고보다는 오히려 불이익
한 행정행위의 취소를 구하는 취소소송의 원고와 유사한 입장에 처해있
다는 점에서 금지소송을 일반이행소송으로 자리매김하는 것은 적어도
언어감각상 선뜻 납득이 가지 않는 점이 있음도 사실이다. 그리하여 이
러한 언어감각의 불일치를 불편해 하는 견해에서는 장래의 혹은 반복된
침해의 금지를 예방적으로 구하는 경우뿐 아니라 이미 발생한 혹은 지
속하고 있는 불이익의 배제, 중단 혹은 비반복이 문제되는 경우를 포괄
하는 일반적 방어소송(allgemeine Abwehrklage)을 상위개념으로 제시하기
도 한다.53)

② 행정행위의 금지를 구하는 경우

a. 일반이행소송설

반면, 행정행위에 대한 예방적 금지소송의 정당한 소송형식에 대해서
는 견해가 나뉘고 있다. 지배적인 학설은 이 역시 일반이행소송의 형식
을 취하여야 한다고 본다.54)

b. 소극적 의무이행소송설

그러나 일반이행소송설에 반대하는 견해도 있는데 그 이유는 다음과

München BayVBl 1985, S. 83, 84. ; BVerwG NJW 1988, S. 2396 ; BayVGH
NJW 1986, S. 3222.
52) BT Drucks 3/55 Anl. 1 S. 31.
53) Hufen, a.a.O., §16, Rn. 2 (S. 334).
54) Sodan, a.a.O., §42, Rn. 57 (S. 62) ; Sproll, JuS 1996, S. 314.

같다. 즉, 법원이 판결로써 행정에게 어떠한 사실행위를 발급할 것을 명령하는지 아니면 사실행위를 하지 않을 것을 명령하는지는 중요하지 않으며 다만 명령의 대상이 사실행위라는 점에 중시하여 사실행위에 대한 예방적 금지소송을 '소극적 이행소송'으로, 즉 일반이행소송에 관한 규율의 적용을 받는 소송유형으로 규정한다면, 동일한 논리에서 법원이 행정에게 어떠한 행정행위를 발급할 것을 명령하는지 아니면 발급하지 않을 것을 명령하는지는 중요하지 않으며 오로지 행정행위가 문제되고 있다는 점을 중시하여 행정행위에 대한 예방적 금지소송은 (소극적) 의무이행소송으로 다루어야 하며 따라서 의무이행소송에 관한 규율을 적용해야 한다는 것이다.[55]

그러나 행정행위에 대한 예방적 금지소송을 '소극적 의무이행소송'으로 자리매김하는 것은 오류라는 지적도 있다. 왜냐하면 행정법원법의 문언(제42조 제1항)은 행정행위의 발령(Erlaß)을 구하는 경우를 의무이행소송으로 규정하고 있을 뿐 행정행위의 금지(Unterlassung)를 구하는 경우까지 의무이행소송으로 규정하고 있지 않고[56] 또한 설령 행정행위에 대한 예방적 금지소송을 의무이행소송으로 성격규정함으로써 의무이행소송에 적용되는 규율들(전심절차)을 적용한다 하여도 전심절차는 이미 발하여진 행정행위의 존재를 전제로 하기 때문에 행정행위의 금지를 구하는 소송에 대하여 전심절차는 적용되지 않고 또 적용될 수도 없기 때문이다.[57]

c. 확약을 구하는 의무이행소송설

다른 한편 행정행위에 대한 예방적 금지소송은 원고가 그 발급을 우려하고 있는 행정행위를 발하지 않겠다는 확약(Zusicherung)으로서의 행정행위를 구하는 의무이행소송으로 수행하거나 혹은 일반이행소송의 형

---

55) Schmitt Glaeser, a.a.O., Rn. 313 (S. 198) ; Schenke, AöR 1970, S. 246.
56) Peine, Jura 1983, S. 294. ; Hans Uwe Erichsen, VerwArch 1971, S. 420.
57) Peine, Jura 1983, S. 294.

태로 수행할 수 있으며 원고는 이 두 가능성간에 자유로이 선택할 수 있다고 보는 견해도 있다.[58] 그러나 확약을 구하는 의무이행소송설에 대해서는 불필요한 우회논리일 뿐이라는 비판이 가해지고 있다.[59]

③ 법규범제정의 금지를 구하는 경우

한편 법률종속적 법규범 제정에 대한 예방적 소송의 올바른 형식에 대하여는 일반이행소송설[60]과 확인소송설[61]이 대립하고 있다. 확인소송설에서는 첫째, 일반이행소송은 전형적으로 개별결정을 향한 것이므로 일반이행소송을 통해 법규범의 발급금지를 구하는 것은 부적절하며 둘째, 행정법원법상의 규범통제절차가 그 본질상 확인소송이니만큼 기본법 제19조 제4항에 의하여 요구되는, 규범에 대한 재판통제도 오로지 확인소송의 형식을 통해 이루어져야 하고 세째, 법원은 권력분립원칙상 법규범 제정기관의 결정자유에 관해 시민의 권리보호에 필요한 불가피한 한도에서만 영향을 미쳐야 하므로 일반이행소송보다는 일반적 확인소송이 규범발급을 저지하기 위한 소송으로 더 적합하다고 보고 있다.[62]

58) Kopp, a.a.O., §42, Rn. 8 (S. 291) ; Pietzcker, a.a.O., §42 Abs. 1, Rn. 89 (S. 43) ; Stelkens, NVwZ 1987, S. 471 ; 관련판례 OVG NW BauR 1988, S. 70.
59) Rainer Pietzner/Michael Ronellenfisch, Das Assessorexamen im Öffentlichen Recht : Widerspruchsverfahren und Verwaltungsprozeß, 9. Aufl., Werner-Verlag, Düsseldorf, 1996 §10, Rn. 3.
60) Hufen, a.a.O., §16, Rn. 14 (S. 338) ; Karpen, NJW 1986, S. 885 ; 한편 규범의 발급을 구하는 소송(Normerlaßklage)의 경우 올바른 소송유형은 일반이행소송이라는 것이 지배적인 견해이다. Hufen, a.a.O., §20, Rn. 13 (S. 409) ; Kopp, a.a.O., §47, Rn. 9 (S.471) ; Renck, JuS 1982, S. 338, 342 ; Sodan, a.a.O., §42, Rn. 49 (S. 58) fn. 3.
61) Schmitt Glaeser, a.a.O., Rn. 375 (S. 235) ; Sodan, a.a.O., §42, Rn. 47 (S. 56), 60 (S. 65) ; VGH München BayVBl 1978, S. 438, 439 ; BayVBl 1985, S. 83, 84.
62) BVerwG, NVwZ 1990, S. 162, 163 ; 반면 법규범도 일반이행소송의 대상이 될 수 있다는 판례로는 BayVGH v. 15, 12, 80, BayVBl. 1981, S. 499, 503.

2) 예방적 확인소송(vorbeugende Feststellungsklage)

(1) 행정법원법상의 확인소송유형들

행정법원법에는 다양한 유형들의 확인소송들이 규정되어 있다. 법관
계의 존재 혹은 부존재의 확인을 구하는 일반적 확인소송 (제43조 제1
항), 행정행위 무효확인소송 (제43조 제1항), 이미 소멸(Erledigung)된 행정
행위의 위법확인을 구하는 계속적 확인소송(제113조 제1항 제4문) , 소송
상의 법관계를 확인하기 위한 중간확인소송(법 제173조 및 민사소송법
제256조 제2항)등이 그것이다.[63] 이러한 확인소송들은 문제된 대상에 관
하여 법원의 확인을 얻어 이를 장래의 행태를 위한 지침으로 삼기 위하
여 제기된다는 점에서 모두 어느 정도 미래지향성을 띠고 있다.[64]

(2) 예방적 확인소송개념

예방적 확인소송은 행정법원법상 명문의 규정은 없으나, 불이익한 행
정작용의 발급이 임박한 경우, 이를 저지하기 위해 제기하는 확인소송을
의미하며 보다 좁게는 행정청에게 특정 행정작용을 발할 권한이 없음의
확인을 구하는 소송을 의미한다.[65] 그러한 점에서 예방적 확인소송은 이
미 행정행위가 발급되었을 것을 전제로 하는 무효확인소송[66]이나 계속
적 확인소송[67]과 구별되며 행정법원법 제43조의 일반적 확인소송의 특
수한 형태라는 점에서 예방적 · 일반적 확인소송(vorbeugende allgemeine
Feststellungsklage)이라고도 한다.[68] 예방적 확인소송을 원칙적으로 허용

---

63) Hufen, a.a.O., §18 Rn. 2 (S. 350) ; v. Albedyll, a.a.O., §43, Rn. 1 (S. 249) ; Sodan, a.a.O., VwGO, §42 Rn. 65 (S. 67).
64) Naumann, a.a.O., S. 392. ; Pietzcker, a.a.O., §43, Rn. 2 (S. 3), 49 (S. 28).
65) Schoch, a.a.O., §43, Rn. 49 (S. 28) ; Hufen, a.a.O., §18, Rn. 33 (S. 360) ; Stern, a.a.O., §4, Rn. 161 (S. 88) ; Schenke, AöR 1970, S. 226 ; Naumann, a.a.O., S. 394.
66) Hufen, a.a.O., §18, Rn. 43 (S. 364).
67) Hufen, a.a.O., §18, Rn. 57 (S. 368).
68) Langer, DÖV 1987, S. 420. ; Schenke, AöR 1970, S. 226.

되지 않는, 장래의 법관계의 확인을 구하는 소송으로 보는 견해도 있으나[69] 대부분의 학설은 예방적 확인소송을 불이익한 장래의 행정작용으로부터 자신을 방어하기 위하여 제기하는, 현재의 법관계의 확인을 구하는 소송으로 이해하고 있으며[70] 그 허용성을 인정하는 것이 연방행정법원의 확고한 판례이다.

확인소송이 일반적으로 그러하듯, 예방적 확인소송에서도 두 가지 하위 유형을 생각할 수 있다. 첫 번째 유형은 원고가 행정청에 대하여 특정 조치의 부작위를 구할 권리를 가지고 있다는 적극적 확인을 구하는 경우이다. 이러한 적극적 확인소송에서 승소하려면 부작위청구권이 원고에게 귀속하여야 한다.[71] 두 번째 유형은 행정청이 어떠한 작용을 할 권한을 가지고 있지 않다는 소극적 확인을 구하는 경우이다. 실무상으로는 이 두 번째 소송유형이 더 지배적이며 대개 예방적 확인소송이라고 할 때에는 후자를 의미하는 것으로 본다.[72]

물론 확인판결은 무엇이 법인가를 구속적으로 확인할 뿐, 집행명의를 낳는 것은 아니므로 설령 확인소송을 통하여 장래의 행정조치가 배제된다 하여도 이러한 결과가 확인판결의 효력으로부터 직접 도출되는 것은 아니다.[73] 물론 확인판결로부터 의문의 대상이거나 다툼이 있는 문제, 즉 국가가 특정한 행정조치를 시민에 대하여 발급하여도 되는지 혹은 발급하여서는 안 되는지에 대한 대답은 나오게 된다. 그러나 특히 행정

---

69) Hufen, a.a.O., §18, Rn. 3 (S. 350) ; Happ, a.a.O., §43, Rn. 32 (S. 309).
70) Naumann, a.a.O., S. 394 ; v. Albedyll, a.a.O., §43, Rn. 37 (S. 263) ; Pietzcker, a.a.O.,§43, Rn. 49 (S. 28) ; Schmitt Glaeser, a.a.O., Rn. 365 (S. 228) ; Schenke, AöR. 1970, S. 226.
71) Schenke, AöR 1970, S. 253.
72) Schmitt Glaeser, a.a.O., Rn. 365 (S. 228) ; Schenke, AöR. 1970, S. 226, 253 ; BVerwG NJW 1967, S. 996 f.
73) Naumann, a.a. O., S. 394-395.

행위에 대한 예방적 확인소송을 통해서 행정법원법이 원칙으로 삼고 있는 사후적 권리구제를 우회해서는 안되므로 장래의 행정행위를 저지하기 위한 예방적 확인소송에는 행정행위에 대한 예방적 금지소송에서와 마찬가지로 가중된 권리보호의 필요성이 필요하다.74)

예방적 확인소송으로 권리보호의 목적을 달성할 수 있는 전형적인 사안유형들로는 우선 개인이 특정한, 즉 점적인(punktuell) 배제청구권을 주장하는 것이 아니라 차후의 국가적 개입에 도화선기능을 하는 법적 지위의 존재 혹은 부존재여부를 다투는 경우를 들 수 있다. 그러한 지위로서 국적이나 공무원관계, 정치적 박해자로서의 승인, 게마인데의 주민자격(Gemeindebürgerschaft), 혹은 그 밖에 공적 단체의 회원으로서의 지위, 선거권 등을 들 수 있다.75) 두 번째 유형은 원고가 특정한 공법상의 규율체제에 복속하는지에 관하여 행정청과의 사이에서 의견다툼이 있을 때이다. 이러한 사안에서 대개 원고는 관련 규정이 위법하다든지 혹은 자신은 당해 규율의 대상이 아니라고 보아 자신이 허가, 신고, 수인, 혹은 급부의무를 이행할 필요가 없다고 주장한다. 예컨대 운송업자가 일상적으로 수행하고 있었던 목재의 운송에 관하여 예외적 허가(Ausnahmegenehmigung)를 받을 필요가 있는지76) 혹은 어떤 가옥이 주거강제관리(Wohnraumzwangsbewirtschaftung) 대상인지77) 혹은 특정한 치과 의료상의 재료가 그 생산과 유통에 관하여 허가를 받아야 할(zulassungspflichtig) 의료자재에 해당하는지78) 혹은 교통사고구조서비스업을 도로교통법(StVO) 제33조 제1항 제1문 2호 소정의 예외적 허가(Ausnahmegenehmigung)를 받지 않고서도 수행할 수 있는 것인지79) 혹은

---

74) Stern, a.a.O., Rn. 161 (S. 88).
75) Dreier, JA 1987, S. 425.
76) BVerwG, Urt. v. 25. 5. 1962 = DVBl. 1962, S. 681.
77) OVG Lüneburg, ZMR 1956, S. 58.
78) BVerwG, Urt. v. 30. 5. 1985 = NVwZ 1986, S. 35.

치료사가 단파치료기를 교부할 권한이 있는지[80] 등의 문제에 대한 법원의 긍정적 혹은 부정적 확인은 행정이 장래 불이익한 행정작용을 발급할 권한이 있는지도 더불어 해명해 주므로 개인의 관점에서는 이러한 법관계의 확인만으로도 장래 불이익한 행정작용을 배제한다는 목적을 달성할 수 있게 된다.

(3) 예방적 금지소송과 예방적 확인소송의 관계

① 확인소송의 보충성원칙

확인소송은 형성소송과 이행소송에 대하여 보충적인 지위에 있다는 것이 소송법의 일반원칙이다. 확인판결은 단지 '이념적' 효력만을 가졌으므로 권리보호의 강도에 있어서 형성판결이나 이행판결에 미치지 못하기 때문이다.[81] 확인소송의 보충성원칙은 행정법원법상으로도 규정된 바이며 (제43조 제2항 제1문) 권리보호의 필요성이라는 적법요건을 통하여 실현된다.[82]

② 일반이행소송과 확인소송의 관계

그러나 일반이행소송과 확인소송 간에도 보충성원칙이 적용되는지에 관해서는 논란이 있다. 따라서 이러한 논란은 예방적 금지소송과 예방적 확인소송 간에서도 유효하다.[83]

---

79) OVG Münster, Urt. v. 16. 6. 1971 = DVBl. 1972, S. 506.
80) BVerwG, MDR 1957, S. 503.
81) Naumann, a.a.O., S. 395 ; Hufen, a.a.O., §18, Rn. 8 (S. 352-353) ; Schmitt Glaeser, a.a.O., Rn. 337 (S. 212) ; Stern, a.a.O., Rn. 267 (S. 142).
82) Peine, Jura 1983, S. 295 ; Sodan, a.a.O., §42 Rn. 65 (S. 67) ; Stern, a.a.O., Rn. 265 (S. 141).
83) BVerwGE 90, 112, 115.

a. 보충성 비적용설

일반이행소송과의 관계에서 확인소송의 보충성원칙을 반드시 적용할 필요는 없다고 보는 견해의 논거는 다음의 두 가지이다.

a) 행정의 법적 충실성(Rechtstreue)

첫째 논거는 민사판례상 발전된 확인소송의 보충성원칙의 예외 혹은 비적용사례를 행정소송에도 적용할 수 있다는 것이다. 원칙적으로 민사소송상 확인소송은 이행소송에 대하여 보충적인 지위에 있다. 그러나 특정한 경우, 즉 피고가 기판력 있는 확인판결도 준수할 것임이 당연시되는 경우 – 특히 공법상 법인인 피고는 기본법 제3조 제1항에 따른 법과 법률에의 구속으로 인하여 확인판결도 준수할 것이라고 당연히 예상되는바 – 에는 확인소송의 보충성원칙이 적용되지 않으며 따라서 이행소송이 그 자체 가능한 사안이더라도 확인소송이 적법하다는 것이 민사판례상의 원칙이며 널리 학설에 의하여 승인된 바인데,[84] 이러한 고려는 행정소송에서 특히 타당하다는 것이다. 즉 법치행정원칙에 기속되는 행정주체인 피고는 법원이 어떠한 행정작용을 위법이라고 선언하는 것만으로도 장래 문제된 당해 행정작용을 하지 않을 것이라고 기대되므로(이른바 피고의 법적 충실성 Rechtstreue), 집행명의가 부수하는 이행소송으로 굳이 행정을 압박할 필요가 없다는 것이다.[85] 따라서 위와 같은 경우에는 확인소송의 보충성원칙이 적용되지 않게 되어 확인의 소가 적법할 수 있다고 본다.[86]

---

84) RGZ 92, 376, 378. ; 129, 34 ; 134, 163, 294 ; 152, 193, 198 ; BGHZ 28, 123, 126 ; NJW 1984, S. 1119 ; Hartmann, in : Baumbach/Lauterbach/Albers/Hartmann, Zivilprozeßordnung, 47. Aufl., München 1989, §256 Anm. 5.

85) 이를 紳士理論(Ehrenmanntheorie)이라고도 한다. Hufen, a.a.O., §18, Rn. 10. (S. 353).

86) Ule, VerwArch 1974, S. 309 ; Naumann, a.a.O., S. 395, 403 ; Langer, DÖV 1987, S. 420 ; 관련판례로는 BVerwGE 36, 179, 181 ; BVerwGE 90, 112, 114.

b) 행정법원법상 보충성규정의 취지

둘째 논거는 확인소송의 보충성에 관한 행정법원법 제43조 제2항 제1문의 취지와 목적이다. 동 규정은 근본적으로 행정행위에 관한 소송, 즉 취소소송과 의무이행소송에 관한 특별 규정들(전심절차와 제소기간)이 우회되는 것을 방지하는 데 그 취지와 목적이 있는 반면, 일반이행소송에는 전심절차와 기간이 적용되지 않고 따라서 그러한 특별규정들이 우회될 우려는 전혀 없으므로 일반이행소송과의 관계에서는 확인소송의 보충성이 적용되지 않는다는 것이다.[87] 한편 판례는 이처럼 일반이행소송과의 관계에서 확인소송의 보충성원칙을 적용하지 않는 입장을 채택하고 있으며[88] 이러한 판례의 태도로 인하여 확인소송은 행정소송 실무에서 매우 중요한 역할을 하고 있다.[89]

b. 보충성 적용설

a) 행정의 법적 충실성 논의에 관하여

일반이행소송과의 관계에서도 확인소송의 보충성원칙이 타당함을 주장하는 견해는 우선 비적용설의 논거인 행정주체의 각별한 법적 충실성 주장에 대해 '해서는 안 되는 것은 할 수도 없기 때문(da nicht sein kann, was nicht sein darf)'이라는 오류의 또 다른 모습에 불과하며 아무런 설득력이 없다고 지적한다.[90] 실제로 행정주체가 확인판결의 준수를 거부한 사례는 쉽게 발견할 수 있으며 법원 자신도 행정주체의 법적 충실성을 의심하고 있다는 것이다.[91]

---

87) Ule, VerwArch 1974, S. 309 ; Langer, DÖV 1987, S. 420 ; Hufen, a.a.O., §18, Rn 10. (S. 353) ; Pietzcker, a.a.O., §43, Rn. 43 (S. 25).

88) BVerwGE 36, 179, 181 ; 40, 323, 327f ; 51, 69, 75 ; 77, 207, 211 ; 90, 112, 114.

89) Pietzcker, a.a.O., §43, Rn. 1 (S. 2).

90) Hufen, a.a.O., §18, Rn. 11 (S. 354) ; Schmitt Glaeser, a.a.O., Rn. 337 (S. 213) ; Detterbeck, Zum präventiven Rechtsschutz, S. 138.

b) 보충성규정의 취지와 목적논의에 관하여

또한 보충성적용설에서는 행정법원법상 보충성규정의 취지가 취소소송과 의무이행소송의 특별한 적법요건들을 우회하지 못하도록 함에 있음은 물론이나 그 밖에도 권리보호의 강도가 보다 높은 소송유형을 우선시킨다는 점에도 있으므로 취소소송과 의무이행소송에 관한 특별한 규율들이 우회될 여지가 없다는 이유만으로 확인소송의 보충성을 부정한다면 보충성규정의 이러한 두 번째 취지가 몰각된다는 점을 지적하고 있다.[92] 이 밖에도 민사소송법상으로는 확인소송의 보충성에 관한 명문의 규정이 없으나, 행정소송상 확인소송의 보충성은 행정법원법 제43조 2항이 명문으로 규정하고 있는만큼 명문의 규정을 무시하는 해석은 허용될 수 없다는 점도 보충성적용설의 논거 가운데 하나이다.[93]

3) 예방적 가구제
(vorbeugender vorläufiger Rechtsschutz)

본안절차가 예방적 권리구제에 해당하는 경우에도 가구제는 가능하다. 예방적 금지소송과 예방적 확인소송의 경우에 허용되는 가구제수단은 가명령(einstweilige Anordnung)이다.[94] 가구제는 본안절차가 허용되는 경우에만 가능하므로 예방적 가구제 역시 본안절차로서의 예방적 권리구제가 허용되는 경우에만 가능하다. 행정법원법이 대개 적당하고 충분한 것으로 간주하고 있는 사후적 구제에 의하는 것이 수인가능하다면

---

91) 예컨대 OVG Lüneburg, E 30, 365f. ; BVerwGE 32, 333, 335.
92) Stern, a.a.O., Rn. 267 (S. 142) ; Hoffmann, BayVBl. 1962, S. 75.
93) 보충성원칙의 적용을 주장하는 견해로는 Hufen, a.a.O., §18, Rn, 12 (S. 354) ; von Mutius, VerwArch 1972, S. 229 ; Kopp, a.a.O., §43, Rn. 28 (S. 435) ; Schenke, VwPR, 6., Aufl., Rn. 420 (S. 123) 421 (S. 124), 565 (S. 174) ; ders, AöR 1970, S. 255 ; Stern, a.a.O., Rn. 268 (S. 143) ; Schmitt Glaeser, a.a.O., Rn. 337 (S. 213) ; Detterbeck, Zum präventiven Rechtsschutz, S. 139-140.
94) Schoch, a.a.O., §123, Rn. 22 (S. 11) 45 (S. 21) ; Stern, a.a.O., Rn. 214 (S. 112).

본안절차로서의 예방적 권리구제는 허용되지 않으며 따라서 예방적 가
구제도 허용될 여지는 없다.

판례상 예방적 가구제신청이 적법하다고 본 (zulässig) 사례로는 공무원법
상의 경쟁자소송,95) 임박한 도로건설조치의 금지를 구하는 신청,96) 국외추
방의 금지신청,97) 계획에 의한 군부지의 용도변경금지신청,98) 이미 시작된
연방철도선로의 전동화작업의 속행금지를 구하는 신청,99) 학생회의 위법
한 일반·정치적 의사표명을 금지하여 달라는 신청,100) 바이에른주 정치연
수본부의 특정문건배포금지를 구하는 신청101) 등이 있다. 한편 법원이 예
방적 가구제신청을 부적법하다고 (unzulässig) 본 사례로는 운전면허의 취소
처분(Entziehung der Fahrererlaubnis)을 잠정적으로 금지하라는 신청,102) 내용
이 아직 확정되지 않은 소책자의 교부(Herausgabe einer Broschüre)금지신
청,103) 입후보자추천(Wahlvorschlag)의 불허용성(Unzulässigkeit)의 확인을 구
하는 신청,104) 시의회의 위원회구성을 잠정적으로 금하라는 신청,105) 쓰
레기집하장 부지조사를 중단시키고 부지선정결정의 연기를 명하라는 신
청,106) 사이비 종교단체(Jugendsekte) 명단의 공표금지를 구하는 신청,107)
유럽연합(EU)의 동식물서식지지침(FFH-Richtlinie)에 따라 주가 특정지역
을 관련보호지역으로 선발하겠다고 연방환경부장관에게 행하는 보고

---

95) Schoch, a.a.O., §23, Rn. 46 (S. 21).
96) VGH Kassel, Beschl. v. 23. 11. 1987 = NVwZ 1989, S. 171.
97) HessVGH InfAuslR 1990. 318, 320 ; OVG NW NVwZ-RR 1989, 440.
98) HessVGH = NJW 1989, S. 470, 472.
99) OVG Schleswig, Beschl. v. 30. 12. 1993 = NWvZ 1994, S. 590, 591.
100) OVG NW = NVwZ-RR 1995, S. 278.
101) VGH München, Beschl. v. 4. 4. 1995 = NVwZ 1995, S. 793.
102) NJW 1994, S. 3069.
103) OVG Bremen, NVwZ 1995, S. 793.
104) VGH München, Beschl. v. 12. 2. 1990 = NVwZ 1990, S. 393.
105) OVG Saaland NVwZ-RR 1994, S. 40.
106) OVG Schleswig, Beschl. v. 14. 12. 1993 = NVwZ 1994, S. 918.
107) OVG Münster, Beschl. v. 25. 8. 1995 = NJW 1996, S. 2114.

(Meldung)의 금지를 당해 지역 내에 소재한 토지의 소유자가 구한 사안,108) 노숙자(Obdachlose)가 전환배치(Umsetzung)를 저지하기 위하여 전환배치를 금하는 가명령을 구한 사안109) 등이 있다.

II. 예방적 금지소송의 적법요건

1. 비헌법적 성격의 공법상 분쟁110)

원고가 주장하는 부작위청구권이 '공법상'의 것이냐는 문제는 일차적으로는 재판관할에 있어 중요한 의미를 갖는다. 행정재판은 '非憲法的 성격의 公法上 紛爭'에 대하여 부여되므로(연방행정법원법 제40조) 원고가 주장하고 있는 청구권이 '공법상' 부작위청구권이 아니라면 공법상 분쟁성을 인정할 수 없기 때문이다.111) 공법과 사법의 구별에 관하여 학설상으로는 볼프(Wolff)가 제시한 신주체설 혹은 귀속설이 지배적인 견해이나, 실무에서는 사안에 따라 다양한 기준을 적용하고 있다. 행정행위의 발급을 저지하는 경우에는 문제된 청구권의 공법적 성격을 별 다른 어려움 없이 인정할 수 있으나, 임미시온이나 정보활동영역에서 분쟁의 공법적 성격을 구분하는 것은 다소간 어려운 일이다.

---

108) VG Oldenburg, Beschl. v. 2. 2. 2000 = NVwZ 2001, S. 349.
109) VGH Bad.-Württ., Beschl. v. 7. 12. 1993 = DÖV 1994, S. 309.
110) 이는 예방적 확인소송에서도 요구되는 적법요건이므로 본 논문의 예방적 확인소송에 관한 부분에서는 또 다시 검토하지 않기로 한다.
111) Naumann, a.a.O., S. 404 ; 한편 주의회의 질의에 대한 장관의 답변은 행정활동(Verwaltungstätigkeit)이 아니라 통치활동(Regierungstätigkeit)으로서 행정소송의 대상이 되지 않는다는 판결로는 Hess. VGH, Beschl. v. 6. 3. 1968 = DÖV 1968, S. 574.

1) 임미시온

연방행정법원의 판례는 대개 임미시온을 배출하는 公的 施設物의 목적 자체를 중요시하고 있다. 따라서 예컨대 행정관청의 대지에 심어진 나무의 뿌리나 낙엽으로 인한 방해나 청사의 난방으로 인한 소음 등에 대해서는 사법상의 인근 주민관계로서 私法에 따라 판단하여야 하지만, 공적 목적수행으로부터 바로 방해가 야기되거나 혹은 방해가 공적 목적과 직접적인 기능적 관계에 있을 때에는 公法에 따라 행정법원에서 다투어야 한다고 본다.112) 교회타종으로 인한 소음의 경우에도 그것이 예배를 위한 타종인가 예배와 무관한 타종인가를 물어 전자의 경우에는 행정법원에서 다투어야 하고 후자, 예컨대 일반적으로 시각을 알리기 위한 타종인 경우에는 민사법원에서 다투어야 한다는 것이 연방행정법원의 입장이다.113)

2) 정보제공활동, 명예ㆍ신용훼손적 의사표명의 경우

정보화 사회의 도래와 발 맞추어 행정으로부터 정보제공을 구하거나 정보제공을 저지하기 위한 소송, 혹은 경고나 보고 등에 대한 철회를 구하는 소송, 혹은 더 나아가 명예훼손적 주장의 금지를 구하는 소송 등이 점차 활발하게 활용되고 있다.114) 이러한 사안에서도 공적인 목적과 과제가 분쟁의 공법적 성격을 가늠하는 요인이다. 즉 명예 혹은 신용훼손적인 의견표명의 경우 행정이 어떤 기능(재정적 기능인지 아니면 고권적 기능인지)을 수행하는 과정에서 그러한 의견표명을 하였는지를 판별함에 있어서 당해 의견표명의 내용과 대상은 단지 단서를 제공할 따름이며 보다 더 결정적인 것은 의견을 공개하게 된 목적이다.115)

---

112) Hufen, a.a.O., §11, Rn. 54. (S. 185).
113) NJW 1994, S. 956. ; NVwZ 1997, S.390.
114) Hufen, a.a.O., §11, Rn. 55 (S. 186).

2. 원고적격

1) 행정법원법 제42조 제2항의 유추적용여부

지배적인 학설과 판례는 일반이행소송에 대해서도 취소소송, 의무이행소송의 원고적격을 규정하고 있는 행정법원법 제42조 제2항에 상응하는 원고적격을 요구하고 있다.[116] 민중소송을 배제하고 피해자소송 (Verletztenklage)의 체제를 유지할 필요성은 일반이행소송에 관해서도 인정되기 때문이다.[117] 따라서 금지소송의 원고는 문제된 행위의 발급이 자신의 권리를 침해한다고 개연성 있게(möglich) 주장하여야 한다.[118]

한편 개인에 대한 행정주체의 권리의 예방적 보호가 행정소송상 가능한가에 관해서는 논란이 있다. 이를 긍정하는 학설과 판례[119]가 있기는 하나 이에 대해서는 개인에 대한 행정주체의 '국가적 공권'을 행정소송을 통해 관철하는 것은 행정주체와 개인 간의 행정법관계의 본질에 어긋나기 때문에 긍정할 수 없다는 지적이 있다.[120] 그러나 이러한 견해에서도 행정이 사인과의 계약을 통해서 얻게 된 청구권을 사인이 임의로 이행하지 않는 경우에, 당해 계약에서 행정행위 발령에 관한 합의가 있거나 혹은 법규정에서 이를 허용하고 있는 경우가 아니라면 이행소송의

---

115) Köcherbauer/Büllesbach, JuS 1991, S. 379.

116) Kopp, a.a.O., §42 Rn. 38 (S. 316) ; Pietzcker, a.a.O., §42 Abs. 1, Rn. 170 (S. 83) ; Happ, a.a.O., §42 Rn. 69 (S. 262) ; v. Albedyll, a.a.O.,§42, Rn. 111 (S. 241) ; 관련판례 - BVerwGE 36, 192, 199 ; 60, 144, 150 ; 99, 64.

117) Schmitt Glaeser, a.a.O., Rn 387 (S. 240-241) ; Hufen, a.a.O., §16, Rn. 15 (S. 339).

118) Hufen, a.a.O., §16, Rn. 15 (S. 339) , §18, Rn. 40 (S. 362) ; Schenke, VwPR, Rn. 492 (S. 142) ; Birk, JuS 1979, S. 413 ; 한편 Stern, a.a.O., §14, Rn. 285 (S. 153).

119) Bettermann, a.a.O., S. 186 ; BVerwG. U. v. 25. 10. 1967, E 28, S. 153ff.(확인소송) ; BVerwG. U. v. 5. 3. 1968, E 29, S. 66ff.

120) Ule, VerwArch 1974, S. 294 ; Schmitt Glaeser, a.a.O., Rn. 393 (S. 243).

권리보호필요성을 긍정하여야 한다고 보고 있다.[121]

2) 금지소송과 상대방이론(Adressatentheorie)

취소소송의 경우 침익적 행정행위의 상대방은 항상 원고적격을 인정받는다.(상대방이론) 침익적 행정행위 내에 자리잡고 있는 명령 혹은 금지는 적어도 원고의 일반적 행동자유(기본법 제2조 제1항)라는 법적 지위에 항상 개입하기 때문이다.[122] 그러나 금지소송에서는 사실행위를 배제하는 경우는 물론이거니와 행정행위를 배제하는 경우에도 문제의 행정행위가 아직 발급되지 않았다는 점에서 상대방이론의 전제인 직접적 규율성을 상정할 수 없으므로 상대방이론을 적용할 수 없다는 지적이 있다.[123]

3. 권리보호의 필요성

1) 행정청에 대한 신청(Antrag)

일반이행소송의 원고가 소 제기 전에 자신이 구하는 사실행위를 발급하여 줄 것을 관할 행정청에 반드시 요청해야 하는지에 대해서는 논란이 있다. 일부의 견해는 원고가 신청을 전혀 하지 않았거나 혹은 관할행정청이 아닌 행정청에 신청을 하였다면 권리보호필요성이 없다고 본다.[124] 원고에게 소 제기 이외에 자신의 목적을 보다 쉽게 달성할 수 있

---

121) Schmitt Glaeser, a.a.O., Rn. 393 (S. 243) ; Pietzcker, a.a.O.,§42 Abs. 1, Rn. 171 (S. 84).

122) Hufen, a.a.O., §14, Rn. 77 (S. 277); Kopp, a.a.O., §42, Rn. 79 (S. 385) ; Stern, a.a.O., Rn. 292 (S. 156 f.).

123) Hufen, a.a.O., §16, Rn 16 (S. 339).

124) Hufen, a.a.O., §17, Rn. 17 (S. 348) ; Pietzcker, a.a.O., §42 Abs. 1, Rn. 156 (S. 74) ; v. Albedyll, a.a.O., §42, Rn. 114 (S. 242) ; 관련판례로는 VG Freiburg, v.

는 방도가 남아 있다면 권리보호의 필요성을 부인하는 것이 소송법의 일반원칙이라는 것이다. 반면 관할행정청에 대한 신청은 일반이행소송의 적법요건이 아니라고 보는 견해도 있다. 행정법원법 제156조[125])에서 알 수 있듯이 행정청이 자신의 행태를 통해서 소 제기의 원인을 제공하지는 않았다는 사정(원고의 신청이 없었던 경우가 바로 이에 해당할 것이다)은 다만 피고가 원고의 청구를 즉시 인락(sofortige Anerkenntnis)하였을 경우 원고에게 소송비용상의 불이익을 주는 데 그치며 그 이상으로 권리보호필요성을 배제하는 데에까지 이르는 것은 아니라는 것이 그 이유이다.[126)

이러한 논의를 이 논문의 관심사인 행정작용의 금지를 소구하는 경우로 옮겨 본다면, 원고가 관할 행정청에 대하여 행정작용을 발급하지 않을 것을 요청하였어야만 금지소송의 권리보호의 필요성이 인정되는가의 문제가 될 것이다. 이에 관하여 후펜은 예방적 금지소송의 원고가 현존하는 침해의 중단을 관할 행정청에게 전혀 요청한 바가 없다면 이는 원고가 자신이 추구하는 목적을 달성할 수 있는 소송 이외의 방법이 있는 경우에 해당하므로 권리보호 필요성을 인정할 수 없다고 보고 있다.[127)

6. 10. 87, NVwZ-RR 1988, S. 77ff. ; VGH BW NVwZ 1990, S. 893 ; BVerwG, DVBl. 1978, S. 608.
125) 행정법원법 제156조에서는 [즉시 인락의 경우 소송비용(Kosten bei sofortigem Anerkenntnis)]이라는 표제하에, 피고가 자신의 행태를 통해서 소 제기의 계기를 제공하지 않은 경우라면 피고가 청구를 즉시 인락한 경우 소송비용은 원고가 부담하여야 함을 규정하고 있는바, 이는 민사소송법(ZPO) 제93조에 상응하는 것으로서 원인제공자원칙(Veranlasserprinzip)에 기한 것이다. (Olbertz, in : Schoch/Schmidt-Aßmann/Pietzner, VwGO, §156, Rn. 1, S. 1)
126) Sodan, a.a.O., §42, Rn. 45 (S. 54) ; Schenke, VwPR, Rn. 363 (S. 109) ; Happ, a.a.O., §42, Rn. 69 (S. 262) ; 관련판례로는 Mannheim, NJW 1991, S. 2768, 2787.
127) Hufen, a.a.O., §16, Rn. 21. (S. 340-341).

반면 쉔케는 행정청에 대한 신청이 예방적 금지소송의 권리보호 필요성 요건은 아니라고 보고 있으며[128] 울레(Ule)도 행정청에 대한 신청이 소의 적법요건은 아니라고 보고 있다. 다만 울레는 일반이행소송의 경우에도 행정에게 스스로 잘못을 바로잡을 기회를 반드시 미리 부여하여야 하며 이러한 기회는 즉시인락시 소송비용에 관한 행정법원법 제156조를 통하여 달성될 수 있다고 보고 있다.[129]

2) 수인불가능성(Unzumutbarkeit)

원고가 임박한 행정작용의 발급을 기다리는 것이 受忍可能하지 않아야 예방적 구제의 권리보호 필요성이 긍정된다. 이러한 수인가능성은 저지하고자 하는 행정작용의 법적 성격에 따라 달리 다루어지고 있다. 행정행위에 대한 예방적 소송은 행정의 아직 종결되지 않은 결정에 대한 개입이 될 뿐 아니라 취소소송의 특별한 적법요건들을 우회하는 방편이 될 수도 있으므로 행정행위에 대한 예방적 소송은 가중된(qualifiziert) 권리보호의 필요성, 즉 행정청이 행정행위를 발급하기 이전에 이미 법원의 판결로써 행정청이 의도하고 있는 행정행위를 금지할만한 특별한 이익이 있어야 한다는 것이 지배적인 학설[130]과 판례[131]의 입장이다. 학설상으로는 이처럼 행정행위에 대한 예방적 소송에서 요구되는 가중된 권리보호의 필요성이 긍정되는 경우로 위반시 형벌이 부과되는 행정행위(strafbewehrter Verwaltungsakt), 단기간에 소멸되는 행정행위(sich kurzfristig

---

128) Schenke, AöR 1970, S. 242.
129) Ule, VerwArch 1974, S. 309.
130) Hufen, a.a.O., §16, Rn. 25 (S. 342) ; Ule, a.a.O., §32 II 3 (S. 129), § 34 III, (S. 175) ; v. Albedyll, a.a.O., §42, Rn. 122 (S. 245), 123 (S.245) ; Rennert, in : Eyermann, VwGO, vor§40, Rn. 25 (S. 139) ; Stern, a.a.O., Rn. 264 (S. 140).
131) BVerwG. U. v. 16. 4. 1971 = DVBl 1971, S. 746, 747. ; BVerwG. U. v. 12. 1. 1967 = BVerwGE 26, 23, 25. ; BVerwG. U. v. 8. 9. 1972 = BVerwGE 40, S. 323 ff.

erledigender Verwaltungsakt), 旣成事實을 만드는 행정행위(vollendete Tatsachen ermöglichender Verwaltungsakt), 마지막으로 지연된 행정행위(verzögerter Verwaltungsakt)등을 제시하고 있다.132) 반면 사실행위에 대해서는 취소소송과 정지효라는 사후적 구제에 의지할 수 없으므로 민사소송에서와 마찬가지로 행정에 의한 권리침해가 우려되는 것만으로 권리보호 필요성이 긍정된다고 보고 있다.133)

4. 전심절차 · 제소기간

1) 전심절차

일반이행소송에 대해서는 전심절차에 관한 행정법원법 제68조가 적용되지 않는다는 것이 지배적인 견해이다.134) 반면 임박한 행정행위에 대한 예방적 금지소송의 경우에는 최소한 행정행위에 대한 취소소송이나 의무이행소송의 경우에 비견할만한 절차적 지위가 행정에게 부여되어 한다는 이유로 전심절차를 거쳐야 한다고 보는 견해도 있다.135) 그러나 베터만(Bettermann)이 지적하고 있듯이, "행정행위가 발령되기 이전에는 전심절차는 불가능하다. 왜냐하면 행정법원법상의 전심절차는 공격의 대상이 있음을 전제로 하고 있기 때문이다 … 따라서 전심절차에 관한 규정들을 예방소송에 유추적용하는 것 자체가 불가능하다."고 보는

132) v. Albedyll, a.a.O., §42, Rn. 126 (S. 246) ; Naumann, a.a.O., S. 402 ; Schenke, AöR 1970, S. 252 ; Ule, VerwArch 1974, S. 307.
133) Ule, VerwArch 1974, S. 303 ; Rupp, DVBl. 1958, S. 119 ; Schenke, AöR 1970, S. 241 ; v. Albedyll, a.a.O., §42, Rn. 124 (S. 245) ; Rennert, a.a.O., vor §40, Rn. 25 (S. 139).
134) Ule, VerwArch 1974, S. 308 ; Sodan, a.a.O., §42 Rn. 63 (S. 65) ; v. Albedyll, a.a.O., §42, Rn. 114 (S. 242) ; 관련판례로는 BVerwG, U. v. 25. 2. 1969 = BVerwGE 31, 301, 305. ; BVerwGE 40, 323 ff.
135) Schenke, AöR 1970, S. 247 ff. ; Naumann, a.a.O., S. 406.

것이 지배적인 견해이며136) 판례들도 예방적 금지소송에는 전심절차가 적용되지 않음을 명시적으로 선언하고 있다.137)

2) 제소기간

한편 일반이행소송은 제소기간의 제한도 적용되지 않는다. 행정법원법 제74조는 오로지 취소소송과 의무이행소송에 관하여 제소기간을 규정하고 있기 때문이다. 따라서 일반이행소송의 하위 유형인 예방적 금지소송에 대해서도 제소기간은 적용되지 않는다.138) 다만 원고가 사실상의 방해에 대해 오랜 기간 저항하지 않고 이를 受忍한 경우 失權(Verwirkung)할 수 있다고 보는 견해도 있다.139)

III. 예방적 확인소송의 적법요건

1. 법관계

1) 개   념

예방적 확인소송은 - 그것이 일반적 확인소송이므로 - 법관계를 확인의 대상으로 한다. 행정법원법 제43조 제1항은 민사소송법 (ZPO) 제256조를 모범으로 삼아 제정된 것으로서, 행정법원법에서 규정하고 있

---

136) Bettermann, a.a.O., S. 195 ; Ule, VerwArch 1974, S. 308 ; Hufen, a.a.O., §16, Rn. 19 (S. 340).
137) BVerwG, U. v. 16. 4. 1971 = DVBl. 1971. S. 746ff. ; BVerwG, U. v. 8. 9. 1972 = BVerwGE 40 S. 323ff.
138) Peine, Jura 1983, S. 296 ; v. Albedyll, a.a.O., §42, Rn. 114 (S. 242) ; Hufen, a.a.O., §16, Rn. 20 (S. 340).
139) Hufen, a.a.O., §16, Rn. 21 (S. 340).

는 법관계의 개념을 규정하려는 행정법학계의 노력 또한 민사소송법 제
256조에 관한 민사판례와 학설에 의존하여 왔다.[140] 민사법상의 학설과
판례상 확립된 정의에 따르면 법관계란 특정한(구체적인) 사실관계로부
터 법적 규율에 기하여 발생한 법효과로서 다른 사람 혹은 사물에 대한
사람의 법적인 관련성을 의미하는바, 이러한 정의는 행정소송상 확인소
송의 대상인 행정법상의 법관계를 정의함에 있어서도 그대로 받아들여
지고 있다.[141]

이처럼 법관계는 매우 넓은 개념으로서 개별적인 권리 혹은 의무도
포괄하기 때문에 행정행위로부터 도출되는 권리와 의무 및 작위 혹은
부작위를 구하는 청구권도 법관계 안에 포섭될 수 있다.[142] 반드시 행정
법관계 전체만이 확인소송의 대상이 될 수 있는 것은 아니고 전체 법관
계로부터 도출되는 개별적인 법적 귀결들, 개별적인 권리 혹은 의무도
확인소송의 대상이 될 수 있으나, 순수한 사실문제, 법관계의 선결문제
혹은 법관계의 독립성 없는 부분들은 확인의 적격이 없다.[143] 법관계는
반드시 원고와 행정주체 사이의 것일 필요는 없으며 제3자와 행정주체
사이의 법관계도 확인소송의 대상이 될 수 있다.[144]

---

140) Hermann Siemer, Normenkontrolle durch Feststellungsklage? : ein Beitrag zur
　　Frage des verwaltungsgerichtlichen Rechtsschutzes gegen rechtswidrige Normen,
　　Schriftum zum Prozeßrecht Bd. 20, Berlin 1971., S. 28 ; Schmitt Glaeser, a.a.O.,
　　Rn. 328 (S. 208).
141) Schmitt Glaeser, a.a.O., Rn. 328 (S. 208) ; Pietzcker, a.a.O.,§43, Rn. 5 (S. 3) ;
　　Hufen, a.a.O., §18, Rn. 7. (S. 351) ; Happ, a.a.O., §43, Rn. 12 (S. 301) 관련판
　　례로는 BVerwGE 14, 235 ; BVerwGE 40, 323, 325.
142) Hufen, a.a.O., §18, Rn. 7. (S. 352).
143) Hufen, a.a.O., §18, Rn. 20. (S. 356) ; Pietzcker, a.a.O., §43, Rn. 8 (S. 4) ; Schmitt
　　Glaeser, a.a.O., Rn. 328 (S. 209) ; Bettermann, a.a.O., S. 198 ; Stern, a.a.O., Rn.
　　158 (S. 86) ; Hoffmann, BayVBl. 1962, S. 75.
144) 물론 이러한 '제3자의 법관계(Drittrechtsverhältnisse)'의 확인을 구하는 경우
　　에는 그러한 제3자의 법관계에 원고 자신의 권리가 좌우되어야 한다.

2) 공법상 법관계

(1) 법적 규율의 형식

그러나 공법영역에서는 법관계를 단순한 법상태(Rechtszustand)와 구별하는 것이 특히 어렵다는 면에서 이처럼 민사소송상의 법관계 개념을 행정소송상의 확인소송에 무비판적으로 수용할 수 있을 것인지에 대해서는 상당한 우려가 제기되었다. 이러한 견해에서는 먼저 개념징표로서의 '법적 규율'이 무엇을 의미하는지가 해명되어야 하는데 민법에서 이는 대개 계약이지만 공법에서는 계약은 예외적 현상에 속하고 오히려 고권적 규율형식 - 즉 행정행위 혹은 규범 - 이 일반적이며 법관계가 이러한 '법적인 규율'에 토대를 두어야 한다고 한다면 '법적인 규율'의 종류와 구조는 법관계의 구조에도 영향을 미치지 않을 수 없다고 본다.145)

(2) 행정행위 발급 이전의 구체적 법관계의 존부

그리하여 행정과 사인 간에 행정행위가 발급되기 이전에 이미 확인에 적합한 구체적 법관계가 존재하느냐 여부에 관해서는 견해가 대립되고 있다. 부정설의 주된 근거는 다음과 같다. 즉 법관계는 - 확인소송에 필요한 구체적인 형태로는 - 행정행위를 통하여 비로소 생성된다는 것이다. 행정행위가 발하여지기 이전에는 아직 아무런 법관계도 없으며, 오로지 기껏해야 일반적이고 추상적인 법상태(Rechtszustand)만이 있을 따름이고 이러한 법상태는 판결을 통해 확인될 수 없다는 것이다.146)

그러나 행정행위 발급 이전에도 구체적 법관계가 존재할 수 있음을

Peine, Jura 1983, S. 296. ; Stern, a.a.O., Rn. 160 (S. 87-88) 관련 판례로는 BVerwGE 50, 62.

145) Siemer, a.a.O., S. 29.

146) Happ, a.a.O., §43, Rn. 32 (S. 309) ; Hufen, a.a.O., §18 Rn. 3 (S. 350) ; 그러한 판례로는 OVG Lüneburg, DVBl. 1951. S. 609.

긍정하는 견해의 논거는 다음과 같다. 우선 침익적 행정행위의 영역에서 국가가 불이익한 행정행위를 발급할 수 있으려면 이미 그 전제로서 국가는 당해 불이익한 행위를 발할 권한을 부여받았어야 하는바, 이처럼 국가에게 부여되어 있는, 시민에 대하여 불이익한 행정행위를 발급할 권한은 국가와 시민 사이에 법률에 기하여 존재하는 법적인 관계의 결과라고 한다.[147] 발터 옐리네크는 행정행위에 선행하는 이러한 법관계를 '시원적 법관계(ursprüngliches Rechtsverhältnis)'라고 명명하고 있는데[148] 국가의 개입권(Eingriffsrecht)은 이러한 법관계 없이는 생각할 수 없다는 것이다. 물론 국가와 시민 간의 법관계는 시민에 대한 개별적인 행정행위의 발급을 통하여 특히 강력하게 개별화되고, 긴밀해지고, 구체화되기는 하지만 행정행위의 발급 이전에도 이미 법관계는 존재할 수 있다는 것이다.[149] 따라서 임박한 행정행위를 배제하기 위하여 제기되는 예방적 확인소송은 장래의 법관계의 확인을 구하는 것이 아니라 오히려 현재의 법관계의 확인을 구하는 소송이라고 한다.[150] 따라서 예방적 확인소송에서 주로 문제되는 것은 구체적 법관계의 존재 여부라기 보다는 바로 지금 확인소송으로 구제받을 필요가 있느냐의 문제, 즉 권리보호의 필요성 여부라고 한다.[151]

2. 즉시 확정의 정당한 이익

일반적 확인소송에 요구되는 즉시 확정의 정당한 이익은 주관적 요소

---

147) Naumann, a.a.O., S. 397.
148) Walter Jellinek, Verwaltungsrecht, S. 49 (Naumann, a.a.O., S. 391에서 재인용).
149) Naumann, a.a.O., S. 391 ; Siemer, a.a.O., S. 41 ; Hoffmann, BayVBl. 1962, S. 75.
150) Naumann, a.a.O., S. 395, 397. ; Stern, a.a.O., Rn. 161 (S. 88) ; Hoffmann, BayVBl. 1962, S. 75 ; 관련판례로는 BVerwG, = NVwZ 1986, S. 35 ; BVerwG, Urt. v. 25. 5. 1962, = DVBl. 1962, S. 681.
151) Naumann, a.a.O., S. 400 ; Hufen, a.a.O., §18, Rn. 37 (S. 361).

와 시간적 요소로 나누어볼 수 있다. 전자는 정당한 이익이며 후자는 즉시 확정의 이익이다. 이 가운데 '정당한 이익'이라는 표현은 취소소송의 원고 적격에 관한 행정법원법(VwGO) 제42조 제2항의 '주관적 권리'와도 다르고 확인소송에 관한 민사소송법(ZPO) 제256조상의 '법적인 이익'과도 다르기 때문에 그것이 무엇을 의미하는지에 관하여 많은 논란이 있다.

1) 주관적 요소 : 정당한 이익

(1) 주관적 권리설

일부의 견해는 다른 소송유형들과 달리 일반적 확인소송에 있어서 주관적 권리관련성을 요구하지 않는다면 이행소송이나 형성소송에 있어서 요구되는, 자신의 권리의 주장이라는 요건이 심각하게 의미를 상실하게 될 것이므로 정당한 이익은 주관적 권리로 한정하여야 한다고 주장한다. 이와 더불어, 확인의 대상인 법관계를 원고와 피고 사이의 권리·의무관계로 정의하는 한, 개념필연적으로 원고의 권리관련성이 요구된다는 점도 그 근거로 제시하고 있다.152)

(2) 법질서에 의하여 보호되는 이익설

다른 견해에서는 정당한 이익은 취소소송에서 요구되는 주관적 권리보다 넓은 개념으로, 법질서에 의하여 보호되는 이익을 의미한다고 본다. 또한 이러한 이익은 그것이 원고에게 귀속하고 또 법질서에 의하여 보호되는 것인 한, 경제적, 신체적 혹은 문화적 그리고 이념적 이익도 포괄한다고 본다.153)

---

152) Pietzcker, a.a.O., §43, Rn. 3 (S. 3), 31 (S. 18).
153) Hufen, a.a.O., §18, Rn. 22 (S. 357).

(3) 보호가치 있는 이익설

지배적인 견해에서는 민사소송상의 확인소송이 '법적인 이익(rechtliches Interesse)'을 요구하고 있는 것과 달리, 행정소송상의 일반적 확인소송은 원칙적으로 '정당한 이익(berechtigtes Interesse)'만을 요구하고 있음을 중시하여 '정당한' 이익은 '법적인' 이익보다 넓으며 '법적인' 이익을 포괄하는 개념으로서, 사안을 이성적으로 고려하였을 때 법률 혹은 일반법원칙들에 기하여 승인할 수 있는, 보호가치 있는 이익(schutzwürdiges Interesse)이라고 보고 있다. 이러한 견해에 따르면 문제된 이익이 반드시 법적인 이익일 필요는 없으므로 기존의 법과의 관련성이 요구되지 않으며 사실상, 경제상 혹은 이념상의 성격을 가지는 이익(예를 들자면 정치적, 문화적, 종교적 이익)도 정당한 이익이 될 수 있다고 한다.154)

(4) 판 례

판례상으로는 점차 일반적 확인소송에도 주관적 권리관련성을 요구하는 경우가 증가하고 있다. 그러나 그 방식에 있어서는 다음과 같이 두 가지의 다른 양상으로 나타나고 있다.

① 원고적격에 관한 제42조 제2항을 유추적용하는 방법

1990년 7월 30일 결정155)에서 연방행정법원은 "확인소송의 원고가 확인에 대하여 가지고 있을 것이 요구되는 정당한 이익은 법적인 이익과는 같지 않으며 법적인 이익 이외에 경제적 혹은 이념적 이익도 포함하나 … 이로부터 정당한 이익을 가진 자라면 누구나 권리관련성(Rechtsbetroffenheit)이 없어도 확인소송을 제기할 수 있다는 결론이 도출

---

154) Schmitt Glaeser, a.a.O., Rn. 341 (S. 216) ; Schenke, AöR 1970, S. 255 ; Redeker/v. Oertzen, a.a.O., §43, Rn. 26 (S. 240). 관련 판례로는 BVerwGE 74, 1, 4.
155) NVwZ 1991, S. 470 f.

되는 것은 아니며 … 확인소송에도 원고적격에 관한 제42조 제2항이 유
추적용된다는 점에서 확인소송은 … 원고 스스로가 확인의 대상인 법관
계의 당사자이건 아니면 원고의 권리가 문제된 법관계에 좌우되는 경우
이건 간에, 원고 자신의 권리실현이 문제되는 경우에만" 적법하다고 판
시하였다. 그러나 위 결정에서 법원은 일반적 확인소송에 취소소송 및
의무이행소송의 원고적격에 관한 규정을 유추적용하여야 하는 근거에
대해서는 언급하지 않았다.

② 행정법원법 제43조 제1항의 정당한 이익 개념 자체를
한정적으로 해석하는 방법

1984년 10월 9일 결정[156]에서 연방행정법원은 일반적 확인소송의 원
고는 다툼의 대상인 법관계의 당사자일 필요는 없으나 어떤 경우이건
확인하고자 하는 법관계에 "원고의 권리가 좌우되어야만 확인에 대해
정당한 이익을 가진다"고 판시하였다. 이러한 결정은 통상법원(BGH)의
판결을 추종한 것이며 다투어지고 있는 법관계에 의하여 원고의 권리가
좌우되어야 한다는 요건을 제42조 제2항이 아니라 제43조 제1항으로부
터 도출하고 있다.

③ 제42조 제2항의 유추적용설에 대한 비판

이처럼 일부의 학설과 판례는 일반적 확인소송에 제42조 제2항을 유
추적용하면서 이러한 유추의 방식을 통해서만 행정법원법이 내재적으로
금하고 있는 민중소송을 방지할 수 있다고 주장하나, 이러한 주장은 다
음과 같은 이유에서 옳지 못하다는 지적이 있다. 즉, 제43조 제1항에 따
라서 일반적 확인소송은 원고가 확인에 대하여 정당한 이익을 가지고
있는 경우에만 적법하므로, 이것만으로도 민중소송의 여지는 현저히 감
소하며 또한 입법자가 민사소송의 경우와는 달리 법적인 이익이 아니라

---

156) NVwZ 1985, S. 112 f.

정당한 이익을 요구하였다는 것은 행정소송상 일반적 확인소송을 취소소송이나 의무이행소송의 경우처럼 피해자소송(Verletztenklage)의 형태가 아니라 이해관계인소송(Interessentenklage)의 형태로 만들고자 하는 의도임을 추론할 수 있다는 것이다.[157]

2) 시간적 요소 : 즉시 확정의 이익

일반적 확인소송을 통해 법상태를 해명해야 할 필요성은 이미 현재 혹은 머지 않은 미래에 존재하고 있어야 한다. 대개의 경우 확인에 대한 정당한 이익이 있다면 동시에 즉시 확인의 필요성도 인정된다.[158] 다만 예방적 금지소송에서와 마찬가지로 예방적 확인소송에 있어서도 가중된 권리보호의 필요가 인정되어야 한다는 점에서 확인의 이익은 특별하여야 한다.[159] 이러한 특별한 확인의 이익은 사후적인 권리보호에 의지하는 것이 관련인에게 기대가능하지 않을 경우에는 대개 긍정된다.[160] 즉 불이익이 단지 임박하였다는 것만으로는 부족하고 문제된 작용이 실제로 발급될 때까지 기다리는 것이 기대가능하지 않을 경우에만 확인의 이익이 긍정될 수 있을 것이다.[161] 그렇기 때문에 예방적 금지소송에 있어서와 마찬가지로 저지하고자 하는 행정조치의 법적 성격이 무엇이냐는 가중된 확인의 이익을 판단함에 있어서도 중요한 역할을 하게 될 것이다. 실제로 예방적 확인소송실무에서 확인의 이익이 긍정된 사례로는 목전에 임박한 집행조치에 대한 소송으로서 급부결정(Leistungsbescheid)의

---

157) Laubinger, VerwArch 1991, S. 494. ; Schmitt Glaeser, a.a.O., Rn. 341 (S. 215).
158) Schmitt Glaeser, a.a.O., Rn, 344 (S. 217) ; Happ, a.a.O., §43, Rn. 39 (S. 312).
159) NVwZ 1984, S. 168, 169.
160) v. Albedyll, a.a.O., §43, Rn. 38 (S. 263) ; Peine, Jura 1983, S. 297 ; Stern, a.a.O., Rn. 271 (S. 144) ; Hufen, a.a.O., §18, Rn. 38 (S. 362) ; 관련판례로는 DÖV 1994, S. 616. ; NVwZ 1986, S. 1011, 1012 ; BVerwGE 77, 207, 212. = NJW 1988, S. 1750.
161) Peine, Jura 1983, S. 297.

강제집행의 부적법성의 확인을 구한 사건,162) 일요일에 사설 자동차시장 설치를 금지하는 처분이 임박한 경우 그러한 처분권한의 부존재확인을 구한 사건,163) 건설인인법영역에서 기성사실이 만들어질 위험이 있는 경우,164) 우체국이 계속해서 반복되는 금전수송이 있을 때마다 경찰의 경호를 요청하였는바 경찰에서는 이처럼 금전수송에 경찰력을 동원하는 것에 대해 우체국측의 사용료납부의무가 있다(gebührenpflichtig)는 견해를 채택하기 시작하였고 장래에는 사용료 청구를 하겠다는 뜻을 밝히자 우체국 측에서는 금전수송시 경찰의 경호를 받는 것에 사용료납부의무가 없다는 확인을 구하는 소송을 제기한 경우,165) 원고가 의도하고 있는 영업활동이 관할 행정청의 예외적 허가(ausnahmebewilligung) 없이도 수행할 수 있는 활동임을 인정하기를 행정이 거부함으로써 법상태에 의혹이 생긴 경우 이러한 거부는 행정법원법 제43조 제1항 소정의 즉시 확인의 정당한 이익을 낳는다고 본 사안 등이 있다.166) 반면 확인의 이익이 부정된 사례로는 건축행위가 실현되는 경우에 발하여질 것으로 약속된, 아직 발하여지지 않은 세금결정에 대한 예방적 확인소송,167) 베를린 훔볼트 대학의 총장직을 면직(Entbindung)하는 처분의 위법성확인을 구하는 소송,168) 관할 행정청이 냉동가금류 수입업자인 원고의 식품위생법 위반행위를 비난하는 청문통지서(Anhörungsbogen)를 발송하였을 뿐 벌금부과결정 등은 전혀 예고한 바 없는 상태에서 원고가 냉동가금류 수입업자로서 식품위생법상 어떠한 상품조사의무를 이행하여야 하는지에 관하여 확인소송을 제기한 사안,169) 원고가 생산하여 유통시키고 있는 치과용

---

162) NVwZ-RR 1994, S. 234.
163) VGH München = NJW 1987, S. 2604.
164) NJW 1986, S. 881.
165) OVG Hamburg Urt. v. 26. 1. 1952.
166) OVG Münster, Urt. v. 16. 6. 1971= DVBl. 1972, S. 506.
167) Mannheim NVwZ-RR 1994, S. 362, 363.
168) Landes-und Kommunal Verwaltung 1992, S. 27.
169) BVerwG, Urt. v. 7. 5. 1987 = BVerwGE 77, 207.

의료재가 의료자재법상(AMG) 허가를 받아야 하는 재료인지 여부에 대해 관할 행정청과 의견대립이 있기는 하나 원고에 대한 개입조치를 취할 의도가 없음을 동 행정청이 밝힌 사안[170] 등이 있다.

3. 원고적격

앞서 살펴본 바와 같이 행정소송상 일반적 확인소송에는 주관적 권리요건이 명문으로 규정되어 있지 않다. 그리하여 원고적격에 관한 행정법원법 제42조 제2항의 규정은 일반적 확인소송에 적용되지 않는다는 것이 지배적인 학설이며, 이는 예방적 확인소송의 경우에도 마찬가지이다.[171] 그러나 이러한 학설과는 달리 최근 판례는 제42조 제2항을 유추적용하는 방법을 통하여 일반적 확인소송에서도 원고적격을 요구하는 경향이 있음은 앞서 살펴본 바와 같다.

4. 전심절차 · 제소기간

전심절차는 취소소송과 신청이 거부된 경우의 의무이행소송(Versagungsgegenklage)에만 타당하며 그 이외의 소송유형에는 적용되지 않는다. 따라서 예방적 확인소송의 경우에도 전심절차는 적용되지 않으며 제소기간의 경우도 마찬가지이다. 행정행위를 저지하기 위한 예방적 확인소송의 경우 문제된 행정행위가 아직 발급되지 않았다는 것을 전제로 하고 있기 때문에 취소소송의 전심절차와 제소기간에 관한 규정을 예방적 확인소송을 통해 우회하는 일은 생기지 않는다.[172]

---

170) BVerwG, Urt. v. 30. 5. 1985 = NVwZ 1986, S. 35.
171) Hufen, a.a.O., §18, Rn. 40. (S. 362) ; Stern, a.a.O., Rn. 300 (S. 161) ; Schenke, VwPR, § 10 Rn. 410 (S. 121) ; Laubinger, VerwArch 1991, S. 494.
172) Schmitt Glaeser, a.a.O., Rn. 346 (S. 218), 347 (S. 218); Ule, VerwArch 1974, S. 309.

제4절 본안요건

Ⅰ. 예방적 금지소송의 본안요건

원칙적으로 이행소송의 본안요건은 단순하다. 즉 원고가 피고에 대하여 이행청구권을 가지고 있을 것이 본안요건이다.[1] 따라서 '소극적 이행소송'인 예방적 금지소송의 경우 원고가 피고에 대하여 부작위청구권(Unterlassungsanspruch)을 가지고 있을 것이 본안요건이며 원고가 부작위청구권을 가지고 있지 않다면 소는 기각되어야 한다.[2] 이하에서는 예방적 금지소송의 실무에서 주로 문제되는 영역인 정보활동과 임미시온에 대한 부작위청구권을 중심으로 살펴보기로 한다.

1. 올바른 피고(Passivlegitimation)

1) 개 념

실체법적 의미에서 올바른 원고인가(Aktivlegitimation)와 올바른 피고인가(Passivlegitimation)의 문제, 즉 본안적격(Sachlegitimation)의 문제는 원·피고가 소송을 수행할 권한이 있느냐 여부, 즉 소의 적법요건인 소송수행권(Prozeßführungsbefugnis)의 문제와는 구별되어야 한다. 본안적격은 원고의 본안요구(Sachbegehren)를 실체법에 따라 실현해 줄 수 있는 자가 누구이냐라는 권리와 의무의 실체법적 귀속의 문제이고 이는 의문의 여지

---

1) Hufen, a.a.O., §28, Rn. 2 (S. 502).
2) Schenke, a.a.O., Rn. 867 (S. 269) ; Ule, Verwaltungsprozeßrecht, §32 II 4 (S. 129) ; Hufen, a.a.O., §27, Rn. 1 (S. 494).

없이 이유요건에서 심사되어야 한다.[3)]

2) 이행소송의 올바른 피고

이행소송의 경우 '올바른 청구의 상대방'은 청구권의 전제요건이기 때문에 금지소송에 있어서도 올바른 피고의 문제는 본안에서 심사되어야 할 중요한 문제이다. 이는 특히 기관소송인 경우, 또 정보, 경고 등의 작용이 누구에게 귀속하는지가 불분명한 경우에 특히 문제된다. 지배적인 견해는 행정법원법 제78조가 유추적용되어야 한다고 보고 있다.[4)] 즉, 행정법원법 제78에 따르면 취소소송과 의무이행소송의 피고는 행정청이 아니라 문제된 행정작용을 관할하는 행정청이 속하는 권리주체인바(Rechtsträgerprinzip)[5)] 금지소송에 있어서의 올바른 피고 역시 이행청구의 상대방인 행정청이 속하는 연방, 주 혹은 단체가 될 것이다.

2. 공법상 부작위청구권

1) 개 념

청구권에 관한 실정법상 정의는 독일민법전(BGB) 제194조 제1항에서 발견할 수 있다. 이에 따르면 청구권이란 타인에게 '작위, 혹은 부작위'를 구하는 권리이다. 사법상의 청구권 도그마틱에 따르면 청구권은 물권·채권·무체재산권·친족권·상속권 등과 같은 실질적·기초적 권리와 동일한 차원의 권리가 아니며 이들 권리의 내용 혹은 그 효력으로서 이들 권리에 포함되어 있거나 혹은 이들 권리로부터 생긴다.[6)] 공법상

---

3) Hufen, a.a.O., §12, Rn. 39 (S. 228) ; Schmitt Glaeser, a.a.O., Rn. 81 (S. 64), Rn. 237 (S. 151) ; Schenke, a.a.O., §15, Rn. 542 (S. 168).

4) Hufen, a.a.O.,§27, Rn. 1 (S. 494) ; Schmitt Glaeser, a.a.O., Rn. 392 (S. 242).

5) Hufen, a.a.O., §27, Rn. 2 (S. 494).

의 청구권개념을 사법상의 청구권개념과 달리 구성하지 않는 한, 공법상
의 부작위청구권 역시 실질적·일차적 권리의 존재를 전제로 한다. 이러
한 일차적 권리, 즉 부작위청구권의 원천인 권리(Quellrecht)에 관한 논의
는 동시에 부작위청구권의 보호대상(Schutzgegenstand)에 관한 논의이기도
하다.

한편 사법 도그마틱상으로는 다음과 같이 부작위청구권의 다양한 하
위개념들이 발달하였다. 그러한 하위개념 가운데 먼저 '排除的 不作爲請
求權'(negatorischer   Unterlassungsanspruch)과   '準排除的   不作爲請求權
(quasinegatorischer Unterlassungsanspruch)'을 들 수 있는데, 양자의 구별은
부작위청구권의 보호대상(Schutzgegenstand)에 따른 것이다. 전자는 보호
대상이 절대권인 경우(예컨대 민법전 제1004조 제1항 제2문의 소유권이
나 제1065조의 용익권, 특허법 제47조의 특허권, 저작권법 제97조의 저
작권 등)를, 후자는 그 밖에 법률에 의하여 인정된 이익 등이 부작위청구
권의 보호대상인 경우를 지칭한다. 즉 독일의 민사법원은 학설의 지지를
바탕으로 하여 민법전 및 기타의 법률에서 명문의 규정을 두고 있는 절
대권뿐 아니라 불법행위로 인한 손해배상청구권에 관한 민법전 제823조
제1항에서 언급하고 있는 생명, 신체, 건강, 자유 등의 인적 생활이익과
명예, 신용, 직업 및 승진 등 형법이나 그 밖의 법률로 보호되는 이익의
침해에 대해서도 부작위청구권을 인정하고 이를 '준배제적 부작위청구
권"으로 명명하였다.7)

둘째, 불법행위에 기한 부작위청구권(deliktischer Unterlassungsanspruch)
개념은 불법행위의 주관적 구성요건 및 객관적 구성요건이 충족된 경우

---

6) Ringe, DVBl. 1958, S. 379.
7) RGZ 48, 114; 60, 6 ; Dieter Schwab, Einführung in das Zivilrecht, 12., Aufl., C.
   F. Müller, Heidelberg 1995, Rn. 346 (S. 160).

의 부작위청구권을 말한다. 이 개념은 법률에서 손해배상의무를 규정하고 있는 경우에는 부작위청구권을 통한 예방적 권리보호도 보장되어야한다는 라이히법원(RG)의 판결에 의하여 정립되었으나 그 후 부작위청구권은 불법행위의 책임요건과는 무관하게 발생한다는 견해가 확립됨으로써 현실적으로 거의 의미를 상실하였다.8) 이처럼 고의·과실은 부작위청구권의 성립요건이 아니므로 부작위청구권은 결과불법론의 토대 위에 있다.9) 마찬가지로 공법상 부작위청구권에 있어서도 침해의 위법성은 그 성립요건인 반면 고의·과실은 요구되지 않는다.10)

마지막으로 이 논문의 관심사인 공법상 부작위청구권과 관련하여 특히 의미 있는 것은 일반적 부작위청구권과 예방적 부작위청구권의 구별이다. 민법상의 대다수 학설은 예방적 부작위청구권(vorbeugender Unter-lassungsanspruch)과 일반적 부작위청구권(allgemeiner Unterlassungsanspruch)을 구별하여, 후자는 원고의 권리침해가 이미 발생하였고 반복 위험이 있는 경우에 장래 침해의 부작위를 구하는 경우의 청구권으로, 전자는 원고의 권리에 대한 침해가 아직 발생하지 않았으나 심각하게 우려되는 경우, 즉 반복 위험(Wiederhollungsgefahr)이 아니라 최초의 침해 위험 (Begehungsgefahr)이 있는 경우의 부작위청구권으로 이해하고 있다.11)

---

8) Fritz Bauer, Zu der Terminologie und einigen Sachproblemen der "vorbeugenden Unterlassungsklage", JZ 1966. S. 381-383 (381).

9) Schwab, a.a.O., Rn. 348 (S. 161).

10) Schenke, AöR 1970, S. 252.

11) Susanne Ritter, a.a.O., S. 40-41. 물론 민법전 제1004조는 이미 발생한 침해가 장래에도 계속될 우려, 즉 반복위험(Wiederholungsgefahr)이 있는 경우의 부작위청구권만을 규정하고 있다. 그러나 예컨대 신용을 훼손하는 발언의 경우처럼, 침해가 있은 후 장래를 향하여 비로소 부작위청구권을 행사하는 것이 실효적인 구제가 되지 못하는 사안도 있을 수 있다. 그리하여 이미 라이히 법원(Reichsgericht)의 판례집 100권부터는 최초의 침해와 반복된 침해 간의 구별, 이미 발생한 침해와 발생할 위험 간의 구별이 점차적으로 희미해지기 시작하였으며 (Bettermann, a.a.O., S. 190) 연방통상법원(BGH)은 결국 침해가

2) 부작위청구권의 실체성(Materialität) 문제

(1) 私法의 논의상황

① 실체성 부정설

민법전 제1004조 제1항 제2문이 실체법상의 부작위청구권을 규정한 것인지 아니면 단순한 소송상 권리구제수단(prozessualer Rechtsbehelf)을 규정한 것인지에 관해 사법 도그마틱상 다툼이 있다. 부작위요구(Unterlassungsbegehren)를 실체법상 청구권으로 규정하는 것에 반대하는 견해들은 적법하게 행위할 일반적인 법적 의무는 만인에 대한 것이라고 주장한다. 만약 이러한 의무에 대응하는 실체적인 청구권을 인정한다면 결국 만인에 대한 만인의 청구권이 발생할 것이기 때문에 부작위청구권의 실체법적 청구권성은 인정할 수 없다고 한다. 이러한 견해에 따르면 금지소송은 실체적 청구권으로서의 부작위청구권을 관철하는 수단은 아니라는 결론에 이르게 되기 때문에 과연 그렇다면 금지소송의 법적 성격은 무엇인가의 문제가 남는다. 이에 대하여 실체성 부정설은 확인소송의 경우와 유사하게 금지소송의 성격을 소송상의 권리구제수단으로 보는 것만이 해결책이 된다고 주장한다.[12]

② 실체성 긍정설

통설적 견해인 실체성 긍정설은 부작위청구권의 실체성을 부인하지 않으며 그 근거로서 대개 이행소송은 실체법상의 청구권을 전제로 한다는 일반적인 원칙으로부터 이탈할 충분한 이유가 없음을 들고 있다.[13]

최초로 임박한 경우(drohende Erstgefahr)에도 부작위청구권을 인정함으로써 (BGHZ 2, 395; 17, 291) 법률의 명문규정을 수정하였다. Schwab, a.a.O., Rn. 357 (S. 166).

12) Cammerer, FS 100 Jahre DJT, Ⅱ 49, 54 ; Esser-Weyers, SchuldR Ⅱ §62 Ⅳ ; Canaris, Die Festellung von Lücken im Gesetz [1964] 166 (Staudinger-Gursky, §1004, Rz. 152 (S. 86)에서 재인용).

이러한 견해는 부작위청구권의 실체성을 긍정하게 되면 만인에 대한 만인의 청구권이 발생할 것이라는 견해에 대하여 실체권으로서 부작위청구권이 발생하는 것은 법률에 추상적으로 규율되어 있는 구성요건이 구체적으로 실현되었을 경우, 즉 특정한 '침해' 혹은 '침해의 위험'이 있는 경우뿐이라는 점을 오해하고 있다고 지적한다.[14)

③ 논쟁의 의의

부작위청구권의 실체성을 둘러싼 논의는 실무상으로 반복위험(Wiederholungsgefahr) 혹은 최초의 발생위험(Erstbegehungsgefahr)을 적법요건으로 볼 것인가 본안요건으로 볼 것인가에서 차이를 낳는다고 한다. 부작위청구권의 실체성을 부인하고 금지소송을 오로지 소송상 구제제도로 파악하는 견해는 권리침해의 위험을 권리보호의 필요요건, 즉 적법요건으로 파악한다. 반면 실체성을 긍정하는 견해는 권리침해의 위험을 본안요건으로 파악한다. 즉, 민법전 제1004조 1항 2문을 실체법상의 청구권에 관한 규정으로 보는 견해에서는 반복위험이 청구권의 성립요건이라고 보는 반면, 동 조항이 순전한 소송상의 권리구제수단을 규정하고 있는 것으로 보는 견해는 반복위험을 적법요건으로, 즉 권리보호필요의 특별한 형태로 간주하고 있다.[15)

(2) 공법의 논의상황

① 실체성 부정설

사법영역과 마찬가지로 공법영역에서도 행정의 법률적합성원칙에 따라 행정이 부담하는, 위법한 행정작용을 하지 않을 의무에 상응하여 시

---

13) Enneccerus-Nipperdey, AT §72 I 3 ; Larenz, SchuldR Ⅱ §76 ; Fikentscher, SchuldR §114 Ⅱ 2. (Staudinger-Gursky, §1004, Rz. 152 (S. 86)에서 재인용).
14) Bauer, JZ. 1966, S. 382.
15) Staudinger-Gursky §1004, Rz. 155 (S. 87).

민의 실체법상의 부작위청구권이 존재하느냐라는 문제가 제기될 수 있다. 이에 관하여 행정법원법 제정 이전에는 부작위청구권의 존재를 일반적으로 부정하는 판례가 있었다.[16) 학설상으로도 예컨대 룹(Rupp)은 행정의 의무위배에 대한 시민의 대항청구권(Reaktionsanspruch)이 존재함을 인정하면서도 이러한 대항청구권은 의무위배가 이미 발생한 경우에만 인정될 수 있을 따름이며 아직 발생하지 않은 의무위배의 부작위를 구하는 실체적 청구권은 인정될 수 없다고 보았다.[17)

② 실체성 긍정설

그러나 지배적인 견해는 시민의 예방적 부작위청구권을 널리 부정하는 것이 설득력이 없다고 보고 있다. 이러한 견해는 공권력의 부작위의무에 상응하는 시민의 부작위청구권을 원칙적으로 부인하는 견해에 대해 자기책임적인 자유시민을 알지 못하였던 헌법시대의 이념사적 유물이라고 비판하면서 이러한 낡은 헌법관은 이미 오래 전에 사라졌고 기본법으로 통하여 극복되었다고 지적한다. 또한 실체법상 부작위청구권을 부인하는 것은 결과적으로 잠재적인 배제청구권의 원천으로서의 자유권의 효율성을 위태롭게 할 따름이며 "기본권의 가치를 그렇게 평가절하하는 것은 헌법적 틀로서의 기본법의 중요성과 지위와는 거의 조화되지 않는다"고 보고 있다.[18) 그리하여 현재의 지배적인 학설과 판례는 공법상 부작위청구권의 실체성을 긍정하고 있다.[19)

③ 논쟁의 의의

물론 이처럼 부작위청구권의 실체성을 부인하고 권리침해의 위험을 금지소송의 적법요건으로 자리매김하느냐 아니면 그 실체성을 인정하고

---

16) OVG Münster, NJW 1957, S. 1251.
17) Rupp, Grundfragen, S. 164.
18) Schenke, AöR. 1970, S. 230 ff.
19) Schwabe, a.a.O., S. 55.

침해위험을 부작위청구권의 성립요건으로 자리매김하느냐가 실제상으로는 의미 있는 차이를 가져오는 것은 아니라는 지적도 있다.[20] 왜냐하면 법원이 침해위험이 없음을 이유로 각하판결을 내리건 아니면 기각판결을 내리건 간에 그 후 비로소 침해위험이 발생하였다면 이를 배제하기 위하여 소송을 제기하는 데 아무런 지장이 없기 때문이다. 그러나 그렇다고 하여 이 문제를 순전히 법학의 '유리알 유희(Glasperlenspielerei)'에 불과하다고는 할 수 없다는 지적도 있다. 행정주체의 위법한 행태를 저지하기 위한 예방적 권리보호는 어느 경우에나 행정에 대한 시민의 기본권보호에 해당하기 때문에, 부작위청구권의 실체성 문제는 그 실질에 있어서는 기본권보호의 문제이기 때문이라는 것이다.[21]

3. 공법상 부작위청구권의 근거

민법전 제1004조에 대응될만한 실정법규정을 발견할 수 없는 공법영역에서는 부작위청구권의 법적 근거 내지 보호대상을 열거·확정하는 데 어려움이 있다. 또한 그 간 판례의 입장이 통일적이지 못하였다는 것도 그러한 어려움을 부추기는 계기가 되었다.[22] 그리하여 공법상 부작위청구권의 법적 근거에 관하여는 다양한 견해가 제시되고 있다.

---

20) Happ, a.a.O.,§42 Rn. 68 (S. 262). 학설상으로 권리침해의 위험을 금지소송의 적법요건으로 보는 견해로는 Dreier, NVwZ 1988, S. 1077 ; Ruckdäschel, DÖV 1961, S. 682. 반면 권리침해의 위험이 없다면 부작위청구권이 성립하지 않으므로 기각판결을 하여야 한다는 견해로는 Sproll, JuS 1996, S. 314. 한편 판례는 일관하여 권리침해의 위험을 소의 적법요건으로 보고 있다. BVerwGE 71, 183, 189 ; 64, 298, 300 ; 34, 69, 73.

21) Detterbeck, Zum präventiven Rechtsschutz, S. 98.

22) Hufen, a.a.O., §27, Rn. 3 (S. 495).

1) 법 률

(1) 학 설

1983년 10월 7일의 교회타종소음 판결[23]을 계기로 하여 연방임미시온 방지법(BImSchG) 제22조가 임미시온에 대한 부작위청구권의 근거라는 주장이 제시되었다.[24] 그러나 이하에서 살펴볼 화재경보싸이렌 판결을 계기로 연방임미시온방지법 제22조가 인근 주민의 부작위청구권의 근거 는 아니라는 견해가 지배적으로 되었다.[25]

(2) 판 례

이른바 화재경보싸이렌(Feueralarmsirenen) 판결에서 연방행정법원은 연 방임미시온방지법 제4조 이하, 제22조 이하의 규정이 배출시설의 운영 자에게 일정한 의무를 부과하고는 있으나, 이러한 의무는 당해 배출시설 의 인근 주민에 대한 관계에서가 아니라 오로지 감독청에 대한 관계에 서 부담하는 것이며 따라서 동 규정이 "방해자와 피방해자간의 직접적 인 상린관계에 있어서 수인의무와 배제청구권의 근거가 되는 것은 아니 다."[26]라고 밝힘으로써 적어도 연방임미시온방지법상의 위 규정들은 배 제청구권의 근거가 될 수 없음을 명확히 하였다.

---

23) BVerwGE 79, 254, 257. 동 판결에서는 원고에게는 "연방임미시온방지법 제 22조 제1항이 … 허가를 요하지 않는 시설의 인근 주민에게 베풀고 있는 보 호를 척도로 하여서만 원고가 주장하는 부작위청구권이" 귀속할 것이라고 하고 있었다.

24) Seiler, Die Rechtslage der nicht genehmigungsbedürftigen Anlagen i.S. von §§22ff. BImSchG, 1985, S. 94ff. (Köcherbauer/Büllesbach, JuS 1991, S. 374 fn. 22에서 재 인용)

25) Köcherbauer/Büllesbach, JuS 1991, S. 375. ; Laubinger, VerwArch 1989, S. 265.

26) BVerwGE, 79, 254 ; 동지의 하급심판례로는 OVG Berlin, NVwZ-RR 126 ; VGH Kassel, NVwZ-RR 176.

2) 기본권

(1) 학 설

과거 일부의 학설들은 공법상 부작위청구권의 법적 근거를 기본권에서 찾는 것을 반대하였으나, 현재 대부분의 학설들은 이를 긍정하고 있다.[27] 그러나 구체적인 논리구성에 있어서는 편차가 있다. 즉, 자유권으로부터 직접, 즉 자유권에 대한 구체적 위험 여부와 상관 없이 부작위청구권이 도출될 수 있다고 보는 견해(봐이로이터(Weyreuther), 나우만(Naumann)), 자유권이 공법상 부작위청구권의 근거이기는 하나, 자유권에 대한 구체적인 위험이 야기되었을 때 비로소 부작위청구권이 발생한다는 견해(라우빙어(Laubinger), 쉔케(Schenke))가 그것이다.

① 부정설

부작위청구권을 자유권으로부터 도출하는 것에 대해서 의문을 제시하는 학자로는 룹을 들 수 있다. 룹은 일단 자유권의 법적 성격에 관하여 논의하면서 그 권리성을 부인하고 있다. 즉, 자유기본권은 단지 어떤 지위(status)를 보장하는 것으로서, 이 지위는 "행정이 지고 있는 일련의 자제의무들을 통하여 법률로써 윤곽이 그려지는 어떤 상태(Zustand)일 뿐 그 자체가 하나의 주관적 권리는 아니고 하물며 절대권은 더더욱 아니다"라고 한다.[28] 그러나 다른 한편 그는 이러한 자유영역에 대한 위법한 침해가 있을 시에는 이로부터 주관적 권리인 청구권이 발생할 수 있으며[29] 취소소송의 이면에도 이러한 대항청구권(Reaktionsanspruch)이 자

---

27) 기본권에서 공법상 부작위청구권의 법적 근거를 찾는 견해로는 이하에서 살펴볼 Weyreuther, Naumann, Laubinger, Schenke 이외에 Sproll, JuS 1996, S. 315 ; Köcherbauer/Büllesbach, JuS 1991, S. 375. ; Hufen, a.a.O., §27 Rn. 4. (S. 495) ; Ringe, DVBl. 1959, S. 379.
28) Rupp, Grundfragen, S. 161.
29) Rupp, Grundfragen, S. 165.

리잡고 있다고 보고 있다.30) 그러나 자유영역이라는 지위로부터 불법적인 강제의 부작위를 구할 청구권을 직접 도출할 수는 없다고 한다. 왜냐하면 '한계로서의 법률'을 통해서만 구성되는 이러한 (자유라는) 주관적 지위는 불법적인 강제, 즉 의무의 위배로부터의 보호만을 의미할 따름이기 때문이다.31) 즉 룹은 의무위배가 이미 저질러진 경우에만 자유라는 지위로부터 청구권이 발생하며 아직 의무위배가 저질러지지 않은 경우에 의무위배의 부작위를 구할 청구권이 발생할 수는 없다고 보고 있다.

② 긍정설

a. 자유권으로부터 직접 부작위청구권을 도출하는 견해

a) 봐이로이터(Weyreuther)

자유기본권으로부터 직접 부작위청구권을 도출하는 견해를 취하는 학자로 봐이로이터를 들 수 있다. 그는 제47차 독일 법률가대회에서 자유기본권들은 "공법에 있어서 다른 어떤 것들보다도 부작위청구권의 원천이며 자유기본권 자체가 직접 부작위청구권의 본질적인 부분이 되는 것으로 본다"고 주장하였다.32)

b) 나우만(Naumann)

나우만 역시 위법한 침해의 부작위를 구하는 실체법적 청구권은 기본법 제19조 제4항을 거쳐 불법적인 행정조치로부터의 자유권에서 나온다고 하면서, 다만 행정이 불이익한 조치를 의도함으로써 이러한 자유권이 위험에 처할 때 비로소 권리보호의 필요가 있고 제소가능하다고 보았다.33)

---

30) Rupp, Grundfragen, S. 174 ; Naumann, a.a.O., S. 398 ; Bachof, a.a.O., S. 86.

31) Rupp, Grundfragen, S. 164.

32) Weyreuther, Empfiehlt es sich, die Folgen rechtswidrigen hoheitlichen Verwaltungshandelns gesetzlich zu regeln?, Gutachten B zum 47. DJT, München 1968, S.83 (Köcherbauer/Büllesbach, JuS 1991, S. 379에서 재인용)

이처럼 자유기본권으로부터 일반적으로 부작위청구권이 발생한다고 보는 견해들은 그 귀결로서 자유권에 대한 구체적인 위험(Gefährdung)을 부작위청구권의 발생요건으로 보기보다는 권리보호필요성의 요건으로 보고 있다.[34] 그러나 이러한 청구권 개념은 청구권 개념 자체를 지나치게 확장시킨 것일 뿐 아니라 그 귀속주체에게 아무 것도 베풀어주지 못한다는 면에서 자연스럽지 못하다는 지적도 있다.[35]

b. 기본권에 대한 구체적인 위험이 있을 때
부작위청구권이 발생한다는 견해
a) 라우빙어(Laubinger)

라우빙어는 기본법 제14조 제1항 제1문(소유권)으로부터 부작위청구권이 직접 발생한다는 견해를 비판하면서 소유권자의 권능을 규정하고 있는 민법전 제903조로부터 (어쨌거나 직접적으로는) 부작위청구권이 발생하지 않는 것처럼 기본법 제14조 제1항 제1문으로부터 직접 부작위청구권이 도출되는 것은 아니라고 지적한다. 지배권으로서의 소유권은 배제기능의 관점에서 볼 때 결코 하나의 청구권은 아니다, 왜냐하면 소유권의 배제기능은 소유권자를 제외한 다른 모든 자들에게 미치는 것으로서, 소유권자의 점유, 사용, 수익을 그 누군가가 방해하지 않는 한, 청구권의 징표인 특정인에 대한 방향성이 결여되어 있기 때문이라는 것이다.[36] 물론 민법전 제903조와는 달리 기본법 제14조 제1항 제1문은 모든 누구에 대해서가 아니라 고권 주체에 대해서만 적용되지만 이 조항으로부터 부작위청구권이 직접 발생한다는 전제가 정당화되기에는 의무자의

---

33) Naumann, a.a.O., S. 391, 403.

34) Laubinger, VerwArch 1989, S. 290. ; Schenke, AöR 1970, S. 232 ; Ruckdäschel, DÖV 1961, S. 682.

35) Schenke, AöR 1970, S. 232 -233.

36) Larenz, Allgemeiner Teil des deutschen bürgerlichen Rechts, 1983, S. 217 (Laubinger, VerwArch 1989, S. 290 -291에서 재인용).

범위가 충분히 엄격하게 제한되어 있지 않다는 것이다. 즉 기본권으로부터 직접 부작위청구권이 발생한다고 한다면, 당해 기본권의 주체는 연방에서 주, 그리고 게마인데, 대학 등, 고권 주체들 전부에 대하여 상이한 종류의 배제청구권들 전부를 항상 지니고 다닌다(herumschleppen)는 결론에 이르기 때문에 이는 타당하지 않으며 기본법 제14조 제1항 제1문에 의하여 보호되는 영역에 어떤 고권주체가 구체적인 개입을 하는 경우에만 배제청구권이 발생할 수 있다는 것이다. 더 나아가 라우빙어는 이처럼 침해된 기본권이 배제청구권의 근거가 된다 하더라도 기본권 자체만으로 독력으로(aus eigener Kraft) 배제청구권이 발생하는지는 의심스럽다고 한다. 사법상 소유권자의 제거 및 부작위청구권의 근거가 민법전 제903조가 아니라 민법전 제1004조인 것처럼 공법상의 배제청구권도 이와 유사한 '전환규범'(Umschaltnorm)이 필요하다는 것이다.37)

b) 쉔케(Schenke)

쉔케 역시 공법상 부작위청구권과 자유기본권을 동일시할 수는 없으며, 전자는 후자에 대한 구체적인 침해가 임박하였을때 발생한다고 보는 점에서는 라우빙어의 견해와 일치한다. 즉 그는 국가에 대한 관계에서 개인에게 귀속하는 자유권만으로는 어떠한 청구권도 발생할 수 없다고 본다. 왜냐하면 그렇지 않다면 누구나가 국가에 대해서 수없이 많은 청구권들을 가질 것이기 때문이다. 그러한 의미에서 공법상 부작위청구권은 자유기본권에 대한 보조기능을 한다고 보고 있다.38)

---

37) Laubinger, VerwArch 1989, S. 290 -291 ; 기본권이 배제청구권의 근거이기는 하나, 이 배제청구권을 소송으로 관철하는 데 필요한 '연결고리 (Zwischenglied)'가 결여되어 있다는 후펜(Hufen)의 견해도 동일한 취지인 듯 하다. Hufen, a.a.O., §27 Rn. 4 (S. 495).
38) Schenke, AöR. 1970, S. 230-231.

(2) 판 례

독일의 하급심 판례 중에는 이처럼 기본권이 부작위청구권의 근거임을 명시적으로 밝히는 판결들이 적지 않다. 예를 들어, 한 호텔업자가 두 개의 건물로 이루어진 자신의 호텔을 관통하는 도로에 세워진 네온가로등에 모기와 거미가 꾀고 이로 인하여 영업에 방해를 받게 되자 관할 게마인데를 상대로 가로등으로부터 야기되는 방해를 방지하기에 적절한 조치를 취하여 달라는 소송을 제기한 사안에서 라인란트-팔츠 고등행정법원은 "… 그러한 소극적인 배제청구권, 즉 고권적 임미시온의 순전한 부작위를 장래를 향하여 구하는 청구권은 그 도그마틱적 유래를 볼 때 침해된 기본권 자체로부터 나온다. 기본권은 법적인 최소한의 내용 (minimaler Gehalt)으로서 공권력의 주체에 대하여 위법한 기본권침해, 즉 이 사안에서는 소유권보장에 의하여 포괄되는 영업활동인바, 의 부작위를 구할 주관적 공권을 보장한다. …"라고 판시한 바 있다.[39]

3) 일반적 법원칙

앞서 살펴본 바와 같이 라우빙어는 민법전 제1004조와 같은 전환규범을 공법에서는 발견할 수 없으므로 결국 공법과 사법을 아우르는 일반적 법원칙으로 거슬러 올라갈 수 밖에 없다고 한다.[40] 즉, 기본권 자체는 직접 배제청구권의 근거가 되지 못하며 단지 민법전 제1004조에 표현된 일반적 법사상과 결합되었을 때에만 부작위청구권의 근거가 될 수 있다고 본다. 독일의 항소심법원들에서는 주로 이러한 견해를 따르고 있는 것으로 보인다.[41]

---

39) OVG Rheinland-Pfalz, U. v. 26. 9. 1985 = NJW 1986, S. 953ff. 그 밖에 같은 취지의 판례로는 OVG Münster, DÖV 1983, S. 1020ff. ; OVG Koblenz, NJW 1986, S. 953ff. ; VGH Kassel, NVwZ-RR, 1989, S. 177 ; VGH Mannheim, NVwZ-RR 1989, S. 173.

40) Laubinger, VerwArch 1989, S. 292.

4) 민법전 제839조, 기본법 제34조

한편 행정의 명예훼손적 주장을 다투는 경우와 관련하여 연방통상법원(BGH)은 그에 대한 철회청구권이 민법전 제839조, 기본법 제34조에 따른 직무책임(Amtshaftung)으로부터 발생한다고 판시한 바 있다.[42] 그러나 다른 한편 공법상 배제청구권의 근거를 손해배상에 관한 규정에서 찾는 것에 대하여 반대하는 견해도 있다. 왜냐하면 (독일법상) 직무책임은 대위책임(Haftungsübernahme)의 성격을 가지므로 국가는 오로지 공무원이 부담하는 책임의 정도로만 책임을 인수하는데, 공무원 개인의 지위에서는 공무로서의 작위 혹은 부작위의무를 부담할 수 없기 때문에 명예훼손적 주장의 철회나 부작위가 직무수행(Ausübung eines Amtes)에 해당한다면 당해 공무원에게 철회 혹은 부작위의무가 부과될 수 없기 때문이다. 따라서 민법전 제839조, 기본법 제34조는 명예훼손적 주장에 대한 부작위청구권의 근거가 될 수 없다는 것이다.[43]

이처럼 공법상 부작위청구권의 법적 근거에 대한 논란에도 불구하고 연방행정법원은 이 문제에 관해 미온적 태도를 보이고 있다. 예컨대, 이른바 '화재경보싸이렌 판결'[44]에서 연방행정법원은 공법상 부작위청구권의 법적 근거에 관하여 "이 때 방해자인 고권주체에 대한 임미시온 부작위청구권의 근거가 무엇인지, 즉 민법전 제1004조 이하, 제906조의 유추적용인지 아니면 기본법 제2조 제2항(생명 및 신체의 불가훼손성) 및 제14조 제1항(소유기본권)인지는 불분명하나 배제청구권이 존재한다는 것은 논란이 없다." 라고 하여 명확한 판단을 회피하고 있다.

---

41) Köcherbauer/Büllesbach, JuS 1991, S. 375.
42) BGH-GS 34, 104 f.
43) Stern, a.a.O., Rn. 153 (S. 83).
44) BVerwG, Urt. v. 29. 4. 1988 = BVerwGE, 79, 254.

4. 공법상 부작위청구권의 성립요건

1) 법적으로 보호되는 이익

임박한 고권적 조치로 인하여 개인의 법적으로 보호받는 이익(rechtlich geschütztes Interesse)이 영향을 받아야 한다. 공법상 부작위청구권의 근거를 기본권에서 찾는 견해에 의한다면 원칙적으로 기본권으로 보호되는 모든 법적 지위들을 법적으로 보호되는 이익으로 고려할 수 있다. 더 나아가 단순 법률에 의하여 보호되는 법적 지위도 보호 법익으로 충분하다.[45]

2) 방 해

(1) 고권적 방해(Beeinträchtigung)

법적으로 보호되는 이익을 방해하는 행정주체의 작용이 있더라도 당해 작용이 고권적인 개입일 때에만 공법상 부작위청구권이 문제된다. 따라서 다툼의 대상인 행정의 조치가 공법에 귀속하는 것인지 아니면 사법에 귀속하는지를 면밀히 검토하여야 한다.[46] 행정행위를 저지하고자 하는 경우에는 이러한 구별에 별 어려움이 없으나, 앞서 살펴본 바와 같이 사실행위를 저지하고자 하는 경우에는 그 구별이 매우 어려울 수 있다.[47]

(2) 방해의 모습

또한 고권적 개입행위로 인하여 개인의 법익이 ― 침탈이나 억류 이외의 방법으로 ― 방해당해야 한다. 방해는 '본질적'이어야 하나 '심각하게 수인할 수 없는' 정도일 필요는 없다.[48] 방해는 지속되고 있거나 혹

---

45) Laubinger, VerwArch 1989, S. 293 ; Sproll, JuS 1996, S. 316 ; Köcherbauer/Büllesbach, JuS 1991, S. 376 ; Hufen, a.a.O., §27, Rn. 7 (S. 497).
46) Sproll, JuS 1996, S. 315 ; Laubinger, VerwArch 1989, S. 263.
47) Sproll, JuS 1996, S. 315.

은 반복될 우려가 있어야 하며 또는 목전에(unmittelbar) 임박한 것으로도 충분하다는 것이 학설과 판례의 일치된 견해이다.[49] 고권적 방해가 임박하였느냐 여부는 개별사안의 상황에 따라 판단할 문제로서 고권적 방해의 실현위험이 진정으로 존재한다는 가정을 허용하는 구체적 근거가 있어야 한다.[50] 그러나 방해위험이 임박하였음을 긍정할 수 없는 경우 그 귀결에 관해서는 앞서 살펴본 바와 같이 다툼이 있다. 즉 이 경우 부작위청구권은 이미 실체법상 발생할 수 없기 때문에 소를 이유 없는 것으로 기각해야 한다는 견해[51]가 있는 반면, 판례는 권리보호 필요성이 결여된 것으로 보아 소를 각하하고 있다.

(3) 예고(Ankündigung)와 방해의 발생

행정행위의 효력은 고지됨으로써 발생하므로, 행정행위로 인한 권리침해도 행정행위가 고지된 후에야 비로소 발생한다. 그런데 위법한 행정행위가 발급되기 이전에 행정이 이를 예고(Ankündigung)하는 경우, 예고 자체에 대해서 취소소송으로 다투게끔 하여야 하며 그러한 한도 내에서 예방적 금지소송의 존재이유가 의문시된다는 견해가 있다.[52] 또한 행정청이 특정한 사건이 발생하는 경우에는 특정인에 대하여 어떠한 조치를 취할 것이라고 구속적으로 선언하는 것은 취소청구가 가능한 행정행위라고 보아야 한다고 한다는 하급심판결도 있었다.[53] 즉 이러한 견해들은 장래의 행정작용을 구속력 있게 예고하는 것이 행정행위이므로 이에 대해서 취소소송으로 대처할 수 있다고 본다.

---

48) VGH Kassel, NuR 1988, 297.
49) 권리에 대한 침해위험은 그 자체가 권리에 대한 침해를 의미한다는 견해로는 Ringe, DVBl. 1958, S. 379 ; Naumann, a.a.O., S. 405.
50) Sproll, JuS 1996, S. 316.
51) Sproll, a.a.O.
52) Haug, DÖV 1967, S. 88 ; 위법한 행정조치를 예고하는 것 자체가 이미 직접적인 권리방해에 해당한다는 견해로는 Klein, JuS 1962, S. 277.
53) VGH Stuttgart DÖV 1953, S. 576.

그러나 이러한 견해에 대해서는 예고만으로는 개인의 권리침해가 발생하지 않는 것이 일반적이며[54] 대개의 경우 개인은 어떠한 조치를 하겠다는 예고에 대해서 재판상 구제를 구하기보다는 오히려 예고된 조치가 실제로 발급되었을 때 재판상 구제를 구한다는 실정에 조화되지 않는다는 지적이 있다. 예고를 통해서 법관계가 구체화되고 이로부터 행위 상대방의 부작위청구권이 발생할 수는 있어도 예고 그 자체는 아무런 법적 규율성도 가지고 있지 않다는 것이다. 이처럼 예고는 행정행위가 아니며 권리침해를 발생시키지도 않으므로 예고에 대하여 취소소송을 제기할 수 없다는 것이다.[55]

3) 위법성/수인의무

(1) 위법성과 수인의무의 등가성

금지소송은 침해가 위법한 경우에만 이유 있다. 배제하려고 하는 고권적 작용이 위법하다는 것은 개인이 당해 작용을 수인할 의무가 없음을 의미하므로 방해의 위법성을 확인하는 것은 수인의무 없음을 확인하는 것과 다르지 않다.[56] 수인의무는 특히 임미시온의 배제와 관련하여 의미를 가진다.

(2) 행정의 정보활동, 명예·신용훼손적 의사표명과 관련한 위법사유의 예

① 무관할

정보제공, 경고 등을 행하는 행정청이 무관할인 경우라면 그러한 개입은 위법하다.[57] 법치국가원리상 행정은 정보, 경고, 데이터 수집 및 배

---

54) Schenke, AöR 1970, S. 240 ; BVerwG DVBl. 1959, S. 582 ; BVerwG DVBl. 1961, S. 735.
55) Schenke, AöR 1970, S. 239-240.
56) Sproll, JuS 1996, S. 315 ; Köcherbauer/Büllesbach, JuS 1991, S. 376.

포활동 등의 사실행위를 하는 경우에도 자신의 권한영역을 이탈해서는 안되기 때문이다. 특히 연방행정청이 주 집행의 우위를 훼손해서는 안되며 게마인데는 국가의 업무를 빼앗아서는 안 된다.[58]

② 절차위배

정보활동에 의한 개입(Informationseingriff)에 절차상의 하자가 있다면 당해 개입은 위법하게 된다. 물론 이 경우 연방행정절차법이 직접 적용 가능한 것은 아니지만, 법치국가적 관점에서 그리고 경우에 따라서는 절차를 통한 기본권보호의 관점에서 행정이 경고나 혹은 이와 유사한 개입을 하기 전에 적당한 사실해명을 할 의무(연방행정절차법 제24-26조 유추), 잠재적인 관련자에게 협의 혹은 청문을 할 의무를 도출할 수 있다.[59]

③ 수권규정의 결여

특정 시민, 기업에 관한 정보제공이나 경고들은 기본권 도그마틱상으로 보았을 때, 개입(Eingriff)에 해당하기 때문에 개입의 근거(Eingriffsgrundlage)가 있어야 한다.[60] 개입의 근거규정으로서 특히 중요한 것은 제조물안전법(ProdSichG) 제8조이다. 특별법상의 근거가 없는 경우에 구체적인 위험을 배제하기 위해서라면 경찰법상의 일반조항이 근거가 될 수 있다. 한편 연방행정법원 판례에서는 헌법이 전제로 하고 있는 연방정부의 홍보(Information der Öffentlichkeit)활동에 관한 일반적인 권한을 시민의 권리에 대한 개입근거로 인정하고 있으나[61] 이에 대해서는 찬성할 수 없다는

---

57) Hufen, a.a.O., §27, Rn. 10 (S. 498).
58) VGH Kassel, NVwZ 1995, S. 611.
59) Hufen, a.a.O., §27 Rn. 11 (S. 498).
60) OVG Koblenz, NJW 1991, 2659 ; Sproll, JuS 1996, S. 316 ; Hufen, a.a.O., §27, Rn. 12 (S. 498-499).
61) BVerwG, Urt. v. 23. 5. 1989 = BVerwGE 82, 76.

지적이 있다.62)

　더 나아가 개입의 법적 근거의 존재 여부와는 상관 없이, 정보 혹은
경고가 옳지 못한 내용이거나 혹은 최소한 사안에 합당한(sachadäquat)
조사에 근거한 것이 아닐 때에는 이미 위법한 것이 된다. 또한 일반 대
중에게 사실대로의 정보를 제공하는 경우에도 관련자의 이해를 존중하
여야 하며 극복하려고 하는 위험과 관련자에게 닥칠 불이익을 비교하였
을 때 비례가 깨어져서는 안되고 경우에 따라서는 '보다 관대한 수단'으
로서 기업자 자신에 대해 경고하거나 혹은 제조물 리콜 기회를 주어야
한다.63)

(3) 임미시온의 경우 위법성/수인의무의 척도

　고권적으로 야기된 임미시온의 배제는 실무에서 중요한 역할을 한다.
왜냐하면 특히 생존배려의 영역에서 행정이 임미시온들을 방출하는 일련
의 시설물들을 고권적으로 운영하고 있기 때문이다.64) 그러한 예로는 지
방자치단체의 건축자재저장소, 학교의 운동장, 대규모 스포츠시설물, 소
방서, 폐수처리시설 혹은 쓰레기매립지 등을 들 수 있다.65) 공법상의 임
미시온이 문제되는 경우 관할이나 절차의 문제는 제기되지 않으며 엄격
한 의미의 '개입근거'도 생각할 여지가 없다. 따라서 방해가 위법한지 여
부는 개인에게 수인의무가 있는지 여부에 따라 결정된다. 수인의무는 법
률로부터 직접 발생할 수도 있고, (위법하나) 유효한 공법상 허가로부터
발생할 수도 있으며 그 밖에 인근 주민이 고권적으로 운영되는 시설로부
터 배출되는 특정 임미시온을 수인하겠다는 공법상 계약을 체결한 경우
라면 이러한 공법상 계약 역시 위법성/수인의무의 척도가 될 수 있다.66)

62) Sproll, JuS 1996, S. 317 ; Hufen, a.a.O., §27, Rn. 12 (S. 499)
63) Leidinger, DÖV 1993, S. 925 ; Hufen, a.a.O., §27, Rn. 12 (S. 499).
64) Sproll, JuS 1996, S. 316.
65) Sproll, JuS 1996, S. 316.

II. 예방적 확인소송의 본안요건

1. 올바른 피고

예방적 확인소송의 경우 올바른 피고는 문제된 조치를 발하고자 하는 행정청이 속한 권리주체이다. 인근 게마인데의 건축상세계획 (Bebauungsplan)의 변경을 저지하기 위한 예방적 확인소송의 경우, 올바른 피고는 항상 당해 인근 게마인데이다. 또한 개인이 특정행태를 수행하려면 일단 허가를 받아야 한다고 특정 행정청이 주장함으로써 당해 개인과 의견이 대립하는 경우, 뒤이은 예방적 확인소송의 정당한 피고는 당해 행정청이 허가를 받지 않고 수행한 개인의 행태를 제재할 권한이 있는지 여부와 무관하게 항상 당해 행정청이 속한 권리주체이다.[67)]

2. 임박한 조치의 위법성과 권리침해

일반적 확인소송의 경우 법관계가 존재할 것(적극적 확인소송의 경우) 혹은 존재하지 않을 것(소극적 확인소송의 경우)이 본안요건이다.[68)] 예방적 확인소송을 통하여 원고가 자신에게 부작위청구권이 귀속한다는 확인을 구하는 경우에는 부작위청구권의 존재가 본안요건이며 행정에게 특정조치를 발할 권한이 부존재함의 확인을 구한 경우에는 그러한 권한의 부존재가 본안요건이 될 것이다.[69)] 그러나 다른 한편 예방적 확인소송은 장래의 작위를 저지하기 위한 방어소송이며 그러한 한도내에서 취소

---

66) Laubinger, VerwArch 1989, S. 295 ; Hufen, a.a.O., §27, Rn. 13 (S. 499).
67) Hufen, a.a.O., §29, Rn. 7 (S. 513).
68) Schmitt Glaeser, a.a.O., Rn. 350 (S. 219) ; Hufen, a.a.O., §29, Rn. 3 (S. 511).
69) Schenke, AöR 1970, S. 253.

소송의 본안요건에 관한 행정법원법 제113조 제1항을 유추적용할 수 있다는 견해도 있다.[70] 이러한 견해에서는 행정이 의도하고 있는 법관계의 변경 혹은 임박한 작용이 위법하고 원고가 그로 인하여 자신의 권리를 침해당하게 될 것이라면 소는 이유 있게 된다고 본다.[71] 즉, 예방적 확인소송은 주관적 방어소송이며 객관적인 이의제기소송(Beanstandungsklage)이 아니므로 예방적 확인소송은 장래의 행위가 원고의 권리를 침해할 것임이 현재 이미 예견가능한(absehbar) 한, 이유 있다고 한다.

3. 사안의 성숙

예방적 확인소송은 그 본질상 방어소송이며 행정청으로 하여금 특정한 작위를 하도록 의무부과하는 것은 아니기 때문에, 위법성과 그로 인한 권리침해가 확인되는 경우에는 소 역시 사안성숙성을 갖추게 된다. 그러나 형량결정, 판단여지 있는 결정 등의 경우 예방적 확인소송은 법원이 발할 수 없는, 그러한 내용의 확인으로 이어져서는 안 되며 경우에 따라서는 '재결정명령(Bescheidung)'이 수반된 부분확인이 가능하다.[72]

---

70) Hufen, a.a.O.
71) Hufen, a.a.O.
72) Hufen, a.a.O., §29, Rn. 10 (S. 514).

제5절 판결의 효력과 집행

Ⅰ. 예방적 금지판결의 효력과 집행

1. 이행판결의 효력과 집행

이행판결은 본질적으로 두가지 구성요소, 즉 청구권의 확인과 이행명령의 요소로 이루어져있다.[1] 이행판결은 집행명의가 되나 그 자체 법상태를 형성하지는 않는다.[2] 한편 의무이행소송의 경우와 마찬가지로 일반이행소송에서도 사안이 성숙하지 않은 경우에는 단지 再決定命令判決(Bescheidungsurteil)만을 발할 수 있다.[3]

2. 예방적 금지판결의 효력

확정판결은 소송물에 대하여 결정된 한도 내에서 관계인와 그 승계인을 구속한다. (독일연방행정법원법 제121조 제1호) 따라서 소송물은 판결의 실질적 확정력의 범위(Reichweite der materiellen Rechtskraft)를 결정하게 된다. 예방적 금지판결에 있어서도 그 실질적 확정력은 소송물에 관하여 판단된 부분에 미치므로 예방적 금지소송의 효력범위를 알기 위해서는 먼저 그 소송물을 살펴보는 것이 필요하다. 다만, 예방적 금지판결의 소송물을 검토하기에 앞서 먼저 이해에 도움이 되는 한도 내에서 독일행정법원법상 취소소송의 소송물과 실질적 확정력의 내용을 미리 살

---

1) Schmitt Glaeser, a.a.O., Rn. 499 (S. 291).
2) Hufen, a.a.O., §38, Rn. 44 (S. 651).
3) Hufen, a.a.O., §38, Rn. 44 (S. 652).

펴보고자 한다. 독일의 취소소송에 관한 소송물논의를 이해함에 있어서는 먼저 우리의 행정소송법과 차이를 보이는 두 가지 점에 유념하여야한다. 첫째, 우리의 행정소송법에서는 취소판결의 구속력에 관한 규정을두고 있으며(행정소송법 제30조) 그 내용으로 반복금지효와 재처분의무가 인정되고 있으나, 독일행정법원법에는 우리의 이러한 규정에 상응하는 규정을 발견할 수 없으며 반복금지효를 실질적 확정력의 문제로 파악하고 있다는 점, 둘째, 반복행정행위를 무효로 보는 우리의 입장과는달리 독일에서는 단순위법으로 본다는 점이다.4)

1) 취소소송의 소송물과 실질적 확정력의 내용

취소소송의 소송물에 관해서는 ① 행정행위의 소송상 취소청구권, ② 취소청구된 계쟁 행정행위의 위법성, ③ 취소청구된 계쟁 행정행위의객관적 위법성을 포함하여 원고의 권리침해성으로 견해가 나뉘고 있다.5) 한편 취소소송의 소송물을 '계쟁' 행정행위로 국한하는 견해에 따르면 이른바 반복 행정행위에는 취소판결의 실질적 확정력이 미치지 않으므로 반복금지효를 실질적 확정력으로 설명할 수 없다는 난점이 있다. 이러한 문제점을 해결하고자 등장한 견해에서는 '계쟁' 행정행위가 아니라 '동일한 종류의' 행정행위(Verwaltungsakt dieser Art)에 실질적 확정력이 미치는 것으로 논리를 구성한다.6)

---

4) 박정훈, "취소소송의 소송물"『법조』, 2000. 7. 97면.

5) 취소소송의 소송물을 ①로 보는 견해로는 Detterbeck, Streitgegenstand, S. 156ff, ②로 보는 견해로는 Niese, JZ, 1952, S. 353 ff. (Schenke, VwPR, Rn. 608 (S. 187) Fn. 5 에서 재인용), ③으로 보는 견해로는 Schmitt Glaeser, a.a.O., Rn. 113 (S. 79) ; Hufen, a.a.O., §11, Rn. 9 (S. 164) ; Ule, VwPR, S. 217 ; Clausing, in : Schoch/Schmidt Aßmann/Pietzner, VwGO, §121, Rn. 61 (S. 12)등이 있으며독일연방행정법원의 판례는 ③의 견해를 따르고 있다.(예컨대 BVerwGE 29, 210 211f; 40, 101, 104f)

6) Rennert, a.a.O., §121, Rn. 25 (S. 1003) 이처럼 '동일한 종류의' 행정행위에 대한 취소청구라고 보는 견해로는 Detterbeck, Streitgegenstand, S. 159 ; Kopp,

한편, 실질적 확정력의 내용에 관해서는 모순금지설(Abweichungsverbo·t)[7]
와 반복금지설(ne bis in idem)[8]이 제시되고 있다. 실질적 확정력의 내용
을 모순금지로 이해하는 견해에서는 전소에서 승소판결을 받은 원고가
동일한 소송물에 대해 다시 소송을 제기하는 경우에는 소의 이익이 없
음을 이유로 부적법 각하하여야 하나, 전소에서 패소판결을 받은 원고가
다시 동일소송물에 대해 소송을 제기하는 경우에는 청구기각판결을 내
려야 한다고 한다. 반면 반복금지설에서는 이미 확정력 있는 판결에 의
하여 결론이 주어진 사안에 새로이 본안판결의 길을 열어주는 것은 필
요하지도 않고 의미도 없으므로 전소에서 승소한 당사자이건 패소한 당
사자이건 간에 그가 동일소송물에 대하여 새로이 제기한 소송은 부적법
각하하여야 한다고 본다.

한편 취소소송의 소송물에 관하여 '동일한 종류의 행정행위'로 이해
하는 견해는 반복금지효를 실질적 확정력으로 설명할 수 있다는 장점은
있으나 실질적 확정력의 내용에 관한 견해 중 특히 반복제소금지설과
결부되면 다음과 같은 논리적 어려움이 수반된다. 즉 반복행정행위에는
실질적 확정력이 미치므로 그러한 반복행정행위에 대해 전소의 승소원
고가 다시 취소소송을 제기한 경우(독일의 경우 반복행정행위의 위법이
우리처럼 무효가 아니라 단순위법이므로 제소기간 내에 다투지 않는다
면 불가쟁력이 발생할 우려가 있는 것이다), 後訴를 실질적 확정력위배
를 이유로 부적법각하하여야 한다는 자가당착이 그것이다. 그리하여 취
소소송의 소송물을 '동일한 종류의 행정행위'로 이해하는 견해는 실질
적 확정력의 내용으로 반복제소금지설이 아니라 모순금지설을 택하고
있으며 반복 행정행위에 대한 취소소송은 소송물의 동일성에도 불구하
고 특별한 권리보호의 필요가 있음을 주장하고 있다.[9] 반면, 독일의 통

---

a.a.O., §90, Rn. 8 (S. 1178), §121 Rn. 11 (S. 1604). Rn. 21 (S. 1609).

7) Hufen, a.a.O., §38, Rn. 27 (S. 646) ; Detterbeck, Streitgegenstand, S. 110 ; Schmidt
   Glaeser, a.a.O., Rn. 114 (S. 79) ; Ule, VwPR, §59 I 1 (S. 216).

8) Clausing, a.a.O.,§121, Rn. 19 (S. 10) ; Rennert, a.a.O., §121, Rn. 9 (S. 996).

설판례와 같이 취소소송의 소송물을 '계쟁' 행정행위의 위법성과 그로 인한 권리침해로 새기는 한(반복금지효를 확정력으로 설명할 수 없다는 단점은 있으나), 반복행정행위는 발급일자를 달리하는 별개의 처분일 뿐, '계쟁' 행정행위가 아니라는 점에서 실질적 확정력이 미치지 않으므로 반복제소금지설에 의하더라도 당해 반복행위에 대한 취소소송이 실질적 확정력위배를 이유로 부적법각하되어야 하는 결과를 초래하지는 않게 된다.

2) 예방적 금지소송의 소송물

취소소송이나 의무이행소송의 소송물에 관해 나타나고 있는 견해의 대립은 일반이행소송의 소송물에 관해서도 발견할 수 있다. 즉, 일반이행소송의 소송물을 ① 특정한 작위, 수인 혹은 부작위를 구할 자신의 권리가 침해되었다는 원고의 주장으로 보는 견해[10]와 ② 피고에게 원고가 바라고 있는 급부 혹은 자세하게 표시된 행위의 부작위를 피고에게 명할 것을 구하는 청구권이라고 정의하는 견해[11]가 그것인데, 전자의 견해는 취소소송의 소송물에 관한 지배적 견해, 즉 행정행위의 위법성과 그로 인한 권리침해의 문제를 소송물 자체로 파악하는 견해에 상응한다. 왜냐하면 권리침해는 행정청의 행태의 위법성을 내포하기 때문이다.[12] 따라서 이러한 견해는 행정청의 행태의 위법성 및 그로 인한 권리침해를 소송물로 보는 반면 후자의 견해는 행정청의 행태가 위법하다는 것과 그로 인하여 원고의 권리가 침해되었는가라는 문제는 순전한 선결문제(Vorfrage)에 불과하며 따라서 그에 관한 결정에 실질적 확정력이 부여

---

9) Detterbeck, Streitgegenstand, S. 106-112.
10) Schmitt Glaeser, a.a.O., Rn. 113 (S. 79).
11) Schenke, a.a.O., Rn. 611 (S. 189) ; Hufen, a.a.O., §16, Rn. 4 (S. 335) ; Kopp, a.a.O., §90 Rn. 10 (S. 1180) ; Clausing, a.a.O.,§121, Rn. 66 (S. 31).
12) Detterbeck, Streitgegenstand, S. 235.

되는 것은 아니라고 본다.13)

3) 예방적 금지판결의 실질적 확정력의 범위
(Reichweite der materiellen Rechtskraft)

이행소송의 소송물에 관한 ②설에 의하면 청구인용의 이행판결은 원고에게 소송상 이행청구권이 귀속함과 피고는 그러한 청구권에 상응하는 행태의무를 이행하여야 함을 실질적 확정력 있게 확인한다. 이 확인의 부분 이외에도 당해 판결은 피고를 향한 이행명령을 포함하고 있으며 이 명령에도 역시 실질적 확정력이 부여된다. 반면 청구기각의 이행판결은 원고에게 그가 주장한 소송상의 이행청구권이 귀속하지 않고 피고는 이행을 할 의무가 없음을 실질적 확정력 있게 확인한다.14) 순수한 선결문제에 관한 판단에는 실질적 확정력이 부여되지 않는다. 따라서 이행소송의 소송물은 소송상 이행청구일 뿐 작위·부작위의 위법성 및 그로 인한 권리침해는 선결문제에 불과하다고 보는 ②설에 따르면 행정청의 행태가 위법한지 그리고 그를 통하여 원고의 권리가 침해되었는지의 문제에 대한 판단에는 실질적 확정력이 부여되지 않는 반면 ①설에 의하면 위법성 및 권리침해에 대해서 바로 실질적 확정력이 부여된다.15)

문제는 금지판결에도 불구하고 발하여진 행정청의 행태에 대해 손해배상소송을 제기하는 경우에 금지판결의 소송물에 관한 견해의 차이가 다른 결과를 초래하는가이다. 독일의 손해배상소송에서는 위법성이 아니라 직무의무의 위배(Amtspflichtwidrigkeit)가 구성요건이므로 금지소송의 소송물에 관한 ①설에 의하더라도 두 개의 소송 간에 직접적 기결력

---

13) Detterbeck, a.a.O.
14) Detterbeck, Zum präventiven Rechtsschutz, S. 185 f. ; Clausing, a.a.O.,§121, Rn. 86 (S. 38).
15) Detterbeck, Streitgegenstand, S. 237.

은 인정할 수 없을 것이나 대개의 경우 위법성은 직무의무위배를 구성
한다는 점에서 간접적 기결력을 인정할 수 있을 것이라고 한다.16) 그러
나 ②설처럼 소송물을 이해한다고 해도 금지소송에서 승리한 원고에 대
하여 불리한 결과가 수반하는 것은 아니라고 한다. 왜냐하면 ②설에 의
하면 위법성은 오로지 선결문제일 따름이며 그에 실질적 확정력이 부여
되는 것은 아니나 원고에게 소송상 이행청구권이 귀속한다는 점이 실질
적 확정력 있게 확인되면 그러한 청구권에 상응하는 행정청의 이행의무
에도 실질적 확정력이 미치기 때문이다. 즉, 원고에게 소송상의 이행청
구권이 귀속한다는 실질적 확정력 있는 확인은 더 나아가 이행의 거부
(Leistungsverweigerung) 혹은 이행의 방치(Nichterbringung der Leistung)의 직
무의무위배성도 선결하는 것이다.17)

3. 예방적 금지판결의 집행

금지판결은 부작위를 명하는 선고의 점에서 집행이 가능하다. 그러나
그 근거규정에 관하여 견해의 대립이 있다. 일부의 견해는 강제금
(Zwangsgeld)에 관한 행정법원법 제172조18)를 금지판결의 집행에 유추적

---

16) Detterbeck, Streitgegenstand, S. 119 ; BGHZ 9, 220, 228 ; NJW 1992, S. 3230.
17) Detterbeck, Streitgegenstand, S. 237.
18) 동 규정에서는 법원이 취소소송인용판결에서 행정청에게 집행결과제거를
명하거나(제113조 제1항 제2문), 의무이행소송인용판결을 내리거나(제113조
제5항) 가명령을 발하는 경우(제123조)에 법원이 행정청에게 부과한 이러한
의무의 이행을 행정청이 따르지 않는다면, 일심법원은 신청에 기하여 기간
을 정하여 2,000마르크(DM)이하의 강제금(Zwangsgeld)을 결정으로써 예고할
수 있으며 의무이행 없이 기간이 경과한 다음에는 이를 확정하고 직권으로
집행할 수 있음과 강제금은 재차 예고, 확정, 그리고 집행될 수 있음을 규정
하고 있다. 한편 이러한 강제금은 그 본질에 있어서 순수히 미래지향적인
의사복종수단(Willensbeugungsmittel)일 뿐 진압적인, 불법의 결과(repressive,
Unrechtsfolge)가 아니라고 보는 견해에서는 과실 없이 범죄 없다(nulla poena
sine culpa)의 법리나 일사부재리(ne bis in idem)의 법리가 적용되지 않는다고

용해야 한다고 보는 반면,[19] 지배적인 견해에서는 동규정의 문언에서 오
로지 집행결과제거 및 의무이행판결, 그리고 가명령만을 열거하고 있으
므로 그 밖의 이행소송 및 금지소송의 판결집행에는 제172조가 아니라
행정법원법 제167조 제1항 제1문을 통하여 민사소송법(ZPO) 제883조 이
하를 준용해야 한다고 보고 있다.[20] 이처럼 집행의 근거규정이 행정법원
법이냐 민소법이냐의 문제는 실무상으로는 강제금의 액수, 강제금부과의
상대방에 있어서 차이를 가져온다고 한다. 행정법원법 제172조상의 강제
금상한은 2,000마르크(DM)인 반면, 행위의무에 관한 민사소송법 제888조
상의 강제금상한은 50,000마르크(DM)이다. 행정법원법 제172조상의 부과
상대방은 오로지 행정청(Behörde)인 반면, 민사소송법상의 부과상대방은
행정청장(Behördenleiter)이다. 더 나아가 민소법상으로는 작위의무와 부작
위의무를 준별하여 부작위의무에 관해서는 민소법 제890조가 배타적으
로 규정하고 있는데 동조에서 수인의무나 부작위의무의 위배에 대해
500,000마르크(DM)의 질서금(Ordnungsgeld)을 규정하고 있으며[21] 더 나아
가 동조에서는 판결로 부과된 부작위의무의 강제수단으로 질서금뿐 아니
라 대체적인 질서구금(Ordnungshaft)도 규정하고 있다. 그러므로 금지판결
의 집행에 민소법규정이 준용되어야 한다는 견해에 따른다면, 행정이 집
행결과제거판결 혹은 의무이행판결을 이행하지 않는 경우 부과될 수 있
는 강제금의 상한은 50,000마르크인 반면, 행정이 금지판결을 따르지 않
는 경우 부과될 수 있는 질서금상한은 500,000마르크가 되며 더구나 질서

본다. 즉 원칙적으로 책임(Verschulden)을 요건으로 하지 않는다고 본다.
(Pietzner, a.a.O., §172, Rn. 2, S. 3)

19) Peine, Jura 1983, S. 297. ; Ule, VerwArch 1974, S. 309. ; Pietzner, a.a.O., §172,
Rn. 18 (S. 9).
20) OVG NW, DVBl 1974, S. 370 ; DÖV 1976, S. 170 ; OVG Hamburg, NJW 1978,
S. 658 ; BayVGH, NVwZ-RR 1989, S. 669 ; VGH BW, NVwZ-RR 1993, S. 520. ;
Redeker/v. Oertzen, a.a.O., §172, Rn. 3 (S. 852) ; Peter Schmidt, in : Eyermann,
VwGO, §172, Rn. 3 (S. 1281).
21) Pietzner, a.a.O., §172, Rn. 13, (S. 6).

금을 대신하는 질서구금도 가능하다는 결론에 이르게 된다. 그러나 이처럼 행정소송상 금지판결의 집행의 근거규정을 민소법 제890조로 보는 견해도 부과가능한 액수의 상한을 행정법원법 제172조의 상한에 맞추고 있으며 또 질서구금은 행정의 기능수행력에 초래할 위험 때문에 허용되지 않은 것으로 간주하고 있다.22) 그리고 이처럼 민사소송법의 준용을 주장하는 견해는 작위의무의 집행과 부작위의무의 집행을 구별하여 부작위의무를 집행하기에는 행정소송법 제172조가 특히 적합하지 않다고 보고 있는바, 그 이유는 다음과 같다. 즉 제172조상의 강제금은 순수한 강제수단으로서, 이러한 강제수단은 청구를 이행하지 않았을 때 비로소 계고할 수 있기 때문에 지속적인 부작위청구권(Dauerunterlassungsansprüche)의 경우에는 채무명의가 부여된 의무에 대한 최초의 위반을, 일회적 부작위의무(einmalige Unterlassungspflicht)의 경우에는 궁극적인 위반을 아무런 제재 없이 수인해야 하는 결과가 되기 때문이라는 것이다. 따라서 금지판결에 관해서는 민사소송법 제890조상의 질서금(Ordnungsgeld)만이 적절한 집행수단이라고 한다.23) 그러나 금지판결의 집행에도 행정법원법 제172조의 규정을 적용하여야 한다고 보는 입장에서는 민사소송법의 준용을 주장하는 지배적인 견해가 제172조의 역사적 배경이나 체계상 위치와 조화하지 않는다고 지적하고 있다. 즉 행정법원법이 제정되었던 1960년 당시의 입법자의 시각에서는 집행결과제거 및 의무이행판결만이 상정할 수 있는 경우의 전부였으나, 그 후 단순고권적 직무작용의 발급 혹은 그 금지를 구하는 이행소송에 관한 도그마틱이 기본법 제19조 제4항의 추진력에 힘 입은 학설과 판례의 노력을 통하여 전개되기 시작하였으므로 제172조의 규정은 단지 입법 당시 일반이행소송에 관한 입법자의 문제의식결여의 표현일 뿐 앞서 살펴본 바와 같은 체계상 불합리한 결과를 의도한 것이라고는 볼 수 없다는 것이다. 또한 제172조의 적용을 주장하

---

22) Pietzner, a.a.O.,§172, Rn. 18 (S. 9).
23) OVG NW NJW 1974, S. 919, 918.

는 견해는 금지판결의 집행에는 강제금이 적절치 않으며 형벌에 유사한 성격을 지닌 질서금만이 적절하다는 민사소송법준용설의 주장도 설득력이 없다고 보고 있다. 왜냐하면 행정법원법은 민사소송법이 채택한 바와 같은, 순수한 강제수단으로서의 강제금과 형벌 유사적 성격의 질서금의 구분을 지향하지 않고 있기 때문에 제172조상의 강제금이 순수한 강제수단이라고는 할 수 없고 일정한 경우 진압적이고 형벌 유사적인 측면도 가지고 있기 때문이라고 한다.[24]

II. 예방적 확인판결의 효력과 집행

1. 확인판결의 효력과 집행

확인판결은 특정한 법상태를 구속적으로 확인한다. 이 판결은 물론 직접적으로는 당사자만을 구속하지만, 사실상으로는 '대세적'인 영향을 미치게 된다. 확인판결은 채무명의를 부여하는 것도 아니고 법상태를 형성하는 것도 아니라는 점에서 단지 선언적인 성격만을 가지나[25] 기본법 제20조 제3항에 따른 행정의 법적 구속 및 법적 충실성(Rechtstreue)을 통해 확인판결의 고유한 효력(Geltungskraft)을 발하게 된다.[26]

2. 예방적 확인판결의 효력

1) 예방적 확인소송의 소송물

소송물을 소송상 청구로 개념정의하는 견해에 따른다면 확인소송의

---

24) Pietzner, a.a.O., §172, Rn. 4 (S. 3), 19 (S. 9 f.).
25) Schmitt Glaeser, a.a.O., Rn. 500 (S. 291).
26) Hufen, a.a.O., §38, Rn. 45 (S. 652).

소송물은 소송상의 확인청구이다.[27] 이는 특정한 구체적인 법관계 혹은
구체적인 법문제의 확인을 구하는 원고의 요구라고도 할 수 있으며 보
다 간략하게는 법관계의 존재 혹은 부존재 혹은 구체적인 법문제의 확
인이라고 표현할 수 있을 것이다.[28] 이러한 견해에 따른다면 소송상 확
인청구의 순전한 선결문제 및 원고가 확인을 구할 정당한 이익을 가지
고 있는가라는 문제는 확인소송의 소송물에 속하지 않는다.

2) 예방적 확인판결의 실질적 확정력의 범위

청구인용의 확인판결의 실질적 확정력은 주장된 소송상 확인청구에
관하여 부여된다. 소송상 확인청구는 특정한 법관계 혹은 법문제의 확인
을 구하는 것이었으므로, 실질적 확정력이 부여되는 것은 당해 법문제에
대한 법원의 대답이다. 금지판결과는 달리 확인판결은 아무런 집행 가능
한 법원의 명령을 포함하고 있지 않다. 즉, 확인판결의 경우, 피고가 특
정한 행위를 해서는 안된다는 결정에는 실질적 확정력이 부여되나 그럼
에도 불구하고 원고측이 집행할 수 있는 금지명령이 결부되는 것은 아
니다.[29]

3. 예방적 확인판결의 집행

이처럼 확인소송은 법상태의 구속력 있는 확인만을 초래할 뿐, 집행
가능한 채무명의를 수반하지 않기 때문에 실질적 확정력 있는 확인판결
은 그 본질상 집행이 가능하지도 않고 필요하지도 않다. 즉, 확인판결의
집행적격에 관해서 말하자면, 확인판결은 당연히 비용에 관하여서만 집
행가능하다.[30]

---

27) Detterbeck, Streitgegenstand, S. 184 ; Clausing, a.a.O.,§121, Rn. 67 (S. 31).
28) Schenke, a.a.O., Rn. 611 (S. 189).
29) Detterbeck, Streitgegenstand, S. 186.

III. 예방적 금지판결과 확인판결의 旣決力

예컨대 원고가 특정 행정주체는 특정한 의사표명을 할 권한이 없음의
확인을 구하거나(소극적 확인소송), 혹은 자신에게 부작위청구권이 있음
의 확인(적극적 확인소송)을 구하여 승소한 후, 당해 행정주체가 그러한
확인판결을 준수하지 않을 것을 염려하여 다시 그러한 의사표명의 금지
를 구하는 금지소송을 後訴로서 제기할 수 있을 것인가가 문제될 수 있
다.31) 또한 前訴로서 금지소송을 제기하여 승소한 원고가 後訴로서 권한
부존재의 확인소송 혹은 부작위청구권존재의 확인소송을 제기할 수 있
느냐의 문제도 제기될 수 있다. 더 나아가 예방적 금지판결 혹은 확인판
결이 있은 후 그럼에도 불구하고 발하여진 위법한 행정작용에 대하여
손해배상소송을 제기하는 경우 後訴法院은 前訴인 예방소송의 판결의
확정력에 어느 정도 구속되는지의 문제도 제기될 수 있다. 이는 결국 판
결의 실질적 확정력, 특히 기결력의 문제로 설명할 수 있다. 後訴인 손해
배상소송에서의 기결력의 문제는 앞서 살펴본 바 있으므로 여기에서는
금지소송과 확인소송간의 기결력문제만을 살펴보기로 한다.

1. 旣決力의 개념

판결의 실질적 확정력은 後訴의 소송물이 前訴의 소송물과 동일한 경

---

30) Peine, Jura 1983, S. 297 ; Sodan, a.a.O., §42 Rn. 65 (S. 67) ; Ule, VerwArch 1974,
    S. 309 ; Pietzcker, a.a.O., §43, Rn. 1 (S. 2).
31) 물론 앞서 살펴본 바와 같이 금지소송에 대한 관계에서 확인소송의 보충성
    을 긍정하는 견해에 따르면 특히 두 번째 유형의 확인소송은 보충성원칙에
    위배되며 따라서 권리보호의 필요 없음을 이유로 각하될 것이나, 학설상 그
    러한 보충적 관계를 인정하지 않는 견해도 있으며 독일연방행정법원은 이
    러한 견해를 따르고 있다. (Detterbeck, Zum präventiven Rechtsschutz, S. 190).

우 뿐 아니라 상이한 경우에도 미칠 수 있다. 후자의 경우 실질적 확정력을 특히 기결력이라고 하는데, 그 전제요건은 전후 두 개의 소송의 소송물간에 특정한 牽聯性이 존재해야 한다는 것이다. 이러한 기결관계 (Präjudizialitätsverhältnis)는 後訴의 중요한 선결문제(entscheidungserhebliche Vorfrage des Folgeprozesses)가 前訴에서 이미 실질적 확정력 있게 결정되었을 때, 즉 前訴의 소송물이었을 때 존재하게 된다.32) 반면 前訴의 선결문제에 대한 결정에는 실질적 확정력이 부여되지 않으므로 당해 문제가 다시 後訴에서 선결문제가 된다 하더라도 이에 대해서 기결력이 부여되는 것은 아니다.33) 이처럼 기결력은 소송물을 전제로 하는 개념이므로 소송물을 어떻게 이해할 것이냐에 따라 기결력의 범위도 달라지게 됨은 물론이다.

2. 예방적 확인소송과 後訴인 예방적 금지소송

1) 前訴가 소극적 확인소송인 경우

사인이 행정주체를 상대로 하여 예컨대 의사표명권한의 부존재확인을 구하여 승소한 다음, 後訴로써 목전에 임박한 의사표명의 금지를 구하는 경우이다. 이러한 사안은 독일의 재판례에 있어서는 학생회나 상공회의소, 혹은 의사협회와 같은 공법상 강제단체가 당해 단체의 임무범위 (Aufgabenbereich)를 넘어서는 일반적·정치적 의사표명을 행하는 것에 관하여 그 회원이 행정소송상 예방적 구제를 구하는 경우에 특히 문제된다.34) 금지소송의 소송물, 즉 문제가 된 의사표명의 금지를 구하는 청구에 관한 판결을 내리는 데 있어 중요한 선결문제인 것이 바로 피고에게

---

32) Clausing, a.a.O., §121, Rn. 24 (S. 12) ; Schenke, VwPR, Rn. 620 (S. 192) ; Detterbeck, Streitgegenstand, S. 116.
33) Detterbeck, a.a.O.
34) BVerwGE 34, 69 ; BVerwGE 64, 298.

문제된 의사표명을 할 권한이 귀속하는가 여부이다. 그러한 권한이 귀속
하는 경우에는 피고는 구체적인 경우에 문제의 의사표명을 행할 권한도
가지게 된다. 이와 같이 後訴인 금지소송의 판결을 내리는 데 있어 중요
한 선결문제가 이미 기판력 있는 판결이 내려진 前訴의 소송물이었기
때문에 이 두 소송 간에는 旣決力이 존재한다. 그렇기 때문에 後訴인 금
지소송의 법원은 前訴인 소극적 확인소송의 판결에 구속된다. 반면 의사
표명이 사실상 임박하였는지 및 원고의 주관적 공권이 침해될 것인지라
는 문제는 後訴法院이 前訴의 확인판결에 구속되지 않고 대답하여야 할
문제이다. 前訴인 확인소송에서 실질적 확정력이 부여된 것은 오로지 피
고에게 특정한 의사표명을 할 권한이 귀속하지 않는다는 확인뿐이며 위
와 같은 문제에 관해서는 前訴에서 실질적 확정력 있는 판결이 내려진
바가 없기 때문이다. 원고의 권리침해 문제에 대해서도 마찬가지이다.
前訴인 확인판결의 이유부분에서 행정주체의 의사표명으로 인하여 원고
의 주관적 공권이 침해될 것이라는 설명을 하고 있다 하더라도 이에는
실질적 확정력이 부여되지 않는다. 결론적으로 後訴인 금지소송의 법원
은 前訴인 확인판결에서의 실질적 확정력 있는 결정, 즉 피고에게 특정
한 의사표명을 할 권한이 귀속되지 않는다는 결정에만 구속된다.[35]

2) 前訴가 적극적 확인소송인 경우

반면 일단 문제된 행정주체의 의사표명에 대하여 자신에게 금지청구
권이 귀속한다는 확인을 구하여 승소한 후 다시 이러한 의사표명의 금
지를 구하는 소송을 제기한 경우에는 前訴인 확인판결에 後訴법원이 보
다 널리 구속된다. 이 경우 後訴인 금지소송이 기판사항의 원칙
(Grundsatz der res iudicata)으로 인해 부적법해지는 것은 아니다. 왜냐하면
前訴인 확인소송의 소송물은 즉 금지청구권의 존재를 확인해 달라는 원

---

35) Detterbeck, Zum präventiven Rechtsschutz, S. 188 f.

고의 청구인 반면 後訴인 금지소송의 소송물은 금지청구 그 자체이며
따라서 확인판결에서 실질적 확정력이 부여된 부분은 오로지 원고에게
금지청구권이 귀속한다는 확인인 반면 금지판결은 금지청구권의 귀속을
확인하는 것뿐 아니라 피고에게 이러한 금지청구권을 이행하라는 명령
도 포함하고 있기 때문이다. 즉, 원고에게 금지청구권이 귀속하고 피고
는 이러한 청구권을 이행할 의무가 있음을 확인하는 소송과 後訴인 예
방적 금지소송과의 사이에 소송물의 동일성이 존재하는 것은 아니다. 이
러한 이유에서 원고의 금지청구권이 이미 前訴에서 실질적 확정력 있게
확인되었기 때문에 後訴로서 금지소송을 제기하는 데 관한 원고의 권리
보호의 필요성을 부인할 수는 없을 것이다. 확인판결에서는 집행가능한
금지명령이 결여되어 있기 때문에 승소한 원고로서도 실질적 확정력 있
게 확인된 금지청구권을 피고에 대해서 관철할 수가 없기 때문이다.

　이상으로 볼 때 前訴인 적극적 (예방적) 확인소송과 後訴인 (예방적)
금지소송의 소송물간에는 동일성이 존재하지 않으며 오히려 기결성
(Prajudizialität)이 존재한다. 後訴인 금지소송의 법원은 원고에게 문제된
의사표명에 대한 금지청구권이 존재한다는 前訴法院의 확인에 구속된다.
後訴法院은 이러한 의사표명이 사실상 임박하였는지에 대한 판단에 있어
서는 자유롭다. 즉 문제의 의사표명이 저질러질 위험(Begehungsgefahr)이
있느냐에 대해서 물론 前訴인 확인소송에서 판단을 내리기는 하였으나
그 판단은 단지 부수적으로 즉, 선결문제에 대한 판단으로서 내려진 것이
기 때문에 그 점에 관해서 後訴인 금지소송에 기결력이 미치지 않는다.[36]

3. 예방적 금지소송과 後訴인 예방적 확인소송

　이행소송에서 긍정적 혹은 부정적으로 확인된 청구권에 관하여 다시
확인소송의 형태로 後訴에서 문제 삼는 것은 판결의 실질적 확정력에

---

36) Detterbeck, Zum präventiven Rechtsschutz, S. 189-191.

반한다.37) 따라서 前訴인 금지소송에서 긍정적 혹은 부정적으로 확인된 금지청구권에 관하여 다시 확인소송을 제기한다면 이는 권리보호의 필요성이 없어 부적법한 것으로서 각하되어야 한다. 그러나 예를 들어 공법상 강제단체회원이 당해 단체의 일반적·정치적 의사표명과 관련하여 다투는 사안에서, 前訴인 금지소송에서는 당해 단체를 상대로 구체적인 특정한 정치적 의사표명의 금지를 구하여 승소하였고 이에 피고가 문제된 특정한 의사표명은 하지 않았으나 보다 일반적인 정치적 의사표명권한은 있음을 주장한다면, 다시 원고가 피고에게 일반적·정치적 위임이 귀속하지 않는다는 확인을 구하는 소송은 실질적 확정력에 반하지 않으며 적법할 것이다.38)

이 경우 前訴인 금지소송의 소송물은 매우 특정된 의사표명의 금지를 구하는 청구인 반면 後訴인 확인소송의 소송물은 피고에게 일반적으로 모든 종류의 일반적·정치적인 의사표명을 할 권한이 속하지 않는다는 확인을 구하는 청구이다. 매우 특정된 의사표명만을 금하는 금지명령만으로는 무엇이 허용되는 의사표명인지 아니면 허용되지 않는 의사표명인지가 실질적 확정력 있게 판단되고 있지 않은 것이다. 즉 금지판결에서는 단지 点的인 금지만이 선언되었을 따름이며 공법상 강제단체인 피고에게 일반적·정치적 위임(allgemeine politische Mandat)이 존재하는지 여부에 관한 결정은 그러한 금지판결과는 관련성이 없으므로 후소로 제기된 확인소송은 부적법하지 않다.39)

---

37) Clausing, a.a.O., §121, Rn. 86 (S. 38).
38) Detterbeck, Zum präventiven Rechtsschutz, S. 192.
39) Detterbeck, a.a.O., S. 191.

제3장
영국·미국·프랑스·일본의 예방적 구제

제1절 영 국

Ⅰ. 전형적 구제유형의 대상적격

분쟁사안이 공법사건성(public law case)을 갖추고 있다면 이에 대해서는 오로지 사법심사신청(AJR)절차만을 통하여 다툴 수 있을 따름이다. 공법사건성은 행위주체의 성격과 행위의 성격 모두에서 문제될 수 있다. 이하에서는 영국 사법심사신청절차상의 전형적 구제인 취소판결(quashing order)의 대상적격을 고찰하기에 앞서 먼저 누구의 어떠한 행위가 사법심사신청절차의 대상이 되는지를 살펴보기로 한다.

1. 사법심사절차의 배타성과 공법사건의 판단기준

1) 공법사건에 관한 사법심사신청절차의 배타성

영국의 대법원은 공법사건에 관한 사법심사신청절차(AJR)의 배타성원

칙을 O'Reilly v. Mackman 판결[1]을 통해 선언하였다. 이 사건에서 대법원
은 '공법상 권리'를 사법심사신청절차가 아닌 통상적인 민사소송절차를
거쳐서 주장하는 것은 절차의 남용이 됨이 원칙이며 이러한 원칙에는
아주 제한적인 예외만이 있을 수 있다고 판시하였다.[2] O'Reilly 판결은
그 후 무엇이 공법사건인가의 문제를 남겼는데, 최근 민영화(privatisation)
의 여러 기법들이 개발되면서 공·사의 구분은 더욱 어려워지고 있다.[3]
사건의 공법적 성격은 두 개의 차원, 즉 행위주체의 공법적 성격과 행위
의 공법적 성격으로 논의할 수 있다.

2) 주체의 공법적 성격

(1) 권한의 근거(source of the power)

행위주체의 공법적 성격을 판단하는 기준으로는 전통적으로 권한의
근거기준이 활용되었다.[4] 권한의 근거기준은 문제된 결정주체가 어떠한
근거에 기하여 권한을 행사하는가를 묻는 것으로서, 만약 그 근거가 제
정법률에 있다면 행위주체의 공법적 성격을 인정한다. 따라서 법률상의
권한을 행사하는 주체들, 예컨대 중앙정부(central government), 법률에 의
하여 설치된 행정청들(statutory agencies), 효율성제고를 위하여 행정조직
외부에 설치되어 과거 행정청들이 수행하던 기능을 담당하고 있는 외곽
행정청들 (next steps agencies), 지방정부와 경찰, 법원과 행정심판소
(tribunals) 등의 경우 이들이 법률이 부여한 임무를 수행하는 한도 내에서
는 사법심사신청절차에 의한 심사를 받는 주체들이 될 수 있다. 이에 덧
붙여 국왕의 대권(royal prerogative)으로부터 도출되는 권한을 행사하는

---

1) O'Reilly v Mackman [1982] 3 All E.R. 1124, HL.
2) Emery, op. cit., p. 143 ; Longley/James, op. cit., p. 129-130.
3) Longley/James, op. cit., p. 130.
4) Michael Sinclair, Judicial Review of the Exercise of Public Power, [1992] Denning
   L.J, p. 193-224 (p. 194).

주체인 경우에도 마찬가지로 공법적 성격을 인정받는다.5)

(2) 권한의 본질(nature of the power)

그러나 다른 한편, 법률에 근거하지 않고서 공적인 권한을 행사하는 사람들과 단체들의 경우, 과연 이들 역시 사법심사신청절차에 의한 심사를 받아야 하는지가 문제될 수 있다. 이에 관하여 지도적 역할을 하는 판례로는 인수합병위원회(Panel of Take-overs and Mergers)의 공법적 성격을 긍정한 ex p. Datafin 판결6)이 있다. 이 판결에서 법원은 사법심사를 베푸는 데 필요한 유일한 본질적 요소는 공법요소이며 공법요소는 다양한 모습으로 나타날 수 있다는 점, 즉 결정주체의 권한근거 뿐 아니라 당해 주체가 행사하고 있는 기능(function)의 본질(nature)에서도 공법요소를 인정할 수 있다고 판시하였다. 이는 현대국가에서 공적 영역과 사적 영역을 명확하게 구분하는 것이 불가능하다는 헌법적 현실을 반영하는 것이었으며 정부조직을 대체하게 된 자율규제기관(SROs : self-regulating organisations)들을 사법심사신청절차의 도달범위 바깥에 마냥 방치해서는 안된다는 이해에 입각한 판결이었다. 그리하여 동 판결은 사법심사신청절차의 영역이 확대될 수 있는 계기를 만들었다는 점에서 선구적인 판결이라는 평가를 받았으나 그 후 동 판결의 취지를 어느 정도 제약하는 판결들도 나오게 되었다.

3) 행위의 공법적 성격

'공적' 주체가 하는 모든 행위가 사법심사신청절차의 대상이 될 수 있는 것은 아니며 단지 '공권력의 행사(exercises of official power)'인 행위만이 사법심사신청절차의 대상이 될 수 있을 따름이다. 이러한 맥락에서

---

5) Sinclair, [1992] Denning L.J., p. 194 ; R. v. Criminal Injuries Compensation Board, ex parte Lain [1967] 2 Q.B. 864.
6) R. v. Panel on Take-overs and Mergers, ex p. Datafin plc [1987] 1 All E.R. 564.

문제되는 것은 다투어지는 행위가 공권력의 '행사(exercises)'가 아닌 경우와 '공권력(official power)'의 행사가 아닌 경우이다. 전자는 공공주체의 정책선언 혹은 일반적인 의도의 선언(statement)에서 주로 문제되고 후자는 주로 계약체결과 관련하여 문제된다.[7] 1980년대 중반까지도 학설과 판례에서는 행정주체의 결정이라 하더라도 그러한 결정 내에 포함된 결론이 어떠한 자에게 그의 권리나 의무를 변경하거나 혹은 그로부터 수익을 박탈하는 등의 영향을 미치는 것이 아니라면 그것은 공권력의 '행사'가 아니며 따라서 심사될 수 없다고 보았다.[8] 그러나 다른 한편 결의안처럼 그 누구의 법적 권리에도 영향을 미치는 것이 아니라 하더라도 재량권의 남용인 요소가 포함되어 있다면 이는 사법심사의 대상이 될 수 있다.[9] 결국 공공주체가 자신의 정책이나 의도를 선언하는 경우에는 원칙적으로 사법심사신청절차의 대상이 될 수 없고 그러한 정책을 집행하는 개별적인 결정이 있는 경우에 이를 다투어야 하나 그러한 정책선언에 재량남용적인 (abusive) 혹은 가혹한(punitive) 요소가 있다면 사법심사신청절차의 대상이 될 수 있다.[10] 마찬가지로 특정 사안에 관하여 공공주체가 법적인 상황에 대한 자신의 이해를 단지 진술하는 것(official statement as to legal position) 역시 그 자체는 누구의 법적 지위에도 영향을 미치지 않으나 바로 그러한 진술을 하는 주체의 지위와 권위 때문에 사람들의 행태에 영향을 미칠 수 있기 때문에 공적 주체가 법적으로 잘못된 조언을 공문서로 공표하는 경우에도 법원은 사법심사를 베풀 수 있다.[11]

---

7) Emery, op. cit., p. 66.
8) Council of Civil Service Unions v. Minister for the civil Service [1984] 3 All. E.R. 935에서의 디플록卿의 의견. Emery, op. cit., p. 67.
9) 예컨대 R. v. Liverpool City Council, ex p. Employment Secretary 사건 ([1989] C.O.D. 404).
10) Emery, op. cit., p. 67.
11) Gillick v West Norfolk, etc. Health Authority and Department of Health and Social Security [1985] 3 All E.R. 402, HL

또한 많은 판례들에서는 공공주체의 계약체결에 관한 문제는 원칙적으로 사법심사신청절차로 다룰 사안이 아님을 암묵적인 전제로 하고 있었다. 계약은 사법의 문제이지 공법의 문제가 아니기 때문이다.12) 그러나 이처럼 편협한 관점을 채택하지 않는 판례들도 점차 등장하게 되었으며13) 그리하여 행정이 특정 사인과 계약을 맺지 않기로 하는 결정에 부당하게 가혹한(oppressive) 점이 있다면 이는 재량의 남용으로서 사법심사의 대상이 될 수 있다.14)

2. 취소판결(quashing order)의 대상적격

사법심사신청절차상 가장 보편적이고 전형적인 구제유형은 취소판결이다. 본래 대권적 구제로서 기원한 취소판결 — 및 금지판결(prohibiting order) — 은 오로지 '사법적 행위(judicial act)'에 관해서만 발할 수 있다는 제약이 있었고 또한 이 양 구제유형이야말로 행정법 맥락에서는 주된 구제유형이었기 때문에 오랫동안 '사법적 행위성'을 판단하는 일이 매우 중요하였다. 그러나 현재 이러한 제약이 사라졌음은 의심의 여지가 없다.15) 그리하여 취소판결로써 다룰 수 있는 행정 '결정'의 폭은 상당히 넓으며 '공권력의 행사(exercises of official power)'인 거의 모든 행위들을 포괄한다. 반드시 개인의 권리나 의무를 변경하거나 그로부터 수익을 박탈하는 것일 필요는 없다.

---

12) Sinclair, [1992] Denning L.J., p. 213.
13) McLaren v. The Home Office [1990] I. R.L.R. 338 ; R. v. Association of Futures Brokers and Dealers Ltd. and Anothers, ex parte Mordens Ltd. (1991) 3 Admin L.R. 254 ; R. V. Kidderminister District Valuer, West Midlands Police Authority and the Secretary of State for the Home Department, ex parte Powell and Police Federation of England and Wales(West Midlands Branch) [1991] 31 R.V.R. 197.
14) Emery, op. cit., p. 72 ; 예컨대, R. v. Lewisham London Borough Council, ex p. Shell U.K. Ltd 사건([1988] 1 All E.R. 938 DC.
15) De Smith, op. cit., p. 703.

예컨대 취소판결은 허가(license),16) 불법체류자의 국외추방결정,17) 정책채택에 관한 지방자치단체의 결의(resolution),18) 혹은 심지어 회람(circular)의 간행결정19)에 대해서도 부여된다. 과거에는 구속력이 없는 행위(non-binding acts), 예컨대 조언이나 보고와 같은 경우에는 취소판결이 부여될 수 없다는 제한이 있었으나 현재 이러한 제한은 사라졌음이 명백하다.20) 그러나 위임입법에 관해서는 취소판결의 활용 여부가 불명확하다. 위임입법행위에 대해서도 원칙적으로 취소판결이 부여될 수 있다고 보는 견해와 판례가 있으나,21) 이 경우 법원이 보다 선호하는 구제는 선언판결(declarartion)이라는 지적도 있다.22) 한편 문제된 행위가 예컨대 신청인에 대한 거부결정일 때도 있다. 그러나 이러한 경우에 부여되는 취소판결만으로는 공권력주체로 하여금 법에 따라 재량을 행사하도록 하거나 혹은 행위하도록 하기에는 부족하며 직무집행명령(mandatory order)이 수반되어야 한다.23) 즉, 이러한 점에서 취소판결은 선언판결(declaration)과 마찬가지로 명령적 효력은 없으나 1981년 대법원법 제31조 제5항에서는 법원이 "[법원의] 판지에 따라 사안을 재고하여 어떠한 결정을 내리라는 지시"와 함께 당해 사안을 피고 행정청에게 환송할 수 있도록 함으로써 취소판결의 위력을 강화하고 있다. 따라서 이러한 경우에는 원고는 행정청에게 새로이 신청을 할 필요가 없다.24)

---

16) R. v. North Hertfordshire District Council, ex p. Cobbold [1985] 3 All E. R. 486.

17) R. v. Immigration Officer, ex p. Shah [1982] 1 W.L.R. 544.

18) R. v. Liverpool City Council, ex p. Secretary of State for Employment [1989] C.O.D. 404.

19) R. v. Secretary of State for the Home Department, ex p. Northumbria Police Authority, [1989] Q.B. 26.

20) Lewis, op.cit., p. 146.

21) De Smith, op. cit., p. 703 ; 보건부장관이 제정한 규칙(regulation)에 대해 취소판결이 부여된 사례로는 R. v. Secretary of State for Health, ex p. United States Tobacco International Inc, [1991] 2 W.L.R. 529

22) Lewis, op. cit., p. 147.

23) Lewis, op. cit., p. 148.

II. 본안절차상 예방적 구제

1. 금지판결(prohibiting order)

1) 개념

취소판결이 이미 발급된 위법한 결정을 무효화하기 위하여 활용되는 반면 금지판결은 보다 이른 단계에서 행정청이 위법하게 행위하고 하자 있는 결정을 내리는 것을 방지하기 위하여 동원된다. 그러나 실제로는 금지판결은 취소판결과 결부되는 경우가 흔하다. 즉 취소판결로는 어떠한 결정이 월권이라는 것, 즉 당해 결정이 전혀 효력이 없다(completely invalid)는 선언을 구하고 금지판결(prohibiting order)로는 당해 결정이 집행되는 것을 제약하는 것이다.25) 그러나 취소판결을 구함이 없이 금지판결만 구하는 경우도 있다.26) 그러한 경우에 결과에 있어서는 취소판결이 허용되었던 경우와 동일하다. 왜냐하면 법원은 어떠한 결정의 집행을 금지하기 이전에 그 결정의 무효(invalidity)를 반드시 선언하기 때문이다.27)

2) 다툴 수 있는 행정작용

금지판결(prohibiting order)로 금할 수 있는 행정작용의 범위는 실제로 취소판결의 경우와 일치한다. 그리하여 택시의 영업허가(licensing),28) 외

---

24) Emery, op. cit., p. 133 ; Longley/James, op. cit., p. 112 ; Leyland/Woods/Harden, op. cit., p. 308.
25) Wade/Forsyth, op. cit., p. 593. ; Leyland Peter/Woods Terry/Harden Janetta, op. cit., p. 311. ; Lewis, op. cit., p. 161 ; 관련판례 - R. v. Horseferry Road Justices, ex p. Independent Broadcasting Authority [1987] Q.B. 54.
26) 예컨대 R. v. Greater London Council ex p. Blackburn [1976] 1 WLR 550.
27) Wade/Forsyth, op. cit., p. 593.

설적인 영화의 상영허가,29) 혹은 가옥의 철거결정이 무효인 경우 당해 결
정의 집행30)을 금지하는 경우, 혹은 권한을 가지지 않은 사건에 대해서
임대차심판소가 절차를 진행하는 것을 방지하고자 하는 경우31)에도 금지
판결을 활용할 수 있다. 더 나아가 정확하지 못한 내용이 포함된 소책자
의 배포,32) 불법체류자의 국외추방33)과 같은 물리적 행위를 저지하는 데
도 활용된다. 또한 어떤 행정청이 다른 행정청에게 승인받기 위하여 월권
인 제안을 제출하는 경우, 이러한 제출을 금지한다든지 혹은 월권인 제안
의 승인을 금지하는 데 금지판결(prohibiting order)이 사용되기도 한다. 그
러나 문제된 행정작용이 행정이 의회에 제출하는 위임입법안인 경우 대
개 법원은 재량에 의하여 금지판결보다는 선언판결(declaration)로 자신의
법적 견해를 밝히는 쪽을 선호한다.34) 또한 공적 주체가 이미 행위를 완
료한 경우라면 금지판결은 발하여지지 않는다.35)

　한편, 어떤 시점에서 금지판결을 구할 수 있느냐는 전적으로 명확하
지는 않다. 금지판결을 구하는 것이 시기상조(premature)이고 일단은 결
정권자로 하여금 결정을 내리도록 한 후 이를 취소판결로써 다투게 하
는 것이 더 적절해 보이는 경우도 있다. 판례에 따르면 하자가 쉽게 식
별될 수 있고 또 별도로 다루어질 수 있는 경우, 혹은 공적 주체가 특정

---

28) R. v. Liverpool Corp., ex p. Liverpool Taxi Fleet Operators' Association [1972] 2
　　Q.B. 299.
29) R. v. Greater London Council, ex p. Blackburn [1976] 1 W.L.R. 550.
30) Estates and Trust Agencies Ltd v. Singapore Improvement Trust [1937] A.C. 898.
31) R. v. Tottenham and District Tribunal ex p. Northfield(Highgate) Ltd. [1957] 1 QB
　　103.
32) R. v. Secretary of State for the Environment, ex p. Greenwich London Borough
　　Council, The Times, May 17, 1989.
33) R. v. Secretary of State for the Home Department, ex p. Ganeshanathan, July 27,
　　1988, unrep. - Lewis, op. cit., p. 155, fn. 73.
34) R. v. Boundary Commission for England, ex p. Foot and Others, [1983] Q.B. 600.
35) Lawson/Teff, op.cit., p. 196.

사안에 관하여 과연 행위할 권한 혹은 관할권을 가지고 있는지 여부가 문제되거나 혹은 결정자가 편견원칙에 따라 자격이 없는 자인가 문제되는 사안36)에서처럼 결정주체가 제정법상 권한을 행사하기 전에 법원이 사안을 다루는 것이 바람직하다면 금지판결을 활용하는 것이 적절하다.37)

3) 효 력

금지판결에 대한 위배는 법정모욕으로 다스릴 수 있다.38) 과거에는 국왕(Crown)이나 국왕의 관리들(officers of the Crown)은 법정모욕죄를 저지를 수 없는 것으로 보아 장관(minister)이 법원의 금지판결(prohibiting order)에 응하지 않더라도 법정모독으로 처벌할 수 없었다. 그러나 M. v. Home Office [1994] 1 AC 377사건에서는 국왕소추법 제17조에 따라 제소될 수 있는 중앙정부의 부(department)와 왕의 장관 역시 법정모독을 저지른 것으로 판시할 수 있다고 보았다.

2. 선언판결(declaration)

1) 개 념

선언판결은 특정 결정 혹은 행위가 월권임을 확인하거나 혹은 소송당사자들 각각의 권리 혹은 의무의 존재와 범위를, 당해 권리 혹은 의무에 직접적인 영향을 미치지는 않으면서, 명확하게 밝히는 데 활용된다.39) 전통적으로 법원은 매우 제한적으로만 선언판결을 부여하였으며 다른

---

36) R. v. Kent Police Authority, ex p. Godden [1971] 2 Q.B. 662.
37) Lewis, op. cit., p. 163 ; De Smith, op. cit., p. 703-704.
38) Wade/Forsyth, op. cit., p. 594. ; Leyland/Woods/Harden, op. cit., p. 311.
39) Lewis, op. cit., p. 174.

구제수단과의 관계에서 보충적으로만 허용하였으나,[40] Dyson v. Att.-Gen.사건[41] 이후 선언판결은 공법영역에서 널리 활용되기 시작하였다. 그리하여 디플록(Diplock)卿이 "본인의 재임기간 중 영국법원들이 이룬 가장 위대한 성취인 포괄적인 행정법 시스템을 향한 진전"이라고 간주하였던 많은 기념비적인 판례들이 바로 선언판결의 모습으로 나오게 되었다.[42] 한편 선언판결은 대개의 경우 이미 행정이 어떠한 행위를 한 경우 그 위법성을 확인하기 위하여 부여되나, 장래에 있을 상황과 관련해서도, 즉 위법한 행위가 발생하는 것을 방지하기 위해서 사용되는 경우가 점점 더 늘고 있다. 물론 원고에게 닥친 급박한 위험을 회피할 다른 수단이 없는 경우 법원은 - 국왕에 대한 관계를 제외하고는 - 예견적 명령판결(anticipatory injunction 혹은 quia timet injunction)을 부여할 권한이 있다. 그러나 법원은 그러한 명령판결을 부여하는 데 극도로 조심스러운 태도를 보여 왔으며 이러한 경우 선언판결을 대신 발함으로써 예견적 명령판결의 사용을 회피하여 왔다.[43]

2) 다툴 수 있는 행정작용

선언판결로 다루어질 수 있는 결정 혹은 행위의 폭은 매우 넓으며 실제로 거의 모든 유형의 행정활동들이 월권임을 선언하는 데 활용될 수 있다.[44] 예컨대, 텔레비전 방송허가를 철회하는 내무부장관의 결정,[45] 광고회사를 지명하는 지방교육청의 결의,[46] 개별사건을 주재하는 법관

---

40) Lewis, op. cit.
41) [1911] 1 K.B. 410, [1912].
42) De Smith, op. cit., p. 736-737.
43) De Smith, op. cit., p. 736.
44) Lewis, op. cit., p. 177.
45) Congress v. Home Office [1976] Q.B. 629.
46) R. v. Inner London Education Authority, ex p. Westminister City Counsel [1986] 1 W.L.R. 28.

의 이름을 공개하지 않기로 하는, 법관들이 채택한 정책47) 등이 그것이다. 뿐만 아니라 보고서나 추천,48) 혹은 옳지 못한 법적 조언을 포함하고 있는 회람도 선언판결에 의하여 그것이 월권이며 따라서 신뢰할 수 없다고 선언될 수 있다.49) 나아가 위임입법(statutory instrument)50)이나 교도소의 내부규정(standing order)51)도 선언판결에 의하여 무효로 선언된 바 있다. 또한 선언판결은 의회의 승인을 받기 위하여 의회에 제출된 위임입법안의 유효성을 다투는 적절한 수단이기도 하다.

한편 같은 형평법상 구제에 속하는 명령판결(injunction)이 국왕(Crown)에 대하여서는 발할 수 없다는 한계가 있는 것과는 달리 선언판결은 국왕과 그 신하에 대하여서도 활용이 가능하다는 장점이 있다.52) 뿐만 아니라 선언판결은 공적 주체에게 부여된 권한의 범위에 관하여,53) 혹은 공적 주체에게 의무가 부과되었는지 그리고 그러한 의무는 범위는 어떠

---

47) R. v. Felixstowe Justices, ex p. Leigh [1987] Q.B. 582.
48) Grunwick Processing Laboratories v. Advisory, Conciliation and Arbitration Service [1978] A.C. 655 ; R. v. Local Commissioner for Administration, ex p. Croydon London Borough Council [1989] 1 All E. R. 1033.
49) Gillick v. West Norfolk and Wisbech Area Health Authority [1986] A.C. 112.
50) 이는 의회제정법의 수권을 받아서 제정된 모든 위임입법을 의미하는 것은 아니고 그보다 좁게, 1946년의 Statutory Instrument Act에 의하여 제정된 위임입법을 의미한다. ; 관련 판례 - R. v. Customs and Excise Commissioners, ex p. Hedges & Burtler [1986] 2 All E.R. 164 ; R. v. I.R.C., ex p. Woolwich Equitable Building Society [1990] 1 W.L.R. 1400.
51) R. v. Secretary of State for the Home Department, ex p. Anderson [1984] Q.B. 778.
52) Crown Proceeding Act 1947 s.21 ; Alder, [1986] Civil Justice Quarterly, p. 218-235 (218).
53) R. v. London Transport Executive, ex p. Greater London Council [1983] Q.B. 484 (GLC이 London Transport에 보조금을 줄 권한이 있는지 여부); R. v. Broadcasting Complaints Commission, ex p. Owen [1985] Q.B. 1153(방송고충위원회가 개인뿐 아니라 특정 정당에 대한 부당한 취급을 조사할 권한도 가지고 있는지 여부).

한지, 혹은 의무의 위배가 있었는지에 관하여 의문이 제기될 때에도 이러한 의문을 해결하는 유용한 수단이다.54) 그러나 쟁점이 학문적인 의문이거나 전적으로 가설적인 것이라면 선언판결을 활용할 수 없다.55) 또한 전통적으로 위임입법의 경우와는 달리 의회입법의 경우에는 법원은 그것이 월권임을 선언판결로써 선언할 수 없었다. 의회는 주권자이므로 의회의 입법권한에는 아무런 제약이 없기 때문이다.56) 그러나 이러한 의회주권원칙은 유럽공동체회원으로서의 영국의 지위와 조화될 필요가 있다. 유럽법원은 공동체법이 개별국가의 국내법보다 우월한 지위를 갖는 것으로 보고 있으며 회원국으로 하여금 공동체법에 위배되는 국내법을 무시하고 공동체법을 우선시킬 것을 요구하고 있고 영국의 대법원도 그에 호응하고 있다.57) 따라서 영국법원은 의회입법이라 하더라도 그것이 공동체법에 위배된다면 당해 의회입법이 법적 효력을 발하지 않음을 선언할 수 있을 것이다.58)

3) 효 력

선언판결은 어떠한 결정 혹은 조치가 월권임을 확정하기 위하여 부여된다. 그러나 선언판결은 어떠한 행위가 월권이라는 것을 선언하는 것뿐 아니라 그러한 판시로부터 도출되는 귀결이 정확히 무엇인가를 선언하는 데도 유용하며 이것이야말로 선언판결만이 가지고 있는 장점으로서의 유연성이다.59) 예컨대 법원은 토지를 임대하기로 하는 행정주체의 결

---

54) R. v. Secretary of State for Social Services, ex p. Association of Metropolitan Authorities[1986] 1 W.L.R.1.
55) Vince v Chief Constable of Dorset Police [1993] 1 W.L.R. 415.
56) Lewis, op. cit., p. 187.
57) R. v. Secretary of State for Transport, ex p. Factortame Ltd, (No. 2) [1990] 3 W.L.R. 818.
58) Lewis, op. cit., p. 188.
59) Lewis, op. cit., p. 177, 179.

정을 취소판결로 폐지하고 이에 덧붙여 장래 당해 토지의 임대는 모두 무효임을 선언판결로 선언함으로써 사법상의 계약에 의한 임대 역시 차단할 수 있다.60) 또는 자연적 정의에 위배된 징계절차에 기한 경찰국장의 위법한 파면압력으로 인하여 결국 자진하여 사임하게 된 경찰관이 복직명령을 구하는 직무집행명령(mandatory order)신청을 제출한 경우, 법원은 재량에 기하여 이를 받아들이지 않으면서도 문제된 경찰국장의 행위가 위법하였다는 것과 자진 사임한 당해 경찰관은 만약 그가 위법하게 파면되었더라면 부여되었을 모든 법적인 구제를, 다만 복직을 제외하고는, 받을 권리가 있음을 선언판결로써 확인할 수 있다.61)

또한 선언판결은 — 제3자 혹은 행정에 미칠 파급효 때문에 — 당해 사안에서의 구제를 부여하지는 않으면서, 다만 특정 법조항의 참된 의미를 밝힘으로써 장래 결정주체로 하여금 동일한 과오를 반복하지 않도록 하는 데도 사용할 수 있다. 이러한 선언판결은 과거의 행위를 소급적으로 번복하지 않고 다만 결정주체들의 장래 행위를 지도한다는 점에서 미래지향적 선언판결(prospective declaration)이라고 불린다.62)

한편 선언판결을 무시하는 것은 법정모독을 구성하지 않으므로63) 선언판결이라는 구제수단의 효능은 행정주체들이 법이라고 선언된 것을 얼마나 자발적으로 준수하고자 하느냐에 좌우된다. 그러나 일단 법원이 위법이라고 판시하였음에도 불구하고 행정측이 위법으로 선언된 행위를 계속 강행하는 경우는 매우 드물기 때문에 신청인으로서는 선언판결만

---

60) R. v. Port Talbot Borough Council, ex p. Jones [1988] 2 All E. R. 207.
61) R. v. Chief Constable of North Wales Police, ex p. Evans [1982] 1 W.L.R. 1155.
62) Lewis, op. cit., p. 196 ; 관련판례 - R. v. Panel on Take-overs and Mergers, ex p. Datafin [1987] Q.B. 815 ; R. v. Dairy Produce Quota Tribunal for England and Wales, ex p. Caswell [1989] 1 W.L.R. 1089 ; R. v. Secretary of State, ex p. Association of Metropolitan Authorities [1986] 1 W.L.R. 1
63) De Smith, op. cit., p. 735-736 ; Leyland/Woods/Harden, op. cit., p. 315.

으로도 충분한 구제가 되는 경우가 많다.[64]

3. 금지명령판결(prohibitory injunction)

1) 개 념

본래 명령판결(injunction)은 주로 사인간의 소송에서 활용되던 구제유형이었고 또 지금도 그러하나, 지난 19세기 말 이후부터 행정에 대한 사법적 통제의 맥락에서도 중요한 역할을 수행하기 시작하였다. 명령판결은 법원이 일방당사자에 대하여 특정한 행위를 할 것 또는 하지 않을 것을 요구하는 명령이다. 그러므로 명령판결은 금지적일 수도 있고 명령적일 수도 있으며[65] 소송절차의 마지막에 부여되는 종국적인 명령일 수도 있고 잠정적인 명령일 수도 있다. 종국적인 명령판결은 보통 그 효과에 있어서 대권적 구제인 금지판결(prohibiting order) 혹은 직무집행명령(mandatory order)과 차이점이 없다.[66] 본래 명령판결은 역사적으로 형평법상의 구제수단으로 발달하였으며 따라서 재량적 성격을 가지는데, 이러한 재량적 성격은 다른 마땅한 구제수단이 있는 경우에는 명령판결을 거부하는 경향이 있다는 점에서 두드러진다.[67] 통상적 구제수단으로서의 명령판결은 1977년 이전에는 대권적 구제수단과 비교하여 몇 가지

---

64) Leyland/Woods/Harden, op. cit., p. 318. ; Lawson/Teff, op.cit., p. 237.

65) 19세기 후반까지만 해도 명령판결(injunction)은 오로지 금지형태로만 발급되었으나, 현재는 명령형태로도 활용되고 있다. (De Smith, op. cit., p. 705) 그러나 일반적으로 공법영역에서 이행명령판결(mandatory injunction)의 역할은 제한적이다. 왜냐하면 공법영역에서는 직무집행명령(mandatory order)이라는 특별한 절차가 마련되어 있기 때문이다. (Wade/Forsyth, op. cit., p. 553. ; Leyland Peter/Woods Terry/Harden Janetta, op. cit., p. 312 ; Alder, Civil Justice Quarterly, vol. 5. 1986, p. 226)

66) Lewis, op. cit., p. 201.

67) Wade/Forsyth, op. cit., p. 553.

장점이 있었다. 첫째, 절차상으로 명령판결은 허가를 얻을 필요가 없으며 문서의 개시와 반대신문을 활용할 수 있었다. 또한 현상유지를 위한 가구제가 가능하였다. 둘째, 대상적격의 면에 있어서도 전통적으로 대권적 구제수단인 취소판결과 금지판결은 '사법적으로 행위할 의무(duty to act judicially)'가 있는 경우에만 활용가능하였으나[68] 명령판결은 문제된 활동의 성격을 불문하고, 즉 그것이 입법적 활동이건, 사법적 활동이건 아니면 엄격한 의미의 집행적 활동이건 그 위법성을 심사할 수 있다는 장점이 있었으며 또 현재도 그러하다. 셋째, 전통적으로 대권적 구제수단들은 다른 보통법상 구제 혹은 형평상 구제와 함께 일거에(uno flatu) 부여될 수 없다는 제약이 있었으나 명령판결은 그러한 제약을 알지 못하였다.[69] 반면 원고적격에서는 대권적 구제수단에 비하여 불이익한 점이 있었다. 즉 개인은 행정주체의 행위가 자신의 고유한 법적 권리(specific legal right)에 영향을 미치거나 혹은 일반대중이 입은 것 이상의 특별한 손해를 자신에게 끼쳤다는 것을 입증하는 경우에만 명령판결을 구할 수 있었다. 그러나 1977년 개혁 이후로 원고적격에 관한 단일한 기준이 적용되면서 명령판결의 활용가능성은 좀 더 넓어지게 되었다. 충분한 이익이라는 기준은 고유한 법적 권리 혹은 특별한 손해라는 기준보다는 훨씬 덜 제약적이었기 때문이다.[70]

특히 금지명령판결(prohibitory injunction)은 행정주체가 제정법상, 대권상 혹은 기타 공법상 권한을 일탈하거나 남용하여 위법하게 행위하거나 제정법상 혹은 보통법상 절차요건을 위배하여 위법하게 행위하는 것을 중단시키기 위하여 활용할 수 있는 구제수단이다. 또한 위법한 결정을

---

68) R. v. Electricity Commissioners [1924] 1 KB 171사건에서의 Atkin LJ의 언명. 물론 이러한 엄격한 해석은 Ridge v. Baldwin [1964] AC 40 판결 이후로 다소 완화되었다. ; Carroll, [1987] New Law Journal, p. 336.
69) Carroll, [1987] New Law Journal, April, p. 336.
70) De Smith, op. cit., p. 705, 733. ; Lewis, op. cit., p. 201-202.

집행하는 행위를 금지하기 위해서도 활용할 수 있다.[71]

2) 다룰 수 있는 행정작용

(1) 국왕(Crown) 및 국왕의 관리(officers of the Crown)의 행위에 관한 제약

명령판결(injunction)이 가지고 있는 이러한 장점들에도 불구하고 공법사건에서 명령판결은 국왕에게 부여되는 법적 면책과 1947년 국왕소추법 제21조의 해석에 의하여 그 영향력이 상당부분 줄어들게 되었다. 즉 동법 제21조 (1)(a)는 국왕에게 명령판결(injunction)을 발할 수 없다는 전통적인 판례법원칙을 확인하고 있는데, 보다 더 중요한 점은 이 규정이 국왕의 장관에게는 설령 그가 국왕에 대해서 부담하는 의무가 아니라 일반 대중과의 관계에서 부담하는 법률상 기능을 수행하고 있다 하더라도 명령판결을 발할 수 없다는 취지로 해석되었다는 점이다.[72] 물론 1947년 국왕소추법상의 관련 규정은 민사소송(civil proceedings)에만 적용되며 민사소송에 관한 동법상 개념규정조항(s 38(2))에 따르면 사법심사신청(AJR)절차는 민사소송에 해당하지 않으므로 국왕소추법상의 제약이 적용되지 않는다는 판례와 문헌상의 지적이 있으며[73] 사법심사절차에서 국왕의 관리에 대하여 명령판결을 부여할 수 있다고 판시한 하급심판례

---

71) Lewis, op. cit., p. 202.
72) 그러한 예로는 Merricks v. Heathcote-Amery [1955] Ch. 567 ; R v. Home Secretary, ex parte Kirkwood [1984] 2 All E R 390. ; R v. Inland Revenue Commissioners, ex parte Rossminster Ltd [1980] AC 592. 특히 Kirkwood사건에서 법원은 AJR상의 가구제유형인 절차정지가 그 실질이 명령판결(injunction)에 해당하기 때문에 장관에 대하여 발급될 수 없다고 판시하였다. Carroll, [1987] New Law Journal, p. 337.
73) Ex parte W [1985] 3 WLR 1090 ; De Smith, op. cit., p. 719 ; Lawson/Teff, op.cit., p. 180 ; Aldous and Aldour, in ; Application for Judicial Review, 1st ed., 1985, p. 70 (Carroll, [1987] New Law Journal, p. 337에서 재인용)

들도 소수 있었으나[74] 이들 판례들은 Factortame Ltd v. Secretary of State for Transport [1990] 2 A.C. 85 사건에서의 대법원판결에 의하여 깨어지게 되었다. 즉, Factortame 판결은 사법심사절차에서 유럽공동체법이 문제되는 경우에는 장관에게 명령판결을 발할 수 있으나 순전히 국내법이 문제되는 사안에서는 활용할 수 없음을 천명하고 있다.[75]

(2) 다룰 수 있는 행정작용의 예

학교개편에 관한 제안이 위법한 경우, 당해 제안을 집행하지 않을 것을 지방행정당국에게 명하거나[76] 공고라는 필수적인 절차요건을 결한 행정결정을 집행하지 않도록 명하는 경우[77] 혹은 집시들에 대한 체류허가를 철회하고자 하는 행정당국에 대해 먼저 집시들에게 이유를 제시하고 그들로 하여금 21일내에 이의를 제기할 기회를 부여하지 않고서는 당해 체류허가를 철회하지 못하도록 금지하는 경우 등,[78] 저질러질 우려가 있는 잘못이 실제로 발생하기 이전에 법원이 금지명령판결을 부여함으로써 그러한 위법의 발생을 저지하는 사례들은 많이 있다. 한편 금지명령판결은 대부분 피고가 이미 침해행위를 시작한 상황에서 더 이상의 침해행위를 방지하기 위하여 구하여지나 침해행위가 시작되기 이전에 이에 대한 금지명령판결을 구하는 것 역시 가능하다. (quia timet injunction) 물론 과연 피고가 실제로 침해행위를 할 것인지 불확실한 경우가 많으므로 실무상 법원은 그러한 예방적 금지명령판결을 부여하는 것을 극히 꺼려왔으며 그 발급요건으로 "급박한 위험의 증거가 있고 또

---

74) R. v. Secretary of State for the Home Department, ex p. Herbage [1987] Q.B. 872 ; R. v. Licensing Authority, ex p. Smith Kline & French Laboratories Ltd (No. 2) [1990] Q.B. 574.

75) 이러한 판례에 대해 상당한 불만을 표시하고 있는 견해로는 De Smith, p. 719, fn. 92.

76) Lee v. Enfield London Borough Council (1967) 11 S.J. 772.

77) Bradbury v. Enfield London Borough Council [1967] 1 W.L.R. 1311.

78) R. v. Brent London Borough Council, ex p. MacDonagh [1990] C.O.D. 3.

한 우려되는 손해가 실제로 발생한다면 매우 중대한 손해가 될 것"을 요
구하고 있다.[79]

3) 효 력

명령판결은 대인적 효력이 있으며 그에 대한 복종을 강제하기 위하여
규정된 수단은 법정모독을 이유로 하는 압류 및 구금영장이다. (attachment
and committal for contempt of courts) 만약 복종을 거부하는 피고가 법인이
라면 법원의 허가를 받아 법인재산에 대한 압류, 법인의 임원의 구금, 혹
은 법인임원의 재산에 대한 압류로 명령판결을 강제할 수 있다. 대다수
행정주체는 특허에 의하여 설립되었거나 혹은 대부분의 경우 제정법에
의하여 설립된 법인이므로 만약 이러한 행정주체가 의도적으로 명령판
결에 불복종한다면 법원은 행정주체의 재산, 혹은 그 구성원(예컨대 이
사회 governing board 또는 위원 councilor) 및 주요 관료의 신체 또는 재산
에 대하여 제재할 권한을 갖는다. 그러나 정책상의 이유에서 이러한 엄
격한 조치가 취하여지는 경우는 드물며 매우 극단적인 경우를 제외하고
는 법원은 대개 행정주체에 대하여 법정모독을 이유로 벌금을 부과하는
데 그친다.[80]

Ⅲ. 가구제절차상 예방적 구제

1. 절차의 정지(stay of proceedings)

사법심사신청(AJR)절차에서 활용할 수 있는 가구제 유형으로는 절차

---

79) Lawson/Teff, op.cit., p. 189.
80) De Smith, op. cit., p. 719. ; Wade/Forsyth, op. cit., p. 553.

의 정지(stay of proceedings)와 보전명령(interlocutory injunction)이 있다. 1977년의 대법원규칙 제53편 제3조 (10)(a)에 따르면 법원은 취소판결(quashing order) 혹은 금지판결(prohibiting order) 신청이 있는 경우 절차의 정지의 형태로 가구제(interim relief)를 부여할 수 있다. 이 때 '절차'란 공법상 결정을 내리거나 혹은 집행하는 모든 절차를 포함하는 것으로 넓게 이해하여야 한다는 것이 고등법원(Court of Appeal)의 판례이다.[81] 그리하여 절차의 정지는 재판절차(court proceedings)뿐 아니라 장관과 기타의 공적 주체가 내린 결정이 사법심사를 통하여 그 적법성이 확인될 때까지는 영향력을 발하지 않도록 하는 데도 활용될 수 있다.[82] 이처럼 절차의 정지는 지방행정관청, 非司法的 공적 주체뿐 아니라 국왕의 장관에게도 활용가능하다는 면에서 또 다른 가구제유형인 보전명령(interim injunction), 즉 유럽공동체법으로부터 도출되는 권리들을 실현하기 위한 경우를 제외하고는 국왕의 장관에게는 활용될 수 없는 가구제인 보전명령과 다르다.[83] 그러나 절차의 정지는 공적 주체로 하여금 어떠한 행위를 하지 못하도록 금지하는 경우에만 적절할 따름이며 공적 주체로 하여금 어떠한 행위를 하도록 강제하는 경우에는 적절치 못하다는 한계도 있다.[84] 한편 이하에서 살펴볼 보전명령의 요건에 관한 American Cyanamid 판결은 보전명령뿐 아니라 절차의 정지에도 적용된다는 점은 분명하다.[85] 따라서 심리되어야 할 심각한 문제(serious question) 요건이

---

81) Lewis, op. cit., p. 154 ; De Smith, op. cit., p. 711.

82) R. v. Secretary of State for Education and Science, ex p. Avon County Council [1991] 1 All E.R. 282.

83) R. v. Secretary of State for the Environment, ex p. Greenwich London Borough Council, The Times, May 17, 1989 ; R. v. Secretary of State for the Home Department, ex p. Ganeshanathan, July 27, 1988, unrep.

84) Lewis, op. cit., p. 154.

85) Nicholas Bamforth, Interim Relief in the Public Law Context, Cambridge Law Journal, 1999 vol. 58, , p. 1-4 (p. 1) ; R. v. Secretary of State for Education and Science, ex p. Avon County Council [1991] 1 Q.B. 558 ; R. v. Inspectorate of Pollution, ex p. Greenpeace [1994] 1 W.L.R. 572.

충족되었다 하더라도 절차정지의 신청인이 회복 불가능한 손해를 입증하지 못한다면 절차의 정지는 부여되지 않는다.[86]

이처럼 절차정지(stay of proceedings)는 대권적 구제수단인 취소판결과 금지판결을 구하는 경우 활용가능한 가구제수단이다. 그런데 절차정지의 본질이 명령(injunction)이라는 지적은 판례와 문헌 모두에서 발견할 수 있다.[87] 이에 따르면 절차정지는 법원의 명령이므로 정지명령의 위배는 법정모독으로 다스릴 수 있다.[88] 그러나 다른 한편 절차의 정지는 명령(injunction)과는 달리 소송당사자에 대한 것이 아니라 의사결정과정 자체에 대한 것이기 때문에 절차의 정지의 위배를 법정모독으로 다스릴 수 없다고 본 판례도 있으며 이러한 판례를 지지하는 견해도 발견할 수 있다.[89]

2. 보전명령
(interlocutory injunction/interim injunction)

회복할 수 없는 손해의 급박한 위험이 있고 손해배상이 적절한 구제수단이 되지 못할 때 소송계류 중 당사자의 지위를 보존하기 위하여 법원은 보전명령을 부여할 수 있다.[90] 가구제로서의 보전명령은 취소판결이나 금지판결 이외의 구제유형을 구하는 경우에 활용할 수 있다. (1977년 대법원규칙 제53편 1(10)(b)) 보전명령은 적극적으로 어떠한 행위를

---

86) R. v. Ministry of Agriculture, Fisheries and Food, ex p. Monsanto plc [1998] 4 All E.R. 321.

87) R v. Home Secretary, ex parte Kirkwood [1984] 2 All E R. 390, 391 ; De Smith, op. cit., p. 711 ; Lewis, op. cit., p. 157 ; Gordon, op. cit., p. 154.

88) Lewis, op. cit., p. 158.

89) De Smith, op. cit., p. 711 ; Minister of Foreign Affairs, Trade and Industry v. Vehicles and Supplies Ltd [1991] 1 W.L.R. 550, 556.

90) Wade/Forsyth, op. cit., p. 556.

할 것을 명하거나 (interlocutory mandatory injunction)[91] 소극적으로 어떠한 행위를 하지 말 것을 명하는 내용일 수 있다. (interlocutory prohibitory injunction)[92] 그러나 보전명령은 (유럽공동체법으로부터 도출되는 권리를 실현하기 위한 경우를 제외하고는) 국왕 그리고 국왕의 장관을 비롯한 국왕의 신료(servants)에 대해서 발할 수 없다는 제한이 있다. 보전명령은 특히 피신청인에 대한 심문이 없이도, 즉 일방심리(ex parte)로도 부여될 수 있으므로 예를 들어 해외추방, TV프로그램의 방영, 혹은 건축물의 철거 등이 목전에 임박한 경우에 특히 적절한 가구제수단이다. 그러나 이에 대해서는 과연 법원이 사법심사(AJR)에 필요한 허가를 부여하기 이전에 그러한 가구제수단을 베풀 권한을 가지고 있는지, 그리고 보다 핵심적으로는 타방 당사자가 증거를 제출할 그 어떤 기회도 갖기 이전에 그러한 구제를 베풀 권한이 있느냐는 의문이 제기되고 있다.[93]

---

91) R. v. Kensington and Chelsea Royal LBC ex p. Hammell [1989] 1 All E.R. 1202, CA
92) Wade/Forsyth, op. cit., p. 553.
93) Leyland/Woods/Harden, op. cit., p. 313.

제2절 미 국

I. 전형적 구제유형의 대상적격

제정법상 심사에 있어서 가장 흔히 활용되는 구제는 문제의 행정작용을 취소(set aside)하고 사안을 행정청에게로 환송(remand)하는 것이다.[1] 반면 非제정법상 심사에서 활용되는 전형적 구제유형은 문제의 행정작용이 위법임을 선언판결(declaration)로써 확인하고 그 집행을 명령판결(injunction)로써 금지하는 것이다.[2] 앞서 밝혀진 바와 같이 연방법원의 사법심사 관할권은 제한적인 것으로서 다툴 수 있는 행위에 관해서도 원칙적으로 의회입법의 규율에 의하여야 한다. 그리하여 특정 행정작용에 대하여 연방법률이 심사가능함을 명문으로 규정하고 있는 경우에는 문제가 없으나 그러한 규정을 발견할 수 없는 경우 혹은 특정 행정작용에 대하여 심사를 배제하는 듯한 규정을 두고 있는 경우에는 과연 당해 행정작용에 대하여 심사를 구할 수 있는지가 문제될 수 있는바, 이를 해결하기 위하여 대상적격의 점에서도 심사가능성의 추정원칙이 발달하게 되었다.

1. 심사가능성의 추정과 배제

1) 심사가능성의 추정

일반적으로 행정 내부적으로 최종점(point of finality)에 도달한 행정작

---

1) Schoenbrod, op.cit., p. 42. 예를 들어 SEC v. Chenery Corp., 318 U.S. 80, 63 S. Ct. 454, 87 L.Ed. 626 (1943).
2) Schwartz, op. cit., §9.8, (p. 578).

용(administrative action)들은 사법심사의 대상이 될 수 있는 것으로 추정된다. 그리하여 개별조직법(organic statute)에서 당해 법이 규율하고 있는 행정활동에 대해 사법심사를 언급하지 않고 있다는 것이 사법심사를 배제하려는 의도라고는 해석되지 않는다.[3] 그렇다면 이러한 추정의 근거는 무엇이냐라는 의문이 들 수 있다. 물론 연방행정절차법(APA)자체에서는 심사가능성의 추정을 명문으로 언급하고 있지는 않으나 연방대법원은 1967년의 Abbott Laboratories v. Gardner (387 U.S.136(1967))사건에서 그 근거를 연방행정절차법의 두 조항에서 찾은 바 있다.[4] 그러나 이에 대해서는 심사가능성의 추정은 단지 법률 차원의 근거만을 가지고 있는 것은 아니며 연방헌법 제1조에 표현된 입법자의 우위성과 적법절차조항에 표현된 법의 지배에도 근거를 두고 있으므로 오히려 헌법적 근거를 갖추고 있다는 지적도 있다.[5]

2) 심사가능성의 배제

이처럼 최종적인 행정작용은 원칙적으로 심사가능한 것으로 추정되나, 연방행정절차법에서는 심사가능성이 배제되는 두 가지 경우를 규정하고 있다. (5 U.S.C. §701(a)) 첫째, 법령에서 사법심사를 배제하는 경우(statutory preclusion) 둘째, 행정작용이 법에 의하여 행정재량사항인 경우이다.

---

3) San Juan Legal Services, Inc. v. Legal Services Corp., 655 F.2d 434,438(1st Cir. 1981) ; Breyer, op. cit., p. 834.

4) 관련된 APA규정들은 다음과 같다. : 첫 번째로는 "법에서 우선적이고 적절하며 또한 배타적인 사법심사기회를 베풀고 있는 경우를 제외하고는, 행정작용은 사법적 집행(judicial enforcement)을 위한 민사 혹은 형사소송에서 사법심사의 대상이 될 수 있다."(5 U.S.C.§703) ; 두 번째로는 "최종적인 행정작용으로서 그에 대하여 법원 내에서는 다른 여타 적절한 구제수단이 없는 경우에는 사법심사의 대상이 된다."(5 U.S.C. §704)

5) Breyer, op. cit., p. 832.

(1) 제정법률에 의한 심사의 배제

① 최종성 규정 · 배제 규정의 해석

때로 법률들에서 당해 법률에 기하여 내려진 몇 몇 혹은 모든 행정결정들이 '최종적'이라고 규정하거나 혹은 더 나아가 그러한 결정은 사법심사의 대상이 되지 않는다고 명시적으로 규정하는 경우가 있다. 그러나 이러한 법률규정에 직면했을 때 법원들이 쉽사리 자신의 심사권한을 행사하지 않기로 포기하는 것은 결코 아니다. 즉, 법원은 문제된 행정결정이 '최종적(final)'이거나 혹은 '최종적이고 종국적(final and conclusive)'이라는 법령의 규정은 다만 '행정절차상'으로 최종적이라는 의미로서 "사법심사를 구할 권리를 차단하는 것은 아니"라거나[6] 혹은 사법심사의 대상이 되지 않는다는 명문의 규정은 사법심사를 전적으로 배제하는 취지가 아니라 단지 행정의 사실인정 부분에 대해서만 법원이 개입할 수 없다는 의미라고 해석함으로써 법률상의 권한과 필요한 절차라는 문제에 대해서는 여전히 사법심사를 허용하곤 하였다.[7]

② 집행심사에 관한 규정의 해석

다른 한편으로는 집행단계에서 심사를 허용하는 명시적 규정이 있다는 것은 집행 前 심사(preenforcement review)를 배제하려는 의회의 의도가 있음을 뜻한다는 주장도 제기된다. 즉 집행단계에서의 심사에 관한 규정은 집행 전 심사를 배제하는 취지라는 것이다. 그러나 Abbott Laboratory 판결에서 법원이 인정한 바와 같이, 법원은 그러한 규정의 존재에도 불구하고 집행 전 심사의 가능성을 지지하는 쪽으로 추정하고 있다.[8]

---

6) Shaughnessy v. Pedreiro, 349 U.S. 48 (1955) ; Breyer, op. cit., p. 842.
7) Lindahl v. Office of Personal Management, 470 U.S. 768 (1985) ; Breyer, op. cit., p. 846.
8) Breyer, op. cit., p. 967

(2) 재량행위의 심사배제

한편 연방행정절차법에서는 문제된 행정결정이 '법에 의하여 행정재량에 맡겨진 사안들'인 경우에는 사법심사가 배제된다고 규정하고 있다. 따라서 이 문구만 보자면 적어도 재량적인 행정활동에 대해서는 전적으로 사법심사가 배제되는 듯한 인상을 받을 수도 있다. 그러나 동 법상으로 재량을 언급하고 있는 또 다른 규정(5 U.S.C. §706(2)(A))에서는 '재량의 남용(abuse of discretion)'에 대한 심사를 허용하고 있다. 뿐만 아니라 어떠한 사안이 '법에 의하여 행정재량에 맡겨졌다' 하더라도 그렇게 재량에 맡기는 것 자체가 반드시 합법적, 즉 합헌적임을 의미하지는 않는다. 따라서 법원에서는 이 두 조문과 관련하여 대개는 심사를 찬성하는 쪽으로 해석하고 있다. 즉, '법에 의하여 행정재량에 맡겨져 있다'는 말은 법원이 사법심사를 행할 수 없는 경우 – 즉, '적용할 법이 없거나'9) 혹은 다른 중요한 국가적 이유 때문에 – 에만 적용되는 '드문' 예외로 해석된다.10)

2. 최종적 행정작용(final agency action)

1) 행정청

사법심사의 대상이 되는 행정작용과 관련하여 일반적으로 미국 행정법상으로는 '최종적인 행정작용(final agency action)'은 원칙적으로 심사의 대상이 된다고 보고 있다. 따라서 미국 행정법상 사법심사의 대상에 관한 논의를 이해하기 위해서는 '최종성', '행정청', 그리고 '작용'의 개념

---

9) 이 기준은 Overton Park 사건판례에서 언급된 것으로서 동 사건 자체에서는 적용할 법이 있다고 보아 사법심사가 허용되었다. Breyer, op. cit., p. 848 ; 재량행위에 대해 적용할 법이 없는 경우에 해당한다고 보아 사법심사를 허용하지 않은 판례로는 Heckler v. Chaney 470 U.S.821 (1985).

10) Strauss, op. cit., p. 221-223.

을 파악하는 것이 관건이 될 것이다. 미국행정법 문헌에서는 행정입법 혹은 권고, 조언, 자문 등 비공식적 행정작용(informal agency action)의 대상적격 문제를 법원의 개입시기(timing)라는 시각에서 접근하여 성숙성(ripeness), 보충성(exhaustion) 혹은 최종성(finality) 개념 하에서 고찰하고 있으므로 본 논문에서도 그러한 서술체계에 따르되 이하에서는 주로 연방행정절차법상의 대상적격에 관한 규율을 주로 검토하기로 한다. 먼저 '행정청(agency)'개념을 살펴보면 연방행정절차법(APA)에서는 이를 미연방정부의 개개 관청(authority)으로 개념정의하면서 다만 연방의회, 연방법원, 미연방의 準州(territory) 혹은 屬領(possession)의 정부, 콜럼비아 특별지구(District of Columbia)정부는 포함하지 않음을 규정하고 있다. (5 U.S.C.§§701(b)(1), 551(1)) 다만 연방대통령에 대해서는 연방행정절차법상 이를 행정 개념에 포함하거나 혹은 그로부터 배제하는 명문의 규정이 없으나 Franklin v. Massachusetts, 505 U.S.788 (1992)사건에서는 권력분립에 대한 존중과 대통령의 독특한 헌법상 지위로부터 볼 때, 대통령은 연방행정절차법 소정의 '행정청'은 아니라고 판시한 바 있다.[11]

2) 행정작용

행정'작용'의 실정법상의 개념정의는 연방행정절차법(5 U.S.C. §551, 11(c), 13)이나 개정모범주행정절차법 (1981) §1-102(2)(iii)에서 발견할 수 있다. 학설에서는 행정작용개념은 매우 넓은 것으로서, 전통적인 민·형사소송영역과 엄격한 의미의 정치적 행위들을 제외한 모든 행정활동영역을 포괄한다고 보고 있다.[12] 그리하여 행정입법 혹은 행정의 조언이나 법규범의 해석작용과 같이 법적 구속력이 없는 활동도 행정'작용'으로 보나, 다만 어떠한 행정작용이건 그에 대해 사법심사가 이루어지기 위해서는 그 자체가 '최종성' 혹은 '성숙성'을 갖추어야 하므로, 만약 그러한

---

11) Breyer, op. cit., p. 864.
12) Strauss, op. cit., p. 103.

행정작용들이라 할지라도 예외적으로 최종성 혹은 성숙성이 인정되는 때에는 사법심사가 베풀어질 가능성은 열려있다.

3) 최종성(성숙성·보충성)

(1) 행정절차 계류 중 사법심사의 가능성

사법심사를 구하기에 앞서 행정상 구제절차를 모두 '거쳐야'한다거나 (보충성 요건 - exhaustion), 행정작용이 심사할 수 있을 정도로 '성숙'하여야 한다거나(성숙성 요건- ripeness) 혹은 '최종적'인 행정작용만을 심사할 수 있다(최종성 요건 - finality)는 요건은 사법심사의 시기(timing)와 관련한 요건들이다. 만약 모든 사법심사가 행정 내부의 어떠한 구제절차도 남아있지 않은 최종적인 그리고 성숙한 행정작용에 대해서만 구하여진다면 이러한 요건들이 개발될 여지는 없었을 것이다. 그러나 현실에서는 행정절차가 계류 중인 때에도 법원이 개입하는 경우가 존재하며 바로 이러한 경우에 법원은 행정작용을 사후에 살핀다기 (review) 보다는 행정을 대체하게 (supplant)되므로 특히 권력분립이라는 근본적이고 첨예한 문제가 대두된다. 물론 미국의 법원들은 자신들이 이러한 유형의 사법심사를 할 권한이 있는지에 관해 심각한 의심을 제기한 적은 없다. 그러나 적어도 연방차원에서는 법관들은 권력분립문제에 민감한 반응을 보여왔으며 그들의 자제적인 입장을 이들 요건들을 통해 표현하여 왔다.13)

이들 요건들은 상호 간에 명확하게 구별되지 않거나 혹은 원고적격이나 심사의 배제와 같은 문제들과 융합되는 경우가 종종 있다.14) 실제로 많은 사례들에서 법관들은 이 개념들을 호환하여 사용하기도 한다.15) 따

---

13) Milton M. Carrow, Types of Judicial Relief from Administrative Action, 58 Columbia L. Rev., 1, 8 (1958).

14) Strauss, op. cit., p. 229.

15) Davis, op. cit., vol. II, §15.1 (p. 306) ; APA상으로 최종성요건은 규정되어 있

라서 이하에서 살펴볼 보충성 요건에 관한 판례는 최종성 요건에 관한 판례라고도 할 수 있을 것이다. 그러나 예컨대 행정상 구제의 기간이 도과되어, 더 이상 행정상 (구제)절차를 구하는 것이 불가능하게 되면 물론 문제된 행정작용은 최종적인 것으로 되나, 법원은 보충성 요건이 충족되지 않았음을 이유로 심사를 거부할 수 있으므로 이러한 사안에서는 최종성 요건과 보충성 요건을 분리하여 고찰할 수 있다.[16] 또한 최종성과 성숙성 역시 구분하기 곤란한 경우가 많으나 최종성은 충족되었으면서 성숙성은 충족되지 못하였다고 보는 편이 더 적절한 사안도 있다. 예컨대 행정입법(rule)이나 비공식적 의견표명의 경우처럼, 그로부터 더 이상의 행정절차가 진행되지 않고 개인이 활용할 수 있을 행정상 구제절차도 없다는 점에서는 최종적인 행정작용이면서도 그에 대한 사법심사를 베푸는 것이 적절치 못하다고 보는 경우에 법원은 성숙성 요건의 결여를 이유로 사법심사를 거부하곤 한다.[17] 그러나 어쨌건 간에 이 세 요건은 헌법이 각 기관에 배분한 의사결정책임, 제정법에 나타난 의회의 의도에 대한 존중, 법원의 능력과 제한된 자원에 대한 신중한 고려, 중요한 법적 문제를 불확실한 상태에 둠으로 인하여 야기될 중대한 손해, 그리고 시민의 법적 혹은 헌법적 권리를 보호할 법원의 책임 등을 종합적으로 고려하여 행정의 결정과정에 법원이 지나치게 일찍 개입하는 것을 회피케 한다는 면에서 동일한 기능을 수행하고 있다.[18] 따라서 이들 세 요건들은 상당 부분 중첩되며 때로 구별할 수 없는 경우가 많다. 그리하여 데이비스(Davis)는 각 요건들의 난해한 세밀점들을 분석하는 데 주의

으나(§704) 보충성원칙에 관해서는 명시적인 언급이 없다. 즉, 이 원칙은 판례의 소산이라고 한다. Breyer, op. cit., p. 980 ; Schwartz, op. cit., §8.35, p. 548. 그러나 물론 개별법에서 이를 확인하고 있는 경우도 있다. 예를 들어 이민법영역에서는 8 U.S.C. §1105a(c), Schwartz, op. cit., §8.34, p. 543 fn. 14 참조.
16) Breyer, op. cit., p. 985 ; Davis, op. cit., vol. II, §15. 1, (p. 306) ; Yakus v. United States, 321 U.S. 414 (1944).
17) Davis, op. cit., vol. II, §15.1, (p. 306).
18) Davis, op. cit., vol. II, §15. 17 (p. 395).

를 기울이기보다는 실무적인 고려점들을 강조하는 것이 보다 유익할 것이라고 충고하고 있다.19)

(2) 보충성(exhaustion)

① 개 념

보충성 요건은 행정작용에 관하여 구제를 원하는 자는 법원의 심사20)를 구하기 이전에 행정상 구제절차의 방도를 모두 활용해 보아야 함을 내용으로 한다.21) 대법원은 Myers v. Bethlehem Shipbuilding Corp.사건에서 "그 누구도 법에서 규정하고 있는 행정상 구제를 거치기 전까지는 예견되는 혹은 임박한 손해에 대하여 사법심사를 구할 자격을 갖추지 못하였다는 것이 오래 전부터 확립된 재판의 수행법칙이다"라고 함으로써 보충성 요건의 내용을 명확히 밝힌 바 있다.22) 보충성 요건의 취지와 의미는 McKart v. United States 사건23)에서 가장 포괄적으로 고찰되고 있다. 동 사건에서 대법원은 첫째 행정청은 법률의 목적을 구현하기 위하여 입법자가 창설한 것이니만큼 보충성 요건을 통하여 행정청은 사실을 발견하고 전문성을 발휘하고 입법자가 부여한 재량을 행사할 기회를 가지게 되며 둘째, 행정절차의 매단계에서마다 법원이 개입하기보다는 일단 절차가 종료될 때까지는 간섭하지 않았다가 그러한 절차의 결과만을 심사하는 것이 보다 효율적이며 셋째, 행정부는 법원의 일부가 아니며 특정한 기능을 수행하도록 입법자에 의해 창조된 독립된 실체이니만큼 보

---

19) Davis, op. cit., vol. II, §15. 17 (p. 397).
20) 이 때의 사법심사로는 행정작용에 대해 1) 직접 사법심사를 구하거나 2) 민·형사 집행소송에서 이루어지는 심사 혹은 3) 손해배상청구소송과정에서 이루어지는 사법심사의 유형이 모두 문제될 수 있다.
21) Schwartz, op. cit., §8. 33, (p. 541).
22) 303 U.S. 41, 50-51 (1938). 동 사건판결의 판지가 다시 확인된 사례로는 FTC v. Standard Oil Co., 449 U.S. 232 (1980).
23) 395 U.S. 185 (1969) Breyer, op. cit., p. 985-987 ; Schwartz, op. cit., §8. 36, (p. 549) ; Davis, op. cit., vol II, §15.2, (p. 309).

충성 요건을 통해 행정의 자율성이 확보되며 넷째, 행정에게 관련사실을
수집하고 분석할 적절한 기회를 주지 않는다면 사법심사에도 애로가 있
을 것이며 다섯째, 보충성 요건은 행정으로 하여금 스스로 자신의 오류
를 교정할 기회를 줌으로써 법원에의 항소여지를 줄이고 여섯째, 행정상
구제를 거침이 없이 사법심사를 얻도록 허용하는 것은 사인들로 하여금
행정의 절차를 우회할 수 있도록 부추김으로써 행정의 법집행노력을 훨
씬 복잡하고 비용이 많이 드는 것으로 만들 수 있다는 점 등을 보충성
요건의 존재이유로 제시하고 있다.24) 이처럼 보충성 요건은 본래 판례의
소산이기는 하나, 제정법에서 드물게 행정상 구제절차를 미리 거칠 것을
규정하고 있는 경우도 있다. 그러나 만약 그러한 행정상 구제절차가 필
수적인(mandatory) 것이 아니라 임의적인(optional) 것임이 명문으로 규정
되어 있는 경우에는 이를 거치지 않았더라도 그 밖의 점에서는 최종적
인 행정작용에 대해서는 사법심사를 구할 수 있다는 것이 연방행정절차
법 §704와 관련한 대법원의 판례이다.25) 따라서 제정법상의 행정상 구제
절차가 임의적인 것이라면 법원은 판례법상의 보충성 요건을 자유로이
적용할 수 없다.

② 일차적 관할권법리와의 관계

행정과 법원 간에 분쟁 및 쟁점을 해결할 일차적 책임을 신중하게 나
누기 위하여 법원이 창조한 또 다른 법리로서 일차적 관할권(primary
jurisdiction)법리가 있다. 이는 어떠한 분쟁 혹은 쟁점이 본래는 법원과 행
정 모두에서 해결될 수 있는 경우에, 법원이 행정의 전문성에 대한 존중
이나 일관성 있는 문제해결의 필요성 그리고 법원에 의한 해결이 행정
의 규제책임수행에 미칠 악영향 등을 고려하여 당해 분쟁 혹은 쟁점에
대해 행정에게 일차적 관할권이 있다고 인정하고 그리하여 행정이 먼저

24) 395 U.S. 185, 193-195.
25) Darby v. Cisneros, 113 S. Ct. 2539 (1993).

쟁점을 해결할 때까지 재판절차를 정지하거나 혹은 드물게는 소를 각하
함을 내용으로 한다. 따라서 이 법리는 보충성 요건과 개념적으로 유사
하다.26) 그러나 보충성 요건은 어떠한 청구가 일차적으로는 오로지 행정
에 의해서만 심리되어야 하는 경우에는 행정절차가 종결되기까지 법원
이 개입해서는 안 된다는 내용인 반면, 일차적 관할권개념은 어떠한 청
구가 본래는 법원에 의하여 심리될 수 있는 것임을 전제로 한다는 점에
서 차이가 있다.27) 또한 일차적 관할권법리에 의하여 행정으로 하여금
먼저 쟁점에 관해 결정을 내리도록 하는 것은 결정의 질을 높인다든가,
여러 법기관들간의 충돌을 회피하는 등의 긍정적인 측면도 있으나 반대
로 법원에서의 문제해결을 거의 예외 없이 지연시킨다는 부정적인 측면
도 있다. 그리하여 연방법원들은 일차적 관할권이 문제될 수 있는 사안
에서는 거의 반드시 이러한 긍정적 측면과 부정적 측면을 형량하여 동
법리의 적용여부를 결정해 오고 있다.28)

③ 보충성 요건의 예외

이처럼 보충성 요건은 행정과 사법간의 적정한 업무분담경계선을 정
함으로써 각 기관에 속한 자원을 효율적으로 활용하게 한다. 그러나 반
면 구제를 구하는 원고의 관점에서는 사법심사활용가능성을 제약하는
것이기 때문에 법원들은 보충성 요건의 적용여부를 결정함에 있어서 여
러 가지 요소들을 고려하여 왔다. 그러나 수 많은 판례들에 나타난 고려
요소들은 때로 일관적인 설명을 불가능하게 할 정도로 편차가 크고 다
양해서 일일이 열거할 수 없을 정도이다. 이러한 판례의 난맥상에도 불

---

26) Davis, op. cit., vol II, §14.1 (p. 271).
27) Schwartz, op. cit.,§8.26, p. 524 ; Breyer, op. cit., p. 990 ; Davis, op. cit., vol II, §14.1, p. 273.
28) Davis, op. cit., vol. II, §14.6. (p. 302) ; 그러한 사례로는 Wagner & Brown v. ANR Pipeline Co., 837 F.2d 199(5th Cir. 1988) ; Gulf States Utilities Co. v. Alabama Power Co., 824 F.2d 1465(5th Cir. 1987).

구하고 일단 데이비스(Davis)는 기존의 판례들을 분석하여 이러한 요소들을 대략 3가지, 즉 원고의 곤경, 행정작용의 위법성의 정도, 행정의 전문성으로 분류하고 있다. (hardship, clarity, expertise) 첫째, 보충성 요건을 적용하였을 때 원고가 입을 곤경의 정도를 고려하여 행정상 (구제)절차를 거칠 것을 원고에게 요구하는 것이 원고에게 지나치게 가혹한 결과를 초래할 것이라면 보충성원칙의 예외를 인정할 수 있다.[29] 둘째, 행정청의 권한에 관한 의혹의 정도 역시 보충성 요건의 적용여부를 결정짓는 일 요소이다. 그리하여 만약 행정작용이 명백히 월권이라면 (clearly ultra vires) 보충성 요건은 적용되지 않는다.[30] 셋째, 행정의 전문성이 개재되어 있는지 여부도 보충성 요건의 적용여부를 가늠하는 요소이다.[31] 한편 슈워츠(Schwartz)는 보충성원칙의 예외사유를 행정상 구제절차의 부적절성, 헌법수정 제1조의 기본권관련사건, 행정상 구제절차의 적법절차 위반, §1983 소송, 형사소송, 헌법적 쟁점 등으로 정리하고 있다.[32] 이러한 예외사유들이 적용된 사례들을 살펴보면 다음과 같다.

a. 행정상 구제절차의 지연(delay)

보충성 요건은 마련된 행정상 구제절차가 적절한 것임을 전제로 하므로, 당해 절차가 적절하지 않은 경우에는 동 요건은 적용되지 않는다.[33] 행정상 구제절차가 적절치 않은 대표적인 경우는 행정상 구제절차가 지연되는 경우이다. 먼저 관련법령에서 행정상 구제절차를 마련하고 있더라도 당해 절차에 명확하고 합리적인 처분기간이 마련되어 있지 않다면 그러한 구제는 부적절한 구제이다.[34] 또한 관련 법령에서 행정상 구제의

---

29) Breyer, op. cit., p. 981, 985 ; Davis, op. cit., vol. II, §15.2, (p. 313).
30) Leedom v. Kyne, 358 U.S. 184 (1958).
31) Davis, op. cit., vol. II, §15. 2, (p. 313).
32) Schwartz, op. cit., §8.34-39, (p. 544-549).
33) Greenblatt v. Munro, 326 P. 2d 929 (Cal. App. 1958) ; Ogo Assoc. v. City of Torrance, 112 Cal. Rptr. 761, 763 (1974).

기간을 정하고 있더라도 행정청의 업무부담과 전문인력의 부재 등으로 인하여 법령에서 정하고 있는 기간 내에 원고의 고충이 처리되는 것이 사실상 불가능한 때에는 행정상 구제를 먼저 거칠 필요가 없다.[35]

b. 행정상 구제절차의 무용성(futility)

행정상 구제를 거치는 것이 구제를 구하는 자에게 아무 실익이 없을 때도 보충성 요건은 적용되지 않는다. 예컨대 행정청이 원고가 구하는 구제를 부여할 권한이 없거나,[36] 행정상 구제를 거친다 해도 원고에게 불이익한 결정이 날 것이 선례에 비추어 거의 확실하거나 혹은 어떠한 결정이 나올지 미리 단언할 수 있는 경우에는[37] 행정상 구제절차를 반드시 거치도록 하는 것은 구제를 구하는 자에게 아무런 의미가 없기 때문이다.

c. 형사집행소송의 경우

행정작용에 의하여 부과된 의무(의 위배)가 형사기소절차의 전제가 되는 경우, 최소한 관련 제정법에서 형사집행소송 단계에서의 사법심사를

---

34) Coit Independent Joint Venture v. FSLIC, 489 U.S. 561 (1989) ; Schwartz, op. cit., §8.34, p. 544 ; Davis, op. cit., p. vol. Ⅱ, §15. 10, p. 352.

35) Quarles v. Philip Morris, Inc., 271 F. Supp. 842(E.D.Va. 1967) ; Schwartz, op. cit., §8.34, (p. 544).

36) Bethesda Hospital Association v. Bowen, 485 U.S. 399 (1988) - 의료사고 보험비를 환급해 줄 권한이 없는 행정청을 상대로 당해 비용의 환급을 구하는 절차를 거치도록 하는 것은 무용하다고 본 사안. ; McCarthy v. Madigan, 503 U.S. 140 (1992) - 금전배상부여권한이 없는 행정청을 상대로 간수들의 위법행위로 인한 금전배상을 구하는 절차를 거치도록 하는 것은 무용하다고 본 사례.

37) Wolff v. Selective Serv. Local Bd., 372 F. 2d 817 (2d Cir. 1967) ; Western Intl. Hotels v. Tahoe Reg. Plan Agency, 387 F. Supp. 429 (D. Nev. 1975) ; Schwartz, op. cit., §8.34, p. 546.

배제하고 있지 않다면, (더 나아가 이러한 배제가 헌법상 허용되는지의 문제도 남아있기는 하다) 피고인 사인은 그러한 형사집행소송 단계에서 전제가 된 행정작용의 위법성을 방어수단으로 주장할 수 있음은 물론이다. 이 때 피고가 제정법이 마련하고 있는 행정상 구제절차를 거치지 않은 경우 보충성 요건위배를 이유로 위법성 주장이 차단되는가의 문제가 있다. 이에 관하여 법원은 형사집행소송에서 보충성 요건에 기하여 행정작용의 위법성의 주장을 할 수 없게 된다면, 그것은 '지나치게 가혹할 수 있으므로(can be exceedingly harsh)' 이러한 사안에서는 보충성 요건이 적용되지 않는다고 보았다.[38]

d. 행정작용이 명백히 월권인 경우

예컨대 관련법에서 행정청(NLRB)이 단체협상단위를 지정할 때 이에 전문피고용인(professional employee)을 포함시키는 것을 명백히 금하고 있음에도 불구하고 행정청이 그러한 전문피고용인을 포함시켜 협상단위를 지정하였다면, 명백한 월권행위인 그러한 협상단위지정에 대해서 행정상 구제절차를 거치지 않았더라도 사법심사를 베풀 수 있다.[39]

e. 행정상 구제절차의 적법절차위배

행정상 구제절차에 절차상의 단순위법이 있거나 혹은 보다 일반적으로 판단자의 편견이 있음은 대개 보충성 요건의 예외사유가 되지 않으나 예컨대 허가취소절차와 관련하여 조사와 고발(investigation and prosecution)을 담당하였던 행정관리가 후에 당해 절차의 재결자로 부임한 경우처럼 행정상 구제를 담당한 기관의 구성에 있어 헌법상 적법절차에 위배되는 절차적 위헌이 발생하고 또한 절차적 위헌을 구성하는 사실에 대해 다툼이 없는 경우라면 보충성 요건은 적용되지 않는다.[40]

---

38) McKart v. United States, 395 U.S. 185, 197-200 (1969).
39) Leedom v. Kyne, 358 U.S. 184 (1958).

(3) 성숙성(ripeness)

실정법상 명문의 근거를 발견할 수 있는 '최종성' 요건과는 달리 성숙성 요건은 판례의 소산이다. 물론 성숙성 요건은 최종성 요건과 구분하기 어려운 경우가 많다. 그러나 설령 문제의 행정활동이 최종적이라 하더라도 그에 대한 사법심사가 적절할 정도로 충분히 집중적이고 구체적이어야 성숙성이 인정된다는 점에서 양자는 일단 구별할 수 있다.[41] 성숙성 요건의 근본취지는 법원이 지나치게 일찍 판결을 내림으로써 정책에 관한 추상적인 의견대립에 휘말리는 것을 방지하고 또한 행정결정이 형식을 갖추고 당사자가 구체적으로 그 영향을 느낄 때까지 법원의 개입으로부터 행정을 보호하는 것임을 연방법원은 밝힌 바 있다.[42] 성숙성 요건은 헌법차원에서는 사법권의 한계인 연방헌법 제3조상의 '사건성과 분쟁성(case and controversy)'의 반영이기도 하다.[43] 판례에서는 이하에서 살펴보듯이 주로 행정입법(rule)이나 비공식적 의견표명 혹은 정책선언을 다투는 사안에서 성숙성 요건을 활용하고 있는데, 1967년을 전후하여 성숙성에 관한 판례의 태도는 커다란 변화를 겪게 되었다.[44]

---

40) Amos Treat & Co. v. SEC, 306 F.2d 260(D.C. Cir. 1962) ; Schwartz, op. cit., §8.34, (p. 547) ; Breyer, op. cit., p. 991.

41) Breyer, op. cit., p. 955.

42) 이하에서 살펴볼 Abbott Laboratory사건의 판지이다.

43) 성숙성 문제가 재판의 대상인 사건이 아직 충분히 굳어지지(crystallize) 않은 경우에 제기되는 반면, 논쟁성(mootness) 문제는 사건이 너무 늦게 해결되는 것인 때에 제기된다. 즉, 사건이 재판을 통해 해결되는 시점에서 살아 있는 분쟁(live controversy)이 더 이상 존재하지 않는다면 소는 각하되어야 하며 이 역시 연방헌법 제3조상의 사건성과 분쟁성의 반영이다. Joan Mahoney, Suing the State : A Comparison of Remedies Provided for Individual Rights Violations in Great Britain and the United States, 56 UMKC L. Rev., 435, 471 (1988).

44) Davis, op. cit., vol, II, §15.1, (p. 306) ; Schwartz, op. cit., §9.5, (p. 574) ; 이러한 변화는 선언판결법(Declaratory Judgment Act)의 제정에 힘입은 바가 크다. 선언판결법은 바로 법률이나 행정입법의 유효성에 관하여 법원이 추상적인 확인을 하는 것은 단지 권고적 의견에 불과할 따름이며 연방헌법상의 사건

① 행정입법(rule)

특정인에게 작위·부작위의무를 부과하는 행정작용이나 허가신청거부 혹은 허가의 정지나 취소, 혹은 복지연금의 중단처럼 특정인을 상대방으로 하는 행정작용은 더 밟아야 할 행정절차가 남아있지만 않다면, 그 불이익한 성격 때문에 발급되는 즉시 심사에 필요한 성숙성을 갖춘다.[45] 그러나 특정인을 상대방으로 하지 않는 일반적인 행정입법(rule)은 최종성 혹은 성숙성에 의문이 제기될 수 있다. 왜냐하면 그러한 행정입법은 당해 행정입법에서 사인에게 부과하고 있는 의무에 대한 위반행위가 실제로 발생한 경우 법원 혹은 행정이 제재를 가하는 집행의 단계를 남기고 있기 때문이다. 그리하여 문제된 행정입법 자체를 직접 다투기보다는 그것이 집행되는 단계에서 다투는 것이 적절하다는 것이 적어도 1967년 이전의 법원의 주된 입장이었다. 따라서 행정입법에 대한 심사는 대부분 집행소송단계에서 이루어졌다.[46] 그러나 다른 한편 Columbia Broadcasting System v. United States 판결[47]에서는 위반행위에 수반되는 제재라고 하는 불유쾌한 결과를 피하기 위하여 사인들은 이미 행정입법이 공포된 때부터 자신의 행위양식을 문제의 규칙에 합치시키는만큼, 사인에게 회복할 수 없는 손해가 야기될 위험이 충분하다는 이유로 행정입법(rule)에 대한 집행 전 심사를 인정하였다. 더 나아가 Abbott Laboratories v. Garner, 387 U.S. 136 (1967)사건에서 대법원은 연방행정절차법상 행정작용(agency action)에 '행정입법(rule)'이 포함된다는 점, 그리고 당해 사안

및 분쟁성(case and controversy)규정상 법원은 그러한 권고적 의견을 발할 수 없고 행정이 개인에게 좁은 의미의 손해(예컨대 벌금의 부과나 감금 등)를 끼치지 않는 한 법원은 행정과 개인 간의 분쟁을 해결할 수 없다고 보았던 종래의 소극적인 견해를 배척하고 법률이나 행정입법의 유효성에 관한 불확실성이 사인이나 정부에게 엄청난 손해를 야기할 수 있다는 현실을 인정한 것이기 때문이다. Davis, op. cit., vol. II, §15. 12 (p. 361, 364).

45) Schwartz, op. cit., §9.1, (p. 564).
46) Recommendation of the Administrative Conference of the United States No. 82-7.
47) 316 U.S. 407 (1942).

에서 문제된 행정입법이 원고에게 미치는 영향은 행정입법 자체에 대한 사법심사를 베풀기에 적절할 정도로 충분히 직접적이고 즉각적이라는 이유로 행정입법 자체에 대한 사법심사를 허용하였다. 즉 사인의 권리와 의무에 즉각 영향을 미치는 행정입법에 대해 심사를 허용하지 않는다면 사인들은 당해 행정입법의 적법성에 의혹을 품는 경우에도 어쩔 수 없이 당해 행정입법이 부과한 의무를 이행하거나 혹은 불이행으로 인한 제재를 감수하여야 하는데, 이러한 결과는 정의롭지 못하다는 것이 위 판례의 이유였다.[48] 동 판결에 나타난 행정입법의 성숙성에 관한 법원의 견해는 확고하게 자리잡게 되었으며[49] 이후 법원들은 법률에서 집행 전 심사를 규정하지 않은 경우에도 집행 전 심사의 활용가능성을 강력하게 추정하는 경향을 보였다.[50]

② 비공식적 행정작용(informal agency action)

재결이나 규칙제정 이외에도 행정은 의견서나 보고서, 지침, 구두회의, 보도자료(press release) 등의 광범위한 비공식적 행정활동을 수행하고 있다. 이들 행정작용은 개인에게 직접 의무를 부과한다거나 권리를 제한하지 않으면서도 그에 수반되는 강력한 설득력 때문에 개인에게 적어도 간접적인 방식으로는 엄청난 손해를 야기할 수 있다. 그러나 이들 행정작용들은 그 양도 방대하거니와 '최종적'인 행정작용이 아니고 또 대부분 구속력을 가지지 않는다는 점에서 심사에 필요한 성숙성을 갖추지 못한 경우가 많기 때문에 법원은 대개 그러한 행정작용들에 대한 심사를 꺼려왔다.[51] 그러나 비공식 행정작용이라는 점 자체가 사법심사를 가

---

48) Schwartz, op. cit., §9.1, (p. 565) ; 이처럼 행정입법이 집행되기 전에 이루어지는 사법심사를 집행 전 사법심사(pre-enforcement review)라고 한다. (Breyer, op. cit., p. 963-964)
49) Davis, op. cit., vol. II, §15. 14, (p. 373).
50) Breyer, op. cit., p. 967.
51) Davis, op. cit., vol. II, §15. 15, (p. 384).

로막는 것은 아니다. 예컨대 National Automatic Laundry and Cleaning Council v. Shultz, 443 F.2d 689 (D.C.Cir. 1971) 사건에서는 특정산업의 노동자들이 공정노동기준법상의 최장 근로시간 및 최저임금에 관한 규정의 적용을 받는지를 묻는 질의에 대해 행정이 이를 긍정하는 취지의 답장을 주자 질의자들이 그러한 법해석이 위법임을 다투었다. 이에 항소법원은 법해석이라고 하는 '행정작용'을 집행하기도 전에 이에 대한 사법심사를 구한다는 이유만으로 소를 각하해야 할 적법요건상의 문제 (threshold obstacle)는 없다고 함으로써 이러한 비공식 행정작용의 최종성과 성숙성을 인정하였다.52) 그러나 다른 한편 New York Stock Exch. v. Bloom, 562 F.2d 736 (D.C. Cir. 1977)사건에서는 전국 은행들의 투자서비스제공이 관련법 위반이 아니라는 회계감사국장(Comptroller General)의 비공식 의견서가 문제되었는데, 그러한 비공식 의견서에 기관장이 서명은 했지만 구체적인 증거가 제출된다면 그리고 제출되었을 때 자신의 견해를 번복할 가능성을 명백히 유보하였으므로 그러한 의견은 어디까지나 잠정적(tentative)인 것이고 따라서 사법심사에 필요한 성숙성을 갖추지 못하였다고 보았다.53) 또한 Pacific Gas & Electric Co. v. Federal Power Commission(FPC), 506 F.2d 33 (D.C.Cir. 1974)사건에서는 행정청이 '일반정책선언'이라는 표제 하에 천연가스 부족 시 배급우선순위를 지정하면서 그 구속력을 부정한 것에 대해 법원은 행정입법(rule)과 일반적 정책선언 (general policy statement)을 구분하면서 그러한 규정은 구속력 있는 규범이 아닌 정책선언에 불과한만큼 사법심사에 필요한 성숙성을 갖추지 못하였다고 판시하였다.54)

---

52) Davis, op. cit., vol. II, §15. 15, (p. 386) ; 그 밖에 행정의 법적용에 관한 결정이 '독립적인 강제적 효력(independent coercive effect)'이 결여되었다는 이유로 최종성이 부정되는 것은 아니라는 판례로는 Port of Boston Marine Terminal Assn. v. Rederiaktiebolaget Transatlantic, 400 U.S. 62 (1970) ; Frozen Food Express v. U.S. 351 U.S. 40 (1956).

53) 562 F.2d 736, 741 (D.C. Cir. 1977).

다른 한편 어떠한 비공식 행정작용에 아무런 구속력도 없고 오로지 사인에게 간접적인 손해만을 야기할지라도 법원이 즉각 성숙성을 인정하는 사안이 있으니 그것은 바로 문제의 행정작용이 언론·출판, 혹은 집회의 자유 같은 기본권에 불리한 영향을 미칠 때이다. 예컨대 Bantam Books v. Sullivan, 372 U.S. 58 (1963)사건에서 법원은 행정청이 도서도매상에게 비공식적으로 권장도서를 지정한 행위에 관하여 "동 위원회는 의도적으로 '미풍양속을 해치는(objectionable)' 도서의 출판을 억제하고자 하였으며 또 그 목적을 달성하였다 … 이러한 비공식적 검열만으로도 출판물의 유통을 충분히 억제할 수 있는만큼 이에 대해서는 명령판결(injunction)로 구제할만하다." 라고 하면서 문제의 권장도서 지정행위를 위헌인 것으로 보아 금지하는 판결을 내렸다.55)

(4) 최종성(finality)

오로지 '최종적인 행정작용'만이 심사받을 자격이 있다. (APA 5 U.S.C. §704) 어떠한 행정작용이 '최종적'인 것이려면 먼저 행정청의 의사결정 과정이 하나의 決意(resolution)에 도달하여 적어도 현재로서는 정지되었어야 한다.56) 판례상 최종성이 문제된 사안으로는 불이익처분절차를 개시키로 하는 결정이나 혹은 행정의 부작위 등이 있다.

① 불이익처분절차 개시결정(issuance of complaint)

최종성은 행정청의 절차개시결정에서 문제된다. 예컨대 사인에게 불

---

54) "A properly adopted substantive rule establishes a standard of conduct which has force of law... A general statement of policy, on the otherhand, does not establish a 'binding norm.' It is not finally determinative of the issues or rights to which it is addressed. ... A policy statement announces the agency's tentative intentions for the future." . 506 F.2d 33, 38.
55) 372 U.S. 58 , 67.
56) Breyer, op. cit., p. 954.

이익한 혹은 징계적인 처분을 내리기 위한 행정절차를 개시하는 행정의
정식결정(complaint)이 있다면, 사인의 관점에서는 일단 당해 절차에서 자
신을 변호하는 데 많은 비용을 치러야 하며 또 자신에 대해 그러한 절차
가 개시되었다는 사실만으로도 자신의 평판에 미치는 나쁜 영향을 감수
하여야 한다. 다른 한편, 당해 행정절차가 종결되기 이전에 그러한 절차
개시결정 자체를 다툴 기회를 사인에게 부여한다면 그로 인해 당해 행
정절차가 지연될 것임은 명약관화하다. 그리하여 법원에서는 "송사
(litigation)에 드는 비용과 수고는 정부 아래에서 사는 댓가로 치러야 할
사회적 부담의 일부"라는 이유로 행정절차 개시결정은 '최종적인 행정
활동'은 아니라고 판시하였다.[57]

② 행정의 부작위(agency inaction)

연방행정절차법에 따르면 행정의 '부작위(failure to act)'도 '행정작용'
이지만(5 U.S.C. §551(13)) 부작위가 과연 최종적인 행정작용인가는 어려
운 문제이다. 동법의 다른 규정에서는(5 U.S.C.§706(1)) 법원은 "위법하게
보류되거나 비합리적으로 지연되고 있는 행정활동을 강제"할 수 있다고
규정하고 있으므로 제정법에서 행정의 행위의무를 정하고 있는 때에는
일단 사인은 행정에게 필요한 조치를 취해줄 것을 신청한 후 일정기간이
경과하면 신청한 조치를 명해줄 것을 법원에 구할 수 있을 것이다. 그러
나 Heckler v. Chaney 사건에서 연방대법원은 (재량에 기한) 부작위결정에
대해 일반적으로 심사불가능성의 추정(presumption of nonreviewability)을
선언한 바 있다.[58] 그러나 부작위의 심사불가능성 추정원칙에 대해서는
과연 현대와 같은 규제-복지국가하에서 작위와 부작위를 명쾌하게 구
분할 수 있는 것인지에 관한 의문도 제기되고 있다. 행정이 외관상 아무

---

57) Federal Trade Commission v. Standard Oil Company of California, 449 U.S. 232
    (1980).
58) 470 U.S.821 (1985).

일도 하지 않는 것 같아도 그 자체가 어떤 의미로는 무엇인가를 하는 것일 수 있기 때문이다. 또한 작위는 강제적이고 부작위는 강제적이지 않으므로 부작위에 대한 법원의 관심이 덜 해도 괜찮다는 생각도 설득력이 부족하다. 결국 Chaney사건의 법원의 입장을 설명할 수 있는 가장 설득력 있는 논거는 행정이 활용할 수 있는 자원은 한정되어 있다는 점, 그리고 행정자원을 사용하지 않겠다는 뜻인 부작위결정에 대해 사법심사를 허용한다면 이는 이해관계 있는 사인의 의도에 따라 공적 자원배분의 우선 순위가 결정되는, 우려스러운 결과를 낳으리라는 점에서 발견할 수 있다고 한다.59)

II. 본안절차상 예방적 구제

1. 선언판결(declaration)

1) 개   념

영국법상의 형평상 구제 가운데 하나로 발달한 선언판결은 미국법 맥락에서는 비교적 최근에 이르러 활용되기 시작하였다. 주 차원에서는 이미 1917년 뉴저지 주에서 최초의 선언판결법이 발효되었으나 연방차원에서는 1934년에 이르러서야 비로소 연방선언판결법이 제정되었다. 그 이유는 바로 연방헌법이 연방의 사법권을 '사건과 분쟁(cases and controversies)'에 국한하고 있으므로 연방의 입법자들이 선언판결의 합헌성을 우려하였기 때문이었다.60) 그리하여 1934년의 선언판결법에서는 (28 U.S.C.§§2201-2, Declaratory Judgment Act) "미연방법원은 이해 당사자

---

59) Breyer, op. cit., p. 861-862.
60) Schoenbrod, op. cit., p. 384.

의 권리 혹은 기타의 법적 관계를, 그 이상의 구제를 구하고 있는지 혹
은 구할 수 있는지와는 상관없이, 연방조세사건의 경우를 제외하고는,
자신의 관할권 내에 속하는 실제의 분쟁사건(actual controversy)의 경우에
확인할 수 있다."라고 규정함으로써 그러한 헌법적 요청에 부합하고 있
다. 이하에서 살펴보듯이 선언판결은 명령판결(injunction)보다 얻기 쉬울
뿐 아니라 대부분의 경우에 명령판결만큼이나 실효적이다. 왜냐하면 행
정청과 공무원들은 대개 선언판결만으로도 당해 판결에 자신의 행위를
조화시키기 때문에 선언판결이 실제로 행정으로 하여금 특정한 행위를
하도록 요구하는 것과 동일한 효과를 가지는 경우가 많기 때문이다.[61]

한편 선언판결은 그 형식과 효력에 있어서 적극적일 수도 소극적일
수도 있으며 선언판결의 부여 여부에 관하여 법원은 재량을 가지고 있
다. 연방선언판결법에서는 이 점을 명시하고 있지 않으나 여러 주들의
선언판결법의 모범이 된 통일선언판결법(Uniform Declaratory Judgment
Act)에서는 이 점을 분명히 하고 있다. (U.D.J.A. §1, §6)[62]

2) 다툴 수 있는 행정작용

한편 선언판결은 이미 발급된 최종적인 행정작용의 위법성을 확인하
기 위하여, 즉 통상적인 항소심형 심사(appellate review)에서 주로 활용되
나 점차 이에 국한되지 않고 최종적 행정작용이 발급되기 이전에, 즉 행
정절차계류 중에 중간 심사(interlocutory review)를 통하여 문제의 행정작
용의 위법성을 확인받기 위하여서 활용되는 경우가 늘고 있다. 물론 선
언판결이 기능적인 관점에서 과연 다른 구제들과 구별될 수 있는 구제
유형이냐라는 점에는 의문도 있다. 흔히 볼 수 있듯이 사인이 어떠한 행
정작용이 무효임을 선언하고 그 집행을 금하는 판결을 얻기 위하여 소
송을 제기하는 경우, 만약 그가 선언판결을 구하지 않고 단지 집행의 금

---

61) Davis, op. cit., vol. III, §18.4, (p. 180, 181).
62) Schoenbrod, op.cit., p. 384.

지만을 구하더라도 법원은 여전히 문제의 행정작용이 무효인지, 적용가
능한지, 위법인지 여부 등을 '선언하여야'하기 때문이다. 따라서 이러한
상황에서는 선언판결이라는 구제가 독립된 목적에 봉사하고 있다고는
할 수 없을 것이다. 그러나 선언판결이 독자적인 기능을 수행하는 경우
도 있다. 예컨대, 특정한 영업활동에 종사하기를 원하는 자가 행정청의
허가를 받아야 하는지에 의문을 가지고 있는 경우, 만약 당해 사인이 선
언판결을 활용할 수 없다면 그는 제재를 무릅쓰고 허가를 받지 아니한
채 영업을 시도해보거나 아니면 여러 불이익을 감수하면서 일단 허가를
받기 위하여 노력하는 수밖에 없을 것이다. 이러한 사안뿐 아니라 신분
이 문제되는 사안에서도 개인들은 선언판결을 활용하여 법적 불확실성
을 적극적으로 타개할 수 있으므로 바로 이러한 면에서 선언판결은 '평
화로움을 가져오는 소임(pacifying ministrations)'을 하고 있다.[63]

3) 효 력

선언판결은 당사자를 구속하며 전통적인 기판력(res judicata) 및 附隨的
禁反言(collateral estoppel)이론에 따라 법원이 일단 선언판결을 통해 판시
한 쟁점(issue)에 대해 장래 소송으로 다시 다툴 여지는 차단된다. 선언판
결이 비강제적 성격의 구제라는 점으로부터 필연적으로, 선언판결은 법
정모독으로 집행할 수 없다는 결론이 도출된다.[64]

---

63) Carrow, 58 Columbia Law Review 1, 20-21 (1958) ; 허가의 요부에 관한 주법원
   의 판례로는 New York Foreign Trade Zone Operators, Inc. v. State Liquor
   Authority, 285 N.Y. 272, 34 N.E. 2d 316(1941) ; Abelson's Inc. v. New Jersey
   State Bd. of Optometrists, 5 N.J. 412, 75 A.2d 867(1950) ; 시민권자격에 관한
   연방법원의 판례로는 McGrath v. Kristensen, 340 U.S. 162, 169 (1950) ; Perkins
   v. Elg, 99 F. 2d 408 (D.C.Cir. 1938), 307 U.S. 325 (1939).
64) Schoenbrod, op. cit., p. 382.

2. 금지명령판결(prohibitory injunction)

1) 개 념

Degge판례에 의하여 연방차원에서 취소판결(certiorari)의 활용이 종말을 맞은 것은 오히려 명령판결(injunction)의 활용증가라는 유익한 결과를 가져왔다.[65] 더욱이 1934년 선언판결법(Declaratory Judgment Act)이 제정된 후에는 명령판결(injunction)은 선언판결(declaration)과 함께 주된 비제정법상 구제유형으로 사용되었다. 가장 흔한 비제정법상 구제유형은 다투어진 행정작용이 위법함을 확인하는 선언판결과 당해 행정작용의 집행을 금하는 명령판결이다.[66] 명령판결의 하위유형으로는 이행명령판결, 금지명령판결, 종국적 명령판결, 보전명령 등이 있다. 피고가 특정 행위를 하는 것을 금지하는 것이 금지명령판결(prohibitory injunction 혹은 preventive injunction)이고 피고로 하여금 행위를 하도록 명하는 것이 이행명령판결(mandatory injunction 혹은 affirmative injunction)이다.[67] 대개 금지명령판결보다 이행명령판결을 얻는 것이 더 어렵다. 왜냐하면 법원은 이행명령판결을 직무집행명령(mandamus)과 동일시하여 후자에 적용되던 낡고 극히 까다로운 요건들을 전자에도 적용해 왔으며, 또한 법원의 관점에서는 헌법 혹은 법률에 근거하여 행정의 행위권한에 한계를 긋기보다는 행정이 특정한 적극적 행위를 하여야 명확한 의무를 지고 있는지를 발견하기가 더 어렵기 때문이다. 더 나아가 법원이 행정에게 특정한

---

65) Schwartz, op. cit., §9.8, (p. 578) ; Stark v. Wicard, 321 U.S. 288 (1944) ; American School of Magnetic Healing v. McAnnulty, 187 U.S. 94 (1902).

66) Schwartz, op. cit., §9.8, p. 578.

67) 그러나 양자의 구별이 명확하지 않을 때도 있다. 그 형식에 있어서는 금지명령이라 하더라도 실제로는 논리필연적으로 피고로 하여금 적극적인 행위를 하도록 작용할 수 있기 때문이다. Dan B. Dobbs, Remedies, West Publishing Co., St. Paul, Minn. 1974, p. 105.

방식으로 행위할 것을 명령하는 것이 훨씬 더 개입적이고 헌법상으로도 더 부적절해 보인다는 점도 이행명령판결을 부여하기를 꺼리는 이유이 다.68) 그리하여 구제를 구하는 자는 되도록 직무집행명령(mandamus)나 이행명령판결(mandatory injunction)이라는 용어를 사용하여 구제를 구하 지는 말라는 충고를 받곤 한다.69) 실무상으로도 환경에 관한 시민소송에 있어서는 이행명령판결보다는 금지명령판결을 구하는 경우가 훨씬 흔하 다.70) 법원 역시 명령판결을 발함에 있어서 명령적 혹은 적극적인 명령 을 하기를 매우 꺼려하는 경향이 있어서 명령의 내용을 되도록이면 소 극적 혹은 금지적으로 표현하곤 하였으며 특히 공무원에 대하여는 이행 명령판결을 발급하는 것을 극히 회피하려는 경향이 있었다.71)

2) 다툴 수 있는 행정작용

본래 영국법으로는 금지명령판결이 국왕 및 국왕의 관리에게는 발할 수 없다는 한계가 있음으로 말미암아 국왕의 행위 혹은 보다 중요하게 는 장관의 행위에 대해서는 활용될 수 없다는 한계가 있음은 앞서 영국 의 사법심사신청절차상 예방적 구제와 관련하여 살펴본 바 있다. 그러나 군주제를 알지 못하는 미국법상으로는 이러한 제약은 적용될 여지가 없 음은 물론이다.

---

68) Davis, op. cit., vol. III, §18.4, (p. 180).

69) Davis, op. cit., vol. III, §18. 4, (p. 181).

70) Axline, 12 Harvard Environmental L. Rev., 1, 4 (1988).

71) Note, Developments in the Law - Injunctions, 78 Harvard Law Review 996, 1061 (1965) 예를 들어 어떤 판결에서는 공무원과 경찰들이 "알라바마 주의 몽고 메리 시에 들어와 혹은 동 시를 통과하여 주간 통상(interstate commerce)에 종 사하는 모든 자들을 보호하지 못하거나 혹은 보호를 거부하는 것"을 금지 하는 보전명령을 발한 바 있다. United States v. United States Klans, Inc., 194 F. Supp. 897, 903 (M.D. Ala 1961).

3) 효 력

한편 금지명령판결이 선고된 경우, 당해 판결이 소송당사자만을 보호하는 것인지 아니면 그 밖의 유사한 상황에 처한 자들로서 소송당사자는 아닌 자들도 보호하는 것인지가 문제될 수 있다. 예컨대 교통경찰이 사용하는 제압수단(control hold)으로 인하여 신체를 훼손당한 시민이 그러한 제압수단의 사용을 금지하는 명령판결을 구한 데 대하여 법원이 이를 인용한다면, 그러한 판결은 금지를 구한 시민에 대해서만 문제된 제압수단을 사용하는 것을 금지할 따름인가 아니면 소송의 당사자는 아니지만 유사한 상황에 처한 시민들에 대해서도 사용하는 것을 금지하는가 여부이다.72) 만약 피고가 소송의 당사자가 아닌 제3자도 보호하는 판결에 명시적 혹은 묵시적으로 동의하는 경우에는(consent decree) 금지명령판결로써 소송의 당사자가 아닌 제3자도 보호될 수 있다.73) 또한 법원의 명령판결의 위배는 항상 민사적 법정모독(civil contempt)을 구성하며 더 나아가 그러한 위배가 고의적(willful)인 것일 때에는 형사적 법정모독(criminal contempt)을 구성하게 된다. 이에 대해서는 벌금(fine) 혹은 구금(imprisonment)으로 다스려지게 된다.74)

Ⅲ. 가구제절차상 예방적 구제

종국적 명령판결이 본안절차를 거쳐 나온 법원의 명령이라면, 보전명

---

72) 실제로 City of Los Angeles v. Lyons 461 U.S. 95 (1983)사건에서는 로스 앤젤리스市의 교통경찰이 사용하던 제압수단인 chokehold로 인하여 氣道손상을 입은 시민이 문제의 경찰공무원과 시를 상대로 손해배상과 함께 chokehold의 사용금지를 구하는 명령판결을 구한 바 있다.

73) Catanzano v. Dowling, 847 F.Supp. 1070 (W.D.N.Y. 1994) ; Schoenbrod, op. cit., p. 72.

74) Note, Developments - Injunctions, 78 Harvard L. Rev., 996, 1086 (1965).

령(preliminary or interlocutory injunction)은 가구제조치로서 발하는 법원의 명령이다. 보전명령신청은 피신청인에게 고지(notice)되어야 하며 심리 (hearing)가 열리게 된다. 그러나 이 때의 심리는 불충분한 범위에서만 이루어지기 마련이므로 보전명령을 남용하는 일이 없도록 다양한 방지책들을 마련하고 있다. 그 가운데 대표적인 것이 바로 잘못된 보전명령으로 인하여 피신청인이 입을 수 있을 피해를 보전할 수 있도록 신청인에게 담보설정을 요구하는 것이다. 이러한 기본적 구도는 연방민사소송규칙(Federal Rules of Civil Procedure) Rule 65에서 마련하고 있다. 더 나아가 신청에 기하여 일방적으로 부여되는 명령(ex parte injunction)인 일시제약명령(temporary restraining order)도 있다.(FRCP rule 65(b)) 즉 이는 피신청인에게 고지됨이 없이 신청인만을 심리하여 부여하는 명령이다. 그렇기 때문에 이는 보전명령보다 훨씬 더 위험스런 도구이므로 보전명령의 남용방지책들이 마찬가지로 적용된다. 더 나아가 신청인은 피신청인에 대한 고지와 심리를 거치지 않아야 할 정도로 구제의 필요가 절박하다는 것을 입증하여야 하며 고지를 해서는 안 되는 이유를 제시하여야 한다. 이러한 일시제약명령(TRO)은 제한된 기간 동안만 부여되어야 하며 10일을 초과해서는 안 된다.75) 한편 법원이 발한 명령판결(injunction)의 위배는 법정모독(Contempt of Court)으로 다스려진다.76)

전통적으로 명령판결을 구하는 당사자는 법적 구제(remedy at law)가 부적절하며 다투어진 행위가 회복불가능한 손해(irreparable harm)를 야기할 것임을 입증하여야 한다. 원고와 피고가 모두 회복불가능한 손해를 경쟁적으로 주장하는 경우에는 법원은 "당사자들의 편의 및 명령판결의 부여 혹은 거부에 의하여 당사자들이 입을 가능성이 있는 손해를 형량"하게 된다.77) 본래 명령판결은 개인간의 민사소송(private civil suits)에서

75) Dan B. Dobbs, Remedies, West Publishing Co., St. Paul, Minn, 1974, p. 107.
76) Schwartz, op. cit., §2.26, p. 94.
77) Owen M. Fiss, The Civil Right Injunction, Indiana University Press, Bloomington & London, 1978, p. 1984.

활용되던 형평법상 구제이므로 구제부여에 관하여 법원은 전통적으로
상당한 재량을 행사하였고 다투어진 행위를 금지할지 여부를 결정하기
이전에 각 당사자에게 초래될 잠재적인 손해를 형량하였던 것이다. 그런
데 법원은 이러한 '손해의 형량'기준을 시민이 연방행정청의 활동을 다
투는 사안에서도 무비판적으로 적용하여 왔다.[78] 그러나 사인간의 소송
에서와는 달리 사인이 연방행정청의 법률상 의무위반을 다투는 경우에
는 의회가 창설한 권리와 의무가 문제되기 때문에 법원은 명령판결의
부여 여부를 결정함에 있어서 개별사건에 특유한 사실들뿐 아니라 의회
의 의도 그리고 헌법상의 권력분배문제에 관해서도 배려하지 않으면 안
된다는 지적도 있다.[79] 이러한 견해에서는 사인이 행정과의 관계에서 명
령판결을 구하는 경우, 어떠한 상황하에서는 - 그러한 상황으로 특히
문제되는 것은 의회가 행정에게 부과하고 있는 의무가 기속적인 것이고
(mandatory duty), 행정청이 그러한 의무를 명백히(plainly) 위반하였을 때
인바 - 법원이 손해의 형량을 포기하여야 한다고 주장한다. 만약 반대
로 법원이 손해의 형량을 포기하지 않고 그러한 형량에 기하여 기속적
의무에 위배되는 행정청의 행태에 관해 명령판결을 부여하지 않는다면,
이는 위법한 행정작용에 대해 면죄부를 주는 것이며 결국 행정과 법원
이 서로 협력하여 의회에 대한 모독(Contempt of Congress)을 저지르는 것
이기 때문이다. 물론 몇몇 하급법원들에서는 의회가 명령판결을 각별히
허용한 경우에는 회복불가능한 손해가 추정되는 것으로 봄으로써 형량
에 관하여 태도를 수정하고 있다.[80] 또한 연방대법원도 Tennessee Valley
Authority v. Hill사건에서는[81] 일단 연방행정청이 연방법률을 위배하였음
을 법원이 본안에서 확정한 이상, 명령판결을 거부할 형평상의 재량을
행사해서는 안 된다는 결론을 내린바 있다. 그러나 뒤이은 Weinberger v.

78) Axline, 12 Harvard Environmental Law Review 1, 2 (1988).
79) Axline, 12 Harvard Environmental Law Review 1, 3 (1988).
80) United States v. City of Painesville, 644 F. 2d 1186, 1194(6th Cir.).
81) 437 U. S 153 (1978).

Romero-Barcelo[82]사건에서 연방대법원은 연방행정청이 연방법률을 위반하였음이 본안에서 결정되었다 하더라도 연방법원들은 명령판결의 부여를 거부할 형평상 재량을 행사할 수 있다고 결론내린 바 있으며 이러한 Romero-Barcelo사건의 판지는 최근의 Amoco Production Co. v. Village of Gambell사건[83]에서도 재차 확인되었다.

---

82) 456 U. S. 305 (1982).
83) 107 S. Ct. 1396 (1987).

제3절 프 랑 스

Ⅰ. 전형적 구제유형의 대상적격

프랑스의 행정소송상 전형적 구제유형은 바로 월권소송이다. 월권소송으로 다툴 수 있는 행위는 먼저 행정의 행위(acte administratif)이어야 한다. 따라서 사인의 행위에 대해서는 월권소송으로 다툴 수 없는데, 어떠한 법인이 공법상의 법인인지 아니면 사법상의 법인인지가 일견 명백(a priori évident)하지 않은 경우라면 행정의 행위인지 여부를 판가름하는 데 다소간 어려움이 초래될 수도 있다. 예컨대 직능관련 법인들(personnes morales professionelles)과 관련하여 당해 법인이 공법적 성격인지 아니면 사법적 성격인지 여부를 당해 법인을 창설하고 있는 법문에서 규율하고 있지 않고 판례에 의하여 선언된 바도 없는 경우가 그러하다.[1] 또한 공무를 위탁받은 사인(personne privée chargée de la gestion d'un service public)의 경우 당해 사인이 공무를 수행하고 행정의 대권을 행사하는 것인 때에는 행정의 행위인 것으로 간주되어 이를 다투는 월권소송을 제기할 수 있다. 한편 다투어진 행위는 침익적 결정행위(décision faisant grief)이어야 한다. 행정계약이나 당해 계약을 집행하기 위한 조치들은 월권소송의 대상이 되지 못하며 이에 관해서는 완전심리소송에 의하여야 한다. 그러나 다른 한편 이러한 원칙은 분리행위(acte détachable)개념에 의하여 다소간 완화되고 있는데, 예컨대 시장으로 하여금 계약체결을 허용하는 시의회의 의결이나 입찰위원회의 결정은 별개의 행위로 간주되며 그리하여 월권소송으로 다툴 수 있다. 그러나 이 경우 당해 행위의 취소는 계약체결 그 자체에는 직접적인 영향을 미치지 않는다.[2] 또한 결정행위를 준비

---

1) Rivero/Waline, loc. cit., n°150, p. 137.

하는 단계에서 이루어지는 행위(결정을 내릴 하급자에 대한 상급자의 지시나 회람, 자문기관의 자문의견, 이미 존재하는 의무를 특정인에게 환기시키는 독촉행위 등)나 결정행위에 수반하는 행위(즉 고지 notification, 기존의 결정을 확인하는 조치 mesure confirmative rappelant la décision)등은 월권소송으로 다투지 못한다.[3] 더 나아가 이러한 행위는 법적 행위(acte juridique)이어야 하나 이는 독일의 경우처럼 상대방의 권리의무를 변경하는 행위에 국한하지 않고 전체 법질서에 새로운 요소를 도입하는 것이면 충분하므로 행정의 단순한 견해표명은 제외되지만 경고, 권고, 공적 시설의 설치 등 독일에서는 사실행위로 분류되는 것도 그것이 법적인 의미를 갖고 상대방에게 침익적 영향을 초래한다면 월권소송의 대상이 된다. 보다 더 중요한 것은 개별행위뿐 아니라 행정의 법규제정행위도 월권소송의 대상이 된다는 점이다.[4]

II. 본안절차상 예방적 구제

앞서 제1장에서 밝힌 바와 같이, 이 논문이 주제로 삼고 있는 행정소송상 예방적 구제의 개념을 예방적 금지소송 혹은 예방적 확인소송으로 파악하는 한, 프랑스의 행정소송에 있어서는 예방적 권리구제제도의 존부에 대하여 일단 부정적인 대답을 할 수 있을 것이다. 먼저 프랑스의 행정소송에 있어서는 선행결정의 원칙으로 인하여 아직 발하여지지 않은 행정결정을 다툴 수 있는 길은 배제되어 있다. 또한 앞서 살펴본 바와 같이 본안절차에서의 구제유형으로는 월권소송과 완전심리소송, 그리고 일단의 확인소송이 있으나 금전채무의 이행을 제외하고는 법원이

---

2) Rivero/Waline, loc. cit., n°243 p. 213.
3) Rivero/Waline, loc. cit.
4) 박정훈, "인류의 보편적 지혜로서의 행정소송" 서울대학교 『법학』 제42권 제4호, 2001, 81면.

행정에 대하여 작위 혹은 부작위를 명하는 것(ordonner de faire où de ne pas faire), 즉 명령(injonction)은 앞서 살펴본 바와 같이, 월권소송의 취소판결 주문에서 부가하는 경우를 제외하고는 원칙적으로 허용되지 않는다.

1. 본안절차상 예방적 구제의 부재전통

1) 선행결정의 원칙(règle de la décision préalable)

행정소송에서는 원칙적으로 이미 존재하는, 즉 행정의 선행결정 (décision préalable)에 대해서만 행정소송을 제기할 수 있다. 사인은 먼저 행정청에게 신청을 하여 그에 관한 행정의 결정을 일단 이끌어내야만 하며 그렇지 않은 경우 소는 부적법(irrecevable)하다.[5] 행정은 선행결정을 이유로 해서만 법원에 소환될 수 있기 때문이다.[6] 월권소송은 이미 그 개념정의상 행정의 결정에 대하여 제기되므로 항상 그리고 반드시 선행 하는 결정이 있기 마련이다. 따라서 선행결정의 요건은 완전심리소송에 서 중요한 의미를 가진다.[7] 그런데 이 원칙을 고수하다보면, 행정이 사 인의 청구에 대하여 침묵하는 경우(silence de l'administration)에는 결정의 부존재로 인하여 소송이 불가능하게 된다. 이러한 불합리를 차단하기 위 하여 이미 1900년 7월 17일의 법률에서는 행정의 침묵이 신청시점부터 기산하여 4개월에 이르는 경우 '묵시의 거부결정'(décision implicite de rejet)으로 보아 소송을 제기할 수 있도록 하고 있었으나 최근 2000년 4월 12일의 법개정으로 통하여 이 기간은 2개월로 단축되었다.[8]

---

5) Laubadère, loc. cit., n°637, p. 39.

6) 이 원칙은 C.T.A.C.A.A. R 102조 1항(Decret n° 90-400 du 15 mai 1990 art. 9, JO 16 mai 1990)에 실정화되었다. 이 규정의 옛 형태는 1864년 11월 2일의 데끄레(décret) 7조와 1900년 7월 17일법 및 1956년 6월 7일법에서도 발견된 다. Laubadère, loc. cit., n°637, p. 392.

7) Laubadère, loc. cit., n°637, p. 391 ; Rivero/Waline, loc. cit., n° 218, p. 190.

이러한 선행결정원칙은 역사적으로 장관-법관이론(théorie du ministre-juge), 즉 장관이 일심법관으로서 사건을 다루고 꽁세유 데따는 상급심으로서 장관의 결정을 심사하는 제도의 유물이었다. 그러나 장관-법관제도가 폐기되고 난 후에도 꽁세유 데따가 이 원칙을 고수하는 이유로는 주로 이 원칙이 일종의 화해의 전제조건을 창조함으로써 소송을 회피케 하는 기능을 수행한다는 점이 제시되고 있다.[9]

2) 명령(injonction)의 금지

또한 전통적으로 행정법원이 행정에 대하여 일정한 작위 혹은 부작위 의무의 이행을 명하는 이행소송유형은 오로지 금전배상의 경우를 제외하고는 허용되지 않고 있다. 다만 앞서 살펴본 바와 같이 1995년 2월 8일 법률상으로 명령(injonction)의 가능성이 도입되기는 하였으나, 이는 독일의 의무이행소송에 대응할 만한 제도를 창설한 것으로는 볼 수 없다는 것이 학계의 다수설로서 오히려 입법자의 목적은 월권소송을 강화하는 데 있다고 한다.[10]

3) 일반적 확인소송의 부재

프랑스 행정소송상으로도 확인소송(recours déclaratifs)[11]개념은 알려져 있다. 프랑스법상으로는 두 가지 유형의 확인소송이 있는데, 하나는 직

---

8) 박정훈, "인류의 보편적 지혜로서의 행정소송" 서울대학교 『법학』 제42권 제4호, 2001. 12, 83면.

9) Laubadère, loc. cit., n°637, p. 392 ; Rivero/Waline, loc. cit., n° 220, p. 191.

10) Melleray, RDP, 1998, p. 1098 ; D.Chauvaux et J.-H. Stahl, chron. sous C.E. 7 avril 1995, Grekos, 12 juillet 1995, Domarchi, 18 octobre 1995, Reghis, et 29 décembre 1995, Kavvadias, AJDA, 1996, p. 115 (Melleray, RDP, 1998, p. 1098, 각주 50에서 재인용).

11) recours en déclaration, 혹은 recours en interprétation이라고도 한다.

접적 확인소송(recours déclaratif direct)으로서 행정결정의 무효확인을 구하는 소(recours en déclaration de nullité des actes inexistants)가 이에 해당한다. 또 다른 한편으로는 통상법원에서 분쟁이 제기된 경우 당해 통상법원이 절차를 중단(sursis à statuer)하고 행정법원이 결정해 주어야 할 문제를 관할 행정법원에 이송(renvoi)한 후, 원고가 관할 행정법원에 선결문제의 해명을 신청하는 유형의 확인소송이 있다. 이는 다시 해석을 구하는 경우(recours sur renvoi en interprétation)와 적법성판단을 구하는 경우(recours sur renvoi en appréciation de validité)로 나누어진다. 이처럼 프랑스에서의 확인소송은 독일의 확인소송과는 사뭇 다르다. 다만 무효확인소송은 독일의 경우와 비슷하나 그 밖에 법관계의 존재 혹은 부존재확인이나 장래의 행위와 관련된 예방적 확인이나 혹은 소멸된 행정행위의 위법성을 확인하는 등의 확인소송유형이 별도로 마련되어 있지는 않다. 특히 신청에 따른 처분을 받을 권리의 존재확인을 구하는 소송(action en déclaration en droit)[12]과 관련하여 판례에서는 이러한 소송이 행정법원이 행정에 대하여 금지하거나 명령하는 것을 제한하는 고전적인 기능분리의 원칙에 위배된다는 이유에서 허용하지 않고 있다.[13] 그러나 앞서 살펴본 바와 같이 1995년 2월 8일법에 의하여 취소판결 주문에서 행정법관이 명령을 발할 수 있게 되었으므로 위와 같은 논거는 이미 타당하지 않게 되었으며 따라서 그러한 유형의 확인소송의 도입을 반대할 이유는 줄어들고 있다는 지적도 있다.[14]

결론적으로 이 논문이 정의한 바와 같은 예방적 구제유형은 프랑스의 행정소송의 본안절차 상으로는 발견할 수 없다. 그러나 그렇다고 하여

---

12) 이러한 표현은 장 마리 뵈얼링(Jean-Marie Woehrling)에게서 유래한 것으로서 학계에서 가장 자주 사용하는 표현이라고 한다. (Melleray, RDP, 1998, p. 1090).
13) C. E. 8. 6. 1988, AJDA, 1988, S. 473.
14) Melleray, RDP, 1998, p. 1095.

자신의 권리영역을 침해하는 위법한 행정작용의 금지를 구할 소송상의
방도가 프랑스 국민들에게 전혀 열려있지 않은 것은 아니다. 이하에서
살펴보듯이 행정의 활동이라고 하더라도 특정 사안에서는 통상법원이
관할함으로써 통상법원의 법관이 당해 활동의 금지를 명할 수 있는 길
이 열려 있었다. 뿐만 아니라 최근의 급속심리절차의 입법적 개선을 통
해서 가구제절차에서나마 행정소송상 예방적 구제의 길이 열리는 조짐
을 발견할 수 있다. 이하에서는 프랑스 행정소송상의 구제유형이 제한되
는 데에서 야기되는 권리구제의 흠결을 보완하는 기제로서, 먼저 판례를
통해 전개된 폭력행위이론을 살펴보고 뒤이어 최근 입법적 개혁을 통해
마련된 예방적 구제로서 기본적 자유보전형 급속심리절차를 간략히 살
펴보기로 한다.

2. 전통적 보완기제
— 폭력행위이론(théorie de la voie de fait)

1) 개 념

이 법리는 프랑스 행정법의 가장 精緻한 개념 가운데 하나이면서 동
시에 가장 논란이 많은 개념이기도 하다.15) 행정법맥락에서 이 용어는
어떠한 행정활동에 중대·명백한 위법성(flagrante irrégularité)이 있어서
도저히 이를 행정의 활동으로 간주할 수 없고 단지 사인의 행위로 다루
어야 하며 그럼으로써 행정법원만이 이를 심판할 수 있다는 특권을 잃
고서 통상법원의 관할에 속하게 됨을 뜻한다.16) 폭력행위이론은 부동산
침탈(emprise)이론17)보다 그 개념과 결과에 있어서 훨씬 넓은 외양을 가

---

15) Damien Thierry, La jurisprudence Eucat dix ans après : sa portées sur la théorie de
   la voie de fait, RFDA 1997, p. 524-537 (p. 524).
16) Rivero/Waline, loc. cit., n° 170 -173, p. 152-154 ; Brown/Bell, op. cit., p. 139.
17) 행정이 사인의 부동산소유권에 일시적 혹은 확정적으로 위법 혹은 적법한

지고 있다. 행정이 실질적 집행행위(acte matériel d'exécution)를 수행하는 과정에서 개인의 기본적 자유 혹은 재산을 침해하는 중대·명백한 위법(irrégularité grossière)을 저지른 경우에는 폭력행위가 성립한다.[18]

　폭력행위개념은 20세기 후반부에 이르러 극적인 변천을 겪어왔다. 양차 세계대전이 지속되는 동안에는 법원은 이 법리를 거의 주목하지 않았다. 그러나 2차 세계대전 종료 후 전쟁으로 인한 궁핍과 재건의 압박 그리고 전반적인 사회혼란 속에서 행정부가 때로 제3공화국과 제4공화국을 거쳐 발전해 온 자유주의적 원칙들을 망각하곤 하자 법원들은 특히 주택징발(requisition des logements)사안에서 행정의 전횡에 재갈을 물리기 위하여 거의 잊혀졌던 폭력행위이론을 다시 활용하기 시작하였다.[19] 그랬다가 점차 시간이 흘러가면서 점차 이 제도의 활용빈도는 다시 줄어들게 되었고 심지어 이 제도가 없어질 것이라는 예견까지도 나오게 되었다. 그러나 1969년에 관할재판소와 꽁세유 데따에서 판결례[20]가 연달아 나오면서 이러한 예견은 틀린 것이었음이 드러났다. 어쨌거나 이 개념의 존재이유를 둘러싼 다툼에도 불구하고 1980년대 중반 관할재판소는 유까(Eucat)판결[21]을 계기로 하여 폭력행위개념을 다시 논란의 중심에 놓았다.[22] 학설상으로는 다수의 견해가 폭력행위개념에 반대하고 있음에도 불구하고[23] 아직은 폭력행위개념이 건재하다는 것은 동 개

　점유박탈(dépossession)의 형태로 침해를 가한 경우를 부동산침탈(emprise)이라 한다. (Laubadère, loc. cit., n° 554, p. 329)
18) Laubadère, loc. cit., n° 563, p. 332.
19) Laubadère, loc. cit., n° 565, p. 333.
20) T.C. 30 juin 1969, Sté des Praillons, AJDA 1969, p. 699 ; C.E. 10. oct. 1969, Muselier, Rec. p. 432.
21) T.C. 9 juin 1986, Eucat contre Trésorier-payeur général du Bas-Rhin, Rec. p. 301.
22) Thierry, RFDA, 1997, p. 525 ; 폭력행위이론의 유용성을 긍정하는 견해로는 Laubadère, loc. cit., n° 562, p. 332.
23) Charles Debbasch, Institutions et droits administratif, 1992, p. 360 ; Michel Rousset, Droit administratif, 1994, p. 76.(Thierry, RFDA 1997, p. 535, 각주 83에서 재인용)

넘이 나름의 유용성을 가지고 있다는 반증이다. 폭력행위법리의 유용성
은 바로 행정법원의 법관보다는 통상법원의 법관이 개인의 기본적 자유
와 소유권의 보호사안에서 더 우월한 보호를 베풀 수 있다는 점에 있는
데, 그 이유는 첫째, 행정법관에게는 오랫동안 이행명령을 발할 권한이
없었으며 둘째, 통상법원의 법관이 단 며칠 만에 혹은 심지어 몇 시간
만에 결과를 얻을 수 있도록 해주는, 예방적 명의(titre préventif)까지 포함
되는, 급속심리(référé civil) 절차를 활용할 수 있는 것과는 달리 행정법원
의 법관이 활용할 수 있는 행정소송상 급속심리제도는 그에 비하여 훨
씬 더 느리고 그 기능도 아주 불완전하였기 때문이다. 그러나 이하에서
살펴보듯이, 1995년 2월 8일 법률에 의하여 행정법관에게도 이행명령권
이 제한된 범위에서나마 부여되었고, 또 더 나아가 2000년 6월 30일 법
률에 의하여 행정소송에서의 급속심리제도가 대 변혁을 겪으면서 위와
같이 폭력행위이론을 지탱해 왔던 법제도적인 토대들이 변화하고 있다
는 점에 주목할 때, 앞으로 폭력행위이론의 운명은 예의 주시할 필요가
있다고 한다.[24]

2) 요 건

(1) 물리적 집행(exécution matérielle)

어떠한 결정(décision)이 존재하는 것만으로는 폭력행위를 구성하기에
충분치 않으며 행정이 당해 결정을 집행하는 단계로 넘어가야 한다. 즉,
폭력행위는 물리적 집행행위(actes matériels d'exécution)[25]를 전제로 한다.

---

24) Thierry, RFDA 1997, p. 537.
25) 물리적 집행(exécution matérielle)은 강제집행(exécution forcée)과는 구별하여야
   한다. 폭력행위가 성립하기 위해서는 단지 행정결정(décision administratives)
   을 실제로 집행하는 거동(agissement matériel)이 존재하는 것으로 충분하며
   행정이 반드시 강제집행절차를 활용하였을 필요는 없다. (Laubadère, loc. cit.,
   n° 564, p. 333).

그러나 판례에서는 징발에 관하여 단지 폭력행위에 해당할 만큼 충분히 불법적인 조치가 '집행될 구체적 위험(menace précise d'exécution)'이 있는 것만으로도 폭력행위를 구성하기에 충분하다고 보아 구제를 구하는 원고에게 유리하게 요건을 완화하고 있다.26) 또한 집행된 결정 자체가 중대하게 위법한 경우도 폭력행위가 성립할 수 있으나 결정 자체는 적법하더라도 그 집행이 위법한 경우, 예컨대 허용되지 않는 위법한 강제수단을 사용하는 경우에도 폭력행위가 성립할 수 있다.27) 특히 후자의 사안에서 '폭력행위를 구성하는 것'으로 간주되는 것은 결정 그 자체이다.28)

(2) 중대 · 명백한 위법성(irrégularité manifeste)

폭력행위는 중대 · 명백한(manifest 혹은 flagrant) 위법성을 전제로 한다. 통상법원의 법관 스스로 어떠한 행정작용이 폭력행위임을 확인할 수 있다는 것은 오로지 행정법관만이 행정작용의 적법성을 평가할 권한을 가진다는 원칙에 저촉된다. 이러한 원칙의 훼손이 정당화되는 이유는 바로 폭력행위는 그 위법성이 너무나 중대 · 명백해서 논란의 여지가 없을 정도로 행정법관에 의한 섬세한 평가가 필요하지 않기 때문이다. 반면, 문제된 결정 혹은 그 집행의 위법성이 절대적으로 중대하고 명백한 것은 아닌 경우, 즉 단순 위법인 경우에는 폭력행위를 구성하지 않으며 따라서 통상법관의 권한도 수반하지 않는다.29)

---

26) T.C. 18 décembre 1947, Hilaire, J.C.P., 1948, II, 4087 ; Rivero/Waline, loc. cit., n° 173, p. 154.

27) Laubadère, loc. cit., n° 980, p. 600 ; C.E. 30 juillet 1949, Dame Depalle, D. 1950, p. 111.

28) T.C. 27 juin 1966, Guigon, D. 1968, p. 7.

29) Laubadère, loc. cit., n°565, p. 333; 판례상 폭력행위임이 인정된 사례로는 징발처분이 선행하지 않았음에도 불구하고 이루어진 부동산의 점유(C.E. 17 mars 1949, Époux Léonard, 592), 꽁세유 데따에 의하여 취소된 조치가 집행된 경우(Cass. 29 fév. 1950, J.C.P. 1950, II, 5517) 등이 있다.

(3) 재산권 혹은 자유권적 기본권에 대한 침해

폭력행위는 소유권(propriété) 혹은 자유권적 기본권(liberté publique)에 대한 침해를 전제로 한다. 부동산소유권에 대한 침해라면 폭력행위는 부동산침탈(emprise)로 환원될 수도 있다. 그러나 모든 부동산침탈이 반드시 폭력행위를 구성하는 것은 아니며 오로지 중대·명백하게 위법한 (grossièrement illégal) 부동산침탈만이 폭력행위가 될 수 있을 따름이다.[30] 한편 폭력행위는 동산 소유권, 나아가 자유권적 기본권에 대한 침해로도 성립할 수 있다.

3) 효 과

위와 같은 요건에 해당하는 행정의 작용은 행정의 행위로서의 성격을 잃게 되며 (dénaturer l'acte administratif) 당해 행위에 의하여 재산권 혹은 자유권을 침해당한 개인이 이를 다투는 소송은 통상법원의 관할에 속한다.[31] 이 경우 통상법관의 권한은 특히 광범위하며 부동산침탈(emprise)에 대한 권한을 능가한다. 즉 통상법원의 법관은 스스로 당해 행위의 위법성을 심사하여 폭력행위임을 확인할 수 있으며, 금전배상이 가능한 결과에 대해서 행정에게 금전배상을 명할 수 있을 뿐 아니라 일반원칙과는 달리 행정에게 폭력행위의 중단을 명한다든지 혹은 원상회복 (restitutions), 퇴거(expulsions), 철거(destructions) 등의 행위의무를 부과할 수 있다.[32]

---

30) Laubadère, loc. cit., n° 566, p. 336.
31) Laubadère, loc. cit., n° 565, p. 335.
32) Laubadère, loc. cit., n° 567, p.337 ; T.C., 17 juin 1948, Manufacture de velors et peluches. Recueil Dalloz, 1948, p. 377.

III. 가구제절차상 예방적 구제의 창설
- 기본적 자유보전형 급속심리(référé-liberté)

1. 가구제 개관

본래 프랑스의 행정소송절차상 가구제유형에는 집행정지(sursis à exécution)와 급속심리(référé)가 있다. 그러나 프랑스의 집행정지는 독일의 경우와 달리 원칙적으로 소 제기에 자동적으로 수반하는 것은 아니며 별도의 신청절차를 거쳐야 한다. 더구나 집행정지신청이 인용되려면 본안의 승소가능성이 농후하여야 하며 취소청구된 결정의 집행으로 인하여 신청인에게 회복하기 어려운 손해가 발생할 위험이 커야 한다는 매우 엄격한 두 가지 요건이 중첩적으로 충족되어야 하기 때문에 실무상 법원이 집행정지신청을 인용하는 경우는 매우 드물었다. 프랑스인들은 집행정지로 인하여 행정활동이 마비될 것을 매우 두려워했던 것이다. 또한 신청거부결정에 대해서는 그것이 이전의 법상태를 변경하는 것은 아니며 신청거부결정에 대해 집행정지를 명하는 것은 행정에게 그가 발급하기를 거부하였던 결정을 내리도록 의무를 부과하는 것과 마찬가지로서 결국 명령(injonction)에 해당한다는 이유로 집행정지를 인정하지 않는 것이 판례의 원칙적인 입장이었다.33) 또한 문제된 행정결정이 이미 집행된 경우에도 집행정지를 부여할 수 없다는 것이 판례의 입장이었는데 실무상 집행정지절차에 소요되는 기간이 매우 길었기 때문에 旣執行을 이유로 하는 집행정지의 거부가 드물지 않았다. 더욱이 집행정지요건이

---

33) 신청거부결정이라 하더라도 그것이 신청인의 법적 혹은 사실적 상황을 변경시키는 것일 때에는 예외적으로 집행정지가 인정되었다. (C.E. 23 janvier 1970, Ministres d'Etat chargé des affaires sociales c/Amoros et autres, AJDA, 1970, p. 174).

충족되더라도 법관에게는 집행정지를 거부할 재량이 있다는 것이 꽁세유 데따의 확립된 판례였다.[34] 이처럼 집행정지의 요건과 그 활용을 엄격히 제한함으로써 재판절차가 공공주체의 중요한 사업들을 고의적으로 방해하는 수단으로 남용되는 것은 방지할 수 있었으나[35] 행정작용으로 인하여 불이익한 영향을 받는 사인의 권리를 효과적으로 보호한다는 측면에서는 매우 중대한 결함이 있음도 사실이었다. 그리하여 최근 꽁세유 데따의 주도 하에 이루어진 급속심리제도(référé)의 개혁을 통하여 이러한 권리보호의 미비점들에 대한 보완이 이루어지게 되었다.

한편 집행정지의 법적 성격과 관련하여 학계에서는 집행정지가 본안판결이 선고될 때까지 행정작용의 집행을 연기할 것을 법원이 명령하는 것이라는 점에서 일종의 명령임을 이미 일찍부터 지적하여 왔다. 즉, 앞서 살펴본 바와 같이 프랑스의 행정법원들은 1995년의 입법을 통하여 취소판결 주문 내의 명령(injonction)제도가 도입되기 이전에는 기능분립의 원칙(séparation de fonction)상 행정에 대한 명령은 허용되지 않는다는 입장을 확고한 판례로 고수하였으며 또한 이러한 사고의 연장선상에서 거부결정에 대한 집행정지도 인정하지 않았었다. 거부결정에 대해 집행정지를 부여하는 것은 결국 행정에 대한 명령이기 때문이라는 것이다. (아모로스(Amoros)판결)[36] 그러나 발린느(Waline)는 거부결정에 대한 집행정지가 그 본질상 명령이라는 이유로 허용하지 않았던 아모로스(Amoros)판결에 대한 평석에서 동 판결에서 호들갑스럽게(avec éclat) 언급하고 있

---

34) Rivero/Waline, loc. cit., n°223, p. 194.
35) Rivero/Waline, loc. cit., n°223, p. 194.
36) 이는 (기존의 법적 사실적 상태의 변경을 초래하지 않는) 거부결정에 대한 집행정지(sursis à l'exécution)의 부여는 그 본질상 명령이므로 인정할 수 없다고 본 유명한 사례이다. (C.E. 23 janvier 1970, Ministre d'Etat chargé des affaires sociales c/Amoros et autres) 이 판결에서는 어떤 의과대학생들을 병원통근조수(externat)로 임명될 자격을 갖춘 것으로 분류하기를 거부하는 결정과 그들의 학점을 통지하기를 거부하는 결정이 문제되었다.

는 명령금지원칙이 도대체 어떠한 법적 토대에 기한 것인가를 물으면서 이미 법관이 행정에게 금전지급명령(injonction de payer)을 발하고 있고 또 집행정지는 그 본질에 있어서 행정에 대한 부작위명령(injonction de ne pas faire)이 아니냐고 喝破하였다.37) 또한 리베로(Rivero)도 "집행정지는 법관이 본안판결을 선고할 때까지 집행을 연기할 것을 행정에게 명함을 목적으로 한다"라고 설명하고 있으며38) 샤퓌(Chapus) 역시 "집행하지 말라는 명령(injonction de ne pas exécuter)이 부과될 자, 그리고 특히 공법인은, 물론 그러한 명령에 순응하여야 할 것이다"라고 하면서39) 더 나아가 행정소송에서의 명령금지를 근거로 한 위 아모로스 판결은 그 근거가 적절치 못한 것이었음을 지적하고 있다. 즉, 그는 "(작위명령과는 반대로) 법관이 부작위명령으로 해석되는 집행정지를 선언하는 데에는 아무런 장애가 없으며 만약 그렇지 않다면 바로 집행정지제도 자체가 금지될 것"이라고 보고 있다.40) 더 나아가 오비(Auby) 역시 집행정지절차는 어떤 점에서는 명령권에 해당한다고 보고 있다.41) 즉 행정에 대한 행정법원의 명령은 금지된다는 전통적인 원칙에도 불구하고 프랑스의 학계는 이미 오래 전부터 집행정지는 그 자체가 행정에 대한 부작위명령(injonction)임을 긍정하고 있었던 것이다.

---

37) Marcel Waline, Notes de jurisprudence, RDP 1970, p. 1035-1042 (p. 1039) ; Chroniques, Procédures d'urgence, AJDA 2001, p. 146-157 (p. 146).
38) Rivero/Waline, loc. cit., n°223, p. 194.
39) René Chapus, Droit du contentieux administratif, Montchrestien, 4e édition, n°1148, p. 979.
40) Chapus, loc. cit., n°1160, p. 992.
41) Auby, Note de jurisprudence, RDP 1996-2, p. 52. 그 밖에 집행정지는 적극적 결정에 대한 것이건 소극적 결정에 대한 것이건 명령이라는 견해로는 Yves Gaudemet, Le juge administratif et le prononcé du sursis, AJDA 1982, p. 629-633 (632).

2. 급속심리제도 개혁의 경과[42)]

1) 가지급금(référé-provision)의 창설

1988년 9월 2일의 데끄레(décret)에서는 행정소송절차 내에 민사소송상의 급속심리에서나 볼 수 있었던 假支給金(référé-provision)제도를 도입하였다. 그리하여 행정소송상의 급속심리법관도 손해배상청구와 관련하여 원고의 권리가 특히 의문시되지 않는 경우 원고에게 손해배상의 假支給金(provision)을 줄 수 있게 되었다.[43)]

2) 임시정지(référé-suspension)의 창설

또한 앞서 살펴본 바와 같은 집행정지(sursis à exécution)의 권리구제상 문제점 때문에 1995년 지방행정법원 및 항소행정법원법 L. 제10조에서는 급속심리상 임시정지(suspension)라는 새로운 제도를 마련하였다. 동 조항에 따르면 급속심리법관은 신청에 기하여 단독으로 이미 집행정지 신청의 대상이 된 행정결정을 최장 3개월의 기간 동안 임시정지(suspension)할 수 있다. 이 3개월 동안 법원은 집행정지 여부를 결정하여야 한다. 이처럼 동 법상의 임시정지절차는 본안절차 및 집행정지절차의 중첩적 계속을 전제로 한다는 점에서 종된 절차로서의 성격을 가지고 있다. 또한 동 법은 급속심리상 임시정지신청이 인용되기 위한 요건으로서 "집행으로 인해 회복하기 어려운 결과가 초래될 위험이 있고 신청의 이유가 진지할 것"을 요구하였다. 이 제도는 지방행정법원들에 따라 그

---

42) 이하에서 살펴보듯이 급속심리제도가 점차 정비됨에 따라 현재 긴급절차상의 급속심리로는 référé-suspension, référé-liberté, référé-conservatoire의 3종, 통상적인 급속심리로는 référé-constatation, référé-instruction, référé-provision의 3종, 총 6종이 구비되었다.

43) Rivero/Waline, loc. cit., n°223-224, p. 193-196.

운영결과가 다소 불균등하였으나, 전반적으로는 절차를 신속화하는 긍
정적인 결과를 낳은 반면 법관과 서기의 부담을 가중시켰으며 절차가
임시정지신청, 집행정지신청, 본안소송제기라는 3단계로 중첩되는 부정
적인 면도 초래하였다.[44]

3) 임시정지의 개편

2000년 6월 30일 법률에서는 급속심리상 임시정지의 활용을 촉진하기
위하여 세 가지 개혁조치를 취하였다. 첫째, 급속심리상 임시정지를 거
부결정의 경우에도 활용할 수 있도록 그 적용영역을 확대하였고 둘째,
급속심리상 임시정지부여의 요건을 완화하였으며 셋째, 임시정지의 '유
연성'을 확보하였다.[45] 더구나 동법에서는 임시정지(suspension)신청은 본
안절차의 계속을 전제로 할 뿐 1995년 법률상의 임시정지와 같이 집행
정지(sursis à exécution)신청을 요건으로 하지 않는다는 점에서 프랑스 행
정소송상 집행정지제도는 종언을 맞게 되었다고 한다.[46]

(1) 거부결정의 임시정지

본래의 법률초안에는 들어있지 않았다가 정부의 반대의견에도 불구

---

44) Rapport du groupe de travail du Conseil d'État sur les procédures d'urgences, RFDA, 2000, p. 944.
45) 반면 2000년의 개혁을 준비한 꽁세유 데따 실무위원회는 행정소송의 제기가 일반적으로 정지효를 가지도록 하는 것이 공법의 근본원칙에 위배되며 집행정지로 인하여 행정의 활동이 마비되는 것을 방지할 만한 메커니즘을 동반하지 않고서는 채택이 불가능하다고 보았으며 특히 행정이 제3자에 대하여 이익을 부여한 것을 다투는 경우 원고에게 지나치게 큰 힘을 부여하는 것이라는 등의 사유를 들어 바람직하지 않은 것으로 배척하였다. (Rapport du groupe de travail du Conseil d'État sur les procédures d'urgences, RFDA, 2000, p. 945).
46) Francis Lamy, Les procédures d'urgence d'un régime à l'autre, conclusions sur Conseil d'Etat, Section, 20 décembre 2000 Ouatah, RFDA 2001, p. 372-377 (p. 372).

하고 국회 내 법률위원회(commission des lois de l'Assemblée nationale)의 발의로 도입하게 된 규정에 따르면, 행정결정은 '심지어 그것이 거부결정인 경우에도(même de rejet)', 임시정지의 대상이 된다. (행정재판법 (CJA) L. 제521-1조) 종래 거부결정은 그것이 '기존의 법상태 혹은 사실상태를 변경시키는 것이 아닌 한', 집행정지의 대상이 되지 못한다는 것이 판례의 입장이었다.[47] 그러나 특정한 거부결정들, 특히 허가의 거부는 신청인의 이익을 심각하게 해치기 때문에 신청인으로서는 거부결정을 정지시키는 법원의 신속한 결정을 활용하여 행정으로 하여금 자신의 신청을 다시 검토하도록 압박하기를 간절히 원하는 경우가 많았다.[48] 또한 거부결정에 대한 집행정지는 인정되지 아니함을 천명한 위 아모로스(Amoros) 판례는 그 논거를 거부결정에 대한 집행정지의 부여는 그 실질이 행정에 대한 명령(injonction)에 해당하며, 행정에 대한 명령은 금지된다는 것이 프랑스 공법의 원리라는 점에 두고 있었다. 그러나 그 후 1995년 2월 8일 법률에 의하여 지방행정법원, 항소행정법원 및 꽁세유 데따가 취소판결의 주문에서 명령, 즉 판결의 실효성을 확보하기에 적합한 '집행조치'를 명하거나 혹은 정하여진 기간 내에 어떠한 새로운 결정을 내릴 것을 명할 수 있게 됨으로써 위 아모로스(Amoros)판례의 논거가 본질적으로 흔들리게 되었다는 점도 위와 같은 변화를 촉구하는 동인이 되었다.[49]

그러나 거부결정에 대한 임시정지가 실제로 행정에 대해 무엇을 의미

---

47) C.E. 23 janvier 1970, Ministre d'Etat chargé des affaires sociales c/Amoros et autres, AJDA, 1970. p. 174.

48) Rapport du groupe de travail du Conseil d'État sur les procédures d'urgences, RFDA, 2000, p. 943.

49) Vandermeeren, AJDA, 2000, p. 710 ; Majorlaine Fouletier, La loi du 30 juin 2000 relative au référé devant les jurisdictions adminstratives, RFDA 2000, p. 963-983 (p. 968).
행정재판법(CJA) L. 제521-1조에 기하여 거부결정에 대한 임시정지가 발급된 최초의 사안은 아뫼르 부인(Mme Ameur)사건이다. C.E. 14, mars 2001, Ministre de l'intereur c/Mme Ameur, RFDA, 2001, p. 680-681)

할 것인지는 분명치 않다. 와타(Ouatah)사건의 논고담당관(commissaire de gouvernement)인 라미(Lamy)의 논고(conclusion)에서는 거부결정이 임시정지되면 대개 행정은 신청을 새로이 심리하되, 다만 임시정지결정에서 문제가 있는 것으로 지목된 사유를 고려에서 제외하게 될 것임을 지적하고 있다.50) 한편 앞서 살펴본 아뫼르(Ameur)사건에서는 급속심리법관이 체류허가신청에 대한 행정의 거부결정을 임시정지하면서 임시체류허가를 발급할 것까지 명하였으나 이러한 급속심리결정을 취소하는 꽁세유데따의 결정의 토대가 된 실바(Silva)의 논고에서는 임시체류허가는 매우 드문 경우로, 예컨대 거부결정의 위법성이 극히 중대한 경우만으로 국한되어야 하며 단지 절차나 형식상의 위법만이 확인된 경우라면 임시체류허가가 발급되어서는 안 된다고 지적하고 있다.51)

(2) 임시정지의 요건완화

임시정지는 결코 자동적으로 부여되는 것은 아니며 두 가지 요건이 충족되어야 한다. 2000년 6월 30일 법률상의 요건들은 문언의 변경52)에도 불구하고 집행정지의 요건을 상기시킨다. 우선 결정의 집행으로 인하여 '회복하기 어려운 결과'가 야기될 위험이 있을 것이라는 요건은 새로

---

50) Lamy, RFDA 2001, p. 375.
51) Isabella de Silva, Appréciation de l'urgence et refus de titre de séjour, conclusions sur Conseil d'Etat, Section, 14 mars 2001 Ministre de l'interieur c/Mme Ameur, RFDA 2001, p. 673-680 (p. 678).
52) 행정재판법전(CJA) L. 제521-1조 : "… 급속심리법관은 … 위 결정의 집행 혹은 그 효과의 일부의 임시정지를 명할 수 있되, 다만 긴급상황상 그러한 명령이 정당화되고 또한 심리과정에서 결정의 적법성에 관한 심각한 의혹을 낳기에 적합한 이유가 있다고 고려한 경우에 그러하다. (… le juge des référés, … peut ordonner la suspension de l'exécution de cette décision, ou de certains de ses effets, lorsque l'urgence le justifie et qu'il est fait état d'un moyen propre à créer, en l'état de l'instruction, un doute sérieux quant à la légalite de la décision.)"

이 긴급성(urgence)요건으로 대체되었다. 그러나 회복하기 어려운 결과라는 개념 자체가 이미 긴급성요건을 표현하고 있는 것으로 간주되었으므로 이러한 변경은 그다지 전격적인 것은 아니다.53) 또한 실질적 주장(moyen sérieux)요건은 문제된 행위의 취소가 가능하다(moyen possible)는 정도로는 부족하며, 이유 있는 주장(moyen fondé)까지는 아니라 할지라도 개연성 있는 주장(moyen probable) 정도는 되어야 하는 것으로 이해하는 경우가 많았는데 이러한 태도는 자신의 판결이, 설령 임시적인 것이라 하더라도, 올바른 것이어야 함에 집착하는 법관들의 신중함, 또 한편으로는 본안판결과 상치될 것에 대한 두려움 등에 그 원인이 있었다고 한다. 따라서 실질적 의문(doute sérieux)요건으로의 변경은 개혁을 갈망하던 이들에게는 매우 흡족하지 못한 것이나, 기존의 요건에서 근본적으로 벗어나지 않고자 하면서도 다른 한편으로는 급속심리법관으로 하여금 현재와 같은 비정상적으로 제약된 실무를 타파하도록 유인하고자 하는 입법자의 의도의 표현이라고 한다.

(3) 임시정지의 유연성 확보

또한 입법자는 집행정지의 부여에 관해 법관들이 보여왔던 주저하는 태도를 극복하기 위하여 임시정지에 유연성을 제고시켰다. 즉 급속심리법관은 문제된 행정결정의 효과의 일부('certains de ses effets')도 임시정지시킬 수 있도록 되었다. 이러한 일부정지는 물론 집행정지에 관해서도

---

53) 집행정지에 관한 판례에서는 만약 문제된 결정이 오로지 금전적인 손해만을 야기하는 것으로서, 따라서 사후의 금전배상에 의하여 회복될 수 있는 것인 경우에는 당해 결정이 회복할 수 없는 손해를 야기하는 것은 아니라고 보아 집행정지를 부여하지 않는 경향이 있었다. (RFDA, 2001, p. 675) 또한 2000년 6월 30일 법률상의 긴급성요건에 관해서 판례는 "긴급성요건은 문제된 행정결정이 공익에, 신청인의 상황에 혹은 그가 방어하고자 의도하는 이익에 충분히 심각하고 즉각적으로 해를 입히는 경우에 충족된 것으로 보아야 한다"(C.E. 19. janv. 2001, Confédération nationale des radios libres, RFDA, 2001, p. 378)라고 판시하였다.

이미 인정되어 왔던 바로서, 다만 문제된 행정결정이 불가분(indivisible)의 것이 아니어야 했다.[54] 그리하여 문헌에서는 위 규정이 이러한 제약을 제거하였으며 문제된 행정결정 안에서 적법성에 의심이 가고 있는 요소의 집행만을 중단시키는 것도 가능케 하고 있다고 해석하고 있다.[55]

3. 기본적 자유보전형 급속심리(référé-liberté)의 창설

1) 창설 필요성

기본적 자유보전형 급속심리(référé-liberté)가 2000년 6월 30일 법률의 가장 독창적인 작품으로서 아마도 학자들과 실무가들의 눈에는 쟁송절차상의 '스타(vedette)'로 보일 것임은 의심할 여지가 없다.[56] 본래 앞서 살펴본 바와 같이 집행정지(sursis)는 엄격한 두 가지 요건이 중첩적으로 충족되어야 발하여졌다. 또한 종래 급속심리법관은 긴급사안에서 행정의 불법적인 행태 — 결정행위(actes décisoires)의 형식을 띤 것 뿐 아니라 사실행위(agissements matériels) 혹은 부작위(abstention d'agir)를 포함하여 — 를 아주 신속하게 중단시킨다든지 혹은 더 나아가 이를 예방하기 위하여 개입할 수 있는 능력을 구조적으로 결여하고 있었다. 즉, 최근까지도 행정소송에서의 급속심리법관은 아주 제약된 범위내에서 이행명령(injonction)을 발할 권한을 가지고 있었다.[57] 게다가 최근 입법자가 급속심리절차의 개선책을 마련하였다고는 해도 임시정지(suspension)는 월권소송의 대상이 되지 않는 행위, 즉 결정행위로서의 성격을 가지지 않는

---

54) C.E. 17 juillet 1936, Mouvement social français des Croix-de-Feu, Leb. p. 789 ; C.E. 18 mai 1945, Compagnie générale française des tramways, Leb. p. 101 ; C.E. 28 septembre 1990, Mme Durand, Leb. tables p. 923.

55) Vandermeeren, AJDA 2000, p. 712.

56) Vandermeeren, AJDA, 2000, p. 706.

57) Rapport du groupe de travail du Conseil d'État sur les procédures d'urgences, RFDA, 2000, p. 944.

행정작용에 대해서는 아무런 대책이 되지 못하였다. 이처럼 실효적인 권리보호를 어렵게 만드는 구조적인 요인들로 말미암아 자신이 행정의 위법한 행태로 인한 피해자가 될 것이라고 생각하여 권리보호를 구하는 자(justiciable)들은 행정법관들은 부여할 수 없었던, 신속하고 실효적인 조치를 얻고자 폭력행위(voie de fait) 개념을 남용하면서 민사소송을 제기하는 경향이 있었으며 민사법관들(magistrats de l'ordre judiciare)은 이러한 권리보호요청을 아주 우호적으로 대접하였다.[58] 그리하여 이러한 재판실무의 왜곡현상을 종식시키고 행정소송상 급속심리법관의 고질적인 무능을 치유하자는 주장이 학계와 실무계 모두에서 제기되었으며[59] 그 결과 마련된 개혁의 결과물인 2000년 6월 30일 법률은 행정소송상 급속심리법관에게 민사소송상 급속심리법관에 비견할 만한 권한을 부여하였다. 동법이 마련하고 있는 기본적 자유보전형 급속심리(référé-liberté)의 요건을 살펴보면 다음과 같다.

2) 요 건

(1) 긴급상황(urgence)

급속심리법관은 임시정지(suspension)의 경우와 마찬가지로 긴급상황이

---

58) Vandermeeren, AJDA, 2000, p. 712 ; Rapport du groupe de travail du Conseil d'État sur les procédures d'urgences, RFDA, 2000, p. 944 ; 폭력행위에 해당하지 않음에도 불구하고 민사법원이 권한을 남용적으로 행사하였음을 지적한 관할재판소의 판례들이 많으나 그 가운데 대표적인 것으로는, TC, 20 juin 1994, Madaci et Youbi, Petites affiches, 20 mai 1996, n°61, p. 7 ; TC, 16 janvier 1995, Préfet de la Gironde c/Diaz-Canete, JCP, 1995, p. 127 ; TC, 12 mai 1997, Préfet de police de Paris c/TGI de Paris등이 있다.

59) Abraham, L'avenir de la voie de fait et le référé administratif, Mélanges Braibant, Dalloz 1996, p. 12-13 (Laurent Touvet, Premières applications de nouvelles procédures de référé, Conclusions sur Conseil d'Etat, Section, 18 et 19 janvier 2001 Confédération nationale des radios libres, RFDA, 2001, p. 378-388, (p. 378) 에서 재인용-) ; Thierry, RFDA, 1997, p. 536.

있는지를 반드시 검토하여야 한다. 그러나 학계에서는 기본적 자유보전형 급속심리에서 요구되는 긴급상황은 임시정지(suspension)의 경우보다더 엄격하게 해석해야 한다고 보고 있다. 왜냐하면 기본적 자유보전형 급속심리는 임시정지와는 달리 반드시 본안절차의 계속을 전제로 하지 않는다는 점에서 독자성이 있고60) 또 급속심리법관은 48시간 내에 결정을 내려야 하며 급속심리법관의 권한도 '필요한 모든 조치'를 발할 수 있다는 점에서 훨씬 더 강력하고 광범위하기 때문이다. 즉 동 법에서는 공법인 혹은 공역무가 위탁된 사법상의 조직이 자신의 권한을 행사하는 과정에서 사인의 기본적 자유에 중대·명백하게 위법한 침해를 가하였을 경우 급속심리법관은 기본적 자유를 보호하기 위하여 필요한 모든 조치를 명할 수 있다고 규정하고 있다.61) 이에 따라 논의의 영역을 침해의 주체, 기본적 자유(libertés fondamentales)의 침해, 침해 작용의 중대·명백한 위법성 등으로 세분할 수 있을 것이며 특히 문제가 되는 것은 후 2자이다.

(2) 기본적 자유(liberté fondamentale)의 침해

2000년 6월 30일 법률에서는 기본적 자유의 침해 (atteinte à une liberté fondamentale)라는 요건을 명시하고 있으면서도 기본적 자유의 개념을 규정하고 있지 않다. 기본적 자유개념은 전통적으로 폭력행위(voie de fait) 이론에서 사용되었으며 꽁세유 데따의 판례뿐 아니라 헌법위원회(Conseil constitutionel)의 판례, 더 나아가 유럽인권협약에서도 발견할 수 있다. 동 개념을 규정함에 있어서는 일련의 관련 개념들, 즉 기본권(droits fondamentaux)이나 혹은 공적 자유(liberté publique)개념을 논의하지 않을

---

60) 그러나 물론 급속심리법관은 임시적인(provisoire) 조치를 취할 수 있을 따름이며 급속심리절차는 본안절차의 성격을 가지지 않는다. 따라서 급속심리법관의 결정에는 기판사항의 효력이 결여되어 있으며 본안절차의 법관은 급속심리법관의 결정에 전연 구애받지 않는다.(L. 511-1 CJA)

61) 행정재판법전(CJA) L 제521-2조.

수 없다.[62] 꽁세유 데따 스스로 기본적 자유의 일반적 개념을 정의한 적은 없으나, 2001년 1월 1일 이후 나온 급속심리법관의 여러 결정들은 기본적 자유개념을 한정하기 시작하였다.[63]

(3) 침해작용의 중대 · 명백한 위법성
(atteinte grave et manifestement illégale)

침해의 중대 · 명백성요건은 특히 폭력행위(voie de fait)이론과의 관계에서 문제되는데, 새로운 규정에서는 행정이 '자신의 권한들 가운데 하나를 행사함에 있어 (dans l'exercice d'un de ses pouvoirs)' 그에게 비난을 돌려야 할 위법을 저질렀어야 할 것을 강조하고 있다. 반면 행정의 권한행사로 볼 수 없을 정도의 위법성을 갖추어야 폭력행위(voie de fait)임을 인정받는다. 따라서 하자의 중대성의 정도에 따른 구분을 해본다면, 행정의 활동이라고 볼 수 없을 정도로 가장 중대한 하자인 경우에는 여전히 폭력행위이론에 따라 민사법관의 관할이 되고, 중대한 하자이기는 하나 행정의 권한행사라고 볼 수 있는 경우에는 기본적 자유보전형 급속심리(référé-liberté)로 구제될 수 있으며 중대하지 않은, '보통의(ordinaire)' 위법이 있다면 – 문제된 행정작용이 결정행위라는 전제하에서 – 오로지 임시정지(référé-suspension)만이 허용될 것이다.[64] 그리하여 일부에서는 기본적 자유보전형 급속심리(référé-liberté)제도가 도입되었다고 하여 폭력행위이론이 완전히 사라지지는 않을 것이나 그래도 상당 부분 위축될 것이라고 전망하고 있다.[65]

---

62) Fouletier, RFDA, 2000, p. 972 ; Vandermeeren, AJDA, 2000, p. 713 ; Chroniques, AJDA, 2001, p. 154.
63) Chroniques, AJDA 2001, p. 154.
64) Vandermeeren, AJDA, 2000, p. 713 ; Chroniques, AJDA, 2001, p. 153.
65) Fouletier, RFDA, 2000, p. 973.

3) 가능한 조치 ― 예방적 명령

　동법이 규정하고 있는 요건들이 충족되면 급속심리법관은 개인의 기본적 자유를 해치는, 중대·명백하게 위법인 행정의 행태에 대하여 상당한 재량을 가지고 대처할 수 있다. 즉 급속심리법관은 위험에 처한 권리를 보호하기 위하여 '필요한 모든 조치(toutes mesures nécessaires)'를 취할 수 있다. 동법은 이 조치의 성격에 관하여 더 이상의 아무런 자세한 규정을 두고 있지 않으나 그러한 '조치'로서 주요한 것이 명령(injonction)이 될 것임을 의심하는 견해는 없다.66) 명령이야말로 민사법원이 폭력행위(voie de fait)의 실행을 예방하거나 혹은 중단시키기 위하여 사용해왔던 수단으로서67) 민사법관과 마찬가지로 행정소송상 급속심리법관도 급속심리절차에서 문제된 행정의 사실행위(agissement)를 예방적으로 금지할 수도 있고 그러한 행위를 중단할 것을 명할 수도 있으며 더욱이 행정의 부작위가 기본적 자유에 심각한 영향을 끼친다면 행정에게 행위의무를 부과할 수 있게 되었다고 한다. 이처럼 행정법관에게 본안절차가 해결되기 이전에, 그리고 심지어 행정작용에 대한 본안절차가 계속되지 않았더라도, 행정에 대해서 명령(injonction)을 발할 권한이 행정법관에게 부여되었다는 점에서 학설은 주저 없이 이 제도를 '혁명'이라고 부르고 있다.68)

---

66) Fouletier, RFDA, 2000, p. 971 ; Vandermeeren, AJDA, 2000, p. 714.
67) Vandermeeren, AJDA, 2000, p. 714.
68) Fouletier, RFDA 2000, p. 971.

제4절 일 본

일본은 최근 사법제도개혁의 성과로서 2004년에 행정사건소송법이 개정되어, 2005년 4월부터 시행되기에 이르렀다. 그 배경에는 행정소송 실무의 엄격한 운영에 의해 판례법이 고정화되는 경향을 보임에 따라, 행정법학계 등에 있어서도 해석론에 의한 영향력 행사에는 한계가 있다는 인식이 확산되면서 입법론이 유력하게 되었다는 사실이 자리잡고 있다. 새로이 도입된 일본의 예방적 구제에 대해서는 지면관계상 관련 법조문을 간략히 소개하는 데 그치고 상세한 고찰은 추후 별도의 논문을 통하여 제시하기로 한다.

Ⅰ. 전형적 구제유형의 대상적격

일본의 행정소송제도는 오랫동안 현저한 기능부전을 지적받아 왔다. 구 행정사건소송법은 행정작용을 직접 대상으로서 심사하는 소송으로서 항고소송제도를 두고 있었는데 항고소송은 "고전적인 행정행위론에 입각하여 행정행위에는 공정력이 있다는 도그마에서 출발하여 취소소송을 제도화"하였기 때문에, 행정작용은 행정처분에 한하지 아니하고 다양한 형식으로 행하여짐에도 불구하고, 행정처분 이외의 행정작용에 대응하는 것이 곤란한 상황이었다.[1] 이와 같이 항고소송의 대상이 한정되는 결과 행정입법이나 행정지도 등과 같이 행정처분 이외의 행정작용에 의하여 사인에게 중대한 불이익이 발생한 경우 당해 행정작용의 행위규범적 합성에 관하여 사법심사를 하는 것이 가능하고 또한 사인의 구제를 위

---

1) 宇賀克也, "行政事件訴訟制度について", 『法學教室』263号, 2002, 10면.

한 사법심사가 필요한 경우에도 일반적으로 사법심사는 부정되었다. 또한 행정결정의 조기의 단계에서 사법심사가 인정되지 않으면 실효적인 구제를 얻을 수 없는 경우에도 행정처분이 발급되는 단계까지 사법심사의 기회를 늦추게 되어 실효적 구제의 시기를 놓치는 일이 적지 않았다.[2]

예컨대 쓰레기소각장설치에 대하여 행정소송이 제기된 유명한 사례[3]에서 법원은 당해 쓰레기 소각장설치계획의 처분성에 대하여 행정상의 과정·법률관계를 개별행위, 즉 토지매수행위(사법상 계약), 쓰레기소각장설치계획(내부행위), 설치계획의 의결·공포(내부행위), 건설회사와 건설도급계약(사법상 계약), 설치행위(사실행위)로 나눈 뒤, 각각의 행위를 개별적으로 검토하여 이들이 사법상 계약, 내부행위 혹은 사실행위에 해당한다고 보아 "설령 그 설치행위에 의해 상고인들이 소론과 같은 불이익을 받는다 하더라도 그 설치행위는 피상고인인 都가 공권력의 행사에 의하여 직접 상고인들의 권리의무를 형성하고 또는 그 범위를 확정하는 것이 법률상 인정되고 있는 경우에 해당하지" 않는다고 보아 결국 그러한 설치행위의 처분성을 부인하였다. 이처럼 항고소송의 대상이 되는 처분개념을 공정력을 가지는 공권력행사의 실체를 갖춘 행정활동으로 이해하고 있는 최고재판소의 입장은 이후 항고소송의 처분요건에 관한 지도적 판결로 해석되어 결국 처분 이외의 행정작용에 대해서는 항고소송의 권리구제기능이 크게 저하될 수밖에 없었다.

학설이나 일부 판례는 이러한 상황을 극복하기 위하여 행정처분의 요건을 완화하는 해석론과 당사자소송의 활용론 등을 전개하는 노력을 해왔지만 충분한 성공을 거두었다고는 할 수 없으며 결국 입법에 의한 발

---

2) 宇賀克也, 『行政事件訴訟制度について』, 法學敎室263호, 2002, 12면.
3) 最判 1964. 10. 29. 民集 18卷 8号 1809면.

본적인 개혁의 필요성이 크게 대두되었다. 이러한 배경하에서 개정된 행정사건소송법에서는 항고소송으로서 의무이행소송(동법 제3조 제6호, 제37조의 2, 제37조의 3)과 금지소송(동법 제3조 제7호, 동법 제37조의 4)이라는 새로운 소송유형을 도입하였고 더불어 공법상 당사자소송의 하나의 유형으로서 '공법상의 법률관계에 관한 확인의 소'(동법 제4조)가 새로이 도입되기에 이르렀다. 즉 개정법은 항고소송, 당사자소송, 민중소송 및 기관소송의 네 가지 소송유형 그 자체는 유지하면서, 취소소송에 더하여 이행소송과 확인소송을 정비함으로써 소송유형을 다양화하였다.

II. 본안절차상 예방적 구제

2004년 행정사건소송법개정을 통하여 새로이 도입된 금지소송(差止めの訴え)은 행정청이 일정한 처분 또는 재결을 하여서는 아니 됨에도 불구하고 이것을 하려고 하는 경우에, 행정청이 그 처분 또는 재결을 하여서는 안 된다는 취지를 명하는 것을 구하는 소송을 말한다. (동법 제3조 제7항)

동 법이 정하고 있는 금지소송의 요건은 다음과 같다.

1. 원고적격

금지소송은 행정청이 일정한 처분 또는 재결을 하여서는 안 된다는 명령을 구하는 데 있어서 법률상의 이익을 가지는 자가 제기할 수 있다. (동법 제37조의 4 제3항) 법률상 이익의 유무의 판단에는 취소소송의 원고적격에 관한 규정이 준용된다. (동법 동조 제4항)

2. 구제필요성의 요건

금지소송은 일정한 처분 또는 재결이 행해짐에 의해 중대한 손해가
발생할 우려가 있는 경우에 한하여 제기할 수 있다. 다만 그 손해를 피
하기 위하여 달리 적당한 방법이 있는 때에는 그러하지 아니하다. (동법
제37조의 4 제1항) 재판소는 중대한 손해의 발생여부를 판단함에 있어서
는 손해의 회복곤란한 정도를 고려하고 손해의 성질 및 정도 그리고 처
분 또는 재결의 내용 및 성질도 감안하여야 한다. (동법 동조 제2항)

3. 본안요건

금지소송이 이상의 요건을 충족하는 경우에 그 금지소송에 관한 처분
또는 재결에 있어, 행정청이 그 처분이나 재결을 할 수 없음이 그 처분
이나 재결의 근거되는 법령의 규정상 명확함이 인정되고, 또는 행정청이
그 처분이나 재결을 하는 것이 재량권의 범위를 넘거나 남용이 된다고
인정되는 때에는 재판소는 행정청이 그 처분 또는 재결을 해서는 안된
다는 취지를 명하는 판결을 한다. (동법 동조 제5항)

이는 금지소송이 이행소송임에도 불구하고 본안승소요건으로 원고와
행정주체간의 청구권적 구성을 채용하지 않은 것으로서 현실의 권리의
무관계의 형성이 관계법령의 요건규정과 그에 기한 행정기관의 결정행
위에 의하여 이루어진다고 하는, 행정법세계의 법형식을 중시한 것이라
고 분석되고 있다.4)

한편 개정법상으로는 금지소송과 확인소송의 역할분담이라는 문제에

---

4) 西鳥羽和明, "抗告訴訟の訴訟類型改正の論點" 『法律時報』 2005年 3月号
41-42면.

있어서도 많은 어려움이 있을 것으로 판단된다는 지적이 있다. 확인소송
은 많은 경우 예방소송으로서의 기능을 수행하기 때문이다. 예컨대 요꼬
가와강(橫川川) 사건(最判 1988. 7. 4. 判例時報 1336号 86면)과 같은 경우
에는 하천구역 외라는 확인소송을 제기하는 것도 가능하고 예상되는 감
독처분의 금지소송을 구하는 것도 가능할 것이다. 이에 대해서는 일반적
으로는 일정한 불이익처분이 당연히 예측되는 경우에는 금지소송이 적
절하고, 어떠한 불이익처분이 발급될 것인지 예측하기 어려운 경우나 불
이익처분 이외의 불이익이 예측되는 경우등에는 확인소송이 적절하게
될 것이나 이행소송인 금지소송이 가능한 경우라면 확인소송은 허용되
지 않는다고 보아 양자를 배타적 관계에 두어 일방이 타방에 우선하게
끔 할 필요도 있을 것이라는 지적이 있다.[5]

Ⅲ. 가구제절차상 예방적 구제

또한 개정행정사건소송법에서는 본안절차뿐 아니라 가구제절차상으
로도 예방적 구제를 도입하고 있다. 동법에서는 이를 '仮の差止め'(제37
조의 5)라고 하고 있는바, 그 요건은 다음과 같다.

금지소송이 제기된 경우에, 당해 소송에 관한 처분 또는 재결이 행하
여짐으로써 생길 회복할 수 없는 손해를 피하기 위한 긴급한 필요가 있
고 또 본안에 관하여 이유가 있다고 볼 수 있는 경우에는 재판소는 신청
에 의하여 결정으로써 임시로 행정청이 그 처분 또는 재결을 해서는 안
된다는 취지를 명할 수 있다. (동법 제37조의 5 제2항) 이러한 임시의 금
지는 공공복지에 중대한 영향을 미칠 우려가 있는 경우에는 할 수 없다.
(동법 동조 제3항)

---

5) 山田 洋, "確認訴訟の行方"『法律時報』2005年 3月号 , 47-48면.

제5절 주요국의 법비교의 시사점

Ⅰ. 영국과 미국의 사법심사의 공통점과 차이점

1. 행정재판권의 소재

영국과 미국은 언어뿐 아니라 불과 200여 년 전까지만 해도 법체계를 공유하였던 만큼 사법심사에 있어서 많은 공통점을 발견할 수 있다. 그러나 차이점도 상당 부분 발견됨은 물론이다. 이를 행정재판권의 소재, 소송절차규정, 원고적격, 구제유형의 점에서 각각 살펴보면, 첫째 행정재판권의 소재에 있어서 영국은 대법원을 정점으로 하는 사법부 내에 공법사건만을 배타적으로 관할하는 행정법정(administrative court)을 마련하였고 또 공법사건에만 적용되는 사법심사신청(AJR) 절차를 마련하였음에 비하여 미국에서도 행정사건에 대한 사법심사는 사법부에서 이루어지나, 행정사건만을 전담하는 전문화된 법원이 마련되어 있는 것은 아니며 또한 사법심사만에 적용되는 일반적인 절차규정은 마련되어 있지 않은 실정이다.

2. 원고적격

둘째 원고적격의 면에서는 일단 두 나라 모두 私法모델, 즉 원고에게 법적 권리가 있는가를 원고적격의 판단기준으로 삼는 태도를 포기하였다는 공통점을 발견할 수 있다. 영국의 경우 '충분한 이익(sufficient interest)'기준을, 미국의 경우 '사실상 침해(injury in fact)' 및 '보호이익범위(zone of interest)'기준을 사용하고 있다. 다만 성문헌법이 없고 의회주권이 지배하고 있는 영국에서는 원칙적으로 입법자가 원고적격을 규정하는 데 헌법상의 제약이 없는 반면, 미국의 경우에는 연방헌법 제3조에서 '사건과 분쟁'을 연방사법권의 한계로 규정하고 있다는 점에서 법원 스스로 판례를 통해 원고적격을 확대하는 것뿐 아니라 입법자가 법률을 통해 원고적격을 확대하는 데에도 헌법상 한계를 두려는 경향이 있는 것으로 보인다.

3. 구제유형

전통적으로 공·사법구별을 알지 못하였던 영·미법계에서는 사인 간의 관계에서 활용가능한 구제유형은 원칙적으로 행정과의 관계에서도 활용가능하며, 따라서 행정에 대한 관계에서 이행소송과 확인소송이 허용되고 있다. 그리하여 사법심사에서 활용가능한 구제유형의 면에 있어서도 영국과 미국은 많은 것을 공유하나 세부적인 점에 있어서는 각기 다른 발전양상을 보이고 있기도 하다. 영국의 경우 대권적 구제와 통상적 구제를 사법심사신청절차에서 모두 활용할 수 있으나, 미국의 경우 연방차원의 사법심사에서는 대권적 구제유형들이 사용되지 않게 되었으며 제정법상 심사의 우선원칙에 따라 구체적 사안에서 베풀어질 수 있는 구제유형도 개별법의 규정이 우선하기 때문에 전통적인 구제유형들은 보충적인 지위만을 차지하고 있다.

한편 대륙법과 비교할 때 영미의 법체계에서 나타나는 특이한 양상은 첫째, 행정결정은 원칙적으로 자기집행력을 갖지 않으며 그리하여 행정이 사인에게 부과한 의무를 사인이 위반하는 경우 행정 역시 사인과 사인 간의 관계에서와 마찬가지로 법원에 당해 사인을 상대로 집행을 구하는 소송을 제기하여야 한다는 점이다. 물론 여기에도 조세부과의 경우에는 자기집행력이 있다는 예외가 영국과 미국에서 공히 인정되고는 있으나, 이는 어쨌거나 예외라는 점에서 영미에 있어서는 행정의 우월성이라는 관념이 대륙법계에 비하여 훨씬 엷은 것으로 보인다.

둘째 점은 구제와 관련된 법관의 재량이다. 영미에 있어서는 대권적 구제는 물론이요,[1] 형평상 구제 역시 구제부여 여부 및 부여할 구제의 종류를 선택하는 것이 원칙적으로 법관의 재량에 맡겨져 있다. 그러나 개인간의 소송과는 구별되는 공법사건의 특수성에 주목하는 견해들에서는 ― 특히 어떠한 행정작용이 명백하게 위법함에도 불구하고 구제를 부여하지 않기로 재량을 행사하는 것과 관련하여 ― 이러한 법관의 재량에 대해 이의를 제기하기도 한다.

II. 영국의 예방적 구제

영국의 사법심사에서 활용할 수 있는 구제유형들 가운데 본 논문이 정의한 바 있는 예방적 구제유형으로는 금지판결(prohibiting order)·금지명령판결(prohibitory injunction) 그리고 선언판결(declaration)을 들 수 있다. 즉, 대권적 구제수단으로서는 금지판결(prohibiting order), 통상적 구제수단으로서는 금지명령판결(prohibitory injunction)을 통해서 법원은 공적 주체가 위법한 작용을 하는 것을 미리 금지할 수 있다. 반면, 취소판결(quashing order)은 이미 발급된 위법한 결정을 폐지하는 것이라는 점에서 사후적인 구제수단이라 할 것이다. 그리고 선언판결(declaration)은 대개의 경우 이미 행사된 공권력의 위법여부를 사후적으로 확인하는 수단으로 활용되나 경우에 따라서는 시심으로서(original jurisdiction), 즉 장래에 있을 상황과 관련하여 공적 주체의 권한이나 의무의 존재 여부 혹은 그 범

---

1) 본 논문에서 고찰의 대상으로 삼고 있지 않은 구제유형인 인신보호영장 (habeas corpus)은 그러한 재량의 예외라고 한다.

위를 확인함으로써 위법한 행위가 발급되는 것을 방지하기 위해서 부여
될 수 있다는 점에서 이 또한 앞서 정의한 바 있는 예방적 구제수단으로
분류할 수 있을 것이다.2)

영국의 사법심사는 대법원을 정점으로 하는 사법부에서 이루어지나,
이러한 예방적 구제유형들에 대한 권력분립상의 우려는 제기되고 있지
않다. 그러나 금지판결(prohibiting order)이나 금지명령판결(prohibitory
injunction)은 행정에 대한 개입의 정도라는 관점에서 볼 때 직무집행명령
(mandatory order)이나 이행명령판결(mandatory injunction)보다 더 개입적이
라는 지적도 있다.3) 왜냐하면 이행명령의 경우에는 그러한 명령에 부합
하기 위하여 명령의 상대방이 취하여야 할 행위를 얼마나 자세하게 규
정하고 있느냐에 따라 개입의 정도가 완화될 수도 있으나, 이들 금지명
령들은 그것이 실효적이기 위해서는 금지되는 행위를 자세하게 규율하
고 있어야 한다는 점에서 공적 주체에게 아무런 결정여지를 남기지 않
기지 않기 때문이다.4)

한편 전통적으로 대권적 구제와 통상적 구제는 각 구제유형마다 상이
한 원고적격기준을 가지고 있었다. 대권적 구제가운데 취소판결(certiorari),
금지판결(prohibition)은 보다 너그러운 기준을, 직무집행명령(mandamus)은
보다 엄격한 기준을 적용하였다고 한다. 즉, 대권적 구제는 공적 주체가
자신의 권한을 일탈하지 않도록 통제하는 데 주된 의의가 있었다는 점
에서 적법성통제를 지향하였던 반면 통상적 구제는 주로 사인의 법적
권리를 보호하는 데 기여한다는 권리보호를 지향하였으며 그리하여 명
령판결(injunction)이나 선언판결(declaration)의 원고적격은 엄격하게 법적
권리로 한정되어 있었다. 그런데 1977년의 개혁을 통하여 사법심사신청

---

2) De Smith, op. cit., p. 736.
3) Cane, The Constitutional Basis, p. 248.
4) Cane, The Constitutional Basis, p. 248.

절차상의 원고적격기준은 '충분한 이익'기준으로 단일화되었다가 다시
최근의 법개정을 통하여 민사소송법상으로는 원고적격에 관한 규정을
두지 않게 되었으나 대법원법에는 여전히 관련 규정이 존속하고 있기
때문에 원고적격의 인정기준으로 여전히 충분한 이익 기준이 활용될 것
이라는 견해가 지배적이다.

Ⅲ. 미국의 예방적 구제

미국의 사법심사에 있어서는 제정법상 심사와 비제정법상 심사를 구
별하여야 하는데 대부분의 사법심사는 제정법에 기하여 이루어진다는
면에서 베풀어질 수 있는 구제유형 또한 제정법의 규율에 따라 판단될
수 있을 따름이다. 다만, 제정법상 심사에 기하여 부여되는 가장 전형적
인 구제유형은 바로 법원이 문제의 행정작용을 취소하고 (set aside) 사안
을 다시 행정에게로 환송(remand)하는 것이다. 그리고 비제정법상 심사
에 있어서는 영국법의 계수에 따른 전통적 구제유형들이 활용가능한바,
적어도 연방차원에서는 대권적 구제가 쇠퇴하였고 통상적 구제유형이
현재 활용되고 있다. 비제정법상 심사를 통하여 부여되는 가장 전형적인
구제유형은 문제의 행정작용이 위법임을 선언하고 (declaration) 그 집행
의 금지를 명하는(injunction) 것이다. 따라서 미국의 사법심사상으로도 확
인판결과 이행판결이 인정되고 있고 그리하여 우리가 정의한 바 있는
예방적 구제유형이 존재한다고 할 수 있을 것이다. 특히 선언판결
(declaration)의 경우, 어떠한 행정작용이 이미 발하여진 경우뿐 아니라 아
직 발하여지지 않은 경우라 하더라도 행정과 사인 간의 법적 견해가 상
이한 데서 야기되는 법적 불확실성을 제거하는 것에 선언판결(declaration)
만의 독특한 기능영역이 있으며 그러한 한도 내에서 평화를 가져오는
역할을 수행하는 제도라고 평가받고 있다.

또한 사법심사상으로 다투어질 수 있는 행정작용의 문제는 주로 법원에 의한 개입시기라는 관점에서 보충성, 최종성, 성숙성원칙등에 의하여 다루어지고 있는데, 이들 원칙들을 통하여 미국의 법원은 행정의 선결권을 존중하고 행정입법이나 개인의 권리의무에 직접 영향을 미치지 않는 비공식적 행정작용에 대한 사법심사를 자제하여 왔다. 그러나 이들 원칙이 어떤 경우에도 반드시 준수되어야 하는 것은 아니며 법원이 이들 원칙의 적용여부를 결정함에 있어서는 문제된 사안을 누가 더 잘 알고 있느냐라는 기능적인 관점에서 접근하고 있고 또한 개인의 권리구제상 가혹한 점은 없는가를 항상 유념하여 위 원칙들의 적용여부를 결정하고 있기 때문에 미국의 법원은 사법심사의 대상적격에 관해서뿐 아니라 행정의 선결권 보장문제 혹은 법원의 개입시기문제에 대해서도 상당히 유연하게 접근하고 있는 것으로 보인다.

영미의 사법심사상 구제유형들 가운데 취소판결(quashing order)이나 선언판결(declaration)은 그 본질이 확인일 뿐 그 누구에 대한 명령이 아니므로 행정이 판결의 취지에 따르지 않는 것을 법정모욕으로 다스릴 수 없으나 이행판결유형, 즉 대권적 구제인 금지판결(prohibiting order)나 직무집행명령(mandatory order), 통상적 구제인 명령판결(injunction)의 위배는 명령위반을 구성하므로 법정모독의 책임이 수반한다. 그런데 법정모독은 의무위반자에 대한 벌금부과뿐 아니라 의무위반자의 신체자유를 박탈하는 구금까지도 가능케 하는 막강한 위력을 가지고 있으므로 적어도 이론적으로는 판결이 부과한 의무를 위반하는 공무원을 구금할 수도 있다.5) 따라서 이들 국가의 법원들은 행정에 대한 관계에 있어서는 주로 행정에 대한 존중의 차원에서 이처럼 막강한 효력을 가진 이행판결유형을 활용

---

5) 그러나 실제로 미국의 경우 1984년의 한 연구에 따르면 동년으로부터 과거 25년간 연방사건에서 공무원이 명령판결위반을 이유로 투옥된 사건은 없었다고 한다. Schoenbrod, op. cit., p. 332.

하기보다는 구제유형에 관한 법관의 재량을 통하여 보다 완곡한 선언판결을 부여하기를 선호하고 있다. 그리고 일단 이처럼 영미의 사법심사상으로도 예방적 구제유형이 존재함을 인정한다 하더라도 대권적 구제인 금지명령(prohibiting order)의 경우에는 본래 그것이 개인의 권리구제보다는 행정의 적법성통제를 지향하는 제도였다는 점에서, 그리고 미국의 경우 非제정법상 심사에서 주로 활용되고 있는 명령판결(injunction)은 이미 발급된 행정작용의 '집행'을 금하는 데 주로 활용된다는 점에서 개인의 주관적 권리의 구제를 주된 목적으로 하고 또한 행정작용의 '발급' 자체를 금하는 데 활용되고 있는 독일의 예방적 금지소송(vorbeugende Unterlassungsklage) 혹은 예방적 확인소송(vorbeugende Feststellungsklage)과는 구제의 지향성이나 기능에 있어서 차이가 있는 것으로 보인다.

IV. 프랑스의 예방적 구제

프랑스의 행정소송에서는 전통적으로 명령금지의 원칙에 따라 금전배상을 구하는 경우 이외에는 이행소송유형을 인정하지 않았으며 선행결정의 원칙상 아직 발하여지지 않은 결정에 대해 소송상 이를 다툴 방도는 열려있지 않았다. 또한 권리의무의 확인을 구하는 소송 역시 그 본질이 명령이라는 이유로 허용하지 않았다. 그러나 전통적으로 중대·명백한 위법성으로 말미암아 행정작용의 성질을 잃게 되는 행위, 즉 폭력행위(voie de fait)인 경우에는 통상법원의 법관이 일반 사인 간의 민사소송에서와 마찬가지로 그 중단 혹은 반복을 금지할 수 있는 길이 열려있었으며 권리구제를 구하는 사인들이 지나치게 이 제도에 의존함으로써 재판실무의 왜곡을 초래하기도 하였다. 그리하여 이러한 왜곡현상을 종식시키고 행정법관에 의한 권리구제의 미비점을 보완하는 일련의 개혁조치가 최근 단행되었다. 즉 1995년의 법개혁을 통하여 취소판결의 실효성을 확보하기 위하여 판결주문에서 명령(injonction)을 발할 수 있도록 하였으며 더 나아가 2000년 개혁에 의하여 기본적 자유보전형 긴급조치(référé-liberté)제도를 마련함으로써 제한된 범위내에서나마 행정에 대해 법원이 금지명령을 포함하여 명령을 발할 수 있는 토대가 마련되었다. 이처럼 기본적 자유보전형 급속심리(référé-liberté)는 기본적 자유(liberté fondamentale)를 보호하기 위한 것으로 구성되어 있다는 점에서 일차적으로 주관적 권리구제를 지향하는 제도라고 짐작할 수 있다.

V. 독일의 예방적 구제

앞서 살펴본 바와 같이 독일에서는 1920년대 브레멘(Bremen)과 함부르크(Hamburg)의 행정소송법률들이 확인소송을 도입하면서부터 행정소송상 예방적 권리구제를 둘러싼 논의가 전개되었다. 당시 선구적 견해들은 확인소송에 내재한 예방적 권리구제의 잠재성을 발견하고서 더 나아가 법원이 이를 적절히 활용하기를 권고하였다.6) 물론 당시 대부분의 학설과 판례에서는 권력분립원리를 이유로 혹은 명문규정의 결여를 이유로 행정소송상 예방적 권리구제를 허용되지 않는 것으로 보았으며 이러한 태도는 본 기본법제정(1949) 이후로도 한동안 지속되었다. 그러나 1960년 행정법원법(VwGO) 제정을 계기로 이러한 태도는 점차 변화하는 양상을 보이기 시작하였으며 실무상으로도 취소소송으로 대처할 수 없는 행정작용, 즉 주로 사실행위로 인한 권리침해의 영역에서 예방적 권리구제제도가 활발하게 사용되기 시작하면서 결국 행정소송상 예방적 권리구제는 헌법적 근거를 갖는 법제도임을 인정받게 되었고 행정소송실무상 정착되기에 이르렀다. 이러한 예방적 구제의 유형으로는 본안절차상으로는 일반이행소송의 규율을 받는 예방적 금지소송과 확인소송의 규

---

6) Jellinek, VVDStRL, Heft 2, 1925, S. 61.

율을 받는 예방적 확인소송이 있으며 가구제절차상으로는 가명령이 있는데, 행정에 대한 존중 차원에서 일반이행소송과 확인소송 간에는 확인소송의 보충성이라는 소송법상 원칙을 적용하지 않는 것이 판례의 입장이기 때문에 행정소송 실무상 확인소송은 매우 중요한 역할을 수행하고 있다. 반면 행정행위의 경우에는 취소소송이라고 하는, 원칙적으로 충분한 사후적 구제가 마련되어 있는 만큼 행정행위에 대한 예방적 권리구제는 가중된 권리보호의 필요가 긍정되는 극히 예외적 경우에만 허용되고 있다.

이처럼 독일의 행정소송상 예방적 권리구제가 전형적인 사후적 구제수단인 취소소송으로써 다툴 수 없는 행위양식, 즉 행정행위 이외의 행정작용에 의한 권리침해를 배제하는 수단으로서 주된 의의를 가지고 있다는 점은 독일의 예방적 구제제도를 우리의 행정소송상으로도 도입할 필요가 있을 것인가를 고려함에 있어서 간과해서는 안 될 것이다. 왜냐하면 이처럼 독일의 행정소송상 예방적 구제제도가 '독일의' 취소소송 및 그 대상이 되는 행정행위 개념의 맥락에서 존재의의를 가지고 있다면, 이 제도가 바로 그러한 맥락을 떠나서, 즉 독일과는 취소소송의 대상적격을 달리하는 법질서하에서는 존재의의의 많은 부분을 상실할 수도 있다는 결론에 도달하기 때문이다.

제4장 우리 행정소송상 예방적 구제의 정비방안

제1절 예방적 구제의 가능성과 필요성

Ⅰ. 행정재판권의 소재와 권력분립원리상의 문제점

우리의 경우 행정소송상 예방적 권리구제를 반대하는 주된 논거는 바로 그러한 예방적 권리구제가 권력분립원리에 위배되는 것으로서 헌법상 허용되지 않는다거나 혹은 권력분립원리에 위배되지 않는다 하여도 행정소송법에서 규정하고 있는 소송유형은 제한적인 것으로 보아야 하므로 명문의 규정은 물론 간접적인 규정조차도 발견할 수 없는 예방적 권리구제는 허용되지 않는다는 점에 있다. 그러나 독일뿐 아니라 영·미, 그리고 최근의 입법적 개혁으로 행정소송상 예방적 구제제도를 도입한 프랑스에 있어서도 이러한 소송유형이 권력분립에 위배되는 위헌적 제도라는 견해는 현재 찾아볼 수 없다. 독일의 경우, 현행 행정법원법이 제정되기 이전에는 행정소송상 예방적 권리구제는 권력분립원리에 위배된다고 보아 이를 부정하는 견해가 학설과 판례 모두에서 지배적이었다. 그러나 헌법원리들 간의 관계에 대한 새로운 이해를 계기로 하여 이러한 부정적인 견해는 극복되었다. 즉 헌법상의 권력분립원리는 권력들간

의 절대적인 분리가 아니라 권력 상호간의 견제와 균형을 통한 개인의
자유와 권리의 보호에 그 궁극적인 목적이 있다는 점, 따라서 어떠한 상
황에서도 권력분립원리 및 그 귀결로서의 사후적 권리구제의 원칙이 우
선하는 것은 아니며 실효적인 권리보호를 위하여 부득이한 사안에서는
예방적 권리구제도 허용될 여지가 있다는 견해가 헌법과 행정소송법을
지배하게 되면서 행정소송상 예방적 권리구제가 독일의 행정소송상의
법제도로서 정착하게 되었다. 또한 프랑스의 경우에도 과거에는 기능분
리의 원칙에 따라 행정법원이 행정에 대하여 명령하거나 권리의무를 확
인하는 소송유형은 허용되지 않는다고 보았으며 따라서 독일식의 행정
소송상 예방적 구제제도는 부인하였다. 그러나 최근의 입법적 개혁을 통
하여 기본적 자유보전형 급속심리제도를 도입함으로써 적어도 가구제절
차상으로는 법원이 행정에 대하여 예방적 명령을 발할 수 있게 되었는
데, 이러한 입법적 개혁은 실효적 권리구제에 관한 행정법관의 고질적
무능을 치유하고 이른바 폭력행위법리의 남용을 불러온 소송실무의 왜
곡현상을 종식시키자는 학계와 실무계의 오랜 숙원에 따른 것으로서, 이
와 관련하여 기능분리상의 우려는 전혀 제기되고 있지 않다. 더 나아가
이웃나라 일본의 경우에도 2004년 개정된 행정사건소송법에서 항고소송
의 하위유형으로서 금지소송을 도입함으로써 행정소송상 예방적 구제제
도를 실정화한 바 있다.[1]

  더 나아가 영국과 미국의 경우, 사인 간의 민사소송에서 활용할 수 있
는 구제유형은 원칙적으로 행정에 대한 관계에 있어서도 활용할 수 있
으므로 사법심사상 예방적 구제유형에 관하여 권력분립을 이유로 그 허
용성을 부정하는 견해는 찾아볼 수 없다. 물론 이처럼 행정소송 혹은 사
법심사상 예방적 구제유형을 마련하고 있는 나라들에서도 적극적 공익
실현의 책무를 담당하고 있는 행정의 선결권을 존중할 필요성을 결코

---

  1) "개정행정사건소송법" 제3조 제7항, 제37조의 3.

간과하고 있지 않으며 이들 국가의 법원들은 국민의 권리구제와 행정의 선결권 간의 조화를 도모하기 위하여 여러 가지 기제를 통하여 예방적 구제의 부여 여부에 신중하게 접근하고 있음을 발견할 수 있다. 따라서 우리의 행정소송상으로도 권력분립을 이유로 행정소송상 예방적 구제를 전면적으로 부인하기 보다는 이미 행정소송상 예방적 구제제도를 마련하고 있는 선진 각국의 법제와 실무를 면밀히 검토함으로써 이들 나라들이 실효적 권리구제와 행정의 선결권을 어떻게 조화시키고 있는지에 관한 시사점을 얻는 것이 보다 발전적인 접근방식이라고 생각한다.

II. 행정의 선결권보장문제

앞서 살펴본 바와 같이 행정소송상 예방적 구제제도를 마련하고 있는 법질서에서도 행정의 선결권에 대한 보장문제는 결코 경시되지 않고 있으며 이들 나라의 법관들은 행정의 선결권에 대한 존중적 태도를 다각도로 표현하여 왔다. 행정은 공익실현의 권한과 과제를 부여받은 존재이므로 법률이 행정에게 부여하고 있는 권한과 과제를 행정이 행사하고 수행하기도 전에 법원이 개입하는 것은 극히 예외적인 경우에 한하여 허용되어야 한다는 사고는 어느 법질서에서건 발견할 수 있는 것이다. 예컨대, 독일의 경우 예방적 권리구제는 취소소송과의 관계에서 보충적인 지위에 있기 때문에 가중된 권리보호의 필요성이 긍정되는 예외적 사안에서만 예방적 권리구제를 허용하고 있으며 더 나아가 예방적 금지소송에 있어서도 그 적법요건으로서 '신청'요건을 통해서 혹은 소송비용에 관한 행정법원법 제156조를 통해서 부분적으로나마 행정이 선결권을 행사할 기회를 보장하고 있다. 즉 사인이 행정에 대하여 미리 관련 급부 혹은 부작위를 신청하지 않고 곧바로 법원에 이행소송을 제기하는 경우에는 보다 간편한 권리실현의 방도가 존재함을 이유로 소의 권리보호필요성을 부인하게 된다. 혹은 굳이 신청을 적법요건으로 요구하지 않는다 하더라도 그처럼 신청을 제출하지 않고 소를 제기한 자의 청구를 행정청이 즉시 인락한 경우에는 소송비용을 원고가 부담하게 되어 있다. 따라서 사인의 관점에서는 소각하의 우려 혹은 소송비용부담의 우려 때문에 소제기 이전에 행정에 대하여 가부간의 결정을 내려줄 것을 요청하지 않을 수 없으므로 이를 통하여 행정에게 잘못된 결정을 회피할 기회가 반드시 먼저 부여된다. 다만 신청시와 판결시간에 법적·사실적 상황에 관하여 사정변경이 있을 때에는 행정의 선결권이 보장되지 못하는 문제점이 발생한다. 즉, 독일의 경우, 이행소송의 판단기준시는 판결시이므로 신청시점에는 청구권이 성립하지 않았으나 그 후의 사정변경으로 인하여 판결시에는 청구권이 존재하는 경우라면 행정의 선결권이 보장되지 못하는 것이다. 그러나 독일에서는 행정소송의 주된 기능을 개인의 권리구제에서 발견하고 있으므로 사정변경이 있는 경우 행정의 선결권을 존중하지 못하는 결과가 초래되는 것을 부득이한 것으로 이해하고 있다.[2]

한편 미국의 사법심사상으로는 보충성, 최종성, 성숙성원리 혹은 일차적 관할권원리를 통하여 행정의 선결권을 보장하고 있다. 즉, 판례에서는 손해가 예견되거나 임박하였다 하더라도 행정상 구제를 모두 거치지 않았다면 사법심사를 구할 수 없음이 원칙이라고 선언하고 있으며 그 근거를 행정의 전문성과 자율성, 사후심사의 효율성 등에서 찾고 있다. 반면 이러한 원칙의 엄격한 준수로 인하여 원고에게 지나치게 가혹한 곤경이 초래되거나 문제된 행정작용의 위법성이 명백하거나 혹은 문제된 사안에 행정의 전문성이 개재되어 있지 않다면(hardship, clarity, expertise) 이처럼 행정의 선결권을 보장하는 데 기여하는 원칙들이 적용

---

2) 朴正勳, "행정소송법 개정의 기본방향―행정소송의 구조·종류·대상을 중심으로―" 晴潭 최송화 교수 화갑기념『현대공법학의 과제』, 2002, 671면.

되지 않는다는 것 또한 판례의 입장이다. 또한 행정 스스로도 최종성을 갖추지 못한 단계에서 소가 제기되었더라도 최종성요건의 주장을 포기할 수 있다는 것이 판례의 입장이다. 또한 영국의 사법심사에 있어서도 보충성원리를 통하여 사법심사를 구하는 자에게 원칙적으로 행정상 구제의 방도를 모두 거칠 것을 요구하고 있으며 사법심사를 구하는 것이 아직 시기상조이고 행정으로 하여금 먼저 결정을 내리도록 한 후 이를 취소소송으로 다투게 하는 것이 적절한 경우에는 법원이 사법신사신청에 대한 허가를 거부하거나 구제부여에 관한 재량을 통하여 구제를 거부하고 있다. 다만 법원은 문제된 하자가 뚜렷하고 쉽게 식별할 수 있는 경우, 혹은 행위권한 자체가 의문시되거나 결정권자의 구성에 자연적 정의의 위배가 있는 경우에는 행정이 결정을 내리기 이전에 먼저 금지판결로써 행정이 결정을 내리는 것 자체를 금지하기에 적절하다고 보고 있다.

프랑스의 경우 결정선행의 원칙에서 알 수 있듯이 전통적으로 행정의 선결권은 금과옥조로 여겨지고 있으나, 최근 마련된 기본적 자유보전형 급속심리제도에서는 급속심리법관이 예방적 명령을 내릴 수 있도록 허용하고 있다. 기본적 자유보전형 급속심리의 요건에 관한 법문의 규정으로 볼 때 프랑스의 행정소송상으로도 오로지 예외적으로만, 즉 행정이 자신의 권한행사 범위 내에서 중대·명백한 위법행위로써 국민의 기본적 자유를 침해하는 사안에서 예방적 구제가 허용됨을 알 수 있다.

이처럼 각국의 행정소송에서는 행정의 선결권보장을 원칙으로, 즉 재판상 구제는 사후적이어야 함을 원칙으로 삼고 있으면서도 이로 인하여 초래될 개인의 불이익이나 문제된 행정작용의 위법성의 정도 등을 고려하여 예외적인 사안에서는 법원에 의한 조기의 개입이 정당화되는 것으로 보고 있다. 이들 외국의 행정소송에서 목격할 수 있는 유연한 접근방식은 우리의 행정소송상 예방적 구제의 도입여부에 관한 논의를 전개함에 있어서도 충분히 참고할 만한 가치가 있을 것이다. 한편 이처럼 우리 행정소송법상으로도 예방적 구제제도의 허용가능성과 필요성을 긍정한다 하더라도 과연 구체적으로 어떠한 소송상의 방도를 통해 예방적 구제를 실현할 수 있을지는 별도의 고찰이 필요한 문제이다. 즉, 본 논문이 주된 고찰대상으로 삼은 독일의 예방적 금지소송과 예방적 확인소송을 우리 행정소송제도로 도입하는 것이 타당한가의 여부는 한편으로는 우리의 행정소송체계상 이러한 소송유형의 부재를 충분히 보완할만한 다른 기제가 존재하는지라는 차원과 다른 한편으로는 우리의 행정소송 실무상 예방적 구제에 대한 법률소비자들의 수요가 충분히 존재하고 있는지 혹은 행성소송상 예방적 구제가 효율적이고 원활한 행정과제의 달성에 어느 정도의 지장을 초래할 것인지라는 실증적 차원의 비교검토를 모두 거쳐야 할 것이다. 그러나 실증적 차원의 연구는 본 연구의 범위를 벗어나므로 일단 독일과는 다른 행정소송법 체계를 가지고 있는 우리나라에서 예방적 권리구제를 실현하기 위한 제도적 정비방안을 제3절 이하에서 제시해 보기로 한다.

III. 예방적 구제의 방향성

이 문제는 각국의 예방적 구제유형들이 개인의 권리보호와 행정의 적법성통제 가운데 어느 것에 중점을 두고 있는가를 묻는 것이다. 앞서 살펴본 바와 같이 독일의 예방적 금지소송과 예방적 확인소송은 그 헌법적 토대가 포괄적 권리보호의 보장을 규정하고 있는 기본법 제19조 제4항에 있다는 점에서 철두철미 개인의 권리구제를 위한 제도이며 어떤 면에서는 개인의 권리구제라는 행정소송의 목적을 극단까지 추구하고 있는 제도라고 볼 수 있다. 이처럼 독일의 예방적 구제가 개인의 권리구제에 주로 봉사하는 제도라는 점은 예방적 금지소송과 예방적 확인소송에 취소소송의 원고적격에 관한 규정이 유추적용되고 있으며 예방적 금지소송의 본안요건으로서 올바른 피고와 부작위청구권이, 그리고 예방적 확인소송의 본안요건으로서 역시 올바른 피고, 문제된 행정작용의 위법성 및 권리침해가 요구된다는 점에서 확인할 수 있다. 그러나 문제된 행정작용의 위법성은 단순위법만으로도 충분하며 프랑스의 경우처럼 중대·명백한 위법일 필요는 없다. 한편, 앞서 살펴본 바와 같이 미국의 판례에 관한 데이비스(Kenneth Culp Davis)의 분석에 따르면 미국의 법원이 아직 최종적인 행정결정이 나오지 않았음에도 불구하고 사법심사를 베푸는 사안들은 행정이 최종적 결정을 내릴 때까지 개인에게 기다리도록 하는 것이 개인에게 지나치게 가혹한 곤경을 초래하거나(hardship) 혹은 결정권자의 구성에 자연적 정의의 위배가 있는 경우처럼 문제된 행정결정의 위법성이 명백한 사안들 (clarity) 혹은 행정의 전문성이 개재되지 않은 사안들(expertise)로 분류할 수 있다. 이로부터 미국의 법원은 사후심사의 원칙을 고수하는 것이 개인에게 가혹한 결과를 초래하는 경우, 즉 개인의 권리보호를 위해서도 예방적 구제를 베풀고 있을 뿐 아니라 경우에 따라서는 중대·명백한 위법이 있는 행정작용이 발급되는 것을 저지하기 위해서도 예방적 구제를 베풀고 있음을 알 수 있다. 한편 영국의 사법심사에 관한 루이스(Clive Lewis)의 지적에 따르면 전통적으로 행정내부의 적법성통제수단으로서 기원한 대권적 구제인 금지판결(prohibiting order)의 경우 하자를 쉽게 식별할 수 있고 또 별도로 다룰 수 있는 경우, 혹은 공적 주체가 특정 사안에 관하여 과연 행위할 권한 혹은 관할권을 가지고 있는지 여부가 문제되거나 혹은 결정자가 편견원칙에 따라 자격이 없는 자인가 문제되는 사안 등의 경우에는 결정주체가 제정법상 권한을 행사하기 전에 법원이 사안을 다루는 것이 바람직하다는 것이 판례의 입장이라고 한다. 따라서 영국의 법원들도 문제된 행정작용의 위법성의 정도를 물어 금지판결을 활용하고 있는 것으로 보인다. 다시 대륙쪽으로 눈을 돌려 프랑스의 기본적 자유보전형 급속심리를 살펴보자면 행정법원의 급속심리법관이 예방적 명령을 발할 수 있으려면 문제된 개인의 권리가 기본적 자유이어야 하며 문제된 행정작용의 위법성은 중대 명백하여야 한다는 요건이 중첩적으로 갖추어져야 한다. 이로부터 독일과 프랑스의 예방적 구제는 주로 개인의 권리구제에 기여하는 제도인 반면, 영국과 미국의 법원들은 개인의 권리구제상 필요 때문만이 아니라 중대·명백한 위법이 있는 행정작용이 발급되는 것을 사전에 통제하기 위해서 개입하는 경우도 있는 것으로 짐작할 수 있다.

더 나아가 독일과 프랑스의 예방적 구제제도를 비교하면 행정의 선결권과 개인의 권리구제 사이에서 후자에 상대적으로 보다 많은 비중을 두고 있는 독일의 행정소송상으로는 문제의 행정작용의 위법성이 반드시 중대·명백한 위법성일 필요는 없으며 문제된 개인의 권리도 기본권일 필요가 없으므로 단순 위법한 행정작용에 의하여 개인의 권리가 침해될 우려가 있되, 다만 사후적 구제의 수인가능성이 없는 경우라면 예방적 구제를 활용할 수 있다. 반면, 행정의 선결권을 보다 중시하여온 프랑스의 경우에는 물론 긴급사안(urgence)이라는 전제하에, 문제된 개인의 권리가 기본적 자유에 해당하여야 하며 문제된 행정작용의 위법성 또한 중대·명백한 것이어야 한다는 점에서 권리요건과 위법성요건 모두를 더 엄격하게 강화함으로써 법원의 예방적 명령을 통해 행정의 선결권이 제약될 영역을 가능한 한 좁게 인정하려는 입장인 것으로 보인다. 즉 본 논문이 고찰의 대상으로 삼고 있는 각국의 예방적 구제제도를 분류하자면 독일과 프랑스의 경우는 개인의 권리구제형으로, 영국과 미국의 경우는 개인의 권리구제형과 적법성 통제형이 병존하여 운용되고 있으며 특히 같은 대륙법계인 독일과 프랑스 간에서도 독일은 단순한 위법성과 단순한 공권침해만을 요구하고 있으며 이러한 예방적 구제를 가구제절차 뿐 아니라 본안절차상으로도 마련하고 있는 반면, 프랑스는 중대·명백한 위법성과 기본적 자유의 침해를 요구하고 있다는 점에서 위법성과 권리의 측면 모두에 있어서 그 요건을 가중하고 있으며 더 나아가 이러한 예방적 구제를 오로지 가구제절차상으로만 인정하여 기판사항의 효력을 부여하고 있지 않다는 점에서 상대적으로 독일에 비하여 행정의 선결권존중에 치중하고 있다는 차이점을 발견할 수 있다. 이러한 대륙법계와 영미법계의 차이, 그리고 독일과 프랑스의 법제가 보여주는 차이는 우리가 행정소송상 예방적 구제를 도입하고 운용함에 있어서도 참고로 삼아야 할 것이다.

제2절 학설·판례의 변천과 현황

전쟁의 어수선한 틈바구니속에서 행정소송제도를 마련되었던 우리의 경우, 처음 14개조에 불과하였던 단출한 행정소송법으로부터 시작하여 두 차례의 대폭 개정(1985년, 1994년)을 거치면서 현재는 46개조에 달하는 행정소송법을 가지게 되었다. 이처럼 50여 년간 행정소송제도를 운용해 오면서 우리의 행정소송상으로도 예방적 권리구제를 포함한 이행소송유형이 가능한가 혹은 필요한가에 관한 의문은 초창기부터 꾸준히 제기되어 왔으며 또 현재도 제기되고 있다. 행정소송제도 운영의 연륜에 비하면 매우 일찍부터 예방적 권리구제의 문제를 의식하였다고 할 것이다. 이하에서는 행정소송법의 제정 이후 예방적 권리구제를 포함한 이행소송의 문제에 관하여 우리의 실정법제 및 학설·판례의 변천과정을 살펴보고 현재의 상황을 정리하여 보기로 한다. 그리고 앞서의 연구결과를 토대로 예방적 권리구제제도의 도입여부 및 구체적인 도입방안에 관한 필자 나름의 의견을 제시해보기로 한다.

Ⅰ. 1951년 행정소송법제정 이후 ~ 1984년

1. 행정소송법상 소송유형

1948년 제헌헌법 제81조 제1항에 의거하여 제정된 1951년 행정소송법은 14개 조문으로 구성된 매우 간략한 법률이었다. 동법에서는 행정소송의 종류로서 취소소송(행정청의 위법한 처분의 취소 또는 변경에 관한 소송)과 당사자소송(공법상의 권리관계에 관한 소송)을 규정하고 있었

다. (동법 제1조)

2. 무명소송의 허용성에 관한 학설

1) 소극설

동법 하에서의 통설은 행정청의 작위·부작위를 요구하는 어떠한 형태의 이행소송도 부인하고 있었다. 그 이론적 근거는 일반적으로 다음의 두 가지였다. 첫째 권력분립상의 이유로서 행정과 사법은 서로 넘을 수 없는 한계가 있으며 비록 우리나라와 같은 사법국가에서 행정사건을 사법재판소에서 심리하더라도 재판소는 사법권의 본질인 '법의 판단작용'이라는 범위를 넘어서 행정권에 대한 부당한 간섭을 할 수 없으며 이로부터 사법재판소가 행정청에 대하여 일정한 행정처분의 행위·불행위를 명하는 이행판결을 할 수는 없다는 것이다. 둘째로는 행정법규상 인정되는 국가의 행정상 의무는 대등자 간의 권리·의무가 서로 대응하는 것과 같이 반드시 그에 대응하는 국민의 권리(공권)가 인정되는 것은 아니기 때문에 가령 행정청이 처분의 부작위로 법규상의 의무를 이행하지 않는다 하여도 그 의무적인 처분의 실행을 청구할 수 있는 국민의 권리가 반드시 발생하지는 않는다는 것이다. 따라서 행정법규상의 의무에 위반한 행정청의 부작위에 대하여 그 처분의 실행을 청구하는 이행소송은 부인된다는 것이다.[1]

2) 적극설

반면 당시 실정법 하에서도 처분의 취소뿐 아니라 변경을 인정하고

---

1) 김경재, "행정청의 작위·부작위를 요구하는 소송" 서울대학교 『법학』 6권 2호, 1964. 12. 115-116면.

278 행정소송상 예방적 구제

있는 이상 이 변경을 적극적으로 해석한다면 사법권의 당연한 행사로서 행정청을 대신하여 일정한 처분을 하거나 행정청에 대하여 일정한 처분을 명할 수 있다는 견해도 제시되었다.2) 더 나아가 당시 행정소송법의 해석론으로는 이행소송 등은 인정하기 어려우나 다만 입법론적으로는 행정청의 의무가 일의적으로 명백하고, 개인이 중대한 손해를 받았거나 받을 위험이 절박하며, 다른 적당한 구제방법이 없는 경우에는 이행소송을 인정하여야 한다는 견해도 발견할 수 있다.3)

3) 예방적 권리구제에 관한 학설

이처럼 이 시기의 행정소송법이 명문으로 규정하고 있는 소송유형 이외에 기타의 소송유형은 허용되지 않으며 따라서 예방적 금지소송이나 확인소송유형도 허용되지 않는다는 것이 지배적인 견해였으나, 다만 김경재 교수는 위와 같이 권력분립을 이유로 이행소송을 부인하는 것은 권력분립이 '국민의 자유와 권리'를 보장하기 위한 수단이라는 점을 소홀히 하고 형식적인 권력분립의 표준에만 구애되는 것으로서, 이는 프랑스 식의 권력분립사상의 영향을 받은 것이라고 지적하면서 개인의 권리가 '침해될 확실한 가능성'이 존재하는 경우에도 이를 사전에 구제할 수 있는 입법적 조치가 필요하다고 주장하였다.4)

또한 서원우 교수는 당시 행정소송법이 규정하는 '처분의 취소 또는 변경에 관한 소송'인 항고소송의 개념을 좁은 의미의 취소소송에 한정하지 않고 널리 '행정청의 공권력행사에 관한 불복의 소송'이라고 이해하는 한, 공권력의 적극적·소극적 행사에 관한 소송으로서 무효확인이나 부존재확인소송, 금지소송 등과 함께 예방소송도 항고소송의 유형에 속하는 것으로 볼 수 있다고 주장하였다.5)

---

2) 윤세창, 『행정법』 상, 1975, 356면.
3) 박윤흔, 『최신 행정법강의』 상, 1982, 390면.
4) 김경재, 서울대학교 『법학』 1964, 123면.

3. 판 례

1) 행정작용의 발급을 구하는 이행소송

이 시기의 법원은 행정처분을 구하는 소송의 허용성을 일관되게 부인하고 있었다.

殉職決定處分請求 – "무릇 법원은 행정기관 또는 행정감독청이 아니므로 그 권한에는 일정한 한계가 있어 행정처분의 취소 또는 무효확인의 판결을 할 수 있는 이외에 행정청에 대신하여 직접 어떤 처분을 하거나 행정청에게 어떤 처분을 할 것을 명할 수는 없다"(서울고판 1976. 4. 6. 선고 75 구 43)

農地改良組合區域編入請求 – "행정청으로 하여금 일정한 행정처분을 하도록 명하는 이행판결을 구하는 취지의 청구는 행정소송에서 허용되지 아니한다"(대판 1982.7.27. 선고 81누258)

2) 행정작용의 금지를 구하는 가처분

또한 이 시기의 판례는 행정관청의 부작위를 구하는 가처분은 법원이 행정을 대신하여 행정행위를 하는 것이므로 긍정될 수 없다고 보았다. (대법원 1961. 11. 20 4292 行抗 2 결정)

---

5) 서원우, "행정법상의 예방소송"『월간고시』1983. 9, 152면.

II. 1984년 개정 이후 ~ 현행 행정소송법

1. 행정소송법상 소송유형

1985년 개정된 행정소송법에서는 행정소송을 항고소송·당사자소송·민중소송·기관소송으로 대별하고 다시 항고소송을 취소소송·무효등확인소송 및 부작위위법확인소송으로 구분하였다. 개정법에서 부작위위법확인소송제도나 거부처분취소판결의 재처분의무와 간접강제제도를 채택한 것은 구법 하에서의 적극설의 주장을 어느 정도 받아들임으로서 급부행정영역에서의 국민의 권리구제의 미비점을 보완하기 위한 것이었다. 그러나 의무이행소송이나 예방적 소송 혹은 가명령제도는 시기상조라는 이유로 채택되지 않았다. 이처럼 의무이행소송 등을 인정하지 않은 이유로는 첫째, 행정의 제일차적 판단권은 존중되어야 한다는 권력분립적 고려와 둘째, 사법권의 정치화·행정화를 막고 부담을 경감한다는 의미에서의 사법자제적 고려에 입각한 것이며 셋째, 우리에게는 생소한 공권력의 불행사에 관한 소송은 우선 부작위위법확인소송만을 과도기적으로 인정하여 운영하고 제도를 단계적으로 발전시키는 것이 행정기관이나 법원의 수용태세 등을 감안할 때 합리적이고 넷째, 우리와 같은 개발도상국가에서는 행정권이 국가발전의 주역을 담당한다고 할 수 있는데, 갑작스럽게 의무이행소송 등을 인정한다면 행정권행사를 위축시키는 요인이 될 수도 있다는 점 등이 제시되었다.6) 그러나 처분개념을 규정함에 있어서는 일본의 '공권력의 행사·불행사'라는 규정과는 다르게 '공권력의 행사 또는 그 거부와 그 밖에 이에 준하는 행정작용'이라고 한 것은 처분개념을 확대하려는 의도의 소산으로서, 실체적 행정

---

6) 박윤흔,『행정법강의』상, 2002, 897-898면 ; 제122회 국회법제사법위원회 회의록, 27면.

행위개념에는 포함되지 않는 행정작용들, 예를 들면 일반처분·행정계획·사실행위·행정지도 등에 대해서도 항고소송의 문호를 개방하고자 하는 의도였다.[7]

한편 1994년 행정소송법의 부분개정을 통하여 행정심판을 임의절차화하고 행정소송을 三審化하였으며 취소소송 제기기간을 변경하는 등 수정을 가하였으나 소송유형의 기본적 골격에 있어서는 변화가 없이 1985년 법의 체제를 따르고 있다. 그러나 위와 같은 보완에도 불구하고 국민의 실효적 권리구제의 관점에서 아직도 여러 가지 미비점이 적지 않은 것으로 지적되고 있으며 특히 소송유형의 다양화와 관련하여 의무이행소송·일반이행소송·예방적 금지소송 등의 도입이, 가구제에 있어서는 가명령제도의 도입이 개선방향으로 제시되고 있다. 특히 2002년 대법원에 설치된 '대법원 행정소송법개정위원회'에서는 항고소송의 대상적격 및 원고적격의 확대, 의무이행소송의 도입, 예방적 금지소송의 도입 등을 주요 골자로 하는 행정소송법개정안을 제시한 바 있다. 이에 관해서는 항을 바꾸어 이하의 Ⅲ. 행정소송법 개정논의와 예방적 구제의 도입가능성에서 살펴보기로 한다.[8]

2. 무명소송의 허용성에 관한 학설

1) 소극설

현행 행정소송법상의 소송유형에 관한 규정을 제한적인 것으로 해석하는 견해에 따르면 행정소송법이 명문으로 규율하고 있는 취소소송, 무효확인소송, 부작위위법확인소송 이외에 무명소송으로서 의무이행소송,

---

7) 김도창·김상철, "신행정쟁송법의 특징"『고시계』1985. 4. 21면
8) 김동희, 『행정법』Ⅰ, 2005, 638면.

일반이행소송, 작위의무확인소송 등은 허용되지 않는다고 본다.9)

2) 적극설

반면 행정소송법상 소송유형에 관한 규정을 반드시 제한적인 것으로 해석할 필요는 없으며 헌법이 국민의 재판청구권을 보장하고 있는 취지 등에 비추어 제한적인 조건하에서, 즉 ① 행정청이 제1차적 판단권을 행사하도록 기다릴 필요가 없을 정도로 관계법상의 처분요건이 일의적·구체적으로 규정되어 있고 ② 그를 사전에 구제하지 않으면 회복하기 어려운 손해가 발생할 우려가 있으며, ③ 다른 구제방법이 없을 것이라는 제한적 요건 하에서는 의무이행소송을 보충적으로 인정할 수 있다고 보는 견해가 다수이다.10) 그 밖에 작위의무확인소송에 관해서도 권력분립상의 문제점이 상대적으로 적다고 보아 긍정하는 견해가 다수이다.11)

3) 예방적 권리구제에 관한 학설

일부 견해는 행정소송상 예방적 권리구제를 허용함에 있어서 헌법의 권력분립원칙상의 장애가 있는 것은 아니나 다만 행정소송법이 규정하고 있는 항고소송유형은 제한적인 것으로 해석해야 한다는 관점에서 명문의 규정은 물론 간접적인 규정도 발견할 수 없는 예방적 권리구제는 허용되지 않는다고 보고 있다.12) 반면 압도적인 다수설에서는 행정소송법상 소송유형을 반드시 제한적으로 새겨야 할 이유는 없다는 점, 그리고 예방적 권리구제는 공권력에 의한 침해가 절박한 경우에 주로 문제되는 것으로서 위법한 공권력행사에 대한 소극적 방어이므로 의무이행

---

9) 류지태, 『행정법신론』, 2004, 487면.
10) 김동희, 『행정법』 I, 2005, 646면.
11) 김동희, 『행정법』 I, 2005, 647면.
12) 류지태, 『행정법신론』, 2004, 488면.

소송에 비하여 오히려 그 인정상의 문제점이 적다는 점을 지적하면서 도입에 찬성하고 있다.[13] 다만 행정의 일차적 판단권의 존중이라는 측면에서 ① 위험이 구체적이며 개별적일 것, ② 침해가 심각하고 개연성이 있을 것, ③ 침해가 직접적이며 절박할 것, ④ 소송을 통해 피하고자 하는 위험 내지 손해가 중대할 것 등의 엄격한 요건하에서 허용되어야 한다고 보고 있다.[14] 한편 가처분에 관해서도 견해가 대립되고 있는데, 긍정설에서는 행정소송법상 가처분제도를 배제하는 특별규정이 없으며 행정소송법 제8조 제2항에 의거하여 민사소송법상의 가처분규정이 준용될 수 있다는 점을 근거로 들고 있으며[15] 부정설에서는 행정소송법상 집행정지를 가처분제도에 관한 민사소송법상 특칙으로 보아야 한다는 점을 근거로 들고 있다.[16]

3. 판 례

위와 같은 학설의 압도적인 도입 찬성론에도 불구하고 아직 우리의 판례는 행정소송상으로 금지소송을 포함한 이행소송유형은 허용되지 않

---

13) 김동희, 『행정법』I, 2005, 647면 ; 김남진·김연태, 『행정법』I, 2005, 642면 ; 박윤흔, 『행정법강의』상, 2002, 898면 ; 홍정선, 『행정법원론』상, 2003, 834면 ; 홍준형, 『행정구제법』, 2001, 486-489면 ; 김성수, 『행정법』I, 1998, 740면.
14) 한편 예방적 권리구제제도의 소송유형체계상 위치에 관해서는 무명항고소송으로 설명하는 견해(김도창, 『일반행정법론』상, 1993, 747면 ; 김동희, 『행정법』I, 2005, 646면 ; 홍정선, 『행정법원론』상, 2003, 833면 ; 박윤흔, 『최신행정법강의』상, 2002, 821면), 처분 등에 대한 예방적 구제소송은 무명항고소송으로, 기타의 사실행위에 대한 예방적 구제소송은 당사자소송으로 설명하는 견해(김성수, 『행정법』I, 1998, 740면 ; 석종현, 『일반행정법』상, 1993, 831면 ; 백윤기, 『행정소송의 한계』, 19면)가 있다.
15) 집행정지로써는 목적을 달성할 수 없는 경우에 한하여 가처분제도를 활용할 수 있을 것이라고 보는 견해로는 홍정선, 『행정법원론』상, 2003, 776면 ; 김남진·김연태, 『행정법』I, 2005, 705면.
16) 서원우, 『현대행정법론』상, 1979, 842면.

는다는 입장을 변함 없이 유지하고 있다. 또한 이행소송 이외에 작위의무의 확인을 구하는 소송과 가명령도 우리 행정소송법상 허용되지 않는 것으로 보고 있다. 그러나 실무상으로는 행정작용의 부작위를 소구하거나 혹은 그 발급을 청구하는 경우 혹은 작위의무의 확인을 소구하는 경우가 없지 않은바, 실제로 문제되었던 사례들을 일별하면 다음과 같다.

1) 행정작용의 발급을 구하는 이행소송

토지등급시정청구 - "토지소유자가 토지에 대한 행정청의 토지등급 설정 및 수정처분의 시정을 구하는 것은 동인이 원하는 행정처분을 하도록 명하는 이행판결을 구하는 것이어서 행정소송에서 허용되지 아니한다."(대판 1986. 8. 19 선고 86 누 223)

가건물철거대집행계고처분청구 - "행정소송법상 행정청으로 하여금 일정한 행정처분을 하도록 명하는 이른바 이행판결을 구하는 소송은 허용되지 않는다."(대판 1986. 8. 19 선고 86 누 223)

어업권회복등록절차이행청구 - "행정심판법 제3조에 의하면 행정청의 위법 또는 부당한 거부처분이나 부작위에 대하여 의무이행 심판청구를 할 수 있으나 행정소송법 제4조에서는 행정심판법상의 의무이행심판청구에 대응하여 부작위위법확인소송만을 규정하고 있으므로 행정청의 부작위에 대한 의무이행소송은 현행법상 허용되지 않는다."(대판 1989. 9. 12 선고 87 누 868)

보존문서(육군병원의 입원기록)정정청구 - "현행 행정소송법상 의무이행소송이나 의무확인소송은 인정되지 않으며, 행정심판법이 의무이행심판청구를 할 수 있도록 규정하고 있다고 하여 행정소송에서 의무이행청구를 할 수 있는 근거가 되지 못한다."(대판 1992. 2. 11 선고 91 누 4126)

징발수용토지에 대한 징발해제청구 - "행정소송법 제3조와 제4조가 행정청의 부작위가 위법하다는 것을 확인하는 소송을 규정하고 있을 뿐 행정청의 부작위에 대하여 일정한 처분을 하도록 하는 의무이행소송에 관하여는 규정하고 있지 아니하여, 행정청의 위법 또는 부당한 부작위에 대하여 일정한 처분을 하도록 청구하는 소송을 허용하지 아니한 것이, 국민의 재산권을 보장한 헌법 제23조에 위배된다고 볼 수 없다."(대판 1992.12.22. 선고 92누13929)

상가특별공급 및 영업비의 보상청구 — "행정청에 대하여 상가특별공급 및 영업비의 보상을 구하는 청구부분은 그가 원하는 처분을 행정청으로 하여금 행하도록 명하는 이행판결을 구하는 것이 되어 행정소송법상 허용되지 아니한 부적법한 소송이라는 판단은 행정소송법의 규정에 비추어 정당하다."(대판 1994. 12. 22 선고 93 누 21026)

압수물의 환부청구 — "검사에게 압수물환부를 이행하라는 청구는 행정청의 부작위에 대하여 일정한 처분을 하도록 하는 의무이행소송으로 현행 행정소송법상 허용되지 아니한다"(대판 1995. 3. 10. 선고 94 누 14018)

공동어업권면허면적편입청구 — "현행 행정소송상 행정청으로 하여금 일정한 행정처분을 하도록 명하는 이행판결을 구하는 소송이나 법원으로 하여금 행정청이 일정한 행정처분을 행한 것과 같은 효과가 있는 행정처분을 직접 행하도록 하는 형성판결을 구하는 소송은 허용되지 아니하므로, 원심이 피고에 대하여 판시의 도면표시(나),(마) 부분을 공동어업면허의 면허면적에 편입시켜 줄 것을 구하는 취지의 원고들의 청구부분은 부적법하다고 판단한 것은 정당하고, 거기에 상고이유의 주장과 같은 법리오해의 위법이 있다고 할 수 없다."(대판 1997. 9. 30 선고 97 누 3200)

2) 작위의무확인소송

이주대책대상자확인의무확인 — "행정심판법 제4조 제3호가 의무이행심판청구를 인정하고 있고 항고소송의 제1심 관할법원이 행정청의 소재지를 관할하는 고등법원으로 되어 있다고 하더라도, 행정소송법상 행정청의 부작위에 대하여는 부작위위법확인소송만 인정되고 작위의무의 이행이나 확인을 구하는 행정소송은 허용될 수 없다."(대판 1992.11.10. 선고 92누1629)

서훈의 추천, 책자의 편찬, 보급, 전시물의 전시 및 배치의무확인 — "국가보훈처장 등에게, 독립운동가들에 대한 서훈추천권의 행사가 적정하지 아니하였으니 이를 바로잡아 다시 추천하고, 잘못 기술된 독립운동가의 활동상을 고쳐 독립운동사 등의 책자를 다시 편찬, 보급하고, 독립기념관 전시관의 해설문, 전시물 중 잘못된 부분을 고쳐 다시 전시 및 배치할 의무가 있음의 확인을 구하는 청구는 작위의무확인소송으로서 항고소송의 대상이 되지 아니한다."(대판 1990.11.23. 선고 90누3553 판결)

보상급여의무확인 — "국가보훈처장 발행 서적의 독립투쟁에 관한 내용을 시정하여 관보에 그 뜻을 표명하여야 할 의무 및 독립운동단체 소속의 독립운동자들에게 법률 소정의 보상급여의무의 확인을 구하는 청구는 작위의무 확인소송으로서 항고소송의 대상이 되지 아니한다."(대판 1989.1.24. 선고 88누3116)

애국지사의 사망일시금 및 유족생계부조수당지급의무확인 — "단순한 부작위위법확인이 아닌 작위의무확인청구는 항고소송의 대상이 되지 아니한다."(대판 1989.1.24. 선고 88누3314)

3) 행정작용의 금지를 구하는 이행소송

준공처분의 금지청구 — "행정청에 대하여 신축건물의 준공처분을 하여서는 아니된다는 내용의 부작위를 구하는 원고의 예비적 청구는 행정소송에서 허용되지 아니하는 것이므로 부적법하다."(대판 1987. 3. 24 선고 86 누 182)

4) 행정작용의 금지를 구하는 가처분

공유수면매립권양도의 인가금지가처분 — "민사소송법상의 보전처분은 민사판결절차에 의하여 보호받을 수 있는 권리에 관한 것이므로, 민사소송법상의 가처분으로써 행정청의 어떠한 행정행위의 금지를 구하는 것은 허용될 수 없다."(대판 1992. 7. 6. 선고 92 마 54)

이상에서 알 수 있듯이 우리의 판례는 의무이행소송, 예방적 금지소송, 의무확인소송 및 가처분은 행정소송상 허용되지 않는다는 견해를 고수하고 있으며 이와 더불어 처분개념을 강학상의 행정행위로 이해하고 있다. 따라서 이러한 행정소송실무의 귀결로서, 개인이 침익적 행정작용을 배제하기 위해서는 오로지 취소소송에 의지하지 않을 수 없게 되었으나 취소소송의 대상이 되는 행정처분개념이 좁게 인정됨으로써 결국 행정행위로서의 성격을 갖지 않는 행정작용에 대해서는 행정실무상의 중요성 증대와 양적 증가에도 불구하고 손해배상 이외의 소송상 구제방도를 발견할 수 없는 지경에 이르게 되었다.

Ⅲ. 2004년 행정소송법 개정안과 예방적 구제의 도입가능성

2004년 행정소송법 개정안은 항고소송의 일 유형으로서 예방적 금지소송의 도입을 제안한 바 있다. 동 개정안은 예방적 금지소송을 '행정청이 장래에 일정한 행정행위[17]를 할 것이 임박한 경우에 그 행정행위를

---

17) 단, 동 개정안에서의 행정행위 개념은 현행 행정소송법의 처분 개념보다 넓은 것으로서, '행정청이 행하는 법적 · 사실적 행위로서의 공권력의 행사 또는 그 거부와 그 밖에 이에 준하는 행정작용 및 행정심판에 대한 재결'을 의미한다. (개정안 제2조 제1호)

금지하는 소송' (동 개정안 제4조 제4호)으로 정의하고 있다.

1. 본안절차상 예방적 구제 - 예방적 금지소송

1) 원고적격

예방적 금지소송은 행정청이 장래에 일정한 행정행위를 할 것이 임박한 경우에 그 행정행위의 금지를 구할 법적으로 정당한 이익이 있는 자가 사후에 그 행정행위의 효력을 다투는 방법으로는 회복하기 어려운 손해를 입을 우려가 있는 때에 한하여 제기할 수 있다.(동 개정안 제55조)

이러한 개정내용은 현행 행정소송법상의 원고적격기준으로서의 "법률상 이익"에 대한 종래의 판례의 입장에 대한 비판을 받아들인 결과이다. 즉 종래 판례가 원고적격을 판단함에 있어서, '법률상 보호이익설'의 입장에서 오로지 당해 처분의 근거법령에 의해 보호되고 있는 이익만을 법률상 보호이익으로 인정해 온 결과, 근거법령에 의해 직접 보호되고 있다고 하기는 어렵지만, 사실상 보호의 필요성이나 보호가치가 있는 생활상의 이익들의 항고소송에 의한 권익구제의 범위에서 배제되고 마는 문제가 있었다. 이런 문제점을 해소한다는 견지에서 개정안 제12조는 종래의 '법률상 이익'을 '법적으로 정당한 이익'으로 대체함으로써 원고적격을 확대하고자 한 것이다. 이로써 행정행위의 근거법규에 의하여 보호되는 직접적·구체적 이익이 아닐지라도 명예·신용회복, 헌법상 기본권 등 일반적 법규에 의해 보호되는 정당한 이익이 있는 경우 등에도 원고적격이 있다고 해석할 수 있게 되는 반면, 사실상 이익이나 반사적 이익이 포함되지 않음을 명확히 하기 위하여 '법적으로 정당한 이익'이라고 표현한 것이다. 그러나 이와 같은 개정취지와는 달리 '법적으로'라는 제한이 명시됨으로써 종래와 크게 달라질 게 없다는 우려도 발견할 수

있다.18)

2) 본안요건

법원은 행정청의 장래의 행정행위가 위법하고, 그 행정행위를 하지 않도록 하는 것이 상당하다고 인정하는 때에는 행정청에게 그 행정행위를 하지 않도록 선고한다.(동 개정안 제57조)

3) 준용규정

한편 개정안에서는 이러한 금지소송에 취소소송의 재판관할(제8조), 지방법원과 행정법원 사이의 관할의 지정(제9조), 관련청구소송의 이송 및 병합(제10조), 피고적격(제13조), 행정심판과의 관계(제19조), 소의 변경(제23조), 가처분(제26조), 직권심리(제29조), 취소판결의 효력(제33조), 법원의 권고결정에 관한 소송상 화해(제35조), 재판관할(제36조), 제3자의 재심청구(제41조), 의무이행판결의 기속력(제52조), 의무이행판결의 간접강제(제53조) 등의 규정이 준용되는 것으로 제안하고 있다.

한편 이러한 예방적 금지소송에 대해서는 보충성의 요건을 엄격히 요구하여 濫訴를 예방하고 있고 예방적 금지판결을 선고함에 있어서도 '상당성' 요건을 추가하고 있기 때문에, 그 상당성 요건의 관점에서 행정청의 권한이 충분히 존중될 수 있을 것이라는 긍정적인 견해가 지배적인 것으로 보인다.19)

그러나 다른 한편으로는 예방적 금지소송이 행정결정에 대한 사후적

---

18) 홍준형, 『행정소송법개정공청회자료집』, 2004, 83면.
19) 박정훈, 『행정소송법개정공청회자료집』, 2004, 48면 ; 유남석, 『행정소송법개정공청회자료집』, 2004, 188면.

사법통제를 넘어 행정결정에 대한 사전적 금지를 목표로 하고 있어 행정 영역에 대한 광범위한 사법 개입을 초래할 가능성이 있으며, 행정의 자율성과 선결권을 침해할 가능성이 있고 또한 현재 행정실무상 소송의 제기 자체가 행정을 위축시키는 경향이 있는데 예방적 금지소송은 행정권의 발동 전에 소송이 제기됨으로써 더욱 행정청으로 하여금 행정권의 발동을 주저하게 만들고 행정의 소극화 내지 위축을 초래하여 오늘날 요구되는 적극적이고 능동적인 행정이 실현되지 못하여 국민의 권익을 보호하여 주지 못하는 결과를 낳지 않을까 염려스러운 부분이 있다는 회의적인 지적도 발견할 수 있다.[20]

2. 가구제절차상 예방적 구제

또한 개정안에서는 행정소송상 가구제로서 기존의 집행정지 이외에 가처분을 도입할 것을 제안하고 있다. (동 개정안 제26조) 제26조 제1항은 '행정행위등이 위법하다는 상당한 의심이 있는 경우'로서 "다툼의 대상에 관하여 현상이 바뀌면 당사자가 권리를 실행하지 못하거나 이를 실행하는 것이 매우 곤란할 염려가 있어 다툼의 대상에 관한 현상을 유지할 필요가 있는 경우" 또는 "다툼이 있는 법률관계에 관하여 당사자의 중대한 불이익을 피하거나 급박한 위험을 막기 위하여 임시의 지위를 정하여야 할 필요가 있는 경우'에 가처분을 할 수 있는 것으로 하였다. 전자의 경우의 가처분을 '다툼의 대상에 관한 가처분', 후자의 경우의 가처분을 '당사자의 임시의 지위를 정하는 가처분'이라 부를 수 있다.

아울러 개정안은 담보제공부 가처분, 공공복리에 중대한 영향을 미칠 우려가 있는 경우의 가처분 불허 · 가처분 이유의 소명 · 가처분결정 및 기각결정에 대한 즉시항고 · 사정변경이 있는 경우의 가처분 취소 등에

---

20) 조균석, 『행정소송법개정공청회자료집』, 2004, 193면.

관하여 집행정지에 있어서의 해당 규정을 준용하고, 가처분결정의 기속력과 간접강제에 관하여 취소판결 및 의무이행판결의 해당 규정을 준용하는 것으로 하였다. (개정안 제26조 제2항)

이처럼 개정안은 본안절차로서의 예방적 구제를 항고소송의 하위유형으로 또한 이행소송유형으로 제안하고 있으며 원고적격에 있어서도 취소소송과 동일하게 '법적으로 정당한 이익'이 있는 자로 구성하고 있다. 더 나아가 개정안은 금지판결의 본안요건으로 장래의 행정행위의 위법성을 규정하고 있는바, 이와 같은 예방적 구제의 형태부여는 대륙법전통에서 예방적 구제가 행정소송상 차지하는 위치에 비추어 볼 때 다소 우려스러운 점도 없지 않다 할 것이다. 왜냐하면 앞서 살펴본 바와 같이 독일과 프랑스의 경우 행정소송상 예방적 구제는 철두철미 개인의 권리를 보호하기 위한 소송상 방도로서의 의미를 가지고 있으며 이는 원고적격과 본안요건에 모두 반영되고 있기 때문이다. 만약 개정안과 같이 예방적 구제를 이행소송인 금지소송형태로 도입하면서도 그 본안요건을 원고의 부작위청구권이 아닌 행위의 위법성만으로 구성하고 더 나아가 원고의 주관적 관련성을 원고적격 부분에서만, 그것도 현재의 '법률상 이익'보다도 주관적 관련성이 완화된 형태인 '법적으로 정당한 이익'의 형태만으로 요구한다면 이는 예방적 구제의 주관적 권리구제 지향성과 그다지 조화되지 않는 바로 생각된다. 더 나아가 독일과 프랑스의 예방적 구제가 전통적인 취소소송 혹은 월권소송으로 다툴 수 없는 행위, 즉 주로 규율성 없는 행위에 대한 구제로서의 의미를 가진다는 것은 앞서 살펴본 바와 같은데, 우리나라의 개정안에서는 예방적 금지소송의 적법요건으로서 사후에 그 행정행위의 '효력'을 다투는 방법으로는 회복하기 어려운 손해를 입을 우려가 있을 것을 요구하고 있어서 마치 예방적 금지소송의 대상이 되는 행정작용이 법적 '효력'이 있는 행위에 국한되는 듯한 여지를 두고 있는 점도 문제라고 생각된다.

그 밖에 예방적 금지소송에 관하여 취소소송의 행정심판에 관한 규정을 준용한다든지, 이행판결인 금지판결에 취소판결의 제3자효에 관한 규정 및 의무이행판결의 간접강제에 관한 규정을 준용하는 문제도 보다 심도 있는 논의를 필요로 한다고 본다.

더 나아가 앞서 살펴 본 여러 나라의 행정소송에서 이행소송유형이 마련되어 있음에도 불구하고 행정에 대한 존중 차원에서 이행소송을 활용하기 보다는 확인소송을 보다 적극적으로 활용하는 경향이 있다는 점에 주목한다면 행정소송상 예방적 구제에 있어서도 이행소송유형보다는 보다 완곡한 확인소송유형을 도입하는 것도 고려해 볼만하다. 이하에서는 이러한 문제의식 하에 개정안이 제안하고 있는 이행소송유형 이외의 예방적 구제제도의 도입방안을 모색하여 보기로 한다.

제3절 예방적 구제의 제도적 정비를 위한 제안점

Ⅰ. 처분개념의 확대운용

1. 전형적 구제의 대상적격과 예방적 구제의 상관관계

앞서의 연구를 통하여 독일의 예방적 권리구제제도는 독일의 취소소송 그리고 그 대상이 되는 행정행위개념과는 분리해서 생각할 수 없는 제도임을 알게 되었다. 이 제도가 독일에서 주목을 받고 또 존재의의를 인정받게 된 배경에는 바로 행정의 행위양식의 변화가 자리잡고 있는데, 행정이 전통적인 법적 형식의 행정작용, 즉 행정계약이나 행정행위 이외에 경고, 정보제공과 같은 사실행위를 통하여 개인과 시장의 행태를 간접적으로 조종하는 행위양식이 발달하면서 이에 대한 재판상 구제의 필요성이 대두되었던 것이다. 그러나 독일의 취소소송은 행정절차법이 엄격히 개념규정하고 있는 바로서의 행정행위만을 다룰 수 있는 제도이기 때문에 이러한 사실행위의 반복을 중단시키는 소송상의 방도가 필요하게 되었으며 사실행위의 경우 이를 '취소'로써 배제하는 것은 불가능하고 '금지'로써 배제할 수 있으며 또한 금지는 그 개념상 항상 장래의 행태를 향한 것이라는 점에서 '예방적' 구제라고 명명되었던 것이다. 즉, 취소소송의 대상적격이 행정행위로 제약되어 있는 독일에서는 예방적 권리구제가 주로 사실행위로 인한 권리침해를 배제하기 위한 도구로 기능하고 있다. 반면 영국의 취소판결(quashing order)의 대상적격은 공권력의 행사(exercise of official power)인 모든 행위들을 포괄하여 위임입법뿐 아니라 조언이나 보고 등의 구속력 없는 행위(non-binding acts)도 포괄하고 있다. 이는 미국의 선언판결(declaration)의 경우도 마찬가지이어서 위임입법뿐 아니라 행정의 의견서, 지침, 보도자료, 권장도서목록의 공개 등, 독일 행정법의 용어법에 따르면 사실행위로 분류하여야 할 행위양식들도 일정부분 포괄하고 있다. 그리하여 영국과 미국의 사법심사 실무상 금지판결유형들(prohibiting order, prohibitory injunction)은 독일의 경우처럼 취소소송으로 다룰 수 없는 행정의 활동양식에 대해서도 소송상 구제를 베푼다고 하는 데 그 주된 기능이 있기보다는 주로 취소판결이나 선언판결을 통하여 위법성이 확인된 행정결정의 집행을 금지함으로써 취소판결, 혹은 선언판결의 위력을 강화하는 데 주로 활용되는 것으로 보인다. 이처럼 독일의 예방적 구제제도가 전형적 구제유형인 취소소송의 대상적격, 즉 행정행위 개념과의 관계에서 존재의의를 가지고 있다는 점, 그리고 독일의 경우처럼 전형적 구제의 대상적격을 엄격하게 권리의무에 변동을 가져오는 구속적 행위로 한정하지 않고 경고, 정보제공, 법적 상황에 관한 조언, 혹은 임미시온 등에 대해서도 당해 구제를 활용할 수 있도록 대상적격을 보다 넓게 그리고 보다 유연하게 인정함으로써 구제의 수요를 충족시키고 있는 법질서들도 있다는 점은 우리의 행정소송상으로도 독일식의 예방적 권리구제제도를 도입할 지 여부에 관하여 판단을 내리기 이전에 진지하게 주목하고 고려하여야 할 대목이라고 생각한다. 즉, 행정행위 이외의 행위양식으로 인한 권리침해에 대해서도 행정소송을 통한 구제가 필요하다는 점에 대해서는 다툼이 없다 하더라도, 그러한 목적을 달성하기 위한 소송상의 방도를 어떻게 구성할 것이냐에 관하여 논의를 진행하기 위해서는 다른 무엇보다도 우리 현행 행정소송법이 마련하고 있는 취소소송과 그 대상으로서의 처분개념에 관하여 다시 한 번 성찰할 필요가 있는 것이다. 요컨대, 우리 행정소송상으로도 독일식의 예방적 권리구제제도를 도입할 것인가에 관한 단서는 바로 우리 행정소송법에서 찾아야 할 것이라고 생각한다. 즉, 우리 행정소송법이 규정하고 있는 처분개념과 독일의 행정행위개념이 동일한 것인지 여부를 밝혀 독일의 예방적 구제제도를 우리 행정소송법 내로 도입할 것인

가 여부를 판단하여야 한다는 것이 필자의 중간결론이며 따라서 논의의
초점은 우리 행정소송법상 처분개념을 어떻게 이해할 것인가로 옮겨져
야 한다.

2. 처분개념에 관한 학설과 판례

1) 학 설

물론 우리 행정소송법상의 처분개념에 대해서는 상이한 견해들이 제
시되고 있다. 이른바 실체법상 개념설에서는 강학상의 행정행위와 처분
개념을 동일한 것으로, 즉 행정소송법상의 처분개념을 강학상의 행정행
위로 이해하고 있다.[1] 반면 이른바 쟁송법상 개념설에서는 처분 개념은
강학상의 행정행위 개념과 같지 않으며 이보다 더 넓은 개념이라고 이
해하고 있다.[2]

2) 판 례

한편 처분개념과 관련하여 지배적인 판례는 "항고소송의 대상이 되는
행정처분이라 함은 행정청의 공법상의 행위로서 특정사항에 대하여 법
규에 의한 권리의 설정 또는 의무부담을 명하며 기타 법률상의 효과를
발생케 하는 등 국민의 구체적인 권리의무에 직접적 변동을 초래하는
행위를 말하는 것이고 행정권 내부에서의 행위나 알선, 권유, 사실상의

---

1) 석종현,『일반행정법』상, 1993, 194면 ; 신보성,『행정법의 제문제』, 1992,
   123면 ; 홍정선,『행정법원론』상, 2003, 716면.
2) 김동희,『행정법』I, 2005, 671면 ; 류지태,『행정법신론』, 2004, 516-522면 ;
   박윤흔,『행정법』상, 1997, 875면 ; 서원우, "행정처분개념소고"『월간고
   시』, 1991. 1 ; 김남진·김연태,『행정법』I, 2005년, 680면 ; 박정훈, "취소소
   송의 성질과「처분」개념"『고시계』2001. 9. 10면.

통지 등과 같이 상대방 기타 관계자들의 법률상 지위에 직접적인 법률
적 변동을 일으키지 아니하는 행위는 항고소송의 대상이 아니다."고 함
으로써 처분개념을 좁게 파악하고 있다.3) 그러나 다른 한편으로는 "행
정청의 어떤 행위를 행정처분으로 볼 것이냐의 문제는 추상적, 일반적으
로 결정할 수 없고, 구체적인 경우 행정처분은 행정청이 공권력의 주체
로서 행하는 구체적 사실에 관한 법집행으로서 국민의 권리의무에 직접
영향을 미치는 행위라는 점을 고려하고 행정처분이 그 주체, 내용, 형식,
절차에 있어서 어느 정도 성립 내지 효력요건을 충족하느냐에 따라 개
별적으로 결정하여야 할 것이며, 행정청의 어떤 행위가 법적 근거도 없
이 객관적으로 국민에게 불이익을 주는 행정처분과 같은 외형을 갖추고
있고, 그 행위의 상대방이 이를 행정처분으로 인식할 정도라면 그로 인
하여 파생되는 국민의 불이익 내지 불안감을 제거시켜 주기 위한 구제
수단이 필요한 점에 비추어 볼 때 행정청의 행위로 인하여 그 상대방이
입는 불이익 내지 불안이 있는지 여부도 그 당시에 있어서의 법치행정
의 원리와 국민의 권리의식 수준 등은 물론 행위에 관련된 당해 행정청
의 태도도 고려하여 판단하여야 한다"4)고 함으로써 보다 유연한 접근방
식을 취하고 있는 판례도 발견할 수 있다.

3) 필자의 견해

결국 올바른 해석은 행정소송법의 명문의 규정과 입법의도에서 발견
하여야 할 것이다. 우리 행정소송법에서는 취소소송의 대상을 강학상의
행정행위가 아니라 처분 등으로 규정하고 있으며 처분 등의 개념은 독
일의 행정행위개념보다 넓게 규정되어 있다. 즉, 독일의 행정절차법의

---

3) 대법원 2000. 9. 8. 선고 99두1113 판결 ; 대법원 1999. 8. 20. 선고 97누6889
   판결 ; 대법원 1993.10.26. 선고 93누6331 판결 ; 대법원 1992.2.11. 선고 91누
   4126 판결.
4) 대법원 1992. 1. 17. 선고 91 누 1714 판결 [채광계획변경명령등무효확인]

규정에 따르면 "행정행위는 행정청이 공법의 영역에서 개별사안을 규율하기 위하여 발하는, 외부를 향하여 직접적인 법적 효력을 지향하는 모든 처분, 결정 혹은 기타 고권적 조치"이다. (법 제35조) 이처럼 독일의 행정행위는 규율성(Regelung)을 징표로 하고 있으며 이러한 규율성은 "당해 조치를 통해서 관련 사인의 주관적 권리가 발생하거나 변경되거나 소멸되거나 혹은 구속적으로 확인되는 경우 혹은 그러한 권리의 발생·변경·소멸 혹은 구속적 확인을 구속적으로 거부하는 경우"에 인정되는데 반하여,5) 우리나라의 행정소송법에서는 취소소송의 대상이 되는 처분개념을 "행정청이 행하는 구체적 사실에 관한 법집행으로서의 공권력의 행사 또는 그 거부와 그 밖에 이에 준하는 행정작용"(행정소송법 제2조 제1항 제1호)으로 규정하고 있을 따름이고 규율성이라는 징표는 채택하지 않았다. 따라서 우리의 처분개념은 독일의 행정행위보다 더 넓게 규정되어 있기 때문에 일정 부분 사실행위도 포괄하고 있다고 보아야할 것이다. 실체법상 개념설을 주장하는 견해에서는 처분개념을 강학상의 행정행위로 이해하여야 하는 논거로서, 만약 쟁송법상 개념설에 의한다면 행정행위에 관한 학문적 노력과 성과를 무위로 만들 우려가 있다는 점, 그리고 다양한 행정작용에 상응하여 쟁송제도도 다양화하는 것이 국민의 권리구제에 유리하다는 점을 들고 있다. 물론 행정작용의 법적 형식에 따라 행정행위를 다투는 수단으로서는 취소소송을, 기타의 행정작용을 다투는 수단으로는 금지소송 혹은 일반적 확인소송을 마련하는 독일식의 법제는 개념의 엄밀성과 논리의 정교함에 있어서는 매우 앞서 있는 제도인 것으로 보인다. 이러한 독일의 예에 따라 우리 행정소송제도상으로도 행정작용의 법적 형식에 따라 다양한 구제유형을 마련하는 접근방식은 실효적 권리구제를 실현하는 하나의, 유용한 방도로서 충분히 주목할 만한 가치가 있음은 물론이다. 그러나 앞서 비교법적 고찰을 통하여 드러났듯이 행정의 행위양식을 엄밀한 개념적 징표에 따라 세분

---

5) BVerwG, Urt. v. 19. Juli 1984 = BVerwGE 69, 374ff., 377.

하고 각각의 행위양식에 따라 구제유형도 세분하는 것은 독일의 행정법에서 발견되는 특성인 반면, 프랑스의 행정소송이나 영미의 사법심사에서는 월권소송 혹은 취소판결, 선언판결의 대상적격을 더 넓게 파악하여 행정입법뿐 아니라 지도, 권고, 경고, 명단공표, 정보제공 등 독일에서라면 예방적 구제에 의하여 포괄될 사실행위영역도 일정부분 이들 구제유형들로 포괄하고 있는바, 이러한 접근방식이 독일의 경우에 비하여 국민의 권리구제의 관점에서 더 불리하다고는 보이지 않는다. 그리고 실체법상 개념설에서는 쟁송법상 개념설이 행정행위에 관한 학문적 노력과 성과를 무위로 만들 위험이 있다고 지적하고 있으나, 행정행위개념을 비롯한 여러 행정법학의 개념은 궁극적으로 대다수 국민의 권리보호와 행정의 적법성통제라는 행정법의 존재이유에 봉사하기 위하여 만들어진 도구일 따름이다. 그러므로 입법자가 행정소송법을 통하여 명문으로 규정하고 있는 소송유형이 제한되어 있고 또한 법원 역시 판례를 통하여 소송유형을 제한적으로 해석하고 있는 우리의 현실에서는 처분개념을 행정행위로 이해하는 것은 국민의 권리보호에 사각지대를 만드는 결과를 초래할 우려가 있다고 생각한다. 또한 1984년의 입법자가 처분개념을 행정행위개념과 다르게, 더 넓게 규정함으로써 판례에 의한 발전적 해석의 여지를 열어두고자 의도하였다는 점은 법개정관련기록에도 나타나고 있는 바로서6) 이러한 입법자의 의도에 보다 충실한 견해는 쟁송법상 개념설이라고 할 것이다. 따라서 필자는 우리의 처분개념을 반드시 행정행위개념과 동일한 것으로 이해할 수 없으며 이해해서도 안 된다고 생각한다. 즉, 우리의 입법자는 취소소송을 독일의 취소소송과는 달리 일정부분 사실행위도 포괄할 수 있는 제도로 자리매김하였으므로 입법조치를 통해서 혹은 법원의 판례를 통해서 독일의 법제도를 도입하기 보다는

---

6) 김도창·김상철, "신행정쟁송법의 특징" 『고시계』 1985. 4, 21면 ; 김원주, "행정상 사실행위와 행정쟁송" 『고시계』 1994. 4. 17면 ; 최송화, "현행 행정소송법의 문제점" 『고시계』 1994. 10. 30면 ; 서원우, "행정소송법의 문제점과 개혁방향" 『고시계』 1994. 10. 42면 참조.

오히려 우리의 법원이 현재와 같이 처분개념에 관한 엄격한 태도를 버리고 입법자의 본래 의사에 충실하게 처분개념을 너그럽게 해석함으로써 취소소송을 통해 다툴 수 있는 행정작용의 폭을 보다 넓게 인정한다면 독일의 예방적 구제가 베풀고 있는 구제영역도 상당부분 취소소송을 통해서 포괄할 수 있을 것이라고 생각한다.[7]

II. 일반적 확인소송의 도입

1. 각국의 확인소송의 활용경향

앞에서는 독일의 취소소송과 그 대상이 되는 행정행위개념 및 우리의 취소소송과 그 대상이 되는 처분개념 사이의 차이점을 직시하여 우리의 취소소송의 대상적격을 보다 너그럽게 인정한다면 독일이 예방적 구제제도를 통하여 베풀고 있는 구제영역의 상당부분을 취소소송으로써 베풀 수 있을 것이라는 점, 그리고 이러한 접근방식이 본래의 입법의도에 충실한 바람직한 법운용이 될 것임을 주장하였다. 그러한 점에서 행정소송법 개정안이 제안하고 있는 바와 같은, 독일식의 이행소송유형의 예방적 권리구제제도의 도입에 대해서는 조심스럽게 접근하여야 할 것이다. 반면 확인소송을 통한 예방적 권리구제의 도입에 관해서는 긍정적으로 제안하고자 한다. 그 이유는 바로 앞서의 연구를 통하여 현재 각국의 행정소송 혹은 사법심사의 실무에서 확인소송 혹은 선언판결이 매우 활발한 기능을 하고 있음을 발견하였기 때문이다. 물론 독일의 경우와 마찬가지로 영·미에 있어서도 전통적으로 확인소송은 다른 구제유형과의 관계

---

7) 박정훈, "항고소송의 대상 및 유형"『행정소송법개정공청회 자료집』, 2004. 47면에서도 개정안의 항고소송의 대상이 사실행위로까지 확대됨으로써 예방적 금지소송의 필요성이 상당히 축소됨을 지적하고 있다.

에서 보충적으로만 활용되는 경향이 있었다. 그러나 민사소송에서는 소송유형들간의 우선순위를 결정함에 있어서 권리보호의 강도를 話頭로 삼는 반면 행정소송에서는 권력분립원리 내지 행정에 대한 존중도 더불어 고려하여야 한다는 이유에서 현재 독일과 영·미 모두 이행소송유형보다는 확인소송을 적극적으로 활용하여 권리구제의 필요에 대처하려는 경향이 있음을 확인할 수 있었다. 즉 독일의 경우 행정행위의 발급을 구하는 의무이행소송은 확인소송과의 관계에서 우선적 지위에 있으나 기타의 사실행위의 작위·부작위를 구하는 일반이행소송은 확인소송과의 관계에서 우선적 지위에 있지 않다는 것이 다수설, 판례의 견해이다. 그리하여 실무상으로는 그 자체 금지소송이 가능한 경우에 제기된 확인소송도 보충성위배를 이유로 각하하고 있지 않으며 청구권의 존재를 본안요건으로 하는 이행소송과는 달리 확인소송은 청구권의 존재를 본안요건으로 하지 않기 때문에 보다 넓은 승소가능성을 열어주고 있으므로 실무상으로 확인소송이 매우 중요한 역할을 하고 있다.8) 또한 영·미의 경우에는 구제여부와 구제유형에 관하여 가지고 있는 법관의 재량을 통하여 이행판결유형보다는 선언판결이 보다 적극적으로 활용되고 있음을 확인하였다. 즉 행정소송의 맥락에서 개인의 권리구제라는 본연의 임무를 포기하지 않으면서도 권력분립이라는 헌법의 요청 내지 행정에 대한 존중 또한 고려하여야 하는 것은 어느 나라의 법관이건 공통적으로 안고 있는 고민거리이고 또 독일과 영미의 법관들은 바로 확인소송이라는 법제도에서 中庸의 길을 발견하여 이를 취하고 있는 것으로 보인다. 이처럼 외국의 행정소송에 있어서 확인소송이 적극적으로 활용되고 있다는 점은 앞으로 우리의 행정소송상 소송유형의 다양화를 둘러싼 논의

---

8) 그러한 점에서 볼 때 독일의 行政法學史에 있어서 예방적 권리구제에 관한 최초의 포괄적 연구자라고 할 나우만(Naumann)이 1955년 그의 논문에서 행정소송상 예방적 권리구제의 지름길(gerader Weg)은 물론 예방적 금지소송일 것이라고 하면서도 연구의 중점을 거의 오로지 예방적 확인소송에 두었던 것은 시사하는 바가 크다고 할 것이다.

및 소송유형의 실무상 활용에 있어서도 간과해서는 안될 중요한 시사점이라고 할 것이다. 어쨌거나 우리 행정소송상으로 일반적 확인소송을 도입함으로써 취소소송이나 무효확인소송을 통하여 다툴 수 없는 행정작용의 위법성을 확인하거나 혹은 기타 법관계의 불안을 제거하기 위한 수단으로 활용할 수 있을 것이다.

2. 일반적 확인소송의 체계상 위치

1) 戰後 독일의 경우

그런데 이처럼 일반적 확인소송의 도입을 긍정한다 하여도 현행 행정소송법하에서 그 체계적 위치를 어떻게 매김하여야 할 것인가는 문제이다. 우리의 행정소송법은 항고소송과 당사자소송의 2분법적 체제를 취하고 있는데, 명문규정으로 항고소송으로서 자리매김된 무효확인소송과 부작위위법확인소송 이외의 부작위의무확인소송은 무명항고소송으로 수행하여야 한다고 보는 견해가 지배적인 반면 일부에서는 당사자소송으로 수행하여야 한다는 견해도 있고 또 문제되는 행정작용의 법적 성질을 기준으로 처분성을 인정할 수 없는 행정작용에 대해서는 당사자소송의 형태로 수행하여야 한다는 견해도 나타나고 있는 등 다양한 견해들이 제시되고 있다.

이처럼 행정소송을 항고소송과 당사자소송으로 2분하는 체제는 독일의 경우, 이미 프로이센 시대의 행정소송법에서도 발견할 수 있고 보다 최근의 것으로는 제2차 세계대전 이후 행정소송법들, 특히 영국점령지역에서 발하여진 군정명령(MRVO) 제165호와 미국점령지역에서 발하여진 행정재판소법들(VGG)에서도 발견할 수 있는데, 이들 행정소송법들에서는 행정소송을 항고소송(Anfechtungssachen)과 기타의 공법상 분쟁

(andere Streitigkeiten des Öffentlichen Rechts)으로 구별하였고 후자가 바로 공법상의 당사자소송(Parteistreitigkeiten)으로 개념되었다. 이처럼 행정소송을 항고소송과 당사자소송으로 구분하는 배경에는 공법관계를 상하질서와 대등질서로 구분하여 전자의 경우에는 항고소송을 통하여, 후자의 경우에는 당사자소송을 통하여 다투게 한다는 사고방식이 있었으며 특히 VGG에서는 당사자소송이란 대등한 법주체간의 쟁송(Streitigkeiten zwischen gleichgeordneten Rechtsträgern)이라는 명문의 규정을 두고 있었다. (제85조 제1항)[9]

더 나아가 이처럼 행정소송의 유형을 이분하는 사고는 프랑스의 행정소송에서 그 원형을 발견할 수 있는데, 그러나 프랑스의 완전심리소송과 전후 독일의 당사자소송이 전적으로 유사한 모습은 아니며 세부적인 점에서는 차이를 발견할 수 있다. 즉, 프랑스의 완전심리소송에 있어서는 거의 오로지 금전급부의 이행만이 문제되며 권리·의무의 확인소송(action en déclaration de droits)은 그 실질에 있어서 명령(injonction)과 다르지 않다는 이해하에, 그러한 권리·의무확인소송은 명령금지원리에 위배되어 허용되지 않는다고 보는 것이 전통적인 판례이다. 그러나 전후 영국과 미국이 점령하였던 지역에서 시행되었던 독일의 행정소송법률들에서는 행정소송을 크게 항고소송과 당사자소송으로 구분하면서도 그와 더불어 일반적 확인소송을 허용하였다. (MRVO 제165호 제52조, VGG 제24조 제1항) 그런데 VGG 제24조에서는 확인소송 역시 당사자소송으로 수행하여야 함을 규정하면서 다른 한편으로는 앞서 살펴본 바와 같이 당사자소송을 대등한 법주체간의 공법상 쟁송이라고 규정하고 있었기 때문에(제85조 제1항) 상하관계에서의 확인소송 역시 당사자소송으로

---

9) 반면 MRVO 제165호에서는 항고소송과 당사자소송을 구분하면서도 당사자소송을 대등한 법주체간의 공법적 쟁송으로 한정하는 규정은 두지 않았다고 한다. (Ule, VwPR, 7., Aufl., §5 Ⅱ S. 28)

수행할 수 있느냐에 관해서는 논란이 있었다.[10] 예컨대 바호프는 행정이 국법상의 상하질서(Überordnung)에 기하여 행위하지 않는다는 전제하에 당사자소송(Parteistreitigkeit)을 활용할 수 있다고 보았으나[11] 반면 동법하에서 확인소송을 당사자소송으로 자리매김한 취지는 권리주체간의 법관계가 대등질서에 기한 것인지 아니면 상하질서에 기한 것인지를 묻지 않고 당사자소송에 관한 절차규정을 적용하도록 함으로써 법적 통일성을 제고하는 데 있었기 때문에 법관계의 성질을 묻지 않고 확인소송은 당사자소송으로 수행하여야 한다는 견해도 있었다.[12]

2) 우리 행정소송법 체계상의 위치

(1) 당사자소송으로 자리매김하는 방식

이로부터 우리의 행정소송상 일반적 확인소송을 도입한다 하더라도 항고소송과 당사자소송의 이분법적 체계를 채택하고 있는 우리의 행정소송체계상으로 어떻게 이를 수용할 수 있을 것인지 문제된다. 가능한 하나의 방안은 앞서 살펴본 전후 독일의 예처럼 이를 당사자소송으로 자리매김하는 것이고[13] 다른 하나의 방안은 항고소송으로 자리매김하는 것이며 또 다른 하나의 방안은 문제된 행정작용의 법적 형식에 따라 처분등의 발급을 저지하기 위한 예방적 확인소송은 항고소송으로, 기타 행정작용의 발급을 저지하기 위한 예방적 확인소송은 당사자소송으로 자리매김하는 것이다. 첫 번째 방식에 관하여 살펴보면, 그 논거로 생각할 수 있는 것은 우리 행정소송법상의 항고소송개념규정이다. 즉, 행정소송

---

10) Burkhart, a.a.O., S. 93 ; Ule, VwPR, 7., Aufl., §5 Ⅱ (S. 28).
11) Otto Bachof, Die Verwaltungsgerichtliche Klage auf Vornahme einer Amtshandlung, Tübingen 1951, S. 86-87.
12) Burkhart, a.a.O., S. 92-94.
13) 한편 2004년 개정되어 2005년 4월부터 시행 중인 일본의 행정사건소송법에서는 '공법상 법률관계에 관한 확인의 소'를 당사자소송의 일 유형으로 새로이 도입한 바 있다. 동법 제4조.

법에서는 항고소송을 "행정청의 처분등이나 부작위에 대하여 제기하는 소송"으로 규정하고 있는바, (법 제3조 제1호) 이러한 문언을 항고소송은 이미 어떠한 처분이 발급되었을 것을 전제요건으로 한다는 취지라고 해석한다면 처분등이 아직 발급되지 않은 상태에서 법률관계의 존부를 다투는 확인소송을 항고소송으로 자리매김하는 것은 위와 같은 문언에 조화되기 어려울 것이다. 또한 항고소송의 두 번째 하위유형을 부작위에 대하여 제기하는, 즉 부작위를 다투는 소송이라고 한다면 그 본질상 행정작용의 발급을 저지하기 위하여, 즉 행정의 부작위를 구하기 위하여 제기하는 확인소송을 항고소송으로 자리매김하는 것 또한 체계에 맞지 않는 것으로 보인다는 점도 일반적 확인소송을 당사자소송으로 자리매김할 논거가 될 수 있다.

(2) 행정작용의 법적 성격에 따라 양분하는 방식

그러나 이러한 문구에 구애되지 않고 항고소송과 당사자소송의 차이가 소송대상의 차이에 있다고 보는 견해에 따른다면 전자는 처분 등을 대상으로 하는 것인 반면 후자는 공법상 법률관계를 대상으로 하는 것이므로 예방적 확인소송 역시 처분 등의 발급을 저지하기 위한 것이라면 항고소송으로, 그 밖의 행정작용의 발급을 저지하기 위한 것이라면 당사자소송으로 자리매김할 수 있을 것이다. '처분'등의 발급을 저지하기 위한 예방적 확인소송을 무명항고소송으로 자리매김하고 있는 지배적인 견해는 바로 항고소송과 당사자소송의 구조를 이처럼 소송대상의 점에서 구별하고 있는 데 기인하는 것으로 보인다.

(3) 항고소송으로 자리매김하는 방식

다른 한편 항고소송과 당사자소송은 그 대상이 처분인가 공법상 법률관계인가에 차이가 있는 것이 아니라 보다 근본적으로는 소송의 목적과 기능에 있는 것으로서, 즉 항고소송은 행정작용의 위법성을 공격하기 위한 것이고 당사자소송은 행정주체와 사인의 권리의무를 확정하기 위한 것이라고 보는 견해에 의한다면 예방적 확인소송은 처분의 발급을 저지하기 위한 것이건 아니면 기타 행정작용의 발급을 저지하기 위한 것이건간에 항고소송으로서 자리매김하여야 할 것이다.[14]

이처럼 항고소송과 당사자소송의 2분법적 체제하에서 일반적 확인소송을 인정하는 경우 이를 어떻게 자리매김하여야 할 것인가의 문제는 항고소송과 당사자소송의 본질이 무엇이냐에 관한 성찰을 요한다. ②의 접근방식과 ③의 접근방식 간에는 처분성이 인정되는 행정작용에 대해서는 결과의 차이가 없으나 처분성이 인정되지 않는 행정작용에 대해서는 다른 결론에 도달하게 된다. 물론 앞서 주장한 바와 같이 처분개념을 최대한 넓게 운용한다면 문제의 실질적 의의는 감소하게 될 것이다.

III. 가처분제도의 도입

앞서 살펴본 바와 같이 독일의 행정소송상으로는 가명령을 통해서도 예방적 권리구제를 베풀 수 있으며 실무상으로는 본안절차인 예방적 금지소송이나 확인소송에 못지 않게 가명령을 통한 행정작용의 금지를 구하는 사례들을 많이 발견할 수 있다. 또한 프랑스의 행정소송법에서도 최근 입법을 통하여 급속심리법관이 예방적 명령을 발할 수 있게 되었다. 한편 우리 행정법학계에서도 이미 오래전부터 가명령 혹은 가처분제도의 도입문제에 관해서 꾸준한 관심을 보여왔었으나 지난 1984년의 개정에서는 채택되지 않았다. 민사소송상의 가처분규정을 행정소송에도 준용하는 문제와 관련하여 구법시대의 판례는 민사소송법상의 가처분에

---

14) 박정훈, "행정소송법 개정의 기본방향, 晴潭 최송화 교수 화갑기념"『현대 공법학의 과제』, 2002, 660면, 668면.

관한 규정은 항고소송에는 준용되지 않는다고 보았으며[15] 현재로서도
민사소송상의 가처분으로써 행정행위의 발급금지를 구할 수 없다는 것
이 판례의 입장이다.[16] 반면 학설에서는 가처분규정의 준용여부에 관하
여 긍정설[17]과 부정설[18]이 대립하고 있으며 더 나아가 앞서 살펴본 바
와 같이 2004년 행정소송법 개정안에서는 가처분의 도입을 제안하고 있
다. 이하에서는 이처럼 가처분유형의 예방적 구제제도의 도입을 지지한
다는 전제하에 가처분제도의 도입을 긍정하는 논거를 제시하고자 한다.

1. 각국의 집행정지유형의 법적 성격

앞서 각국의 구제유형을 고찰하면서 흥미로왔던 점들 가운데 하나는
집행정지, 정지효 혹은 절차정지의 법적 성격이었다. 물론 프랑스와 독
일, 그리고 우리나라는 행정이 사인에게 부과된 의무를 당해 사인이 불
이행하는 경우, 의무자의 재산이나 신체에 대하여 행정이 직접 실력을
가함으로써 의무가 이행된 것과 같은 상태를 실현할 힘, 즉 행정행위의
자력집행력을 원칙으로 하고 있으나 영국과 미국의 경우에는 명령에 대
한 불복종을 모독으로 다스릴 권한(Contempt Power)은 오로지 법원에게
부여되어 있으며 행정에 대하여 그러한 권한을 부여하는 것은 법체계상
이단(heresy)[19]이라고 지적하고 있는 점에서 일반 사인의 경우와 마찬가
지로 행정에게도 원칙적으로 자력집행을 허용하지 않는 것으로 보인다.
물론 집행정지의 대상이 되는 행정행위가 엄격한 의미에서의 집행적격

---

15) 大決 1959. 11. 20. 4292 行抗 2. ; 大決 1980. 12. 22, 80 두 5.

16) 大決 1992. 7. 6. 92 마 54, 공보 928호 2511면.

17) 석종현, 『일반행정법』 상, 1993, 858면 ; 김남진·김연태, 『행정법』 I, 2005,
    705면 ; 홍준형, 『행정구제법』, 2001, 627면.

18) 서원우, 『현대행정법론』 상, 1979, 842면 ; 박윤흔, 『행정법강의』 상, 2002,
    901면.

19) Schwartz, Administrative Law, §2.27 (p. 94-95).

이 있는 행정작용에 국한되는 것은 아니며 형성적 혹은 확인적 행정행위의 경우에도 집행정지의 대상이 될 수 있다는 점에서 집행정지에서의 '집행'개념은 강제집행에서의 '집행'개념보다 넓은 것임은 물론이다. 여하간에 이들 대륙법계의 집행정지는 다투어지고 있는 행정작용의 자력집행력을 전제로 하여 발달한 제도인 데 반하여 영미에 있어서의 절차정지(stay of proceedings) 혹은 보전명령(interlocutory injunction 혹은 preliminary injunction)은 행정결정의 자력집행력을 전제로 하지 않는다는 점에서는 양자가 개념적 등가물이라고는 볼 수 없을 것이다.

그런데 우리의 행정소송법상으로는 집행정지결정이 오로지 형성적인 성격의 것으로 이해되고 있는 것과는 달리, 같은 대륙법계인 프랑스와 독일에 있어서의 집행정지의 성격에 관해서는 상당히 다른 견해들도 발견할 수 있었다. 즉 우리의 행정소송법상 법원의 집행정지결정은 이하에서 자세히 살펴보듯이 그것이 처분의 효력을 잠정적으로나마 폐지하는 것이며 따라서 법률상태를 직접 변경하는 것이라는 점에서 형성력을 가지고 있다고 이해하는 견해가 지배적이며 집행정지결정이 명령적 성격을 가진다고 보는 견해는 전혀 발견할 수 없다. 그러나 앞서 살펴본 바와 같이 우리처럼 집행부정지를 원칙으로 하는 프랑스에서는 법원의 집행정지결정(sursis à exécution)을 부작위명령(injonction de ne pas faire)으로 이해하는 견해가 지배적이다. 또한 집행정지를 원칙으로 하는 독일의 경우에는 법률에 기한 정지효의 성격을 효력의 억제로 보는 견해와 집행의 억제로 보는 견해가 대립하고 있으나 통설과 판례는 집행의 억제로 보고 있음을 확인하였다. 즉, 효력억제설은 이른바 침해행정에 기하여 전개된, 전래된 집행개념을 출발점으로 하고 있으며, 판례가 가구제영역에 있어서의 집행개념(Vollzug)을 행정집행법상의 집행(Vollstreckung)과 동일하게 이해하는 태도를 버린 지 오래이므로 효력억제설은 더 이상 유지될 수 없다는 것이 지배적인 견해인 것이다.[20] 이로부터 독일에서도

정지효의 성격을 굳이 분류하자면 형성적 성격으로 보기보다는 명령적
성격으로 보고 있음을 알 수 있다.

더 나아가 영미의 사법심사에서 활용할 수 있는 가구제인 보전명령은
물론이요 영국의 사법심사신청(AJR)절차상 취소판결과 금지판결이 구하
여진 경우 활용할 수 있는 가구제인 절차정지도 그 본질이 명령(injunction)
이라는 지적은 학설과 판례에서 모두 발견할 수 있었다. 즉 본 논문이
고찰대상으로 삼고 있는 국가들의 행정소송법에서는 대부분 집행정지의
법적 성격을 명령으로 이해하고 있으며 집행정지의 성격을 형성력으로
이해하는 견해는 오로지 우리나라를 제외하고는 독일에서만 발견할 수
있었으며 그것도 소수설의 지위에 있는 견해임을 알게 되었다.

2. 우리 행정소송법상 집행정지의 법적 성격

한편 우리의 집행정지는 독일의 경우처럼 원칙적으로 행정심판 혹은
취소소송의 제기에 자동적으로 수반하는 것이 아니라 프랑스의 집행정
지(sursis à exécution)와 같이 법원의 결정으로써 부여되어야만 한다. 그리
고 행정소송법에서는 집행정지의 내용으로 처분의 효력의 정지, 처분의
집행정지, 혹은 절차의 속행정지를 인정하고 있는데, 학설에서는 효력의
정지뿐 아니라 집행의 정지와 절차의 속행정지 역시 그 본질은 처분의
효력의 일부정지로 보고 있으며 따라서 집행정지결정은 잠정적으로나마
처분의 효력을 존속하지 않게 한다는 점에서 형성력을 가지는 것으로
이해하고 있다.[21]

---

20) Ruckdäschel, DÖV 1961, S. 677.
21) 김동희, 『행정법』 I, 2005, 699면 ; 김남진·김연태, 『행정법』 I, 2005, 702면 ;
   홍정선, 『행정법원론』 상, 2003, 773면 ; 김성수, 『행정법』 I, 1998, 786면.

그런데, 집행정지의 법적 성질을 위의 통설적 견해와 같이 일률적으로 형성적 성격으로 이해하는 것은 다소 문제가 있다고 생각한다. 그 이유는 첫째, 우리의 행정소송법에서는 "처분의 효력정지는 처분등의 집행 또는 절차의 속행을 정지함으로써 목적을 달성할 수 있는 경우에는 허용되지 아니한다"(법 제23조 제2항 단서)라고 규정하고 있는바, 이로부터 처분의 집행정지와 절차의 속행정지는 효력의 (일부)정지로서의 성격도 가지지 않는다고 보는 것이 오히려 법문에 충실한 해석이 아닌가라는 점이다. 통설의 견해처럼 처분의 집행정지를 '집행력'의 정지로 보아 집행의 정지 역시 형성적인 것으로 해석한다 하더라도 절차의 속행의 정지에 관해서는 여전히 이러한 의문이 남는다. 그렇다고 한다면 처분의 집행정지 혹은 최소한 절차의 속행정지의 내용은 어떻게 이해하여야 할 것인가. 결국 처분의 집행정지와 절차의 속행정지는 처분의 법적 효력의 잠정적 폐지를 전제로 하는 것, 즉 형성력을 가지는 것이 아니라 오히려 명령적 성격, 즉 처분의 집행과 절차의 속행을 금지하는 명령으로서의 성격을 가진다고 보는 것이 해결책이 될 것이다. 절차의 속행정지의 예로는 토지수용절차에 있어 사업인정에 따른 후속절차를 정지시키는 경우를 들 수 있는데,22) 이 때의 집행정지결정이 아예 압류처분의 효력을 잠정적으로나마 존속하지 않게 하는 형성력을 갖는다고 보기보다는 당해 처분은 유효한 것으로 존속하되 다만 후속조치의 금지를 명하는 것으로 보는 것이 오히려 행정권에 대한 존중이라는 면에서 타당하다고 생각된다.

둘째, 우리 행정소송법상 집행정지규정은 무효등확인소송에도 준용되고 있다. (법 제38조 제1항)23) 이처럼 무효확인소송에서도 집행정지규정

---

22) 김동희, 『행정법』 I, 2005, 698면.
23) 대법원 1986.11.27.자 86두21 결정 ; 대법원 1971.1.28.자 70두7 결정 ; 대법원 1966.10.4.자 66두7 결정.

이 준용되는 것은 무효원인인 하자와 취소원인인 하자의 구별은 상대적인 것으로서 무효확인소송이 제기된 경우 집행이 당연히 정지된다고 한다면 이는 행정목적의 원활한 수행에 바람직하지 못하기 때문이다.24) 그런데 어떠한 처분이 궁극적으로 무효로 확인된 경우에 집행정지의 내용에 관한 통설적 견해와 같이, 당해 처분에 부여된 집행정지결정을 오로지 형성적인 성격으로, 즉 처분의 효력을 잠정적으로 정지하는 것으로만 본다면 무효인 행위에는 정지할 효력 자체가 없다는 점에서25) 논리적인 어려움에 봉착하지 않는가라는 의문이 생긴다. 독일의 논의에 있어서도 무효인 행정행위에는 법적 효력이 없으므로 형성할 아무 것도 존재하지 않고 따라서 형성소송인 취소소송으로 다툴 수 없다고 보고 있다. 즉, 무효인 행위에 대한 취소소송은 원칙적으로 허용되지 않으며 (unstatthaft) 따라서 가구제로서 정지효를 활용할 수 없고 무효인 행위는 무효확인소송을 통해서 다투어야 함이 원칙이라고 보고 있다.26) 그러나 어떠한 행위가 무효인지는 소송이 진행되는 과정에서 비로소 드러나는 것이고 원고에게 부적법각하의 위험을 부담시킬 수는 없으므로, 독일의 판례에서는 무효인 행정행위에 대하여 제기된 취소소송을 부적법 각하하지는 않는다. 다만 법원은 취소청구를 석명(Hinweis)을 통하여 무효확인소송으로 전환하여야 한다.27) 그리하여 무효인 행정행위에 대해 무효확인소송이 제기된 경우라면, 활용가능한 가구제는 집행정지가 아니라 가명령이지만28), 무효인 행정행위에 대해 취소소송이 제기된 경우라면 정지효를 수반하기는 하되, 다만 그 취지는 당해 행정행위로부터 불이익한 영향이 도출되어서는 안 된다는 것으로 보아야 한다는 것이다.29) 물론 무효인

---

24) 김동희, 『행정법』I, 2005, 732면.
25) Hufen, a.a.O., §38, Rn. 30 (S. 647), §18, Rn. 41 (S. 363) ; Sodan, a.a.O., §42, Rn. 23 (S. 42) ; Maurer, a.a.O., §10. Rn. 37 (S. 256).
26) Schmitt Glaeser, a.a.O., Rn. 368 (S. 229) ; Stern, a.a.O., Rn. 214 (S. 112).
27) Hufen, a.a.O., §18, Rn. 41 (S. 363).
28) Schmitt Glaeser, a.a.O., Rn. 368 (S. 229) ; Stern, a.a.O., Rn. 214 (S. 112).
29) Hufen, a.a.O., §33, Rn. 7 (S. 568).

행정행위의 경우에도 그 법적인 외관만큼은 폐지할 수 있음을 주장하면
서 그리하여 무효인 행정행위도 취소소송의 대상이 될 수 있다는 소수
견해[30]가 있으나 이에 대해서는 존재하지 않는 어떤 것(etwas nicht
Existierendes) 혹은 존재의 외관(dessen Schein)에 불과한 것이 형성적으로
폐지된다고 보는 것은 논리의 곡예(logisches Kunststück)에 불과하다는 비
판이 지배적이다.[31] 이러한 논의에 비추어보면 우리 행정소송법상으로
도 어떠한 행정행위가 무효임이 확인된 경우에 당해 행위에 대해 부여
된 집행정지결정의 법적 성격은 형성적 성격이 아니라 당해 행위의 집
행을 금하는 금지명령적 성격을 가진다고 보아야 할 것이며[32] 그러한
점에서 우리 행정소송법은 행정에 대한 법원의 금지명령을 — 적어도
무효인 처분에 부여된 집행정지의 사안에서만큼은 — 이미 인정하고 있
다고 보는 것이 올바른 해석일 것이다.[33]

이를 다시 한번 정리해보면 다음과 같다. 무효사유인 위법성과 취소
사유인 위법성의 구별은 선험적·절대적인 것은 아니며 하자의 중대성
혹은 명백성의 정도에 따른 경험적·상대적인 구별에 불과하다. 따라서
어떠한 처분의 하자가 취소사유인 위법에 불과한 것인가 아니면 무효사
유인 위법인가는 법원의 궁극적인 판단으로써만 확정될 수 있는 것이므
로 문제된 처분에 대한 집행정지결정이 부여되는 시점에서는 그러한 집
행정지결정이 형성적 성격의 것인지 아니면 명령적 성격의 것인지가 분
명하지는 않을 것이다. 그러나 일단 문제된 처분이 무효임을 법원이 궁
극적으로 확인한다면, 그러한 무효인 처분에 대해 부여되었던 집행정지
결정의 성격은 적어도 논리적으로는 명령적인 성격으로 이해하여야 할

---

30) Schenke, VwPR, Rn. 183 (S. 58).
31) Hufen, a.a.O., §14, Rn. 11 (S. 246) ; Pietzcker, a.a.O., §42, Rn. 18 (S. 13).
32) 무효확인소송의 경우 가처분의 가능성을 지적하고 있는 견해로는 김동희,
    『행정법』 I, 2005, 732면.
33) 대법원 1986.11.27.자 86두21 결정.

것이다. 즉, 집행정지의 법적 성질을 처분의 위법 여부와 그 효력 여부에 따라 나누어 고찰해보면 먼저, 처분이 실제로 적법·유효한 경우에는 실체적 효력이 있으므로 그에 대하여 부여된 집행정지는 효력의 정지, 즉 형성적 성격으로 설명 가능하지만 명령적 성격으로도 설명 가능하다. 이와는 대조적으로 처분이 위법·무효인 경우에는 실체적으로 처분의 효력 자체가 존재하지 않는다는 점에서 그러한 무효인 처분에 대하여 부여된 집행정지는 형성적 성격으로는 설명불가능하고 금지명령적 성격으로만 설명 가능할 것이다. 문제는 처분이 단순 위법인 경우의 집행정지이다. 이는 다시 어떠한 행정처분이 위법함에도 불구하고 실체적인 효력이 발생하느냐의 문제, 더 나아가 취소소송의 성질과도 관련되는바, 단순 위법인 처분에도 일단 효력이 발생한다고 본다면 이는 적법·유효인 경우와 같게 설명할 수 있을 것이며 그러한 실체적 효력이 발생하지 않는다고 본다면 이는 위법·무효인 경우와 같게 설명할 수 있을 것이다. 이처럼 적어도 무효임이 확인된 처분에 대해 부여된 집행정지결정은 금지명령으로 이해할 수밖에 없다는 점에서 우리 행정소송상으로도 적어도 가구제영역에서는 명령제도가 이미 전제되고 있다고 볼 수 있으며 따라서 가처분제도의 도입을 반대할 논리필연적인 근거는 없다는 것이 필자의 결론이다.

이상으로 본 연구자는 독일, 프랑스, 일본, 영국, 미국의 행정소송상 예방적 구제제도를 비교·검토하고 이로부터 얻은 시사점들을 토대로 하여 우리 행정소송법상 예방적 구제제도의 도입가능성과 필요성을 진단하였다. 이들 각국의 접근방식과 마찬가지로 우리의 공법질서에 있어서도 원칙적으로 권력분립원리 혹은 행정의 선결권은 존중되어야 하나, 개인의 권리구제상 불가피한 예외적인 사안에서는 행정소송상 예방적 구제제도를 허용할 수 있다고 본다. 더 나아가 본 논문은 그 구체적인 도입방안으로서는 취소소송의 대상이 되는 처분개념의 확대운용, 일반적·보충적 확인소송의 도입, 가처분제도의 도입 등을 제안하고 있다. 우리의 행정소송법은 전쟁의 와중에서 서구 열강의 행정법이론에 많은 영향을 받아 마련된 것이나 어느덧 우리는 정치의 민주화와 경제의 선진화를 향한 부단한 노력과정에서 이미 반세기의 행정소송제도의 운용경험을 축적하여 왔다. 새로이 맞이 한 21세기에는 이들 先進諸國의 행정법제에 관한 선행 연구자들의 땀방울이 맺혀 있는 기존의 연구성과물들과 실무에서 축적된 경험을 토대로 하되, 우리의 행정소송법이 우리가 발딛고 있는 법현실과 괴리되지 않고 정의와 인권이라는 법이념을 향하여 법현실을 이끌어 가는 수단이 될 수 있도록 행정소송제도를 구성하고 해석하는 데 더 많은 노력을 경주하여야 할 것이라고 생각한다. 본 연구자 또한 앞으로 이러한 시대의 요구에 부응하고자 미력이나마 다 할 것을 다짐하며 글을 맺는다.

〈참고문헌〉

Ⅰ. 국내문헌

1. 단행본

金南辰 · 金連泰,『행정법』Ⅰ, 법문사, 2005.
金道昶,『행정법론』上, 박영사, 1962.
_____,『일반행정법론』상, 청운사, 1993.
金東熙,『행정법』Ⅰ, 박영사, 2005.
김상원 · 정지형,『가압류 · 가처분』, 한국사법행정학회, 1995.
金性洙,『행정법』Ⅰ, 법문사, 1998.
金哲洙,『헌법학개론』, 박영사, 2005.
金鐵容,『행정법』Ⅰ, 박영사, 2005.
金鐵容 · 崔光律 編,『주석 행정소송법』, 박영사, 2004.
柳至泰,『행정법신론』, 신영사, 2004.
朴鈗炘,『최신 행정법강의』상, 국민서관, 1982.
_____,『최신 행정법강의』상, 박영사, 2002.
朴正勳,『행정법의 체계와 방법론』, 박영사, 2005.
徐元宇,『현대행정법론』상, 박영사, 1979.
石琮顯,『일반행정법』상, 삼영사, 1993.
成樂寅,『프랑스헌법학』, 법문사, 1995.
愼保晟,『행정법의 제문제』, 교학연구사, 1992.
柳明建,『실무행정소송법』, 박영사, 1998.
尹世昌,『행정법』상, 박영사, 1975.
李尙圭,『행정쟁송법』, 법문사, 1997.
_____,『영미행정법』, 법문사, 2001.
李石善,『판례행정소송법』, 한국사법행정학회, 1996.
李時潤,『소송물에 관한 연구』, 육법사, 1977.
韓堅遇,『행정법강의』, 홍문사, 1997.
洪井善,『행정법원론』상, 박영사, 2003.

洪準亨, 『행정구제법』, 도서출판 한울, 2001.

_____, 『판례행정법』, 두성사, 1999.

Weil, Prosper, 金東熙 譯, 『프랑스행정법』, 박영사, 1980.

Stober, Rolf, 崔松和・李元雨 共譯, 『독일경제행정법』, 법문사, 1996.

2. 논 문

金敬宰, "행정청의 작위・부작위를 요구하는 소송" 서울대학교『법학』제6권
　　　제2호, 1964. 12.

金南辰, "공법과 사법의 구별"『고시연구』, 1983. 9.

_____, "행정청의 부작위청구소송"『고시계』, 1978. 10.

_____, "행정청의 부작위청구소송" (대판 1987. 3. 24. 86누 182),『법률신문』
　　　1695호.

_____, "행정소송상의 이행소송"『월간고시』, 1985. 3.

_____, "일본의 행정사건소송법 개정"『고시연구』, 2005. 2.

金道昶・金尙哲, "신행정쟁송법의 특징"『고시계』, 1985. 4.

金正淵, "프랑스 행정법상「중대위법행위」(voie de fait)이론-프랑스 행정소송
　　　상 배타적 관할의 한계에 관하여-", 서울대학교 석사논문, 2004. 2.

金鐵容, "예방적 부작위소송의 허용성"『사법행정』355, 1990. 7.

_____, "예방적 부작위소송의 허용성여부"『행정판례연구』 Ⅲ, 1996.

_____, "독일연방행정법원 1971. 4.16. 판결"『인권과 정의』, 1994. 7.

金香基, "무명항고소송의 가부"『행정판례연구』 Ⅲ, 1996.

_____, "항고소송의 유형에 관한 연구" 桑垣김이열교수화갑기념,『현대공법
　　　론』, 삼영사, 1989.

金炫太, "환경행정소송과 가구제제도" 창원대학교 『사회과학연구』 4편,
　　　1997.

孟長燮, "영미의 부작위소송제도" 청주대학교『법학논집』, 1986.

_____, 『부작위소송에 관한 연구』, 단국대학교 법학박사학위논문, 1983.

朴鈗炘, "공공시설의 설치・운영의 정지를 구하는 행정소송"『월간고시』
　　　1993. 8.

朴正勳, "헌법과 행정법" 서울대학교『법학』제39권 4호, 1999.

_____, "행정법의 법원"『행정법연구』제4호, 1999.

_____, "행정법에 있어서의 이론과 실제", 행정소송・행정법연구과정교재,

서울대학교 법학연구소, 1999.

_____, "취소소송의 소송물"『법조』, 2000. 7.

_____, "취소소송의 성질과 「처분」개념"『고시계』, 2001. 9.

_____, "인류의 보편적 지혜로서의 행정소송" 서울대학교『법학』42권 4호, 2002.

_____, "행정소송법 개정의 기본방향－행정소송의 구조·종류·대상을 중심으로－" 晴潭 최송화교수화갑기념『현대공법학의 과제』, 박영사, 2002.

_____, "상호관련적 법구체화절차로서 행정절차와 행정소송" 서울대학교『법학』제45권 제1호, 2004.

_____, "행정소송법 개정의 과제" 서울대학교『법학』제43권 제3호, 2004.

朴正勳 譯, "독일행정법과 비교하여 본 프랑스행정법의 특수성"『행정법연구』제5호, 1999.

朴玄廷, "프랑스 행정소송법상 긴급소송제도－2000년 개혁 이후의 긴급가처분(référé-d'urgence)제도를 중심으로－" 서울대학교 석사학위논문, 2005. 2.

白潤基, "행정소송의 한계"『재판자료』제68집(『행정소송에 관한 제문제』상), 1994.

白泰昇, "물권적 청구권"『고시연구』1995. 5.

宣正源, "독일과 오스트리아의 부작위소송에 관한 고찰"『행정판례연구』Ⅵ, 1999.

徐元宇, "공항관리행위와 민사상의 유지소송"『월간고시』, 1982. 5.

_____, "행정법상의 예방소송"『월간고시』, 1983. 9.

_____, "행정재판에 있어서의 구체적 사건성"『법정고시』, 1996. 7.

_____, "비교행정소송제도"『월간고시』, 1983. 5.

_____, "사실행위와 행위형식론"『고시계』, 1994. 4.

_____, "행정소송법의 문제점과 개혁방향"『고시계』1994. 10.

石琮顯, "서독연방행정법원법상의 부작위소송"『법률신문』1561·1563호.

_____, "서독의 부작위에 대한 쟁송제도"『공법연구』제13편, 1985.

禹成萬, "무명항고소송·당사자소송"『재판자료』제68집(『행정소송에 관한 제문제』), 1997.

_____, "제소명령과 본안소송"『재판자료』제46집(『보전소송에 관한 제문제』하).

이동희, "일본에서의 행정사건소송법의 개정과 전망－새로운 소송유형의 도입을 중심으로—"『법제』, 2005. 7.

李鳴九, "부작위청구소송의 능부"『고시연구』, 1987. 7.

李尙圭, "부작위소송의 유형"『법정』, 1966. 10.

_____, "신행정소송법관견"『대한변호사협회지』, 1985. 8.

鄭然宙, "무명항고소송"『공법연구』제26편 제3호, 1998. 9.

鄭夏重, "행정소송제도에 있어서 예방적 권리구제"『고시연구』, 1994. 10.

曺斗鉉, "개정행정소송법하에서의 무명항고소송의 문제"『공법연구』제14편, 1986.

崔松和, "공익개념의 법문제화" 서울대학교『법학』제40권 제2호, 1999.

_____, "행정재량의 절차적 통제" 서울대학교『법학』제38권 제2호, 1998.

_____, "미국행정법의 역사적 전개", 목촌김도창박사화갑기념『현대공법의 이론』, 1982.

_____, "한국행정법학 50년의 성과와 21세기적 진로" 서울대학교『법학』제 36권 제2호, 1995.

_____, "현행 행정소송법의 문제점"『고시계』1994. 10.

韓堅遇, "우리나라 현행 행정소송상 당사자소송의 문제점과 개선방향" 상· 중·하,『법조』1992. 1·2·3.

洪準亨, "독일행정법상의 일반이행소송" 변재옥박사화갑기념『현대 공법논 총』, 1994.

_____, "공법상 당사자소송"『고시계』, 1993. 5.

_____, "행정상 사실행위와 당사자소송"『고시계』. 1994. 4.

大法院 發行,『행정소송법개정공청회자료』, 2004. 10.

II. 외국문헌

1. 독일문헌

1) 單行本

Bachof,   Die Verwaltungsgerichtliche Klage auf Vornahme einer
Otto   Amtshandlung, Tübingen 1951.
Bader/,   Verwaltungsgerichtsordnung, Heidelberg 1999.

Funke-Kaiser/
Kuntze/von Albedyll

Baumbach/, Lauterbach/ Albers/Hartmann	Zivilprozeßordnung, 47. Aufl., München 1989.

Bühler, Ottmar   Die subjektiven öffentlichen Rechte und ihr Schutz in der deutschen Verwaltungsrechtsprechung, Stuttgart 1914.

Burkhart, Anton   Vorbeugender Rechtsschutz in der Verwaltungsg-erichtsbarkeit, Tübingen Diss. 1960.

Detterbeck, Steffen   Streitgegenstand und Entscheidungswirkungen im Öffentlichen Recht, J. C. B. Mohr (Paul Siebeck), Tübingen 1995.

—   Zum präventiven Rechtsschutz gegen ultra-vires Handlungen öffentlich-rechtlicher Zwangsverbände, Peter Lang, Franfurt am Main 1990.

Eyermann, Erich   Verwaltungsgerichtsordnung, 10. Aufl., C. H. Beck, München 1998.

Finkelnburg/, Jank   Vorläufiger Rechtsschutz im Verwaltungsstreitverfahren, 4. Aufl., C. H. Beck, München 1998.

Henke, Wilhelm   Das subjektive öffentliche Recht, J. C. B. Mohr, Tübingen 1968.

—   Recht und Staat : Grundlagen der Jurisprudenz, J. C. B. Mohr (Paul Siebeck), Tübingen 1988.

Hoffmann,   Der Abwehranspruch gegen rechtswidrige hoheitliche Realakte,

Michael	Schriften zum öffentlichen Recht, Bd. 107, 1969.
Hong, Joon-Hyong	Die Klage zur Durchsetzung von Vornahmepflichten der Verwaltung, Göttingen Dissertation, 1991.
Hufen, Friedhelm	Verwaltungsprozeßrecht, 3. Aufl., C. H. Beck, München 1998.
Jarass/, Pieroth	Grundgesetz für die Bundesrepublik Deutschland, 2. Aufl., C. H. Beck, München 1992.
Jellinek, Georg	System der subjektiven öffentlichen Rechte, 2. Neudruck der 2. Aufl., Scientia Verlag, Aalen 1979.
Jesch, Dietrich	Gesetz und Verwaltung, J. C. B. Mohr(Paul Siebeck), Tübingen 1961.
Kaser, Max	Das römische Privatrecht, C. H. Beck, München 1971.
Klein/, Czajka	Gutachten und Urteil im Verwaltungsprozeß, 4. Aufl., Verlag Franz Vahlen, München 1995.
Koch, Johannes	Verwaltungsrechtsschutz im Frankreich : Eine rechtsvergleichende Untersuchung zu den verwaltungsinterne und verwaltungsgerichtlichen Rechtsbehelfen des Bürgers gegenüber der Verwaltung, Duncker & Humbolt, Berlin 1998.
Kopp, Ferdinand	Verwaltungsgerichtsordnung, 10. Aufl., C. H. Beck, München 1994.
Kuhla/,	Der Verwaltungsprozeß, 2. Aufl., C.H. Beck, München 1998.

Hüttenbrink

Kunig,   Das Rechtsstaatsprinzip, J. C. B. Mohr(Paul Siebeck), Tübingen
Philip   1986.

Maurer,   Allgemeines Verwaltungsrecht, 12. Aufl., C. H. Beck, München,
Hartmut   1999.

Mayer,   Deutsches Verwaltungsrecht I, 3. Aufl., Duncker & Humbolt,
Otto   München und Leipzig 1924.

Menger,   Verfassung und Verwaltung in Geschichte und Gegenwart,
Christian   C.F.Müller Juristischer Verlag, Heidelberg 1982.
-Friedrich

Park,   Rechtsfindung im Verwaltungsrecht, SöR Bd. 805, Duncker &
Jeong Hoon   Humbolt, Berlin 1999.

Peine,   Allgemeines Verwaltungsrecht, 5. Aufl., C. F. Müller, Heidelberg
Franz-Joseph   2000.

Pietzner/,   Das Assessorexamen im Öffentlichen Recht : Widerspruchsverfahren
Ronellenfitsch   und Verwaltungsprozeß, 9. Aufl., Werner Verlag, Düsseldorf,
1996.

Ramsauer,   Die Assessorprüfung im öffentlichen Recht, C. H. Beck, München
Ulrich   1991.

Redeker/,   Verwaltungsgerichtsordnung, 11. Aufl., W. Kolha-mmer, Stuttgart
v. Oertzen   1994.

Ritter,   Zur Unterlassungsklage : Urteilstenor und Klageantrag, Peter

Susanne	Lang, Frankfurt am Main 1994.
Rupp, Hans Heinrich	Grundfragen der heutigen Verwaltungsrechtslehre, J. C. B. Mohr (Paul Siebeck), Tübingen 1965.
Schenk, Andreas	Befreiungsermessen, Peter Lang, Frankfurt am Main 1998.
Schenke, Wolf-Rüdiger	Verwaltungsprozeßrecht, 6. Aufl., C. F. Müller, Heidelberg 1998.
Schmidt, Walter	Einführung in das Probleme des Verwaltungsrechts, C.H. Beck, München 1982.
Schmitt Glaeser, Walter,	Verwaltungsprozeßrecht, 14. Aufl., Boorberg, 1997.
Schoch/, Schmidt-Aßmann Pietzner	Verwaltungsgerichtsordnung, C. H. Beck, München, 1999.
Schulte, Martin	Schlichtes Verwaltungshandeln, J. C. B. Mohr, Tübingen 1995.
Schwab, Dieter	Einführung in das Zivilrecht, 12., Aufl., C. F. Müller, Heidelberg 1995.
Schwabe, Jürgen	Probleme der Grundrechtsdogmatik, 2. Aufl., 1997.
— Siemer,	Verwaltungsprozeßrecht, 3. Aufl., Werner-Verlag, Düsseldorf 1991. Normenkontrolle durch Feststellungsklage? : ein Beitrag zur Frage

Hermann   des verwaltungsgerichtlichen Rechtsschutzes gegen rechtswidrige
Normen, Duncker & Humbolt, Berlin 1971.

Sodan/,   Nomos-Kommentar zur Verwaltungsgerichtsordnung, 1. (Hrsg.)
Ziekow   Aufl., Nomos, Baden-Baden 1996.

v. Staudinger J., Kommentar zum Bürgerlichen Gesetzbuch mit Einführungsgesetz
(Hrsg.)   und Nebengesetzen Sachenrecht §§1004-1011, 12. Aufl., J.
Schweitzer Verlag KG Walter de Gruyter & Co. Berlin 1982.

Stern,   Verwaltungsprozessuale Probleme in der öffentlich-rechtlichen
Klaus   Arbeit. 7. Aufl., C. H. Beck, München 1995.

Tschira/,   Grundriß des Verwaltungsprozeßrechts : mit Systematik zur
Schmitt Glaeser Fallbearbeitung, Boorberg, Stuttgart, 1970.

Ule,   Verwaltungsprozeßrecht, 7. Aufl., C. H. Beck, München 1978.
Carl Hermann

Wolff/Bachof,   Verwaltungsrecht Band I, 11. Aufl., C. H. Beck, München 1999.
/Stober

Wolf, Hans J.   Verwaltungsrecht Band Ⅲ, 2. Aufl., C. H. Beck, München 1967.

2) 論 文

Bartlsperger,   Subjektives öffentliches Recht und störungspräventive
Richard   Baunachbarklage, DVBl, 1971. S. 723-732.

Bauer,   Zu der Terminologie und einigen Sachproblemen der
Fritz   "vorbeugenden Unterlassungsklage", JZ 1966, S. 381-383.
Bender,   Die einstweilige Anordnung (§123 VwGO), in : System des

Bernd	verwaltungsgerichtlichen Rechtsschutz, Festschrift für Christian-Friedrich Menger zum 70. Geburtstag Carl Heymann Verlag KG 1985 S. 657-678.
Bettermann, Karl August	Vorbeugender Rechtsschutz in der Verwaltungsgerichtsordnung, Zehn Jahre VwGO; Bewährung und Reform, Schriftenreihe der Hochschule Speyer, Bd. 45, 1970, S. 185-202.
—	Die Verpflichtungsklage nach der Bundesverwaltungsgerichtsordnung, NJW 1960, S. 649-657.
Bickel, Heribert	Vorläufiger Rechtsschutz und materielles Verwaltungsrecht, DÖV 1983, S. 49-53.
Birk, Dieter	Rechtsschutz gegen(vorgreifliche) Planmaßnahmen-BVerwGE 54, 211 und OVG Berlin, NJW 1977, 2283, JuS 1979, S. 412-416.
Blümel, Willi	Raumplanung, vollendeten Tatsachen und Rechtsschutz, FS für E. Forsthoff, 1967, S. 133-161.
Bräutigam, Horst	Verwaltungsrechtsweg und Klagearten, DÖV, 1960. S. 364-368.
Brohm, Winfried	Zum Funktionswandel der Verwaltungsgerichtsbarkeit, NJW 1984, S. 8-14.
Broß, Siegfried	Zum Anwendungsbereich des Anspruchs auf Folgenbeseitigung, VerwArch 1985, S. 217-230.
Bühler, Ottmar	Altes und Neues über Begriff und Bedeutung der subjektiven öffentlichen Rechte, Gedächtnisschrift für Walter Jellinek, München 1955, S. 269-286.

Degenhart, Christop	Vollendete Tatsachen und faktische Rechtslagen im Verwaltungsrecht, AöR 1978, S. 163-204.
Di Fabio, Udo	Information als hoheitliches Gestaltungsmittel, JuS 1997. S. 1-7.
Dirk, Ehlers	Der Beklagte im Verwaltungsprozeß, FS Menger, 1985. S. 379-400.
—	Die unerwünschte Zusendung von Werbematerial durch öffentliche Unternehmen - zugleich eine Besprechung der Entscheidung des BVerwG vom 21. 4. 1989, JZ 1991, S. 231-235.
Dreier, Horst	Präventive Klagen gegen hoheitliche Handlungen im Gewerberecht, NVwZ, 1988. S. 1073-1078.
—	Vorbeugender Verwaltungsrechtsschutz, JA 1987, S. 415-428.
Erichsen, Hans-Uwe	§152 Allgemeine Handlungsfreiheit, in : Handbuch des Staatsrechts der Bundesrepublik Deutschland Bd. VI, C. F. Müller Juristischer Verlag, Heidelberg 1989. S. 1186-1219.
—	Höchstrichterliche Rechtsprechung zum Verwaltungsrecht, VerwArch 1971, S. 418-423.
Friauf, Heinrich	„Latente Störung„, Rechtswirkungen der Bauerlaubnis und vorbeugende Nachbarklage, DVBl 1971, S. 713-722.
Frotscher, Werner	Ehrenschutz im Öffentlichen Recht, JuS 1978 S. 505-512.
Geislinger,	Unterlassungansprüche Drittbetroffener gegen rechtswidrig formlos

Josef   errichtete Anlagen der öffentlichen Hand, BayVBl, 1994, S. 72-76.

Gelzer,   Zweifelsfragen zur Nachbarklage im öffentlichen Recht, NJW
                     1959, S. 1905-1907.

Gusy,   Verfassungsfragen vorbeugenden Rechtsschutzes, JZ 1998, S.
Christoph   167-174.

——   Der Vorrang des Gesetzes, JuS 1983, S. 189-194.

Haug,   Die neuere Entwicklung der vorbeugenden Unterlassungs - und der
Winfried   allgemeinen Beseitigungsklage, DÖV 1967 S. 86-91.

Heintzen,   Die öffentlche Warnung als Handlungsform der Verwaltung?; in
Markus   Wandel der Handlungsformen im Öffentlichen Recht, Boorberg,
                     1991, S. 167-186.

——   Staatliche Warnung als Grundrechtsproblem, VerwArch. 1991, S.
                     532-555.

Henckel,   Vorbeugender Rechtsschutz im Zivilrecht, AcP 1974, S. 97-144.
Wolfram

Hoffmann,   Beweislast und Rechtsfertigung bei ehrverletzenden Behauptungen
Wolfgang   im Politischen Bereich, NJW 1966, S. 1200-1204.

Hoffmann,   Vorbeugende Klagen im verwaltungsprozeß?, BayVBl 1962, S.
Horst   72-76.

Jellinek,   Der Schutz des öffentlichen Rechts durch ordentliche und durch
Walter   Verwaltungsgerichte,VVDStRL Heft 2, 1925, S. 8-80.
Karpen,   Einstweiliger Rechtsschutz des Nachbarn im Baurecht, NJW 1986,

Ulrich   S. 881-889.

Klein,   Zum maßgebenden Zeitpunkt für die Sach - und Rechtslage im
Karl Heinz   Verwaltungsprozeß, NVwZ 1990, S. 633-637.

Kleinlein,   Der maßgebliche Zeitpunkt für die Beurteilung der
Kornelius   Rechtsmäßigkeit von Verwaltungsakten, VerwArch Bd. 81, 1990,
                    S. 149-192.

König,   Ablehnung und Versagung im Verwaltungsrecht, BayVBl. 1993, S.
Hans Günther   269-271.

Köcherbauer/,   Der öffentlichrechtliche Unterlassungsanspruch, JuS 1991. S.
Büllesbach   373-380.

Kötz,   Vorbeugender Rechtsschutz im Zivilrecht, AcP 1974, S. 145-166.
Hein

Krebs,   Subjektiver Rechtsschutz und objektive Rechtskontrolle, in :
Walter   FS Menger, 1985, S. 191-234.

Langer,   Vorbeugender Rechtsschutz gegen Planungen, DÖV 1987 S.
Stefan   418-425.

Lässig,   Zulässigkeit der vorbeugenden Feststellungsklage bei drohendem
Curt Lutz   Bußgeldbescheid, NVwZ, 1988, S. 410-412.

Laubinger,   Der öffentlich-rechtliche Unterlassungsanspruch, VerwArch Bd. 80,
Hans-Werner   1989, S. 261-301.

  —   Die isolierte Anfechtungsklage, in : FS Menger, 1985, S. 443-458.
  —   Feststellungsklage und Klagebefugnis (§ 42 Abs. 2 VwGO)

VerwArch 82, 1991, S. 459-495.

—   Zum Anspruch der Mitglieder von Zwangsverbänden auf Einhaltung des gesetzlich zugewisenen Aufgabenbereichs, VerwArch 1983, S. 175-280.

Laubinger,   Nachbarschutz gegen kirchliches Glockengeläut, VerwArch 1992,
Hans-Werner   S. 623-659.

Leidinger,   Hoheitliche Warnungen, Empfehlungen und Hinweise im Spektrum
Tobias   staatlichen Informationshandelns, DÖV 1993, S. 925-935.

Löhnig,   Rechtsschutz gegen Bauleitpläne nach §47 VwGO n. F., JuS 1998,
Martin   S. 315-318.

Lorenz,   Die verfassungsrechtlichen Vorgaben des Art. 19 Abs. 4 GG für
Dieter   das Verwaltungsprozeßrecht, FS Menger, 1985. S. 143-159.

Maaß,   Beamtenrechtliche Konkurrentenklage in der form der vorbeugenden
Rainald   Feststellungsklage?, NJW 1985, S. 303-304.

Maetzel,   Bemerkungen zum vorbeugenden Rechtsschutz gegen künftige
Wolf Bogumil   Verwaltungsakte, DVBl. 1974, S. 335-341.

Maurer,   Rechtsschutz gegen Normen, FS Eduard Kern, 1968, S. 275-312.
Hartmut

Menger,   Rechtssatz, Verwaltung und Verwaltungsgerichtsbarkeit, in :
Christian-   Verfassung und Verwaltung in Geschichite und Gegenwart,
Friedrich   C. F. Müller, Heidelberg 1982, S. 258-271.

—   Zur Geschichte der Verwaltungsgerichtsbarkeit in Deutschland, in

: Verfassung und Verwaltung in Geschichte und Gegenwart, C. F. Müller Juristischer Verlag, Heidelberg 1982, S. 286-293.

Murswiek, Dietrich

Staatliche Warnungen, Wertungen, Kritik als Grundrechtseingriff, DVBl 1997, S. 1021-1030.

Naumann, Richard

Vom vorbeugenden Rechtsschutz im Verwaltungsprozeß, in: Gedächtnisschrift zum W. Jellinek, 1955. S. 391-406.

Papier, Hans-Jürgen

Rechtsschutzgarantie gegen die öffentliche Gewalt, in : Handbuch des Staatsrechts VI, C. F. Müller Juristischer Verlag, Heidelberg 1989, S. 1234-1270.

Peine, Franz-Joseph

Zum Nachbarschaftsverhältnis zwischen Sportanlagen und Wohngebieten, JZ 1989, S. 951-956.

—

Vorbeugender Rechtsschutz im Verwaltungsprozeß, Jura 1983, S. 285-297.

—

Öffentliches und Privates Nachbarrecht, JuS 1987, S.169-180.

Peter, Christoph

Konkurrentenrechttschutz im Beamtenrecht, JuS 1992, S. 1042-1048.

Peters, Wilfried

Zur Zulässigkeit der Feststellungsklage (§43 VwGO) bei untergesetzlichen Normen, NVwZ 1999, S. 506-507.

Pietzcker, Jost

Kein "allgemeinpolitisches Mandat" von Berufskammern - BVerwGE 64, 298, JuS 1985, S. 27-31.

—

"Grundrechtsbetroffenheit" in der verwaltungsrechtlichen Dogmatik, in ; Festschrift für Otto Bachof zum 70.Geburtstag,

1984, S. 131-149.

— Vorrang und Vorbehalt des Gesetzes, JuS 1979, S. 710-715.

Redeker, Konrad
Grenzen für Aufgaben und Tätigkeit öffentlch-rechtlicher Zwangsverbände, NJW 1982, S. 1266-1268.

Renck, Ludwig
Feststellung der Wirksamkeit von Verwaltungsakten, NJW 1965, S.1791-1795.

Ringe, Karl
Zur Unterlassungs-und Beseitigungsklage bei Verwaltungsakten und einfachen Verwaltungshandlungen, DVBl 1958, S. 378-381.

Robbers, Gerhard
Schlichtes Verwaltungshandeln-Ansätze einer dogmatischen Strukturierung-, DÖV 1987. S. 272-280.

Ruckdäschel, Oskar
Vorbeugender Rechtsschutz im Verwaltungsprozeß, DÖV 1961, S. 675-686.

Rupp, Hans Heinrich
Die Beseitigung-und Unterlassungsklage gegen Träger hoheitlicher Gewalt, DVBl. 1958, S. 113-120.

Sachs, Michael
Unterlassungsansprüche gegen hoheitliche Immissionen aus §22 BImSchG, NVwZ 1988, S. 127-130.

Schäfer, Walter
Die Klagearten nach der VwGO, DVBl 1960, S. 837-843.

Schenke, Wolf-Rüdiger
Vorbeugende Unterlassungsklage und Feststellungsklage im Verwaltungsprozeß, AöR 1970, S. 223-259.

— Rechtsprechungsübersicht zum Verwaltungsprozeß, JZ 1996, S.

20-23.

—   Die Bedeutung der verfassungsrechtlichen Rechtsschutzgarantie des
            Art. 19 Abs. 4 GG, JZ 1988, S. 317-326.

Schimidt-   Funktionen der Verwaltungsgerichtsbarkeit, in : System des
Aßmann,   verwaltungsgerichtlichen Rechtsschutz, Festschrift für Christian-
Eberhard   Friedrich Menger zum 70. Geburtstag, Carl Heymann Verlag KG,
            1985, S. 107-123.

Schmidt-   Effektiver Rechtsschutz al Kernstück des Rechtsstaatsprinzips nach
Jortzig,   dem Grundgesetz, NJW 1994, S. 2569-2573.
Edzard

Schmitt,   Vorbeugender Rechtsschutz gegen Planungen, BayVBl. 1974, S.
Lothar   253-263.

Schoch,   Staatliche Informationspolitik und Berufsfreiheit, DVBl 1991. S.
Friedrich   667-674.

—   Grundfragen des verwaltungsgerichtlichen vorläufigen Rechtsschutz,
            VerwArch 1991, S. 145-178.

—   Folgenbeseitigung und Wiedergutmachung im Öffentlchen Recht,
            VerwArch 1988, S. 2-67.

Scholz,   Die aufschiebende Wirkung von Widerspruch und
Georg   Anfechtungsklage gem. §80 VwGO, FS Menger,S. 641-655.

Schultz,   Vorbeugender gerichtlicher Rechtsschutz gegen FFH-Gebiete,
Martin   NVwZ 2001, S. 289-291.
Siemer,   Rechtsschutz im Spannungsfeld zwischen Normenkontrolle und

Hermann	Feststellungsklage, FS Menger, S. 501-515.
Sproll, Hans-Dieter	Öffentlichrechtlicher Unterlassungsanspruch, JuS 1996, S. 313-318.
—	Der Folgenbeseitigungsanspruch, JuS 1996, S. 219-225.
Steiner, Udo	Die Allgemeine Leistungsklage im Verwaltungsprozeß, JuS 1984 S. 853-859.
Ule, Carl Hermann	Vorbeugender Rechtsschutz im Verwaltungsprozeß, VerwArch Bd. 65., 1974, S. 291-310.
Wittkowski, Bernd	Die Konkurrentenklage im Beamtenrecht-unter besonder Berücksichtigung des vorläufigen Rechtsschutzes, NJW 1993, S. 817-823.

2. 英・美 文獻

1) 單行本

Barker/, Padfield	Law, 10th ed., Made Simple Books, 1998.
Borchard, Edwin	Declaratory Judgments, 2d ed., Banks-Baldwin Law Publishing Co. Cleveland, 1941,
Breyer/, Stewart/ Sunstein/ Spitzer	Administrative Law and Regulatory Policy - Problems, Text, and Cases, 4th ed., Aspen Law & Business, 1998.
Brown/,	French Administrative Law, 5th ed., Clarendon Press, Oxford 1998.

Bell

Cairns/, Introduction to French Law, Cavendish Publishing Ltd.,1995.
Mckeon

Davis/, Administrative Law Treatise, vol. I, II, III, 3rd ed., Aspen Law &
Pierce Business, 1994.

De Smith/, Judicial Review of Administrative Action, 5th ed., Sweet &
Woolf/Jowell Maxwell, London 1995.

Dobbs, Remedies, West Publishing Co., St. Paul, Minn. 1974.
Dan B.

Dobbyn, Injunctions in a Nutshell, West Publishing Co., St. Paul, Minn.
John F. 1974.

Emery, Administrative law : Legal challenges to official action, Sweet &
Carl Maxwell, London 1999.

Fiss, The Civil Right Injunction, Indiana University Press, Bloomington
Owen M. & London, 1978.

Gordon, Judicial Review : Law & Procedure, 2nd ed., Sweet & Maxwell,
Richard London 1996.

Jones/, Garner's Administrative Law, 8th ed., Butterworths, London,
Thompson Edinburgh, Dublin 1996.

Lawson/, Remedies of English Law, 2nd ed., Butterworths, London 1980.
Teff

Lewis, Judicial Remedies in Public Law, 2nd ed., Sweet & Maxwell,

Clive   London 1992.

Leyland/,   Textbook on Administrative Law, Blackstone Press Ltd., London.
Woods/   1994.
Harden

Longley/,   Administrative Justice : Central Issues in UK and European
James   Administrative Law, Cavendish Publishig Limited, London 1999.

Schoenbrod/,   Remedies : public and private, 2d ed., West Publishing, Minn.
Macbeth/   1996.
Levine/Jung

Schwartz,   Administrative Law, 3rd ed., Little, Brown and Company, Boston,
Bernard   Toronto, London 1991.

Strauss,   An Introduction to Administrative Justice in the United States,
Peter L.   Carolina Academic Press, Durham 1989.

Wade/,   Administrative Law, 8th ed., vol. Ⅰ, Ⅱ, Oxford University Press,
Forsyth   2000.

Yardley,   Introduction to Constitutional and Administrative Law, 8th. ed.,
David   Butterworth, London, Dublin and Edinburgh 1995.

2) 論 文

Alder,   Public and Private Law Remedies Against the Crown and its
John   Servants : The Question of Interim Relief, [1986] Civil Justice
                 Quarterly, 218-235.

Axline,   Constitutional Implications of Injunctive Relief against Federal
Michel D   Agencies in Environmental Cases, 12 Harvard Environmental Law

Review, 1-66 (1988).

Bamforth, Nicholas	Interim Relief in the Public Law Context, [1999] Cambridge Law Journal, 1-4.
Bingham, Thomas	Should public law remedies be discretionary?, [1991] Public Law, 65-75.
Cane, Peter	The Constitutional Basis of Judicial Remedies in Public Law: in Administrative Law Facing the Future, Blackstone Press Ltd., 1997, 242-270.
—	Standing up for the Public, [1995] Public Law, p. 276-287.
Carroll, Alex	Injunctive Relief Against Ministers : the New Law, [1987] New Law Journal, 335-338.
Carrow, Milton M.	Types of Judicial Relief from Administrative Action, 58 Columbia Law Review, 1-23 (1958).
Conford/, Sunkin	The Bowman Report, access and the recent reforms of the judicial review procedure, [2001] Public Law Spring 11-20.
Duffy, John F.	Administrative Common Law in Judicial Review, 77 Texas Law Review, 113-214 (1998).
Eatson, Robert E.	The Dual Role of Structural Injunction, 99 Yale Law Journal, 1983-2002 (1984).
Fordham, Michael	Judicial Review : the new rules, [2001] Public Law Spring, 4-10.
Forsyth,	Lord Denning and modern administrative law, [1999] Denning

Christopher	Law Journal, 57-70.
Himsworth, Chris	No Standing Still on Standing : in Administrative Law Facing the Future, Blackstone Press Ltd., 1997, 200-220.
Leubsdorf, John	The Standard for Preliminary Injunctions, 91 Harvard Law Review, 525-566 (1978).
Lewis, Clive	The Exhaustion of Alternative Remedies in Administrative Law, [1992] Cambridge Law Journal, 139-153.
Lindsay, Alistair	Delay in Judicial Review Cases : A Conundrum Solved? [1995] Public Law, 417-429.
Mahoney, Joan	Suing the State : A Comparison of Remedies Provided for Individual Rights Violations in Great Britain and the United States, 56 UMKC Law Review, 435-489 (1988).
Note,	Developments in the Law - Injunctions, 78 Harvard Law Review, 996-1093 (1965).
Oliver, Dawn	Public Law Procedures and Remedies - Do We need Them?, [2002] Public Law, 91-110.
Questiaux, Nicole	Administration and the Rule of Law : The Preventive Role of the French Conseil D'Etat, [1995] Public Law, 247-258.
Rose-Ackerman, Susan	American Administrative Law Under Siege : Is Germany a Model?, 107 Harvard Law Review, 1279-1302 (1994).
Shapiro, Robert A.	The Legislative Injunction : A Remedy for Unconstitutional Legislative Inaction, 99 Yale Law Journal, 231-250 (1984).
Sinclair,	Judicial Review of the Exercise of Public Power, [1992] Denning

Michael	Law Journal, 193-224.
Sunstein, Cass R.	What's Standing After Lujan? : Of Citizen Suits, "Injuries", and Article III, 91 Michigan Law Review, 163-236 (1992).
Tettenborn, Andrew	Remedies: a neglected contribution, [1999] Denning Law Journal, 41-56.
Wade, H.W.R.	Judicial Review and alternative remedies, [1997] Public Law, 589-593.

3. 프랑스 文獻

1) 單行本

Auby/, Drago	Traité de contentieux administratif, 3e édition, L.G.D.J. 1984.
Chapus, René	Droit du contentieux administratif, 7e édition, Montchrestien, 1999.
Fanachi, Pierre	La justice administrative - Tribunaux administratifs, Cour administratives d'appel et Conseil d'Etat, 3e édition, Presses Universitaires de France, 1992.
de Forges, Jean-Michel	Droit administratif, 2e édition, Presses Universitaires de France, 1993.
Laubadère/, Venezia/ Gaudemet	Traité de Droit Administratif, Tome Ⅰ, 11^{e}édition, 1990.
Rivero/,	Droit administratif, 16e édition, Dalloz, 1996.

Waline

Stirn,   Le Conseil d'État, son rôle, sa jurisprudence, 2e édition, Hachette,
Bernard   1994.

2) 論 文

Auby,   Note de jurisprudence, RDP 1996, p. 525-535.
Jean-Marie

Bertrand,   Spécificités au regard du droit français des procédures
Peter   d'urgence en droit allemand, RDP 1994, p. 185-212.

Botoko-Claeysen, Le référé-liberté vu par les juges du fond, AJDA 2002, p.
Catherine   1046-1055.

Casanova,   La voie de fait, aujourd'hui, RFDA 1997, p. 514-523.
Jacques Arrighi de

Chabanol,   Un printemps procédural pour la juridiction administrative,
Daniel   AJDA 1995, p. 388-396.

Fouletier,   La loi du 30 juin 2000 relative au référé devant les jurisdictions
Marjolaine   adminstratives, RFDA 2000, p. 963-983.

Dugrip,   Les procédures d'urgence : l'économie générale de la réforme,
Olivier   RFDA 2002, p. 245-249.

Gaudemet,   Le juge administratif et le prononcé du sursis, AJDA 1982, p.
Yves   629-633.

Jeannot-Gasnier, La contribution du Conseil d'État à la fonction législative, RDP
Anne   1998, p. 1132-1176.

Lamy, Francis	Les procédures d'urgence d'un régime à l'autre, conclusions sur Conseil d'Etat, Section, 20 décembre 2000 Ouatah, RFDA 2001, p. 372-377.
Long, Marceau	Mon expérience de la fonction consultative du Conseil d'État de 1987 à 1995, RDP 1998, p. 1421-1443.
—	Le Conseil d'État et la fonction consultative : de la consultation à la décision, RFDA 1992, p. 787-794.
Melleray, Fabrice	Déclaration de droits et recours pour excès de pouvoir, RDP 1998, p. 1089-1129.
Moderne, Franck	Sur le nouveau pouvoir d'injonction du juge administratif, RFDA 1996, p. 43-57.
Pacteau, Bernard	Vu de l'interieur : loi du 30 juin 2000, une réforme exemplaire, RFDA 2000, p. 959-962.
Pez, Thomas	Le droit de propriété devant de juge administratif du référé-liberté, RFDA 2003, p. 370-385.
Roche, Jean	Les exception à la régle de la decision préalable devant le juge administratif, Mélange Marcel Waline, p. 733-749.
Silva, Isabella de	Appréciation de l'urgence et refus de titre de séjour, conclusions sur Conseil d'Etat, Section, 14 mars 2001 Ministre de l'interieur c/Mme Ameur, RFDA 2001, p. 673-680.
Trémeau, Jérôme	Le référé-liberté, instrument de protection du droit de propriété, AJDA 2003, p. 653-657.
Thierry,	La jurisprudence Eucat dix ans après : sa portée sur la théorie de

Damien   la voie de fait, RFDA 1997, p. 524-537.

Touvet,   Premières applications de nouvelles procédures de référé,
Laurent   Conclusions sur Conseil d'Etat, Section, 18 et 19 janvier 2001
                Confédération nationale deadios libres, RFDA 2001, p. 378-388.

Vandermeeren,   La réforme des procédures d'urgence devant le juge administratif,
Roland   AJDA 2000, p. 706-721.

Waline,   Notes de jurisprudence, RDP 1970, p. 1035-1042.
Marcel

Chroniques,   Procédures d'urgence, AJDA 2001, p. 146-157.

Conseil d'État, Rapport du groupe de travail du Conseil d'État sur les procédures
                d'urgences, RFDA 2000, p. 941-953.

4) 일본문헌

1) 단행본

伊藤洋一, 『フランス 行政訴訟の研究－取消判決の對世效』, 東京大學出版會,
    1993.
渡部吉隆・園部逸夫 編, 『行政事件訴訟法體系』, 西神田編集室, 昭和 60年.
南 博方 編, 『條解 行政事件訴訟法』, 弘文堂, 昭和 62年.

2) 논 문

損害賠償制度研究會, "イギリス豫防的差止判例の動向－損害賠償法の比較
    研究(4)" 『比較法雜誌』 20卷 1号, 1986.
浜秀和, "無名抗告(法定外抗告)訴訟" 『ジュリスト』 925号 (89.01), 有斐閣,
    1988.
雄川一郎, "行政行爲の豫防的 訴訟" 杉村章三郎先生 古稀記念 『公法學研
    究』 上, 有斐閣, 1974.

原田尚彦, "行政上の豫防的 訴訟と 義務つけ訴訟"『民商法雜誌』 第65卷 6 号, 1972.

原田尚彦, "差止請求と行政訴訟"『自由と正義』1983年 4月号, 1983.

曾和俊文, "行政訴訟事件法改正の意義と今後の課題"『法律時報』2005年 3 月号 Vol. 77 No. 3.

西鳥羽和明, "抗告訴訟の訴訟類型改正の論點"『法律時報』 2005年 3月号 Vol. 77 No. 3.

宇賀克也, "行政事件訴訟制度について"『法學敎室』263号, 2002年 8月号.

山田 洋, "確認訴訟の行方"『法律時報』2005年 3月号 Vol. 77 No. 3.

찾아보기

이 현 수

서울대학교 법과대학 졸업
서울대학교 대학원 법학과 졸업(법학석사·법학박사)
충북대학교 법과대학 전임강사
현재 건국대학교 법과대학 조교수

<주요 논저>

"공법상 허가와 민법상 책임"(『행정법연구』제11호, 2004)
"민주화보상법상 금전적 구제의 법적 성격"(『공법연구』제34편 1호, 2005)
"행정행위의 불가변력"(『행정법연구』제14호, 2005)
"영업양도와 제재처분상의 지위승계"(『행정판례연구』Ⅹ, 2005)

행정소송상 예방적 구제   값 18,000원

2006년 9월 20일   초판 발행
2008년 10월 10일   재판 발행

저   자 : 이 현 수
발 행 인 : 한 정 희
발 행 처 : 경인문화사
편   집 : 신 학 태
서울특별시 마포구 마포동 324-3
전화 : 718-4831~2, 팩스 : 703-9711
이메일 : kyunginp@chol.com
홈페이지 : www.kyunginp.co.kr
등록번호 : 제10-18호(1973. 11. 8)

ISBN : 89-499-0414-4 94360
* 파본 및 훼손된 책은 교환해 드립니다.